PARA ALÉM DOS DADOS PESSOAIS
MERCANTILIZAÇÃO DA PRIVACIDADE E DESAFIOS À REGULAÇÃO

ALEX MECABÔ

Prefácio
Rodrigo Xavier Leonardo

PARA ALÉM DOS DADOS PESSOAIS

MERCANTILIZAÇÃO DA PRIVACIDADE E DESAFIOS À REGULAÇÃO

Belo Horizonte

CONHECIMENTO JURÍDICO

2023

© 2023 Editora Fórum Ltda.

É proibida a reprodução total ou parcial desta obra, por qualquer meio eletrônico, inclusive por processos xerográficos, sem autorização expressa do Editor.

Conselho Editorial

Adilson Abreu Dallari
Alécia Paolucci Nogueira Bicalho
Alexandre Coutinho Pagliarini
André Ramos Tavares
Carlos Ayres Britto
Carlos Mário da Silva Velloso
Cármen Lúcia Antunes Rocha
Cesar Augusto Guimarães Pereira
Clovis Beznos
Cristiana Fortini
Dinorá Adelaide Musetti Grotti
Diogo de Figueiredo Moreira Neto (*in memoriam*)
Egon Bockmann Moreira
Emerson Gabardo
Fabrício Motta
Fernando Rossi
Flávio Henrique Unes Pereira
Floriano de Azevedo Marques Neto
Gustavo Justino de Oliveira
Inês Virgínia Prado Soares
Jorge Ulisses Jacoby Fernandes
Juarez Freitas
Luciano Ferraz
Lúcio Delfino
Marcia Carla Pereira Ribeiro
Márcio Cammarosano
Marcos Ehrhardt Jr.
Maria Sylvia Zanella Di Pietro
Ney José de Freitas
Oswaldo Othon de Pontes Saraiva Filho
Paulo Modesto
Romeu Felipe Bacellar Filho
Sérgio Guerra
Walber de Moura Agra

FÓRUM
CONHECIMENTO JURÍDICO

Luís Cláudio Rodrigues Ferreira
Presidente e Editor

Coordenação editorial: Leonardo Eustáquio Siqueira Araújo
Aline Sobreira de Oliveira

Rua Paulo Ribeiro Bastos, 211 – Jardim Atlântico – CEP 31710-430
Belo Horizonte – Minas Gerais – Tel.: (31) 99412.0131
www.editoraforum.com.br – editoraforum@editoraforum.com.br

Técnica. Empenho. Zelo. Esses foram alguns dos cuidados aplicados na edição desta obra. No entanto, podem ocorrer erros de impressão, digitação ou mesmo restar alguma dúvida conceitual. Caso se constate algo assim, solicitamos a gentileza de nos comunicar através do *e-mail* editorial@editoraforum.com.br para que possamos esclarecer, no que couber. A sua contribuição é muito importante para mantermos a excelência editorial. A Editora Fórum agradece a sua contribuição.

Dados Internacionais de Catalogação na Publicação (CIP) de acordo com ISBD

M486p	Mecabô, Alex
	Para além dos dados pessoais: mercantilização da privacidade e desafios à regulação / Alex Mecabô. - Belo Horizonte : Fórum, 2023. 268 p. ; 14,5cm x 21,5cm.
	Inclui bibliografia e apêndice. ISBN: 978-65-5518-419-8
	1. Direito Civil. 2. Direito Empresarial. 3. Direito Privado. 4. Direito Público. 5. Publicidade. 6. Tecnologia da informação. 7. Regulação. I. Título.
2022-1725	CDD 347 CDU 347

Elaborado por Odilio Hilario Moreira Junior - CRB-8/9949

Informação bibliográfica deste livro, conforme a NBR 6023:2018 da Associação Brasileira de Normas Técnicas (ABNT):

MECABÔ, Alex. *Para além dos dados pessoais*: mercantilização da privacidade e desafios à regulação. Belo Horizonte: Fórum, 2023. 268 p. ISBN 978-65-5518-419-8.

A Deus.

Aos meus pais, Itamar e Marlete, pelo apoio incansável.

Ao grande mestre e inspiração, professor Rodrigo Xavier Leonardo.

Aos que participaram e me auxiliaram nesta caminhada, e todos aqueles que instigaram meu crescimento profissional e acadêmico.

AGRADECIMENTOS

Como diria Pablo Neruda, proclamo a "inauguração: aqui cheguei com tudo que andou comigo". Este livro não nasce, ou morre, nos limites destas páginas. Tampouco se esgota nos materiais consultados: ele é fruto de todos que alguma semente em mim plantaram.

Aos professores que serviram de inspiração, em especial ao meu orientador de mestrado e amigo, Rodrigo Xavier Leonardo, e à professora Maria da Glória Colucci, por sempre incentivarem o desenvolvimento acadêmico e acreditarem em uma educação verdadeiramente transformadora.

Àqueles que, de alguma forma, acompanham esta jornada, com destaque ao amigo João Paulo Capelotti, e aos colegas do programa de pós-graduação da UFPR e do cotidiano na advocacia – a presença de vocês foi, e é, fundamental.

Aos meus pais, sobretudo, pelo apoio incondicional. Cada passo que dou tem um pedacinho de vocês.

I don't care what they're talking about. All I want is a nice fat recording.

Francis Ford Coppola, *The Conversation* (1974)

LISTA DE ABREVIATURAS E SIGLAS

ABNT	Associação Brasileira de Normas Técnicas
ACB	Análise Custo-Benefício
ACE	Análise Custo-Efetividade
ADI	Ação Direta de Inconstitucionalidade
AIR	Análise de Impacto Regulatório
ANAC	Agência Nacional de Aviação Civil
ANATEL	Agência Nacional de Telecomunicações
ANEEL	Agência Nacional de Energia Elétrica
ANPD	Autoridade Nacional de Proteção de Dados
ANS	Agência Nacional de Saúde
BC	Banco Central do Brasil
CADE	Conselho Administrativo de Defesa Econômica
CDC	Código de Defesa do Consumidor
CMN	Conselho Monetário Nacional
CONAR	Conselho Nacional de Autorregulamentação Publicitária
CPF	Cadastro de Pessoa Física
CVM	Comissão de Valores Imobiliários
IDEC	Instituto Brasileiro de Defesa do Consumidor
IPEA	Instituto de Pesquisa Econômica Aplicada
LGPD	Lei Geral de Proteção de Dados
LINDB	Lei de Introdução às Normas do Direito Brasileiro

MCI	Marco Civil da Internet
MPF	Ministério Público Federal
OCDE	Organização para Cooperação e Desenvolvimento Econômico
ONU	Organização das Nações Unidas
PIPEDA	*Personal Informaction Protection and Electronic Documents Act* (Lei canadense)
REsp	Recurso Especial
RG	Registro Geral
RIPD	Relatório de Impacto à Proteção de Dados
SBDC	Sistema Brasileiro de Defesa da Concorrência
SPC	Serviço de Proteção ao Crédito
STF	Supremo Tribunal Federal
STJ	Superior Tribunal de Justiça
TCA	Tribunal Constitucional Alemão
TJUE	Tribunal de Justiça da União Europeia
WP29	Grupo de Trabalho Europeu para Proteção de Dados Pessoais, ou Grupo de Trabalho do Artigo 29º

SUMÁRIO

PREFÁCIO
O DIREITO E A TECNOLOGIA
Rodrigo Xavier Leonardo..15

INTRODUÇÃO..19

CAPÍTULO 1
DIREITO À PRIVACIDADE E PROTEÇÃO DE DADOS:
ENTRE A DEFESA DA PERSONALIDADE E OS INTERESSES
MERCADOLÓGICOS..27

1.1   O embrião de um novo direito e a consagração da solitude............27

1.2   Definição conceitual: entre a tentativa de objetivação teórica e a ampliação do âmago do resguardo..35

1.2.1   Disciplina jurídica da privacidade e a interpretação no ordenamento pátrio..49

1.3   Fragmentos da relativização de uma expressão da personalidade: monetização dos dados pessoais e desafios jurídicos..................58

1.3.1   O contexto de datificação do indivíduo: a construção de um mercado de circulação de dados pessoais..58

1.3.1.1 Coleta e organização..60

1.3.1.2 Processamento e modulação..65

1.3.2   Dados pessoais, economia e proteção à personalidade...............67

CAPÍTULO 2
MARKETING ANALYTICS: *BIG DATA* E A EXPANSÃO DE UM
MERCADO DE EXPLORAÇÃO DA PRIVACIDADE DIGITAL............75

2.1   O *mix* de *marketing*..75

2.2   Ciência de dados e a questionável extração de vantagens competitivas a partir dos dados pessoais..84

2.2.1   Calibragem do preço: sistema de *scoring*..................................84

2.2.2   Promoção: *behavioral advertising*..92

2.2.3   O composto praça: *geopricing* e *geoblocking*..........................107

CAPÍTULO 3
A DISCIPLINA LEGAL DO USO DE DADOS PESSOAIS
NO BRASIL 115
3.1 O CDC: a artificial
 abrangência da regulação do uso dos dados pessoais 115
3.1.1 A Lei de Cadastro Positivo 126
3.2 MCI: entre a preocupação legislativa e o vazio regulatório 130
3.3 LGPD: a tentativa de efetivação, pela via legislativa,
 da autodeterminação informacional 142
3.3.1 A formulação das LGPDs 142
3.3.2 O tom da legislação: entre princípios e direitos correlatos 149
3.3.3 As bases legais de tratamento: entre o horizonte dos riscos
 da insegurança jurídica e a necessidade de repensar
 o direito regulatório 160

CAPÍTULO 4
SISTEMA REGULATÓRIO HÍBRIDO: A NECESSIDADE DE UMA
ESTRUTURA FLEXIVEL E DE FOMENTO À PARTICIPAÇÃO
COOPERATIVA DO SETOR PRIVADO 181
4.1 Direito e regulação: os paradoxos do direito regulatório
 convencional 181
4.1.1 Análise de Impacto Regulatório (AIR) 200
4.2 Autorregulação: contrastando o direito regulatório verticalizado .. 207
4.3 Direito regulatório responsivo: suporte para operacionalização
 da proteção de dados 217
4.3.1 A natureza da LGPD: gatilhos para estruturação do direito
 regulatório responsivo? 232

CONSIDERAÇÕES FINAIS 241

REFERÊNCIAS 245

PREFÁCIO

O DIREITO E A TECNOLOGIA

O presente livro tem origem em dissertação de Mestrado apresentada e defendida pelo autor no Programa de Pós-Graduação em Direito da Universidade Federal do Paraná, perante banca formada pelo Professor Associado Otavio Luiz Rodrigues Júnior (Universidade de São Paulo – USP), pela Professora Adriana Espíndola Corrêa (Universidade Federal do Paraná – UFPR) e pelo Professor Doutor Sandro Mansur Gibran (Centro Universitário Curitiba – UniCuritiba), sob a minha presidência, na qualidade de Professor orientador.

O livro de Alex Mecabô desassossega.

De um lado, a pesquisa demonstrou que os avanços tecnológicos ensejaram uma capacidade de obtenção, armazenamento e refinamento de dados para decisões empresariais *sem precedentes*. A *big data* funciona ininterruptamente e, sob a perspectiva técnica, não encontra limites para acessar os dados pessoais e alinhar informações aos mais diferentes setores.

Por consequência, as possibilidades de violação da privacidade em razão dessas tecnologias também não parecem encontrar limites. O autor retrata acontecimentos verdadeiramente inusitados que, se fossem encontrados nas páginas de um livro poucas décadas atrás, certamente seriam compreendidos como peças de ficção científica (sublinhe-se, v.g., dentre os exemplos reportados neste livro, o caso *Target*, em que uma família descobriu a gravidez de uma adolescente por perceber que, repentinamente, passou a receber cupons de desconto em itens de vestuário de bebês da rede de lojas ou, ainda, o caso Ross Compton, no qual uma companhia de seguros, instada a indenizar o incêndio de uma residência, objetou o pagamento ao acessar informações do marca-passo utilizado por Compton, cujos batimentos cardíacos, no momento do sinistro, seriam incompatíveis com o relato de ação e de fuga do segurado).

O Direito (aqui mencionado em seu sentido *objetivo*) tem apresentado alterações constantes para procurar responder às transformações tecnológicas que agridem bens jurídicos e interesses legítimos. O livro apresenta, interpreta e destrinça as soluções que progressivamente foram inseridas no ordenamento jurídico brasileiro pelo Código de Defesa do Consumidor (CDC), pelo Marco Civil da Internet (MCI) e pela Lei Geral de Proteção de Dados (LGPD).

A pergunta que se impõe, neste contexto, é a seguinte: pode o Direito controlar a técnica?

Essa mesma indagação, não muito tempo atrás, fomentou um acirrado debate entre o filósofo Emanuele Severino (falecido em 2020, Professor emérito da Universidade de Veneza e Professor da Universidade Vita-Salute San Raffaele de Milão) e o jurista Natalino Irti (Professor da Universidade de Roma).

A íntegra do debate, realizado em dois atos com escritos contrapostos, foi publicada pela *Laterza* em 2001[1] e traz reflexões interessantes para, hoje, compreender como é oportuno o livro "Para além dos dados pessoais: mercantilização da privacidade e desafios à regulação".

Emanuele Severino, o filósofo, sustentou, em sentido coerente com escritos anteriores, que a "técnica tende à onipotência" e, assim, de instrumento de outras forças que dela se servem (como, por exemplo, o mercado, a política), passa a figurar como *escopo* que se *serve* das outras forças.

Essa situação, que segundo o autor já se encontrava presente no início do século XXI, provém da constatação que a técnica não se submete a determinados escopos excludentes. O único escopo da técnica seria ampliar a potencialidade, ao infinito, de realizar outros escopos técnicos.

Justamente por isso, a técnica sobrepor-se-ia a outros meios de regulação (v.g., o direito, a moral, a religião, a estética) que, necessariamente, seriam excludentes. O direito, por exemplo, quando escolhe interditar uma conduta, exclui esta opção dentre as diversas possíveis. A técnica, por sua vez, tem por escopo apenas afastar qualquer limite à ampliação técnica, independentemente dos escopos. Haveria, portanto, uma neutralidade de conteúdo. Em relação ao direito, a técnica provocaria a criação de normas que tivessem por objetivo impedir as restrições ao desenvolvimento de novas técnicas,[2] assim, de objeto do

---

[1] IRTI, Natalino; SEVERINO, Emanuele. *Dialogo su diritto e tecnica*. Roma: Laterza, 2001.
[2] "Con la dominazione della tecnica – un processo, ripeto, tuttora in atto – la norma rimane (infatti lo scopo è il contenuto della norma e, si è detto, con quella dominazione lo scopo rimane); ma,

fenômeno de normatização, a técnica passaria a ser o sujeito da criação de normas.

Em apertada e provocante síntese. O debate entre positivismo jurídico e jusnaturalismo estaria superado em favor de uma nova tendência: o justecnicismo.

Natalino Irti, por sua vez, criticou o conteúdo antipolítico do pensamento de Severino: a técnica, e sua pretensão de onipotência, conviveria com outras forças sociais que se digladiariam, de forma dinâmica, em busca de uma prevalência. Seria incorreto, assim, erigir a técnica à posição de uma nova *Grundnorm*.

A pretensão à onipotência da técnica não poderia ser confundida como um estágio posto e insuperável de *poder absoluto e supremo*. O conflito entre os escopos de diferentes matizes encontra-se em um antagonismo dinâmico na esfera política, *locus proprio* para que as normas jurídicas sejam criadas segundo o processo democrático.

Essa "regra do jogo" não teria sido abolida, por maiores que sejam os avanços da técnica, sendo incorreto predeterminar que a técnica sempre prevalecerá no confronto com outras normas, valores, princípios, escopos que digladiam a obtenção de uma posição predominante no cenário político.[3]

Irti, ao debater com Severino, assevera: "Seria totalmente em vão jogar uma partida que já é decidida no início (...). Diante da afirmação de Severino acerca da "incapacidade das normas não tecnológicas continuarem a ser princípios ordenadores da técnica" restaria ao jurista

---

appunto, la norma non ha carattere politico, giuridico, morale, economico, ecc., ma è la regola capace di impedire che l' operatività tecnologica resti subordinata alle norme che ancora si illudono di regolare la tecnica — e che pertanto sono destinate a trasformarsi, da regole, in regolati" (SEVERINO, Emanuele. Atto primo. *In*: IRTI, Natalino; SEVERINO, Emanuele. *Dialogo su diritto e tecnica*. Roma: Laterza, 2001a, p. 36-37); *"Nei miei scritti si mostra – in ciò consiste appunto tale fondazione – che la storia dell'Occidente è un processo inevitabile, 'necessario', nel quale la filosofia contemporanea perviene alla coscienza dell' impossibilità di ogni verità e di ogni essere immutabile, e pertanto toglie ogni limite alla dominazione della tecnica; e si mostra che la tecnica, in questa sua relazione oggettiva alla filosofia contemporanea, è 'destinata' a diventare lo scopo supremo delle forze che ancora oggi ritengono di potersi servire della tecnica come mezzo supremo"* (SEVERINO, Emanuele. Atto secondo. *In*: IRTI, Natalino; SEVERINO, Emanuele. *Dialogo su diritto e tecnica*. Roma: Laterza, 2001b, p. 75-76).

[3] *"La pretesa della tecnica non sta sopra, ma dentro il conflitto con avverse pretese di totalità. Essa non può trarsene fuori; e, se vuole dominare e reprimere gli altri scopi, deve, per così dire, accettare le regole del giuoco: do quel giuoco politico (democratico, autocratico che sia), da cui si generano le norme giuridiche. (...) La pretesa maggioritaria non assume il rango di norma suprema, ma è norma tra norme, esposta, non diversamente dalle altre, alle inattese oscillazioni della volontà popolare o delle assemblee elettive"* (IRTI, Natalino. Atto secondo. *In*: IRTI, Natalino; SEVERINO, Emanuele. *Dialogo su diritto e tecnica*. Roma: Laterza, 2001, p. 56-58).

apenas um dilema: ou colocar-se à serviço da técnica (...) ou fechar-se em um nobre e honroso silêncio".[4]

O livro que ora se apresenta ao público decide não silenciar.

O leitor encontrará nas páginas que se seguem questões, propostas de solução, análise das regras de direito positivo e da jurisprudência e, sobretudo, caminhos possíveis (direito regulatório, autorregulação, direito regulatório responsivo) para que, no presente e no futuro, não se estabeleça uma supremacia da técnica tal como, com melancolia, a literatura do gênero distopia tantas vezes já desenhou para o futuro da humanidade.

Ecce libro!

Rodrigo Xavier Leonardo
Advogado. Professor Associado de Direito Civil na UFPR. Chefe do Departamento de Direito Civil e Processual Civil na UFPR (2019-2022). Mestre e Doutor em Direito Civil na USP.

---

[4] IRTI, Natalino. Atto secondo. *In*: IRTI, Natalino; SEVERINO, Emanuele. *Dialogo su diritto e tecnica*. Roma: Laterza, 2001, p. 60-61.

INTRODUÇÃO

O personagem Irineu Funes, o Memorioso, do ensaísta argentino Jorge Luis Borges, vivia soterrado por lembranças. Sua capacidade de apreender e catalogar todo e qualquer detalhe (até mesmo cada folha de cada árvore em cada monte) colocava-o como um autômato "solitário e lúcido espectador de um mundo multiforme, instantâneo e quase intolerantemente preciso",[1] vagando irracionalmente por meio dos escombros de suas ricas e detalhada lembranças.

Essa ficção literária, datada de 1944, serve como analogia para a realidade atual: o acúmulo, leitura e catalogação incalculável de dados e informações pessoais, coletados de forma minuciosa a partir de recursos tecnológicos variados, que colocam (ou tentam colocar) o mundo (e sobretudo as pessoas) em aparente exatidão, com análises preditivas direcionadas para classificação e extração de vantagens competitivas pelo setor privado.

Desde os sensores embutidos nas câmeras instaladas em portas interativas dos metrôs, passando pelas escutas insertas em brinquedos infantis, celulares e *smart TVs*, chegando até mesmo ao acesso de dados captados por dispositivos de marca-passo, é certo que a tecnologia espraiou suas raias pelo anfêmero, acumulando quantidade infindável e detalhada de dados pessoais, que foram revertidos, gradativamente, em matéria-prima substancial para a formulação das técnicas de *marketing analytics*, ou seja, para compreender padrões, formular estratégias empresariais, assumir riscos e tomar melhores decisões de negócio.

---

[1] BORGES, Jorge Luis. Funes, o Memorioso. *In*: BORGES, Jorge Luis. *Obras Completas*. 14. ed. Buenos Aires: Emecé, 1984, p. 485–490, p. 485. Tradução livre.

Noutras palavras, por meio da obtenção e organização de dados dos consumidores e potenciais clientes, viabilizada hoje por algoritmos que operam velozmente em *Big Data*, o setor privado alcançou assertividade para formular suas estratégias de mercado, com conclusões que apontam, por exemplo, (i) para os riscos de concessão de crédito, auxiliando na calibragem dos juros; (ii) questões de saúde dos segurados, o que facilita na formatação dos preços para planos de saúde e medicamentos; (iii) tendências econômicas, assegurando a diversificação e segmentação dos serviços e produtos; (vi) características singulares e sensíveis dos indivíduos, com direcionamento publicitário certeiro, a partir da personalização da propaganda e do estímulo ao consumo.

Se, por um lado, esse fenômeno gera um poderoso arsenal competitivo para as organizações, uma frequente facilitação no cotidiano do consumidor e também traduz inúmeros benefícios sociais (sustentabilidade, eficiência, melhor comunicação entre os polos da cadeia de consumo, redução dos riscos financeiros às companhias, diversificação nos produtos e serviços etc.), por outro, pode repercutir em danos sensíveis aos cidadãos e até mesmo à sobrevivência das democracias.

E exemplos não faltam. Birôs de crédito descalibrados, com discriminação algorítmica formulada a partir da coleta de dados pessoais, encaixam determinados sujeitos em específicas categorias de menor confiabilidade, dificultando o acesso ao crédito e alimentando a marginalidade de grupos. A Consumer Federation of America e a National Credit Reporting Association pesquisaram 500.000 *credit scores* e 1.700 *credit reports* e concluíram, ao fim, que 1/5 de todos os consumidores haviam sido classificados em categorias de risco mais acentuadas, em razão de *credit scores* desajustados. As consequências financeiras, decorrentes desses equívocos, eram desastrosas. Calcula-se a perda de 124.000 dólares por consumidor, na hipótese de crédito hipotecário, caso o solicitante estivesse na categoria de risco *subprime*, em vez das taxas mais vantajosas referentes à camada *prime market*.[2]

E mais: Em 2011, a rede americana Target enfrentou uma delicada situação: Com base na leitura e no gerenciamento de dados pessoais sensíveis coletados por ferramentas *online*, descobriu-se precocemente a gravidez de uma adolescente, antes mesmo da família ser comunicada. Com base nessa descoberta, a varejista passou a encaminhar

---

[2] BUCHNER, Benedikt. *Informationelle Selbstbestimmung im Privatrecht*. Tubingen: Mohr Siebeck, 2006, p. 125 *apud* MENDES, Laura Schertel. *Privacidade, proteção de dados e defesa do consumidor*. São Paulo: Saraiva, 2019, p. 116.

cupons de desconto em itens de vestuário de bebês para a residência da adolescente. O pai da jovem, bastante incomodado com a agressiva estratégia publicitária, acusava a loja de promover a gestação precoce, sendo, contudo, posteriormente surpreendido pela notícia de confirmação da gravidez da filha. Tudo isso, frise-se, baseado na leitura e cruzamento de informações sensíveis coletadas por ferramentas *online* e armazenadas em *Big Data*.

O famoso escândalo da empresa britânica Cambridge Analytica (CA) também diagnostica os elevados riscos alcançados pela apreensão irrestrita de dados pessoais por razões privadas. Por meio de uma parceria comercial estabelecida entre a EMPRESA BRITÂNICA CAMBRIDGE ANALYTICA e o Facebook, criou-se um complexo sistema de direcionamento de publicidade eleitoral personalizada, com o objetivo de angariar apoiadores para determinado candidato. No sistema criado, por meio de apenas um usuário monitorado era possível obter informações sobre um grande grupo de pessoas (aproximadamente outros 340 indivíduos).

As informações sobre localização e interesses pessoais eram recolhidas e analisadas para desvendar traços de personalidade como: extroversão, benevolência, consciência, estabilidade emocional e abertura à experiência, assim como seus opostos. Em 2018, o *New York Times* publicou um artigo[3] dando conta de que a empresa britânica teria dados pessoais de pelo menos 50 milhões de usuários. Todo o episódio levou a uma extensa investigação, não apenas por suspeitas de manipulação eleitoral e alimentação de redes de *fake news* nas eleições dos Estados Unidos da América (EUA), mas também sobre o envolvimento da CAMBRIDGE ANALYTICA no *BREXIT*,[4] bem como nos conflitos entre Rússia e Ucrânia.

Para o Direito, a solução de conflitos dessa natureza esteou-se, por muito tempo, em uma atualização hermenêutica – jurisprudencial e doutrinária – do direito à privacidade. Colorido por um ideário burguês, o *"right to be alone"*, originalmente elaborado por Samuel Warren e Louis Brandeis em artigo datado de 1890,[5] nasceu como uma espécie

---

[3] FACEBOOK and Cambridge Analytica: What You Need to Know as Fallout Widens. *The New York Times*, Nova Iorque, 19 mar. 2018. Disponível em: https://www.nytimes.com/2018/03/19/technology/facebook-cambridge-analytica-explained.html. Acesso em: 6 jul. 2022.

[4] Expressão derivada da junção das palavras *british* e *exit*, designando o processo de saída do Reino Unido do bloco da União Europeia.

[5] WARREN, Samuel; BRANDEIS, Louis. The right to privacy. *Harvard Law Review*, Cambridge, v. 4, nº 5, 15 dez. 1890. Disponível em: https://faculty.uml.edu/sgallagher/

de retaliação jurídica contra as obstinadas intromissões dos jornalistas e veículos de imprensa em ambientes privados da elite da época. No entanto, com o desenvolvimento tecnológico, as escandalosas reportagens veiculadas pelo semanário *Saturday Evening Gazette,* de Boston, que angustiavam a família Warren no século XIX, perderam o protagonismo, dando espaço à compreensão dos riscos gerados à privacidade a partir da vigilância silenciosa – e aparentemente inofensiva – empreendida pelo Estado por meio da gestão de bancos de dados pessoais.

É neste contexto, de plasticidade e ampliação do centro gravitacional do direito à privacidade, que se passa a reconhecer a fragilidade da identificação desse direito apenas a partir da intromissão de terceiros em espaços físicos, encaminhando, sucessivamente, o conceito para o abrigo de defesa do percurso da informação pessoal, de proteção de dados pessoais, principalmente em apreço à massificação da coleta e gestão por meios digitais. Aqui, pouco a pouco, já não se fala tão somente dos riscos de monitoramento dos cidadãos pelo Estado, mas sobretudo pelas organizações privadas, que, impulsionadas pelo barateamento da gestão de arquivos, tornam o monitoramento *online* um fator competitivo para o negócio. É a substituição da figura do vigilante *"grande irmão"* por *"pequenos irmãos"*, em alusão à clássica obra de George Orwell, *1984*.[6]

Com isso, os problemas relacionados aos caminhos da informação pessoal deixaram de encontrar abrigo apenas no conteúdo do direito à privacidade. Danos que em sua origem repercutiam tão só na mera violação de um atributo da personalidade, intangível, passam a repercutir em prejuízos de cunho negocial, financeiro, de participação política, de discriminação e segregação de grupos e manipulação de massas, revelando uma faceta mais severa da sociedade de vigilância.

Da flexibilidade do direito à privacidade, que gradualmente albergou a proteção de dados pessoais, normas mais específicas foram surgindo, estimuladas sobretudo por escândalos mundiais, como o caso Edward Snowden, que revelou os mecanismos de espionagem *online* praticada pelo governo dos EUA contra diversos países, e o CAMBRIDGE ANALYTICA, episódio de manipulação eleitoral anteriormente assinalado.

Brandeisprivacy.htm. Acesso em: 10 dez. 2020.

[6] ORWELL, George. *1984*. Trad. Alexandre Hubner e Heloísa Jahn. São Paulo: Companhia das Letras, 2009.

No Brasil, são três as principais Leis que, irradiadas do direito à privacidade, disposto no Código Civil, debruçaram-se, em maior ou menor grau, sobre a temática.

Em primeiro, o CDC, em seu artigo 43,[7] disciplinou brevemente os arquivos de consumo, notadamente aqueles destinados à proteção de crédito. Sua formulação, a despeito de ser dotada de certa amplitude, remete às condutas empresariais de uma dada época, tempo em que a coleta e gerenciamento de dados pessoais tinha maior aderência à mera tentativa de redução dos riscos de inadimplência. Nascidos para substituir os chamados informantes (profissionais contratados pelas empresas para verificar, diária e pessoalmente, as referências que o candidato de crédito apresentara no momento da aquisição de um bem ou serviço), os arquivos de consumo logo ocuparam as discussões legislativas sobretudo por conta da baixa clareza dos parâmetros utilizados pelos arquivistas para as classificações de risco e a ausência de limite temporal para o uso de informações negativas.

No entanto, considerando-se sua abrangência limitada, própria de um microssistema que se aplica tão somente às relações de consumo, bem como o nítido descompasso de alguns dos comandos da Lei com a sociedade digitalizada, restou evidenciada a incapacidade do CDC de regular, de forma satisfatória e completa, a proteção de dados pessoais em um cenário de popularização do uso da tecnologia.

Em segundo, o MCI[8] figurou como a primeira Lei que versou, com especificidade na matéria, sobre o ambiente digital. Tratado como um dos mais avançados regramentos à época, e com uma formulação colaborativa (que agremiou a participação de diferentes atores envolvidos no uso e regulação da internet), o MCI trouxe em seu bojo (i) princípios e direitos dos usuários no tocante à proteção de dados pessoais; (ii) políticas de retenção de dados; e (iii) hipóteses de uso pelo setor privado.

O grande impasse da Lei (e também do seu Decreto regulamentador), porém, é a estrutura regulatória formulada. Isso porque há imprecisão na distribuição das competências de fiscalização e direção

---

[7] BRASIL. Lei nº 8.078, de 11 de setembro de 1990. Dispõe sobre a proteção do consumidor e dá outras providências. *Diário Oficial da União*, Brasília, 12 set. 1990. Disponível em: http://www.planalto.gov.br/ccivil_03/leis/l8078compilado.htm. Acesso em: 30 jun. 2022.
[8] BRASIL. Lei nº 12.965, de 23 de abril de 2014. Estabelece princípios, garantias, direitos e deveres para o uso da Internet no Brasil. *Diário Oficial da União*, Brasília, 24 abr. 2014a. Disponível em: http://www.planalto.gov.br/ccivil_03/_ato2011-2014/2014/lei/l12965.htm. Acesso em: 12 jun. 2022.

do mercado, que, pela dicção da Lei, seriam em grande parte exercidas pela Agência Nacional de Telecomunicações (ANATEL) – autarquia que detém atribuição legal para fiscalizar empresas de telecomunicações, e não os entes que protagonizam hoje a grande parte dos abusos cometidos no que se refere ao uso de dados pessoais (como é o caso, por exemplo, dos escândalos envolvendo o Facebook).

Por fim, em terceiro, tem-se a LGPD,[9] recentemente em vigor no Brasil.

Dotada de tom principiológico, seguido de direitos correlatos, a referida Lei tenta manter atualizado o diálogo entre o direito positivado e as rápidas transformações tecnológicas refletidas na sociedade contemporânea. Atenta-se para evitar as chamadas *"sunset rules"*,[10] ou seja, normas que já despontam fadadas à obsolescência precoce, ante a constante evolução e desenvolvimento da sociedade.

Mas será que a simples formulação de princípios e entrega de direitos subjetivos pelo legislador é suficiente, por si só, para neutralizar os abusos cometidos a partir do fluxo de dados pessoais?

Considerando-se a multiplicidade quase infinita de dados circulando, será que a autodeterminação informativa, como uma espécie de devolução da propriedade do dado ao seu titular, é uma ingenuidade, ou um mecanismo realmente eficaz para harmonizar interesses conflitantes?

Sabe-se que, diferentemente das demais leis que abordaram o assunto, a LGPD preocupou-se em viabilizar uma estrutura de regulação estatal especializada, a Autoridade Nacional de Proteção de Dados (ANPD), focalizada especificamente para conduzir, fiscalizar e punir os controladores e operadores de dados, promovendo, ao menos em tese, uma cultura de proteção à privacidade digital.

Mas como operacionalizar essa atuação, fugindo da perniciosidade de uma intervenção estatal rígida e punitivista, porém sem cair no discurso simplista de uma autorregulação privada? O presente trabalho, cuidando dessas peculiaridades e tentando, ao máximo, promover algum diálogo entre a Lei, a realidade prática e os anseios de uma sociedade que pouco se preocupa com o fluxo dos seus dados

---

[9] BRASIL. Lei nº 13.709, de 14 de agosto de 2018. Lei Geral de Proteção de Dados Pessoais (LGPD). *Diário Oficial da União*, Brasília, 15 ago. 2018a. Disponível em: http://www.planalto.gov.br/ccivil_03/_ato2015-2018/2018/lei/l13709.htm. Acesso em: 14 jun. 2022.

[10] RODOTÀ, Stefano. Privacy e construzione della sfera privata. Ipotesi e prospettive. *Politica del Diritto*, Bologna, nº 1, ano XXII, p. 521–546, 1991, p. 543.

hoje, expõe provocações, fragilidades da Lei e, ao fim, uma possível proposta para o agir público.

Para construção do raciocínio e resposta das indagações, o trabalho está subdividido em quatro partes.

Na primeira e segunda partes, são elaboradas algumas premissas, com um aprofundamento teórico sobre o direito à privacidade, sua origem, limites e flexibilização conceitual, que assegurou o alcance da proteção de dados pessoais em seu âmago. Nesse segmento, também, estão dispostas as diferenças e peculiaridades existentes entre o *right to be alone* e a proteção de dados pessoais, sobretudo com relação ao caráter sistêmico das violações e danos decorrentes hoje do uso malicioso de *Big Data* – exigindo, assim, uma solução jurídica diversa daquela empregada para coibir abusos decorrentes de intromissões físicas em espaços de solitude (a acepção clássica da privacidade).

Na terceira parte estão referenciadas as legislações que, no Brasil, tratam, diretamente ou de forma reflexa, do tema. Iniciando-se pelo CDC e pelo MCI, insuficientes para disciplinar o uso abusivo de dados pessoais, chegando até a LGPD, que estruturou um agir estatal regulatório para complementar e atualizar a Lei, bem como fiscalizar e dirigir o mercado.

Na última parte, a partir dessa regulação celebrada pela LGPD, são apresentadas possibilidades de atuação da figura estatal, contrastando a regulação verticalizada, meramente impositiva, e a autorregulação, para, ao fim, propor o uso da teoria do direito regulatório responsivo para operacionalizar a proteção de dados pessoais a partir de uma lógica escalonada de intervenção, com uso de ferramentas persuasivas e conciliatórias – essenciais para promover uma mudança cultural.

CAPÍTULO 1

DIREITO À PRIVACIDADE E PROTEÇÃO DE DADOS: ENTRE A DEFESA DA PERSONALIDADE E OS INTERESSES MERCADOLÓGICOS

1.1 O embrião de um novo direito e a consagração da solitude

Aquilo "que é sussurrado no quarto será proclamado dos telhados".[11] A evolução tecnológica foi capaz de criar potentes lunetas, microfones miniaturizados, sensores, dispositivos de rastreamento e outros objetos aptos a invadir qualquer ambiente privado. Ao lado disso, a própria evolução da sociedade ocidental,[12] com a concentração populacional, o empoderamento da elite comerciária e o estreitamento das inter-relações humanas fez com que o contato pessoal fosse mais frequente e próximo, restringindo o campo individual e submetendo cada vez mais o sujeito ao coletivo.[13]

A privacidade,[14] como um direito autônomo de proteção ao *resguardo* e de defesa da vida íntima dos indivíduos, surge, notadamente,

---

[11] WARREN, Samuel; BRANDEIS, Louis. The right to privacy. *Harvard Law Review*, Cambridge, v. 4, nº 5, 15 dez. 1890. Disponível em: https://faculty.uml.edu/sgallagher/ Brandeisprivacy.htm. Acesso em: 10 dez. 2020.

[12] Alan Westin traz exemplos de sociedades que não se aproximam de uma valorização da privacidade como o mundo ocidental, como os Tikopia da Polinésia, que dormiam todos juntos, misturando gerações e gêneros (WESTIN, Alan. *Privacy and freedom*. New York: Ig Publishing, 2015, p. 11).

[13] ARENHART, Sérgio Cruz. *A tutela inibitória da vida privada*. v. 2. São Paulo: Revista dos Tribunais, 2000, p. 45.

[14] Como uma nomenclatura que unifica os valores agasalhados pelos termos intimidade e vida privada.

a partir do artigo intitulado *The Right to Privacy*,[15] publicado na *Harvard Law Review* em 1890, subscrito pelos advogados Samuel Warren e Louis D. Brandeis.

Àquele tempo, a Sra. Warren, uma jovem dona de casa de Boston, realizava inúmeros eventos em sua residência. Ela era filha de um senador de Delaware e mulher de um jovem e bem-sucedido advogado, Samuel Dennis Warren. A família circulava com frequência entre os jornais, mais especificamente no *Saturday Evening Gazette*, de Boston, que cobria suas festas expondo minúcias altamente pessoais e embaraçosas.[16]

O estopim da conflituosa relação entre os jornais e a família Warren foi o furo na ocasião do casamento de uma das filhas, o que fez Samuel socorrer-se do jurista Brandeis,[17] a fim de verificar a existência, no *common law*, de uma engrenagem normativa apta a proteger a vida íntima da classe burguesa. Propôs-se, assim, o reconhecimento de um direito geral à *privacidade*, reconstruível[18] por meio dos casos de violação

---

[15] Importa destacar que no mencionado artigo os autores não definem estritamente o *right to privacy*. Essa é uma citação da obra do magistrado norte-americano Thomas Cooley, de 1879 (DONEDA, Danilo. *Da privacidade à proteção de dados pessoais*. Rio de Janeiro: Renovar, 2006, p. 105).

[16] PEIXOTO, Erick Lucena; EHRHARDT JUNIOR, Marcos. Breves notas sobre a ressignificação da privacidade. *Revista brasileira de Direito Civil*, Belo Horizonte, v. 16, p. 35–56, abr./jun. 2018, p. 40.

[17] "São variadas, e por vezes desencontradas, as versões sobre o contexto que originou o artigo de Warren e Brandeis. Para William Prosser, a iniciativa teria partido de Samuel Warren, devido à sua insatisfação com as bisbilhotices dos jornais de Boston sobre a intensa vida social de sua esposa. Para Alfred Lief, a história teria sido um pouco diferente: Samuel Warren seria casado com Mabel Boyard, filha do embaixador da Grã-Bretanha nos Estados Unidos, o que despertava, pela posição social da família, a curiosidade dos repórteres. Certa feita, Warren teria ficado indignado com o assédio dos fotógrafos a sua filha, ainda bebê, motivando o convite de Brandeis para a produção do artigo. Não há, no entanto, unanimidade sobre os fatos que originaram a elaboração do artigo (*Brandeis: The Personal History of an American Ideal*, 1936, p. 51 *apud* Gormley, p. 1349). Contudo, é certo que a atuação da imprensa americana, àquele tempo, era implacável na perseguição de pessoas de considerável posição social. Basta lembrar da cobertura jornalística dispensada ao casamento do presidente Grover Cleveland, em 1886: um batalhão de repórteres e fotógrafos perseguindo o casal em sua viagem de lua-de-mel, descrevendo em detalhes cenas da intimidade do presidente e sua esposa" (SAMPAIO, José Adércio Leite. *Direito à intimidade e à vida privada*. Belo Horizonte: Delrey, 1998, p. 58).

[18] Do instituto da propriedade, os autores extraíram o direito de afastar interferências indesejadas, sobretudo com relação às obras intelectuais, de conteúdo imaterial. Dos casos de difamação, reportaram a existência de uma proteção legal da honra e da estima dos indivíduos, que justificaria a posição nuclear do ser humano nos ordenamentos. Por fim, da quebra da confiança, compreenderam pela existência de uma defesa à plenitude das relações, na qual a confiança depositada pelo sujeito, quando amparada por elementos fidedignos, se tornaria legalmente resguardada (WARREN, Samuel; BRANDEIS, Louis. The right to privacy. *Harvard Law Review*, Cambridge, v. 4, nº 5, 15 dez. 1890. Disponível em: https://faculty.uml.edu/sgallagher/Brandeisprivacy.htm. Acesso em: 10 jul. 2020).

de propriedade (*property*), da confiança (*breach of confidence*), do direito do autor (*copyright*) e também dos casos de difamação (*defamation*).[19] Pavimentado por elementos de diferentes institutos jurídicos, o artigo alcançou, com sucesso, a elaboração do novo direito,[20] de onde emergia:[21]

a) O objeto da proteção, do âmago de estar só, compreendia pensamentos, fatos, emoções e sentimentos do indivíduo, independentemente da forma de sua expressão ou ambiente em que se manifestasse;

b) Embora se assemelhasse ao direito à reputação, dele se diferençava, pois, a violação àquele era vista como uma injúria feita ao indivíduo em suas relações externas com a comunidade, enquanto o direito defendido por Warren e Brandeis protegia o sentimento íntimo das pessoas, mesmo contra a imputação de fatos verdadeiros e independentemente do intuito malicioso do invasor;

c) Não se confundia com o direito de propriedade intelectual ou artística, com o *copyright*, pois a proteção oferecida independeria do valor pecuniário, artístico ou do mérito intrínseco da obra, bastando que o indivíduo externasse sua intenção de reservar determinados fatos para si ou para um círculo fechado de amigos;

d) Do ponto de vista de sua natureza, o *right to be alone* seria distinto do instituto da propriedade, aproximando-se de um direito mais geral de imunidade da pessoa: o direito à sua personalidade.

A tese experimentou maciça aceitação.[22] O Tribunal de Nova Iorque, pouco tempo depois da publicação, no caso *Marks vs. Jaffa*, utilizou pela primeira vez a nomenclatura lançada pelos dois advogados, ao julgar favoravelmente uma causa em que se discutia a licitude da

---

[19] LIMBERGER, Têmis. *Direito à intimidade na era da informática*. Porto Alegre: Livraria do Advogado, 2007, p. 55.

[20] LIMBERGER, Têmis. *Direito à intimidade na era da informática*. Porto Alegre: Livraria do Advogado, 2007, p. 55.

[21] SAMPAIO, José Adércio Leite. *Direito à intimidade e à vida privada*. Belo Horizonte: Delrey, 1998, p. 60.

[22] Também nessa fase inicial de assimilação do *right to be alone*, a Suprema Corte da Geórgia, já em 1905, reconheceria, com base no direito a estar só, o dever de indenizar de uma companhia de seguros e de um fotógrafo em razão da utilização não consentida da imagem de Paolo Pavesh em uma campanha no jornal (BRUTAU, José Puig. *Fundamentos de derecho civil*. Tomo II. Barcelona: Bosch, 1993, p. 236).

utilização da imagem de um ator para promoção de um concurso contra o qual ele se opunha.[23] Em linhas gerais, o editor de jornal réu, Jaffa, incluiu o ator Marks em uma votação para que os leitores decidissem, entre ele e outro artista, qual seria o mais popular para o público. O Tribunal, após amplo debate dos fatos, reconheceu:

> A ação pode parecer nova, mas não há dúvida sobre o direito do requerente de alívio, independentemente da quantidade de danos que ele pode recuperar por lei. Se uma pessoa deve ser obrigada a participar de um concurso para ser exposta a críticas públicas, ela poderia ser solicitada a submeter-se ao mesmo teste que sua honestidade ou moralidade, ou qualquer outra virtude ou vício que eventualmente possuísse, e a vítima selecionada teria que justificar seu caráter em relação à virtude ou ao vício selecionado, ou ser declarado inferior ao seu concorrente, uma comparação que pode ser muito odiosa. Na verdade, ele pode ser colocado em competição com uma pessoa cuja associação pode ser particularmente ofensiva e prejudicial para a ele. Tal erro não está isento de remédio. Nenhum jornal ou instituição, por melhor que seja, tem o direito de usar o nome ou a imagem de alguém para esse fim sem o seu consentimento. Um indivíduo tem direito a proteção pessoal e propriedade, e agora o direito à vida passa a significar o privilégio de desfrutar a vida, sem a publicidade ou aborrecimento de um concurso de loteria realizado sem razão, cujo resultado é alcançar, pelo menos em estimativa pública, o valor do caráter privado ou o valor da capacidade do sujeito. Nesses casos, os tribunais garantirão ao indivíduo o direito de "ser deixado em paz". Os direitos privados devem ser respeitados, bem como os desejos e sensibilidades das pessoas. Quando sujeitos transgridem a lei ou se apresentam como candidatos públicos, justificam a crítica e não devem reclamar disso. Mas quando estão satisfeitos com a privacidade de suas casas, eles *têm* direito à paz de espírito e não podem ser incluídos pela imprensa em um concurso não querido.[24]

Outro caso interessante e representativo do direito à privacidade nos tribunais àquele tempo, mas que contou com uma discussão diversa acerca dos seus contornos e limitações, é a trágica história de vida de William Sidis. Em 1910, William falava desembaraçadamente aos mais ilustres matemáticos sobre assuntos tão abstratos quanto difíceis.

---

[23] DOTTI, René Ariel. A liberdade e o direito à intimidade. *Rev. Inf. Legislativa*, Brasília, v. 17, nº 66, p. 125–152, abr./jun. 1980, p. 133.
[24] ESTADOS UNIDOS DA AMÉRICA (EUA). *Marks v. Jaffa*. 1 dez. 1893. Disponível em: https://casetext.com/case/marks-v-jaffa. Acesso em: 10 jul. 2020.

Com 16 anos graduou-se em Harvard, sendo considerado um prodígio mental, mas desapareceu da vida pública e os jornais não mais o mencionaram. Em 1937, porém, o semanário *The New Yorker* noticiou como o jovem, após a formatura, ocultara seus passados êxitos para levar uma vida deliberadamente retirada, com taras e manias peculiares. A matéria encerrava-se descrevendo a humilde habitação em que vivia o antigo menino prodígio, num bairro pobre de Boston. Sidis, irresignado com a devassa pública de sua vida íntima, ingressou com uma demanda reparatória em face do periódico, que, após regular trâmite, foi julgada improcedente, sob o pretexto de proteção do direito à informação.[25]

É certo que, afiançada por uma teoria de fundo doutrinário e elitista, e conteúdo pouco objetivo, a privacidade experimentava, assim, evoluções e retrações nos tribunais americanos, sendo frequentemente confundida com outros direitos parcialmente correlatos (proteção à imagem, honra, voz...). O impulso notável, nos EUA, ocorreu somente em 1965 (coincidentemente acompanhado pelas normativas internacionais debruçadas sobre a matéria[26]), a partir da lide *Griswold vs. Connecticut*, quando a Suprema Corte Americana declarou que o direito à intimidade estaria implicitamente contemplado na Constituição dos EUA, conferindo-lhe notável extensão.[27] O caso apreciava a constitucionalidade da *Lei de Comstock*, que proibia a venda, pelo serviço postal americano, de quaisquer materiais considerados obscenos – o que, àquele tempo, incluía medicamentos contraceptivos. A Suprema Corte Americana na oportunidade reconheceu que a Lei Federal violava a privacidade conjugal e, sobretudo, inviabilizava a liberdade de escolha do casal acerca do adequado momento de ter filhos.

---

[25] DOTTI, René Ariel. A liberdade e o direito à intimidade. *Rev. Inf. Legislativa*, Brasília, v. 17, nº 66, p. 125–152, abr./jun. 1980, p. 139.

[26] Em âmbito internacional, a privacidade foi tutelada, pela primeira vez, na *Declaração Americana dos Direitos e Deveres do Homem*, de 1948, com a seguinte disposição: "Toda pessoa tem direito à proteção da lei diante de ataques abusivos à sua honra, à sua reputação e à sua vida particular e familiar". Seis meses depois, foi aprovada a *Declaração Universal dos Direitos do Homem*, que, em seu artigo 12, também contemplava a proteção à privacidade. Na sequência, a *Convenção Europeia dos Direitos do Homem e das Liberdades Fundamentais*, de 1950, o *Pacto Internacional de Direitos Civis e Políticos*, de 1966, a *Convenção Americana sobre Direitos Humanos*, de 1969, acompanharam a disciplina internacional sobre o novo direito surgido (FERREIRA, Rafael Freire. *Autodeterminação informativa e privacidade na sociedade da informação*. Rio de Janeiro: Lumen Juris, 2018, p. 86). A disciplina em tratados internacionais, contudo, foi estimulada tanto por fatores sociais e políticos globais, com o Pós-Segunda Guerra, como pela movimentação interna de diversos países no tocante ao reconhecimento da privacidade como um bem jurídico.

[27] LIMBERGER, Têmis. *Direito à intimidade na era da informática*. Porto Alegre: Livraria do Advogado, 2007, p. 203.

A decisão certamente pavimentou o caminho para a normatização da privacidade nos estados norte-americanos. Alguns casos notórios, no entanto, mesmo décadas mais tarde, permaneciam expressando a nebulosidade e incompreensão do conceito pelas cortes locais – denotando o forte peso moral que repousava sobre o *right to be alone* ainda no século XX. Sublinhe-se: (i) em 1986, no caso *Bowers v. Hardwick*, a Suprema Corte dos EUA definiria como constitucional a Lei da Geórgia que proibia determinadas práticas sexuais feitas consensualmente por adultos em ambientes privados. Nesse episódio, o Tribunal entendeu que proteger a "sodomia homossexual" representaria a anulação dos "ensinamentos morais milenares"[28] e não deveria ser socorrido pela ciência jurídica; (ii) em 1989, a Suprema Corte de Massachusetts afirmou que a realização de testes aleatórios de drogas nos trabalhadores de uma pista de corrida de cavalo era ilícita. Já a Suprema Corte do Alasca, no mesmo ano, defenderia que o direito à privacidade não se aplicava aos trabalhadores privados, sendo que os testes de drogas deveriam ser realizados de forma razoável (no horário de trabalho e com comunicação prévia aos envolvidos).

Mas não é só. Para além do território norte-americano, a despeito do surgimento da privacidade como direito autônomo ser reconhecido, normalmente, a partir das acepções de Warren e Brandeis, há, por certo, uma infinidade de casos[29] que sustentam a afirmação de que o *common law* já amparava, há um século e meio, a existência de traços da defesa (igualmente nebulosa) deste direito – embora alguns escritores defendam a existência de registros ainda mais antigos, como uma decisão proferida em 1348 sobre a violação de domicílio, quando houve a condenação de um infrator pelo ingresso na residência de terceiro.[30]

---

[28] IDES, Allan. Bowers V. Hard Wick: The Enigmatic Fifth Vote and The Reasonableness of Moral Certitude. *Washington and Lee Law Review*, Lexigton, v. 49, nº 1, p. 93–107, 1992. Disponível em: https://scholarlycommons.law.wlu.edu/cgi/viewcontent.cgi?article=1853 &context=wlulr. Acesso em: 3 abr. 2020.

[29] O caso *Pope vs. Curl*, de 1741, é um exemplo de como discussões laterais, nos tribunais, acabavam por envolver questões relativas à privacidade. Em seu núcleo, o caso diagnosticou como indevida a publicação não autorizada das cartas enviadas pelo poeta Alexander Pope ao romancista Jonathan Swift. (REINO UNIDO. *Pope v. Curl*, London (1741), Primary Sources on Copyright (1450–1900), eds L. Bently & M. Kretschmer. 1741. Disponível em: http://www.copyrighthistory.org/cam/tools/request/showRecord.php?id=record_uk_1741a. Acesso em: 16 dez. 2020).

[30] DOTTI, René Ariel. A liberdade e o direito à intimidade. *Rev. Inf. Legislativa*, Brasília, v. 17, nº 66, p. 125–152, abr./jun. 1980, p. 138.

O emblemático caso *Affaire Rachel*, julgado pelo Tribunal de Sena, reforça as teorias de existência pretérita e esparsa (e um tanto confusa), no ordenamento europeu, de um direito a ser deixado só. No ano de 1858, fotógrafos foram contratados para reproduzir a imagem mortuária da então célebre atriz Elisa Rachel Felix, do teatro clássico francês do século XIX, com a recomendação de que as obras fotográficas seriam de propriedade exclusiva da irmã da atriz. Contudo, os profissionais romperam o compromisso e permitiram o decalque das fotos pela pintora O'Connel. Tal reprodução foi estampada num semanário, levando a irmã de Rachel a demandar a pintora O'Connel no Tribunal Civil de Sena. A causa, posta em discussão, veio a se tornar célebre e servir de paradigma à crônica sobre o direito à privacidade, a despeito de pouco relacionar-se, efetivamente, ao *right to be alone*. O Tribunal acolheu as razões do advogado imperial Pinard, enfatizando que a atriz não havia posado para o retrato e que era direito dos familiares conservar a sua última imagem: "O homem célebre, Senhores, tem o direito de morrer oculto, e se a família, após o último suspiro, quer reproduzir seus restos somente para ela, não se pode, em nome da celebridade que sobrevive à morte, tocar estas coisas".[31]

Em sua decisão, a Corte, presidida por Benoit-Champy, estabeleceu que a ninguém seria dado o direito de, sem consentimento formal da família, reproduzir e dar publicidade a traços de uma pessoa em seu leito de morte, por maior que tivesse sido a sua celebridade e a publicidade ligada aos atos de sua vida[32] – já indicando as ponderações acerca do reconhecimento de proteção dos direitos da personalidade *post mortem*.

É certo, no entanto, como bem demonstram os casos citados, que desde a sua origem, por detrás do manto de uma suposta defesa da personalidade humana, encontrava-se na privacidade um conteúdo individualista, abstrato e elitista burguês,[33] gerado em um momento

---

[31] DOTTI, René Ariel. A liberdade e o direito à intimidade. *Rev. Inf. Legislativa*, Brasília, v. 17, nº 66, p. 125–152, abr./jun. 1980, p. 138.

[32] SAMPAIO, José Adércio Leite. *Direito à intimidade e à vida privada*. Belo Horizonte: Delrey, 1998, p. 56.

[33] Outro exemplo frisante foi o que levou a Corte de Paris, no fim do século XIX, a reconhecer a violação da privacidade e honra da Duquesa D'Urzes, em razão de uma série de fotografias publicadas pelo jornal *Siècle*, nas quais o jornalista Albert Mayer aparecia por detrás da Duquesa, com a mão simulando tocar familiarmente em seu ombro (DOTTI, René Ariel. A liberdade e o direito à intimidade. *Rev. Inf. Legislativa*, Brasília, v. 17, nº 66, p. 125–152, abr./jun. 1980, p. 138).

de efervescência social, econômica e tecnológica (denominado Belle Époque). Sua concepção serviu, em verdade, como um apanágio das pessoas de considerável projeção social – circunstância que permeou o substrato deste direito até meados da década de 1960 do século XX.[34]

Os referidos julgados – acompanhados por outros semelhantes[35] –, seja sob o enfoque americano, com as considerações de Warren e Brandeis, seja sob o olhar europeu, com um direito à privacidade dotado de maior abstração dogmática, denotam que, desde a sua concepção, a privacidade constituiu um conceito polissêmico, nebuloso, enredado em concorrentes e contraditórias dimensões e significados subjetivos.[36] A ausência de um sentido estático nulificou, por vezes, a própria essência da proteção do resguardo, tornando confusos os limites da proteção jurídica e outorgando aos tribunais a difícil tarefa de conformar interesses conflitantes – o que garantiu o uso de elementos altamente morais do julgador, mesmo após a aprovação de leis específicas sobre a temática.

Exatamente como outras expressões que refletem uma relativa abstração, a palavra privacidade pareceu, desde a sua dada origem, englobar tudo, sendo dotada de "ambiguidades perniciosas"[37] e, por vezes, sendo nada em si mesma. Essa amplitude e subjetividade, que formam a primeira premissa deste capítulo, devem ser balizadas pelas mudanças sociais, políticas e econômicas vivenciadas em determinada cultura, sendo essencial para atualizar aquilo que o ordenamento protege como inserto no âmbito privado em dada época.

---

[34] DONEDA, Danilo. *Da privacidade à proteção de dados pessoais*. Rio de Janeiro: Renovar, 2006, p. 12.

[35] Outro exemplo célebre é o julgamento do caso do ex-chanceler Otto von Bismarck pelo Tribunal do Reich alemão, em 1898, que também denota abstração das situações que eram enfileiradas como violação à privacidade. Em síntese, o cadáver de Otto von Bismarck foi fotografado por dois repórteres, no interior da residência do ex-chanceler. Os herdeiros do falecido, irresignados, ingressaram com uma demanda judicial pleiteando a proibição de veiculação das imagens obtidas, e a Corte alemã deu procedência ao pedido, sob o fundamento de ingresso ilegal na residência, e não a partir da proteção de qualquer atributo da personalidade do ex-chanceler falecido ou dos familiares (MIRANDA, Jorge; RODRIGUES JUNIOR, Otavio Luiz; FRUET, Gustavo Bonato. Principais problemas dos direitos da personalidade e estado-da-arte da matéria no direito comparado. *In*: MIRANDA, Jorge; RODRIGUES JUNIOR, Otavio Luiz; FRUET, Gustavo Bonato (orgs.). *Direitos da Personalidade*. São Paulo: Atlas, 2012, p. 15).

[36] POST, Robert C. Three concepts of privacy. *The Georgetown Law Journal*, New York, v. 89, nº 2089, p. 2087–2098, 2000–2001, p. 2087.

[37] LEONARDI, Marcel. *Tutela e privacidade na Internet*. São Paulo: Saraiva, 2011, p. 47.

1.2 Definição conceitual: entre a tentativa de objetivação teórica e a ampliação do âmago do resguardo

Inicialmente, antes mesmo da estrita positivação do direito à privacidade no Brasil, Pontes de Miranda, trazendo as bases de um rigorismo científico apto a justificar a solitude, assinalou o resguardo como efeito da liberdade de fazer e de não fazer. Isso porque, sendo possível não fazer, permitido seria não revelar – a liberdade fundamentaria esse direito. Essa liberdade, inclusive, é que seria direito inato, e o direito a velar a intimidade daí decorreria – como o direito ao sigilo fundamentar-se-ia na liberdade de não se emitir o pensamento ou sentimento. O que está em contato imediato, inato, com a personalidade é o pensar, o sentir e o agir, e não o segredo. Se existe direito a estes, é porque há liberdade de emitir e de não emitir, de fazer e não fazer.[38]

As limitações à intimidade e as limitações à renúncia a ela seriam, por consequência, relativas à liberdade: todos têm de respeitar o mínimo de intimidade[39] e, ao mesmo tempo, ninguém pode ser privado desse mínimo (a penetração na vida privada, com inquéritos e buscas, somente se permite nas espécies previstas em lei, por exemplo)[40].

Alcançou, assim, Pontes de Miranda, uma explicação científica do direito à privacidade: um direito de personalidade nato, efeito do ato-fato jurídico,[41] em cujo suporte fático está o ato-fato da liberdade

---

[38] PONTES DE MIRANDA, Francisco Cavalcanti. *Tratado de direito privado*. Tomo 7. Rio de Janeiro: Borsoi, 1956, p. 126.

[39] O direito à privacidade, nesse ínterim, não apenas traduz um direito ao seu titular, mas, também, impõe um dever correspondente, proibindo que uma pessoa que, por motivos familiares, negociais ou de amizade, teve acesso à vida privada de outra, divulgue essas informações a terceiros sem autorização (BORGES, Roxana Cardoso Brasileiro. *Direitos da personalidade e autonomia privada*. São Paulo: Saraiva, 2007, p. 164).

[40] PONTES DE MIRANDA, Francisco Cavalcanti. *Tratado de direito privado*. Tomo 7. Rio de Janeiro: Borsoi, 1956, p. 126.

[41] "Há outras espécies cujo suporte fáctico prevê uma situação de fato, a qual, no entanto, somente pode materializar-se como resultante de uma conduta humana. (...) Existem outros em que conduta humana involuntária causa danos a terceiros que precisam ser indenizados. Finalmente, há situações em que a inação das pessoas em exercer determinados direitos durante determinado tempo, intencionalmente ou não, acarreta a sua perda ou o seu encobrimento. (...) É evidente que a situação de fato criada pela conduta, comissiva ou omissiva, constitui uma mudança permanente no mundo, passando a integrá-lo definitivamente, sem que haja possibilidade de, simplesmente, ser desconsiderada (como seria possível se se tratasse, exclusivamente, de conduta). Como o ato que está à base da ocorrência do fato é da substância do fato jurídico, a norma jurídica o recebe como avolitivo, abstraindo dele qualquer elemento volitivo que, porventura, possa existir em sua origem; não importa, assim, se houve, ou não, vontade em praticá-lo. Com esse tratamento, em coerência com a natureza das coisas, ressalte-se a consequência fáctica do ato, o fato resultante, sem se dar maior significância à vontade em realizá-lo" (MELLO,

de não emitir o pensamento ou os sentimentos, ou seja, o "ato-fato do exercício da liberdade de fazer e não fazer".[42]

Esse direito, por vezes, cessa diante de outro mais elevado à sua frente. Quase sempre isso ocorre se a coisa sigilada é meio de prova do direito mais elevado, ou quando há inerente interesse público sobre a informação privada.

Esse caminho teórico percorrido por Pontes de Miranda, ao desenhar uma clara e adequada correlação entre a privacidade e seu suporte fático ligado ao exercício da liberdade de fazer e não fazer, justificou, com um rigor mais sofisticado que o *"right to be alone"*, a existência do direito ao resguardo, antes mesmo de haver uma preocupação legislativa exata e precisa sobre a matéria no Brasil. Contudo, a dificuldade de objetivar seu conteúdo protetivo – situação já percebida nos tribunais norte-americanos e europeus do século XIX e XX, como visto – exigiu um trabalho hermenêutico da doutrina, numa tentativa de sistematização conceitual (o que contemplaria o direito à privacidade?), a partir da elaboração de algumas teorias.

A primeira delas, comumente trazida pelos manuais, foi concebida em 1960 por William Prosser, que, diante dos contorcionismos argumentativos e dubiedades presentes nos julgamentos das cortes, elaborou uma estrutura formatada a partir de quatro facetas hipotéticas que definiriam a mutilação da privacidade como: (i) intromissão na solidão da vida de uma pessoa ou nos seus assuntos privados; (ii) divulgação de fatos embaraçosos que afetam o indivíduo; (iii) publicidade que eventualmente desprestigie o sujeito ante a opinião pública; e (iv) apropriação do nome ou do aspecto físico do litigante.[43]

A louvável tentativa – que contou com grande notoriedade àquele tempo[44] –, contudo, apenas condensava os olhares e conclusões que estamparam os julgados da época, sem, no entanto, ingressar em discussões terminológicas e objetivas acerca do novo direito ali assegurado. Aqui, portanto, "sob a etiqueta da privacidade, se enfileiraram estruturas voltadas para, por exemplo, garantir a ilicitude

---

Marcos Bernardes de. *Teoria do Fato Jurídico*: plano da existência. São Paulo: Saraiva, 2012, p. 168).

[42] PONTES DE MIRANDA, Francisco Cavalcanti. *Tratado de direito privado*. Tomo 7. Rio de Janeiro: Borsoi, 1956, p. 131.

[43] LIMBERGER, Têmis. *Direito à intimidade na era da informática*. Porto Alegre: Livraria do Advogado, 2007, p. 57.

[44] DOTTI, René Ariel. *Proteção da vida privada e liberdade de informação*. São Paulo: Revista dos Tribunais, 1980, p. 74.

da publicação de retratos sem o consentimento do retratado; direito de abortar; a inviolabilidade do domicílio e tantas outras"⁴⁵ situações fáticas percebidas em uma época de efervescência cultural e econômica. A teoria, desse modo, não estabelecia um núcleo conceitual comum, apenas diagnosticava situações pretensamente assimiladas ao novo direito jurisprudencialmente consagrado.

Outra notável teoria que tentou definir o conteúdo da privacidade e que povoou a doutrina alemã nos idos de 1950, e influenciou tribunais nacionais e estrangeiros,⁴⁶ é denominada teoria dos círculos concêntricos (ou teoria das esferas da personalidade). Nela, a esfera da vida privada do indivíduo estaria subdivida em 3 segmentos circulares, na medida exata em que se fosse restringindo a intimidade – segredo, intimidade ou vida privada como esferas que, com maior ou menor grau de intensidade, delimitariam os ambientes da vida privada e pública do sujeito.⁴⁷

O círculo mais externo seria abrangido pela esfera privada *stricto sensu* (*Privatsphäre*), estando ali compreendidos todos os comportamentos e acontecimentos que o indivíduo deseja não projetar no domínio público.⁴⁸ Atém-se, aqui, ao aspecto da individualidade, porque "reflete unicamente a aspiração do sujeito a conservar aquela tranquilidade de espírito, aquela paz interior, que ao seu modo de ser privado se lida e que uma publicidade indesejável turbaria".⁴⁹

No bojo da esfera privada, estaria abrigada a esfera da intimidade (*Vertrauenssphäre*) ou da confiança (*Vertraulichkeitssphäre*). Dela participariam somente os sujeitos de confiança e de certa familiaridade com o indivíduo. Nesse campo, são inseridas as conversas e acontecimentos íntimos, restando excluído não apenas o público em geral, mas também determinadas pessoas, que privam com o indivíduo no âmbito mais

---

⁴⁵ DONEDA, Danilo. *Da privacidade à proteção de dados pessoais*. Rio de Janeiro: Renovar, 2006, p. 103.
⁴⁶ Elaborada, em linhas gerais, pelo alemão Heinrich Hubmann e trazida ao Brasil por Elimar Szaniawski (ROSSONI, Caroline; BOLESINA, Iuru. Teoria dos círculos concêntricos e a proteção à vida privada: análise ao caso Von Hannover vs. Alemanha, julgado pela Corte Europeia de Direitos Humanos. *In*: SEMINÁRIO INTERNACIONAL DEMANDAS SOCIAIS E POLÍTICAS PÚBLICAS NA SOCIEDADE CONTEMPORÂNEA, 11., 2014, Santa Cruz do Sul. Anais (...). Santa Cruz do Sul: Unisc, 2014, p. 3).
⁴⁷ BIONI, Bruno. *Proteção de dados pessoais*: a função e os limites do consentimento. Rio de Janeiro: Forense, 2019, p. 95.
⁴⁸ BLUM, Rita. *O direito à privacidade e à proteção dos dados do consumidor*. São Paulo: Almedina, 2018.
⁴⁹ GIAMPICCOLO, Giorgio. La tutela giuridica della persona umana e il diritto alla riservatezza. *Revista trimestrale di Diritto e Procedura Civile*, Padova, p. 458–475, 1958, p. 459.

amplo da esfera privada *stricto sensu*.⁵⁰ Diz-se que "a esfera íntima protege a pessoa inteiramente, ficando a mesma intocável aos olhos e ouvidos do público",⁵¹ daí porque "os assuntos, as notícias, as cenas que envolvam a pessoa em tais agrupamentos devem, em princípio, ficar alheios aos interesses de outras pessoas, grupos sociais ou Estado".⁵²

Por derradeiro, no âmago da circunferência privada estaria o menor dos círculos concêntricos, nomeado "segredo" ou "sigilo" *(Geheimsphäre)*. Nesse espaço compreender-se-ia a parcela da vida particular mais sensível, conservada em segredo pelo indivíduo, do qual compartilham, quando muito, alguns amigos ou familiares apenas. Consequentemente, nesse campo, diante do melindre das informações insertas, a proteção jurídica conferida seria mais intensa.⁵³

Essa sistematização, que influenciou até mesmo a disciplina no ordenamento jurídico brasileiro, chega, na doutrina contemporânea, a ser jocosamente tida como "teoria da pessoa como uma cebola passiva",⁵⁴ sendo considerada artificial e impraticável, bem como dotada de uma descrição muito rudimentar dos diferentes níveis de interferência aos quais, sob diferentes condições, a proteção de direitos da personalidade está submetida.⁵⁵

Há, por outro lado, quem advogue pela utilidade dela como base de determinação da gravidade da sanção imposta em casos de violação, sob o argumento de que:

> quanto mais interior a esfera atingida, ou seja, quanto mais íntima a informação divulgada, mais grave se caracteriza a conduta de quem acessou ou de quem divulgou indevidamente tais dados, devendo-se,

---

[50] COSTA JUNIOR, Paulo José da. *O direito de estar só*: tutela penal da intimidade. São Paulo: Revista dos Tribunais, 2007, p. 30.
[51] SZANIAWSKI, Elimar. *Direitos de personalidade e sua tutela*. São Paulo: Revista dos Tribunais, 2005, p. 357–358.
[52] SAMPAIO, José Adércio Leite. *Direito à intimidade e à vida privada*. Belo Horizonte: Delrey, 1998, p. 257.
[53] BLUM, Rita. *O direito à privacidade e à proteção dos dados do consumidor*. São Paulo: Almedina, 2018, p. 26.
[54] "(...) *the sphere theory or the theory of the private self as a passive onion, i.e., an understanding, according to which the core of one's personality is surrounded by layers, which may only be removed by state intervention if the closer one comes to the innermost layers, the more pervasive the arguments of legitimation become*" (BURKERT, Herbert. Privacy-data protection – a German/European perspective. *In*: ENGEL, Christoph; KELLER, Kenneth (org.). *Governance of global networks in the light of differing local values*. Baden-Baden: Nomos, 2000, p. 54. Disponível em: http://www.coll.mpg.de/sites/www/files/text/burkert.pdf. Acesso em: 17 dez. 2020).
[55] LEONARDI, Marcel. *Tutela e privacidade na Internet*. São Paulo: Saraiva, 2011, p. 54.

neste caso, aplicar-se sanção mais severa, aumentando-se o valor da indenização.⁵⁶

Ocorre, contudo, que não há sempre uma relação necessária entre o "grau de intimidade" de determinada informação e os danos causados por sua publicação. Por meio da agregação de dados diversos, isolados e fragmentados, muitas vezes aparentemente irrelevantes, é possível, sobretudo em tempos de *datificação do indivíduo*,⁵⁷ montar perfis pessoais completos, revelando inúmeros aspectos da personalidade do sujeito, sem que se tenham coletado quaisquer informações propriamente íntimas⁵⁸ – como ocorre, por exemplo, na junção e no cruzamento de dados públicos diversos, aptos a revelar informações potencialmente sensíveis.

Exemplos frisantes dessa constatação podem ser extraídos de dois casos emblemáticos que, a partir da acepção originária do conceito de privacidade, afastariam qualquer configuração de dano à personalidade.

O primeiro deles refere-se ao descarte de um lenço de papel pelo Príncipe William, da família real britânica, que, sorrateiramente recolhido por um jornalista, foi objeto de análise do material genético para apuração da real paternidade da alteza. Sobre o episódio lançado nos tabloides, destacou a doutrina:

> O professor Rodotà, analisando a questão, esclareceu apropriadamente que não se tratava apenas de um lenço descartado (*res derelectae*), mas de informações que diziam respeito à própria essência da personalidade daqueles de quem foram apropriados. Por isso mesmo, a circulação e utilização dos dados sensíveis devem depender de manifestação expressa daqueles que terão aspectos de sua intimidade revelados.⁵⁹

Já no contexto brasileiro, o caso do menino Pedrinho (Pedro Rosalino Braule Pinto), que, ainda bebê, foi sequestrado por Vilma Martins Costa e criado como se filho dela fosse, demonstra a

---

⁵⁶ LEONARDI, Marcel. *Tutela e privacidade na Internet*. São Paulo: Saraiva, 2011, p. 54.
⁵⁷ Fenômeno que designa a transformação de toda a realidade em dados digitais (NEWELL, Sue; MARABELLI, Marco. Datification in Action: Diffusion and Consequences of Algorithmic Decision-Making. *In*: GALLIERS, Robert D.; STEIN, Mari-Klara (eds.). *The Routledge Companion to Management Information Systems*. London; New York: Routledge, 2017, p. 3).
⁵⁸ LEONARDI, Marcel. *Tutela e privacidade na Internet*. São Paulo: Saraiva, 2011, p. 54.
⁵⁹ TEPEDINO, Gustavo. Normas constitucionais e direito civil. *Revista da Faculdade de Direito de Campos*, Campos dos Goytacazes, ano 4/5, nº 4/5, p. 167–175, 2003–2004, p. 173.

complexidade de assimilação da privacidade em contornos tradicionais do *"right to be alone"* ou sob a materialidade das barreiras dos círculos. No curso das investigações, após a descoberta da prática delituosa, a polícia suspeitou que, além de Pedrinho, a filha mais velha de Vilma, Aparecida Fernando Ribeiro da Silva, também teria sofrido um sequestro quando mais jovem. Aparecida, no entanto, recusava-se a realizar o exame de DNA, confirmando o desinteresse na descoberta de sua real filiação – que, por excelência, é informação integrante da vida privada de qualquer indivíduo.[60]

A despeito da negativa da filha, porém, foi realizada a coleta clandestina de uma bituca de cigarro que continha seu material genético, restando provado – e divulgado –, ao fim, que Aparecida também não era filha de Vilma.[61]

Note-se que, em ambos os casos, há, em uma análise breve, mero descarte de *res nullius* (coisa de ninguém, não inserta em um aspecto da vida privada). Entretanto, por ser acompanhada de certos atributos informacionais do indivíduo, potencialmente enfileirou uma devassa extensa da vida íntima. As informações genéticas, obtidas de forma não consentida, repercutiram em sensível abalo à personalidade dos envolvidos, trazendo a sua vida privada ao centro do escrutínio público e projetando a metáfora dos círculos concêntricos para além da materialidade das barreiras.

E mais. A evolução tecnológica, com seu condão de ampliar (e simplificar) a extração de dados pessoais (das mais variadas espécies, inclusive genéticos), demonstrou a fragilidade da identificação da privacidade apenas a partir da intromissão de terceiros em espaços físicos, encaminhando, gradativamente, o conceito para o abrigo de defesa do percurso da informação pessoal, de proteção de dados pessoais, principalmente a partir da massificação da coleta e gestão por meios digitais.

Cabe, aqui, um breve parêntese. Dados pessoais, segundo instituído pelo Grupo de Trabalho do Artigo 29º (WP29)[62] no bojo do

---

[60] Outro caso, mais recente, expressa a desconsideração da privacidade em casos de dúvida sobre a identidade genética: FAMILIARES de suposto pai podem ser coercitivamente submetidos a exame de DNA. *Consultor Jurídico*, São Paulo, 22 maio 2020. Disponível em: https://www.conjur.com.br/2020-mai-22/familiares-suposto-pai-podem-coercitivamente-submetidos-exame-dna. Acesso em: 13 jun. 2022.

[61] FERREIRA, Rafael Freire. *Autodeterminação informativa e a privacidade na sociedade da informação*. Rio de Janeiro: Lumen Juris, 2018, p. 76.

[62] O Grupo de Trabalho Europeu para Proteção de Dados Pessoais, ou Grupo de Trabalho do Artigo 29º (WP29) figurou como um órgão consultivo, composto por um representante da autoridade de proteção de dados de cada Estado-Membro da União Europeia, da Autoridade Europeia para a Proteção de Dados e da Comissão Europeia.

Comitê Europeu para Proteção de Dados (Parecer nº 4/2007), possuem 4 características nucleares básicas para sua configuração, quais sejam: 1) "qualquer informação"; 2) "relacionada"; 3) "a pessoa natural"; e 4) "identificada ou identificável". Essa segmentação conceitual foi, inclusive, transplantada para o ordenamento brasileiro: o Decreto regulamentador do MCI (nº 8.771/2016) definiu, em seu artigo 14, dados pessoais como "dado relacionado à pessoa natural ou identificável".[63]

Acerca de "qualquer informação" (ou "dado"), extrai-se a maior amplitude possível, podendo dizer respeito a elementos (verdadeiros ou não) de todas as áreas da vida do sujeito, disponíveis tanto em meio físico quanto digital, bastando que contenham as informações sobre uma pessoa determinada ou determinável.[64]

O segundo requisito, *relacionado*, diagnostica que o dado deve dizer respeito a um indivíduo, estando alinhado a um dos três aspectos, não cumulativos, que podem indicar a ligação a certa pessoa: (i) o conteúdo, tratando-se de hipótese em que a relação entre a pessoa e o dado é direta; (ii) o propósito, que diz respeito às situações nas quais uma informação, a despeito de não ser conectada diretamente com a pessoa, pode ser usada com a finalidade de avaliar, tratar ou influenciar, de certa maneira, o modo de ser de uma pessoa; e (iii) o resultado, como o dado que, ainda que não relacionado direta ou indiretamente a uma pessoa, pode impactar a sua esfera de interesses, atraindo a necessidade de proteção jurídica.[65]

Quanto ao terceiro ponto, *pessoa natural*, não são necessárias maiores digressões. Apesar da existência de leis e doutrinas estrangeiras que suscitavam a proteção dos dados pessoais das pessoas jurídicas (como o *codice della privacy* italiano – Decreto legislativo nº 196, de 2003[66] – e a lei de proteção de dados pessoais uruguaia – Lei nº 18.331,

---

[63] BRASIL. Decreto nº 8.771, de 11 de maio de 2016. Regulamenta a Lei nº 12.965, de 23 de abril de 2014, para tratar das hipóteses admitidas de discriminação de pacotes de dados na internet e de degradação de tráfego, indicar procedimentos para guarda e proteção de dados por provedores de conexão e de aplicações, apontar medidas de transparência na requisição de dados cadastrais pela administração pública e estabelecer parâmetros para fiscalização e apuração de infrações. *Diário Oficial da União*, Brasília, 11 maio 2016. Disponível em: http://www.planalto.gov.br/ccivil_03/_ato2015-2018/2016/decreto/d8771.htm. Acesso em: 13 jun. 2022.

[64] LIMA, Cintia Rosa Pereira de. *Autoridade nacional de proteção de dados e a efetividade da Lei Geral de Proteção de Dados*. São Paulo: Almedina, 2020, p. 102.

[65] LIMA, Cintia Rosa Pereira de. *Autoridade nacional de proteção de dados e a efetividade da Lei Geral de Proteção de Dados*. São Paulo: Almedina, 2020, p. 103.

[66] ITÁLIA. *Decreto Legislativo 30 giugno 2003*, nº 196. Codice in materia di protezione dei dati personali. Gazzetta Ufficiale nº 174 del 29 luglio 2003 - Supplemento Ordinario nº 123. Disponível em: https://web.camera.it/parlam/leggi/deleghe/Testi/03196dl.htm. Acesso

de 2008[67]), é nítida a existência, hoje, de um certo consenso acerca da incidência dessa proteção jurídica somente para pessoas naturais.

Por fim, o quarto elemento, identificado na expressão *identificado ou identificável*, destaca-se como peça fundamental para a disciplina. O sujeito *identificado* é aquele que pode ser distinguido dos demais por suas características pessoais. Já o sujeito *identificável* é aquele que ainda não foi identificado, mas que, potencialmente, o pode ser, por meio da reunião (ou cruzamento) de elementos (dados) suficientes. Esse processo de identificação pode ser direto (consubstanciado em acesso a atributos como nome, data de nascimento, Registro Geral (RG) ou Cadastro de Pessoa Física (CPF) que, sob determinadas circunstâncias, podem ser combinados com outros elementos para a precisa identificação de uma pessoa), ou indireto (formulados a partir da combinação de elementos extrínsecos que viabilizam o procedimento de individuação[68] – processo amplamente facilitado a partir da internet, onde imensurável quantidade de dados aparentemente isolados são coletados e agregados para a perfeita e profunda individuação do sujeito).[69]

Sob essas bases, assim, de gradativa compreensão teórica da necessidade de proteção jurídica dos dados pessoais[70] (necessidade de reconhecimento da privacidade para além das ocorrências de intromissões físicas em ambientes íntimos), é que se formulou a teoria da autodeterminação informativa, oriunda, notadamente, do Tribunal Constitucional Alemão (TCA)[71] (*Bundesverfassungsgericht*,

---

em: 30 jun. 2022.

[67] URUGUAI. Ley nº 18.331. Protección de datos personales y acción de "habeas data". *Revista Electrónica de Derecho Comercial*, (S.l.), p. 1-31, [2008]. Disponível em: http://www.oas.org/es/sla/ddi/docs/U4%20Ley%2018.331%20de%20Protecci%C3%B3n%20de%20Datos%20Personales%20y%20Acci%C3%B3n%20de%20Habeas%20Data.pdf. Acesso em: 30 jun. 2022.

[68] LIMA, Cintia Rosa Pereira de. *Autoridade nacional de proteção de dados e a efetividade da Lei Geral de Proteção de Dados*. São Paulo: Almedina, 2020, p. 103.

[69] LIMA, Cintia Rosa Pereira de. *Autoridade nacional de proteção de dados e a efetividade da Lei Geral de Proteção de Dados*. São Paulo: Almedina, 2020, p. 103.

[70] A proteção de dados pessoais nasce como um direito de defesa perante o Estado, mas passa, com o tempo, a ter um alcance muito maior (CUEVA, Ricardo Villas Bôas. A insuficiente proteção de dados pessoais no Brasil. *Revista de Direito Civil Contemporâneo*, São Paulo, v. 12, ano 4, p. 59–67, out./dez. 2017, p. 63).

[71] Por meio "da Lei do Censo (*Volkszählungsgesetz*), de 1983, promulgada em 25 de março de 1982 (BGBl. I, p. 369), ordenou-se o recenseamento geral da população, com dados sobre a profissão, moradia e local de trabalho, para fins estatísticos. O objetivo declarado da lei era reunir, por meio de levantamentos feitos por pesquisadores credenciados, dados sobre o estágio do crescimento populacional, a distribuição espacial da população no território federal, sua composição segundo características demográficas e sociais, assim como também sobre sua atividade econômica. Tais dados sempre foram considerados

15 de dezembro de 1983[72]) – uma dimensão do direito à privacidade[73] identificada, em linhas gerais, como um direito do titular de conduzir e conhecer o caminho de suas informações pessoais. Note-se que esta teoria não se preocupa com as segmentações propostas pela teoria dos círculos concêntricos, bastando que haja um dado pessoal para que surja a proteção jurídica para o seu titular.

---

indispensáveis para quaisquer decisões político-econômicas da União, Estados e municípios. O último censo havia acontecido em 1970. A Lei do Censo de 1983 listava os dados que deveriam ser levantados pelos pesquisadores e determinava quem estava obrigado a fornecer as informações. O §9 da Lei previa, entre outras, a possibilidade de uma comparação dos dados levantados com os registros públicos e também a transmissão de dados tornados anônimos a repartições públicas federais, estaduais e municipais para determinados fins de execução administrativa. Várias Reclamações Constitucionais foram ajuizadas diretamente contra a lei mediante a alegação de que ela teria violado diretamente alguns direitos fundamentais dos reclamantes, sobretudo o direito ao livre desenvolvimento da personalidade (Art. 2 I GG). O Tribunal Constitucional Federal Alemão considerou presentes as condições processuais das Reclamações Constitucionais (julgadas conjuntamente), pois os reclamantes teriam sido atingidos, em grande parte, de modo próprio, direto e atual. O pressuposto 'ser diretamente atingido' foi, no entanto, relativizado: embora o ato executório fosse o levantamento do dado em si, quando ocorresse, a potencial violação, nesse caso, transformar-se-ia em uma lesão irreversível por excelência, como costuma ocorrer em contextos de levantamento e administração de dados pessoais como o ocorrido no presente caso. No mérito, o TCF julgou as Reclamações Constitucionais só parcialmente procedentes, confirmando a constitucionalidade da lei em geral. Declarou, porém, nulos principalmente os dispositivos sobre a comparação e trocas de dados e sobre a competência de transmissão de dados para fins de execução administrativa" (MARTINS, Leonardo. *Tribunal Constitucional Federal Alemão*: decisões anotadas sobre direitos fundamentais. v. 1. São Paulo: Konrad-Adenauer Stiftung, 2016, p. 55).

[72] Que dispõe: "também o poder do indivíduo, decorrente da ideia de autodeterminação, de decidir, em princípio por si próprio, quando e dentro de que limites fatos pessoais serão revelados (...). Esse poder necessita, sob as condições atuais e futuras do processamento automático de dados, de uma proteção especialmente intensa. Ele está ameaçado, sobretudo porque em processos decisórios não se precisa mais lançar mão, como antigamente, de fichas e pastas compostas manualmente. Hoje, com ajuda do processamento eletrônico de dados, informações detalhadas sobre relações pessoais ou objetivas de uma pessoa determinada ou determinável (dados relativos à pessoa (cf. §2 I BDSG – Lei Federal de Proteção de Dados Pessoais)) podem ser, do ponto de vista técnico, ilimitadamente armazenadas e consultadas em qualquer momento, a qualquer distância e em segundos. Além disso, podem ser combinadas, sobretudo na estruturação de sistemas de informação integrados, com outros bancos de dados, formando um quadro da personalidade relativamente completo ou quase, sem que a pessoa atingida possa controlar suficientemente sua exatidão e seu uso. Com isso, ampliaram-se, de maneira até então desconhecida, as possibilidades de consulta e influência que podem atuar sobre o comportamento do indivíduo em função da pressão psíquica causada pela participação pública em suas informações privadas" (MARTINS, Leonardo. *Tribunal Constitucional Federal Alemão*: decisões anotadas sobre direitos fundamentais. v. 1. São Paulo: Konrad-Adenauer Stiftung, 2016, p. 57).

[73] MENDES, Laura Schertel. *Privacidade, proteção de dados e defesa do consumidor*. São Paulo: Saraiva, 2019, p. 35.

Também, que não há uma efetiva ruptura[74] com o conceito de privacidade de outras épocas, mas, sim, um reposicionamento do seu centro de gravidade, em função da multiplicidade de interesses envolvidos na circulação e no manuseio de dados pessoais e da sua importância na própria tutela e consolidação da pessoa no contexto atual de comunidade social[75] e informacional.[76]

Exatamente como ocorrido na fase embrionária de construção desse novo direito, quando seu conteúdo era preenchido como uma resposta a um fenômeno da realidade da época (o àquele tempo favorecia sobremaneira os interesses da elite burguesa contra a imprensa), as noções de privacidade foram sendo atualizadas sob uma nova perspectiva social, principalmente em atenção à popularização das tecnologias em rede e facilidades na coleta e manuseio de dados pessoais.

Ilustrando esse cenário, tem-se que, em 2008, o Tribunal Constitucional Federal Alemão atualizou a autodeterminação informativa, sob a ótica da privacidade, a partir do novo direito fundamental à garantia de confidencialidade e integridade dos sistemas técnico-informacionais (*Grundrecht auf Gewährleistung der Vertraulichkeit und Integrität informationstechnischer Systeme*), acentuando a aludida migração das relações sociais e condução da vida do indivíduo para o ambiente técnico-informacional[77] – sedimentando, assim, as compreensões de *privacy*, como uma dinamização do conceito clássico da privacidade.

---

[74] Não se ignora a existência de doutrinadores, como Bruno Bioni, que apontam a proteção de dados pessoais como um direito autônomo e descolado do direito à privacidade – exatamente como ocorre na legislação portuguesa, por exemplo. Mas em tais acepções, *data maxima venia*, desconsidera-se a existência de engrenagens jurídicas aptas a dar vazão à necessidade de proteção das informações pessoais. É certo que dados pessoais não se submetem à lógica binária de público e privado, como se comportou a privacidade desde a sua origem, mas, no entanto, a dinamização conceitual, complementada pela necessidade de aferição de violações a partir da leitura dos casos concretos, traz, salvo melhor juízo, um arcabouço normativo constitucional que inaugura e viabiliza a atuação legislativa infraconstitucional para um melhor ajuste desse segmento de proteção da privacidade.

[75] DONEDA, Danilo. *Da privacidade à proteção de dados pessoais*. Rio de Janeiro: Renovar, 2006, p. 23.

[76] É informacional porque é caracterizada pela geração, pelo processamento e pela transmissão da informação como fonte de produtividade e poder, haja vista as novas tecnologias (LIMA, Cintia Rosa Pereira de. *Autoridade nacional de proteção de dados e a efetividade da Lei Geral de Proteção de Dados*. São Paulo: Almedina, 2020, p. 74).

[77] LIMBERGER, Têmis. Informação em rede: comparação da lei brasileira de proteção de dados pessoais e o regulamento geral de proteção de dados europeu. *In*: MARTINS, Guilherme Magalhães; LONGHI, João Victor Rozatti (coord.). *Direito Digital, Direito Privado e Internet*. Indaiatuba: Foco, 2019, p. 253–266, p. 259.

Na oportunidade, o TCA reiterou o direito fundamental de defesa do indivíduo contra intromissão estatal indevida em uma chamada esfera de intimidade digital. A proteção se estenderia aos dados e informações pessoais salvas em sistemas de informação, que não poderiam ser acessados ou alterados pelo Estado, proibindo, desse modo, uma vigilância massiva e preventiva de computadores para investigação criminal. Uma exceção a esse direito seria reportada apenas em casos de perigo concreto para proteção de bens jurídicos relevantes, como o corpo, a vida ou a liberdade da pessoa[78]. A decisão, ainda que direcionada rigorosamente aos entes públicos, inaugurou uma nova compreensão[79] do resguardo em ambientes de alta coleta e fluxo de dados pessoais, alcançando paulatinamente, também, o setor privado.

É importante, nesse contexto, estabelecer um breve contraponto. É sabida a existência de inúmeros doutrinadores apontando para o descolamento da proteção de dados pessoais em relação à privacidade.[80] Giusella Finocchiaro,[81] de forma bastante minuciosa, salienta que a privacidade, em sua acepção clássica, desenvolve-se a partir da tradicional distinção entre *jus publicum* e *jus privatum*,[82] agasalhando, em seu manto protetivo, apenas elementos integrantes da vida privada do sujeito. Os dados pessoais, portanto, muitas das vezes públicos – ou potencialmente públicos –, não atrairiam a incidência desse instituto jurídico a despeito de, muitas vezes, servirem de matéria-prima para sensíveis violações reflexas à privacidade e outros atributos da personalidade.

Opina-se, no entanto, que o reconhecimento da proteção de dados pessoais, como já diagnosticado pela Corte Constitucional Alemã, em 1983, ainda que como um direito autônomo – e, portanto, dotado

---

[78] GASIOLA, Gustavo Gil. Criação e desenvolvimento da proteção de dados na Alemanha: a tensão entre a demanda estatal por informações e os limites jurídicos impostos. *Jota*, São Paulo, 29 maio 2019. Disponível em: https://www.jota.info/opiniao-e-analise/artigos/criacao-e-desenvolvimento-da-protecao-de-dados-na-alemanha-29052019. Acesso em: 17 dez. 2020.

[79] A primeira legislação a tratar da proteção de dados pessoais foi a *Hessischer Datenschutzgesetz*, do estado de Hesse, na antiga Alemanha Ocidental, de 1970, constituindo-se como uma das precursoras para a nova compreensão introduzida pela Corte Constitucional Alemã.

[80] Até mesmo a Carta de Direitos Fundamentais da União Europeia, de 7 de dezembro de 2000, revela, em seu preâmbulo, a necessidade de dar à proteção de dados pessoais um artigo próprio.

[81] FINOCCHIARO, Giusela. *Privacy e protezione dei dati personali*: disciplina e strumenti operativi. Bologna: Zanichelli, 2012, p. 36.

[82] Sobre este tema: RODRIGUES JUNIOR, Otavio Luiz Rodrigues. *Direito Civil Contemporâneo*: Estatuto epistemológico, Constituição e direitos fundamentais. Rio de Janeiro: Forense Universitária, 2014.

de especificidades próprias –, desenvolver-se-ia a partir do processo de flexibilização e dinamização da *privacidade*.[83] Como salientado por Stefano Rodotà:

> Altera-se, assim, profundamente, a noção sociopolítica da privacidade, que se projeta bem além da esfera privada, para se tornar elemento constitutivo da cidadania. E a sua definição, por muito tempo ligada unicamente ao "direito de estar só", dilata-se e volta-se para a direção da ideia de uma tutela global das escolhas de vida contra qualquer forma de controle e de estigmatização social, em um quadro caracterizado pela liberdade das escolhas existenciais e políticas.[84]

O autor complementa:

> A distinção entre o direito ao respeito da vida privada e familiar e o direito à proteção dos dados pessoais não é bizantina. O direito ao respeito da vida privada e familiar reflete, primeira e principalmente, um componente individualista: este poder basicamente consiste em impedir a interferência na vida privada e familiar de uma pessoa. Em outras palavras, é um tipo de proteção estático, negativo. Contrariamente, a proteção de dados estabelece regras sobre os mecanismos de processamento de dados e estabelece a legitimidade para a tomada de medidas – i.e. é um tipo de proteção dinâmico, que segue o dado em todos os seus movimentos. (...) É de fato o fim da linha de um longo processo evolutivo experimentado pelo conceito de privacidade – de uma definição original como o direito de ser deixado em paz, até o direito de controle sobre as informações de alguém e determinar como a esfera privada deve ser construída.[85]

Não se advoga, aqui, pela desnecessidade de confortar a proteção de dados pessoais em uma disciplina específica e adequada à sua natureza, mas, para o presente trabalho, refuta-se a necessidade

---

[83] O conceito de privacidade, "embora redefinido pelo novo contexto, [passa] à noção mais completa de "proteção de dados", a qual extrapola os problemas ligados à tutela da intimidade individual, estabelecendo um outro critério de base para a legalidade da ação pública" (RODOTÀ, Stefano. *A vida na sociedade da vigilância* – a privacidade hoje. Organização, seleção e apresentação de Maria Celina Bodin de Moraes. Trad. Danilo Doneda e Luciana Cabral Doneda. Rio de Janeiro: Renovar, 2008, p. 44).

[84] RODOTÀ, Stefano. *A vida na sociedade da vigilância* – a privacidade hoje. Organização, seleção e apresentação de Maria Celina Bodin de Moraes. Trad. Danilo Doneda e Luciana Cabral Doneda. Rio de Janeiro: Renovar, 2008, p. 129.

[85] RODOTÀ, Stefano. *A vida na sociedade da vigilância* – a privacidade hoje. Organização, seleção e apresentação de Maria Celina Bodin de Moraes. Trad. Danilo Doneda e Luciana Cabral Doneda. Rio de Janeiro: Renovar, 2008, p. 17.

de criação de um direito fundamental autônomo, apartado do direito à privacidade (como, inclusive, aconteceu recentemente, conforme Emenda Constitucional nº 115).[86] Os danos causados pelo mal uso de dados pessoais divergem sobremaneira dos prejuízos causados pela violação à privacidade em sua acepção clássica, mas, mesmo nessas ocasiões, originam-se e conectam-se[87] à invasão e captura de informações pertencentes a algum aspecto da personalidade do sujeito.

Sublinhe-se que com essa reformulação teórica (a partir da extração da autodeterminação informativa do seu núcleo, sobretudo), o direito à privacidade passou a caminhar em direção a um essencial aspecto positivo, identificado como o direito a pedir prestações concretas do Estado. Daí resultam a objetividade dos dados, o direito ao esquecimento, a necessidade de prazo para armazenamento de informações negativas e a comunicação de repasse de dados, a fim de favorecer o direito de acesso e retificação da informação – temáticas que oportunamente serão abordadas nos capítulos subsequentes.[88]

É nesse sentido que se pode afirmar que o século passado vivenciou um processo inexorável de reinvenção da privacidade,[89] ainda que tenha falhado no alcance do seu denominador conceitual comum (a tradicional indagação: o que exatamente seria privado?). Principalmente a partir da constante interferência dos novos métodos de vigilância, coleta e tratamento por dispositivos eletrônicos,[90] de consolidação de

---

[86] BRASIL. Emenda Constitucional nº 115, de 10 de fevereiro de 2022. Altera a Constituição Federal para incluir a proteção de dados pessoais entre os direitos e garantias fundamentais e para fixar a competência privativa da União para legislar sobre proteção e tratamento de dados pessoais. *Diário Oficial da União*, Brasília, 11 fev. 2022. Disponível em: http://www.planalto.gov.br/ccivil_03/constituicao/Emendas/Emc/emc115.htm. Acesso em: 13 jun. 2022.

[87] Em que pese existirem diferenças conceituais, a proteção jurídica do direito à privacidade conecta-se com o direito à inviolabilidade dos dados pessoais (FORTES, Vinicius Borges. *O direito fundamental à privacidade*: uma proposta conceitual para a regulamentação da proteção de dados pessoais na internet no Brasil. 2016. 225 f. Tese (Doutorado em Direito) – Universidade Estácio de Sá, Rio de Janeiro, 2015, p. 45).

[88] LIMBERGER, Têmis. *Direito à intimidade na era da informática*. Porto Alegre: Livraria do Advogado, 2007, p. 40.

[89] "(...) não é possível considerar os problemas da privacidade somente por meio de um pêndulo entre 'recolhimento' e 'divulgação'; entre o homem prisioneiro de seus segredos e o homem que nada tem a esconder; entre a 'casa-fortaleza', que glorifica a privacidade e favorece o egocentrismo, e a 'casa-vitrine', que privilegia as trocas sociais; e assim por diante" (RODOTÀ, Stefano. *A vida na sociedade da vigilância* – a privacidade hoje. Organização, seleção e apresentação de Maria Celina Bodin de Moraes. Trad. Danilo Doneda e Luciana Cabral Doneda. Rio de Janeiro: Renovar, 2008, p. 25).

[90] RODRIGUES JUNIOR, Otavio Luiz Rodrigues. *Direito Civil Contemporâneo*: Estatuto epistemológico, Constituição e direitos fundamentais. Rio de Janeiro: Forense Universitária, 2014, p. 120.

uma virtualidade da sociedade em ambientes eletrônicos, a privacidade foi remodelada e assumiu seu estatuto mutável, fluido e plástico, apto a agasalhar a segurança digital dentro de seu manto protetivo.

As teorias originariamente consolidadas – e todo o debate construído – foram, por certo, importantes e úteis para a compreensão do direito à privacidade, dissociando-o de outros direitos não convergentes, mas a sofisticação do conceito veio apenas com o intelecto, com análise da infinidade de situações concretas possíveis.

Tem-se aqui a segunda premissa deste capítulo: o conteúdo da privacidade é preenchido a partir do diálogo com a realidade social, política e econômica de um determinado momento, cultura e indivíduo. Teorias doutrinárias e jurisprudenciais justificaram a existência científica deste direito, seduzindo o Poder Legislativo para sua positivação, mas o alcance de uma definição comum, estática, não foi possível obter – e isso foi imprescindível para que a proteção de dados pessoais pudesse ser consolidada e reconhecida no Brasil, como se verá adiante.

Dito de outro modo, a privacidade passou a ser compreendida de maneira mais abrangente e integradora, na ótica relacional de "pessoa-informação-circulação-controle".[91] Essa noção reconhece, dentre outras acepções, que a proteção cega à esfera privada,[92] como pressuposto de proteção da individualidade, do recato, do resguardo de informações e do isolamento moral,[93] reproduz uma espécie de *direito dos egoísmos privados*, já não condizente com a própria concepção contemporânea da personalidade,[94] uma vez que ser pessoa está intrinsecamente ligado à "convivência e sociedade".[95]

---

[91] DONEDA, Danilo. *Da privacidade à proteção de dados pessoais*. Rio de Janeiro: Renovar, 2006, p. 23.

[92] "Quando a intimidade é mencionada, não se quer dizer que o homem fique reduzido à solidão em seu grau absoluto, mas àquela solidão salientada por Ferrater Mora, no sentido que a intimidade não pode ser equivalente à pura e simples solidão, mas no sentido emprestado por Santo Agostinho, consistente em que, voltar-se para si mesmo não significa autossuficiência, o bastar-se em si mesmo. Pelo contrário, quando o homem transcende a sua própria pessoa, está ligando a intimidade com outras. Bem por isso, o sentido mais comum da intimidade é o que se refere à intimidade de duas ou mais pessoas. Por conseguinte, a intimidade não é apenas subjetividade, mas intersubjetividade." (SANTOS, Antonio Jeová. *Dano Moral Indenizável*. São Paulo: Lejus, 1999, p. 406).

[93] COSTA JUNIOR, Paulo José da. *O direito de estar só*: tutela penal da intimidade. São Paulo: Siciliano Jurídico, 2004, p. 28.

[94] GEDIEL, José Antonio Peres; CORRÊA, Adriana Espíndola. Proteção jurídica de dados pessoais: a intimidade sitiada entre o Estado e o mercado. *Revista da Faculdade de Direito – UFPR*, Curitiba, nº 47, p. 141–152, 2008, p. 142.

[95] ASCENSÃO, José de Oliveira. *Teoria Geral do Direito Civil*. Lisboa: Faculdade de Direito de Lisboa, 1995, p. 121.

1.2.1 Disciplina jurídica da privacidade e a interpretação no ordenamento pátrio

Superada a demonstração de dinamização do conteúdo agasalhado pelo direito à privacidade, que alcançou a proteção de dados pessoais, cabe identificar como se comporta o ordenamento jurídico pátrio em sua disciplina e, também, se houve espaço para a referida flexibilização dentro do contexto jurisprudencial brasileiro.

Antes da Constituição de 1988, a intimidade e a vida privada não encontravam, essencialmente, abrigo normativo. A Constituição do Império (de 1824), a da República (de 1891), ambas as da era Vargas (de 1934 e 1937) e a de 1946 abordavam apenas a inviolabilidade do domicílio – um clássico embrião normativo para o desenvolvimento das noções do *direito a ser deixado só*. Nas Cartas de 1967 e 1969, além da proteção do domicílio, é inserta a garantia de sigilo da correspondência e de comunicações telegráficas.[96]

Propriamente, assim, o direito à privacidade somente toma forma, no direito brasileiro, com a promulgação da Constituição de 1988 que, em seu art. 5º, X,[97] prevê: "*são* invioláveis a intimidade, a vida privada, a honra e a imagem das pessoas, assegurado o direito a indenização pelo dano material ou moral decorrente de sua violação". O inciso XII do mesmo dispositivo complementa: "É inviolável o sigilo da correspondência e das comunicações telegráficas, de dados e das comunicações telefônicas, salvo, no último caso, por ordem judicial, nas hipóteses e na forma que a lei estabelecer para fins de investigação criminal ou instrução processual penal".[98]

A partir da dicção do dispositivo da Constituição Federal é possível inferir a existência de dois direitos autônomos, identificados pelos vocábulos "vida privada" e "intimidade". Alexandre de Moraes, no exercício de distinção dos termos alocados na Carta Maior, sustenta que "os conceitos constitucionais de intimidade e vida privada apresentam grande interligação, podendo, porém, ser diferenciados por

---

[96] LÔBO, Paulo. *Direito Civil*: parte geral. São Paulo: Saraiva, 2009, p. 152.
[97] BRASIL. (Constituição (1988)). *Constituição da República Federativa do Brasil de 1988*. Brasília, DF: Presidência da República, (2020). Disponível em: http://www.planalto.gov.br/ccivil_03/constituicao/constituicao.htm. Acesso em: 13 abr. 2021.
[98] BRASIL. (Constituição (1988)). *Constituição da República Federativa do Brasil de 1988*. Brasília, DF: Presidência da República, (2020). Disponível em: http://www.planalto.gov.br/ccivil_03/constituicao/constituicao.htm. Acesso em: 13 abr. 2021.

meio da menor amplitude do primeiro, que se encontra no âmbito de incidência do segundo".[99]

Essa segmentação, que povoa inúmeros manuais doutrinários[100], é bastante similar aos recortes propostos pela teoria dos círculos concêntricos, na qual, como visto, há uma distinção entre níveis de interferência no âmago de resguardo. Todavia, a despeito de ser irretocável a compreensão de que cada vocábulo expresso nos textos normativos tenha significado e significância própria (traduzida pela clássica expressão *verba cum effectu sunt accipienda*), é certo que apontar a dessemelhança entre intimidade e vida privada é um exercício complexo, razão porque, geralmente, essas expressões estão conjugadas.[101] A distinção, ao fim, padece até mesmo de um certo esvaziamento prático, vez que ausente qualquer repercussão jurídica própria para cada um dos supostos direitos assegurados – ambos direitos desaguam nas raias da responsabilidade civil e do direito das obrigações, e, por vezes, nos campos do direito penal, havendo diferenciação, eventualmente, somente no tocante à intensidade do dano ou reprovabilidade da conduta do infrator.

Utilizar o termo "privacidade", como bem apontou Danilo Doneda em sua obra, parece ser a opção mais razoável e apta a unificar os valores expressos pela intimidade e vida privada. O "termo é específico o suficiente para distinguir-se de outras locuções com os quais deve medir-se, como imagem, honra ou identidade pessoal; e também é claro o bastante para especificar seu conteúdo, um efeito da sua utilidade".[102]

Desse modo, a privacidade – nomenclatura escolhida – engloba, no direito brasileiro, todas as formas (ou intensidades) de intrusão inoportuna e ilícita no espectro de resguardo, devendo ser diagnosticada como um modo de ser da pessoa que, em linhas gerais, permite a exclusão do conhecimento por parte de terceiros daquilo que se refere ao próprio sujeito. À pessoa, nesse contexto, assegura-se não só a sua forma física, mas também a sua voz e, além disso, todos os

---

[99] MORAES, Alexandre de. *Constituição do Brasil interpretada*. São Paulo: Atlas, 2006, p. 225.
[100] Citem-se, nesse sentido: Bruno Miragem (*Responsabilidade Civil*. São Paulo: Saraiva, 2015, p. 193); José Afonso da Silva (*Curso de direito constitucional positivo*. São Paulo: Malheiros, 1999, p. 210); Antonio Jeová Santos (*Dano Moral Indenizável*. São Paulo: Lejus, 1999, p. 406); José Adércio Sampaio (*Direito à intimidade e à vida privada*. Belo Horizonte: Delrey, 1998, p. 273).
[101] DONEDA, Danilo. *Da privacidade à proteção de dados pessoais*. Rio de Janeiro: Renovar, 2006, p. 112.
[102] DONEDA, Danilo. *Da privacidade à proteção de dados pessoais*. Rio de Janeiro: Renovar, 2006, p. 112.

acontecimentos e o desenvolvimento da sua vida,[103] seja dimensão física (material) ou digital.

Como direito autônomo e independente que é, a legislação infraconstitucional dele tratou no artigo 21, do diploma civil, dispondo que "a vida privada da pessoa natural é inviolável, e o juiz, a requerimento do interessado, adotará as providências necessárias para impedir ou fazer cessar ato contrário a esta norma".[104]

A disciplina trazida pelo legislador ordinário, como se vê, cinge-se a reiterar[105] os termos dispostos no texto constitucional,[106] demonstrando uma certa indiferença às discussões acerca do elasticimento do direito à privacidade que já povoavam a doutrina estrangeira ao tempo da promulgação do Código Civil de 2002 (rememore-se, aqui, que a Corte Constitucional Alemã, já em 1983, reconheceria a existência da proteção dos dados pessoais do cidadão, a partir das noções do direito à autodeterminação informativa. De modo mais abrangente, na Europa, em 1995, surgiria a diretiva 95/45/EC do Parlamento Europeu, um dos embriões normativos que influenciou na elaboração da *General Data Protection Regulation* (GDPR), de 2018).

Em razão da omissão legal, cabe indagar se, no Brasil, a garantia estampada no art. 5º, X da Constituição Federal, e no 21 do Código Civil contemplaria, a partir de uma atualização hermenêutica jurisprudencial e doutrinária (como ocorrida em outros países), o direito à proteção dos dados pessoais. A resposta, sugere-se, é afirmativa, como se pode extrair de alguns julgados importantes.

Em primeiro, já nos idos de 1991, o Supremo Tribunal Federal (STF), debatendo acerca da possibilidade de se pleitear judicialmente, sem prévio pedido administrativo, as informações pessoais constantes nos bancos de dados do extinto Serviço Nacional de Informações (SNI), indicaria a origem de assimilação da proteção de dados pessoais com a proteção da vida privada. Em verdade, tanto no voto do Ministro

---

[103] CUPIS, Adriano de. *Os direitos da personalidade*. Campinas: Romada, 2004, p. 155.
[104] BRASIL. (Constituição (1988)). *Constituição da República Federativa do Brasil de 1988*. Brasília, DF: Presidência da República, (2020). Disponível em: http://www.planalto.gov.br/ccivil_03/constituicao/constituicao.htm. Acesso em: 13 abr. 2021.
[105] Para Anderson Schreiber, o tratamento dado pelo Código Civil sobre a matéria é inadequado. Isso porque nada acrescentou ao texto constitucional, demonstrando indiferente à evolução do substrato da privacidade (SCHREIBER, Anderson. *Direitos da Personalidade*. São Paulo: Atlas, 2014, p. 136).
[106] Ver colaboração de Raphael de Barros Monteiro Filho *et al.* em: TEIXEIRA, Sálvio de Figueiredo Teixeira (coord.). *Comentários ao novo Código Civil*. v. 1. Rio de Janeiro: Editora Forense, 2010, p. 258.

Sepúlveda Pertence, que decidiu pelo provimento do recurso, com o reconhecimento da desnecessidade de prévio pedido administrativo, quanto no voto divergente, do Ministro Celso de Mello, é possível associar o *habeas data* aos direitos da personalidade, ao direito à intimidade e à esfera de autonomia individual. Sublinhem-se trechos da discussão havida, estampada no voto discordante:

> Discute-se nesta sede recursal, em face do novo ordenamento constitucional, a questão referente à *"disclosure of the information"*, e a consequente acessibilidade dos registros, informáticos ou não, existentes no extinto Serviço Nacional de Informações. Esse tema tem suscitado grande discussão, especialmente porque envolve um dos aspectos mais expressivos da tutela jurídica dos direitos da personalidade. A garantia de acesso a informações de caráter pessoal, registradas em órgãos do estado, constitui um natural consectário do dever estatal de respeitar a esfera de autonomia individual, que torna imperativa a proteção da intimidade.[107]

Por meio da análise dos votos e da ementa do acórdão em questão, extrai-se que "o Tribunal associou o *habeas data* tanto a um direito material à privacidade como também a uma ordem democrática transparente, cujo poder não se deve ocultar".[108] É interessante constatar, aqui, a semelhança dos elementos metajurídicos que permearam o surgimento do direito à proteção de dados pessoais no Brasil, na Europa e nos EUA, na medida em que nos três cenários a preocupação nuclear derivou da necessidade de defesa do cidadão contra abusos de monitoramento estatal e, somente mais tarde, espraiou-se para a regulação das relações privadas.

Em segundo, tem-se o acórdão proferido no Recurso Especial (REsp) nº 22.337, de 1995, de relatoria do Ministro Ruy Rosado de Aguiar, que, ao interpretar o artigo 43 do CDC, acabou por imprimir uma nova roupagem ao direito à privacidade dos consumidores. Em seu núcleo, a discussão judicial repousou na possibilidade, ou não, de manutenção da inscrição de nomes nos registros do Serviço de Proteção ao Crédito (SPC) por período superior a 5 anos (pelo período de prescrição da dívida que originou a cobrança, por exemplo). Após exaustivo debate,

---

[107] BRASIL. Supremo Tribunal Federal (STF). *RHD 22/DF*. Voto Celso de Mello. DJ 01.09.1995b. Disponível em: http://redir.stf.jus.br/paginadorpub/paginador.jsp?docTP=AC&docID= 362613. Acesso em: 17 dez. 2020.

[108] MENDES, Laura Schertel. *Privacidade, proteção de dados e defesa do consumidor*. São Paulo: Saraiva, 2019, p. 128.

reconheceu a Corte Superior, de forma irretocável, pela impossibilidade de expansão do período da negativação nos registros de proteção ao crédito. O acórdão denota, com minúcias, a aproximação da proteção de dados pessoais dos contornos propostos pelo direito à privacidade. Veja-se:

> A inserção de dados pessoais do cidadão em bancos de informações tem se constituído em uma das preocupações do Estado moderno, onde o uso da informática e a possibilidade de controle unificado das diversas atividades da pessoa, nas múltiplas situações de vida, permite o conhecimento de sua conduta pública e privada, até nos mínimos detalhes, podendo chegar à devassa de atos pessoais, invadindo área que deveria ficar restrita à sua intimidade; ao mesmo tempo, o cidadão objeto dessa indiscriminada colheita de informações, muitas vezes, sequer sabe da existência de tal atividade, ou não dispõe de eficazes meios para conhecer o seu resultado, retificá-lo ou cancelá-lo. E assim como o conjunto dessas informações pode ser usado para fins lícitos, públicos ou privados, na prevenção ou repreensão de delitos, ou habilitando o particular a celebrar contratos com plenos conhecimentos de causa, também pode servir, ao Estado ou ao particular para alcançar fins contrários à moral ou ao direito (...) (REsp 22.337-9/RS).[109]

É importante apontar que, no julgado assinalado, "o Min. Ruy Rosado amplia sua análise para os riscos de processamento de dados pessoais em uma forma geral"[110] – e não apenas sob a ótica da proteção ao crédito. Ao se aprofundar na vulnerabilidade do consumidor, o voto acaba por "evidenciar as características do novo direito à privacidade, necessárias para fazer frente aos desafios da sociedade atual",[111] de onde, em síntese, depreende-se:

(i) Dever de transparência na coleta e processamento dos dados;
(ii) Conhecimento e acesso do titular aos dados;
(iii) Possibilidade de exclusão e correção das informações coletadas.

Em terceiro, cite-se o acórdão resultante do julgamento do REsp nº 1.168.547/RJ. Em linhas gerais, o Tribunal analisou a utilização

---

[109] BRASIL. Superior Tribunal de Justiça (STJ). *Recurso Especial nº 22.337-9/RS*. Relator: Ministro Ruy Rosado de Aguiar. DJ. 20.03.1995a.
[110] MENDES, Laura Schertel. *Privacidade, proteção de dados e defesa do consumidor*. São Paulo: Saraiva, 2019, p. 132.
[111] MENDES, Laura Schertel. *Privacidade, proteção de dados e defesa do consumidor*. São Paulo: Saraiva, 2019, p. 132.

indevida da imagem de um consumidor em uma página da internet. O caso, a despeito de não se relacionar propriamente com o fluxo de dados pessoais, teve, em seu voto condutor, uma importante constatação de evolução da hermenêutica do conceito de privacidade dentro do ordenamento jurídico brasileiro. Frise-se:

> Contudo, com o desenvolvimento da tecnologia passamos a ter um novo conceito de privacidade que corresponde ao direito que toda pessoa tem de dispor com exclusividade sobre as próprias informações, ou seja, o consentimento do interessado é o ponto de referência de todo o sistema de tutela da privacidade.[112]

Já mais recentemente, tem-se o julgamento proferido no REsp nº 1.630.659/DF, de 6 de dezembro de 2018, de relatoria da Ministra Nancy Andrighi. Nele, a Corte Superior conclui, expressamente, a autodeterminação informativa como um corolário, de matriz constitucional, da privacidade. Sublinhe-se:

> Os direitos à intimidade e à proteção à vida privada, diretamente relacionados à utilização de dados pessoais por bancos de dados de proteção ao crédito, consagram o direito à autodeterminação informativa e encontram guarida no art. 5º, X da Carta Magna, que deve ser aplicado nas relações entre particulares por força da eficácia horizontal e privilegiado por imposição do princípio da máxima efetividade dos direitos fundamentais.[113]

Interessante ressaltar que a mesma Corte Superior, que, em inúmeros casos, reconheceria o direito dos indivíduos de controlar o trânsito das informações pessoais, em 2010 – em um cenário de amplo uso das tecnologias e coleta e processamento de dados –, compreenderia, ao julgar uma demanda indenizatória acerca do envio de *spam* de conteúdo erótico, que "deter a internet é complicado"[114] e que o mero uso dos dados pessoais para encaminhamento da publicidade digital não poderia constituir um ilícito punível.

---

[112] BRASIL. Superior Tribunal de Justiça (STJ). *Recurso Especial nº 1.168.547/RJ*. Relator: Ministro Luis Felipe Salomão. J. 17.05.2010.

[113] BRASIL. Superior Tribunal de Justiça (STJ). *Recurso Especial nº 1.630.889/DF*. Relatora: Ministra Nancy Andrighi. J. 11.09.2018b.

[114] BRASIL. Superior Tribunal de Justiça (STJ). *Recurso Especial nº 844.736/DF*. Relator: Ministro Luis Felipe Salomão. J. 27.10.2009c.

No caso em comento, o consumidor já havia solicitado a sua exclusão da lista de envio de *spam* e, mesmo assim, continuou a receber *spams* em sua caixa de mensagens, constituindo a conduta da ré, como bem apontado pelo voto vencido do Ministro Luis Felipe Salomão, violação ao seu direito de estar só, pois teria havido "intromissão na vida alheia, perturbando a paz e a intimidade da pessoa".[115] O voto vencedor, todavia, em sentido diametralmente oposto, reconheceria a inexistência de um regramento específico que assegurasse a proteção do consumidor com relação ao direcionamento de propaganda indesejada,[116] não compreendendo que a discussão estaria ao abrigo da tutela da privacidade, ante a mera existência de acesso ao endereço de *e-mail* do titular.

Apesar da aparente retração jurisprudencial disposta no último julgado, ele próprio está debruçado sobre a disciplina da privacidade, demonstrando a estreita ligação existente entre o uso de informações pessoais e a invasão do âmago de resguardo.

Já sob um enfoque doutrinário, o enunciado 404 da Jornada de Direito Civil dispõe:

> a tutela da privacidade da pessoa humana compreende os controles espacial, contextual e temporal dos próprios dados, sendo necessário seu expresso consentimento para tratamento de informações que versem especialmente o estado de saúde, a condição sexual, a origem racial ou étnica, as convicções religiosas, filosóficas e políticas.[117]

Esse percurso hermenêutico socorre-se, em muito, no desenvolvimento de uma construção doutrinária de identificação de uma cláusula geral de personalidade, que, sem beber em fonte constitucional,

---

[115] BARBOSA, Fernanda Nunes. Informação e consumo. *In*: MARTINS, Guilherme Magalhães; LONGHI, João Victor Rozatti (coord.). *Direito Digital, Direito Privado e Internet*. Indaiatuba: Foco, 2019, p. 349–374, p. 359.

[116] A proteção de dados pessoais é um direito autônomo em relação à intimidade ou privacidade, nos países europeus, veja-se o Tratado de Lisboa, artigo 16-B, que ratificou a Carta de Nice, contemplando o direito fundamental à proteção dos dados em caráter autônomo à intimidade (LIMBERGER, Têmis. Informação em rede: comparação da Lei brasileira de proteção de dados pessoais e o regulamento geral de proteção de dados europeu. *In*: MARTINS, Guilherme Magalhães; LONGHI, João Victor Rozatti (coord.). *Direito Digital, Direito Privado e Internet*. Indaiatuba: Foco, 2019, p. 253–266, p. 259).

[117] AGUIAR JR., Ruy Rosado de (coord.-geral). V Jornada de Direito Civil. Enunciado 404. *In*: CONSELHO DA JUSTIÇA FEDERAL (CJF). *CJF - Enunciados*. Brasília: CJF, [2022b]. Disponível em: https://www.cjf.jus.br/enunciados/enunciado/208. Acesso em: 30 jun. 2022.

reconhece a autonomia epistemológica do Direito Privado para a solução da mutabilidade do espaço de proteção jurídica dos direitos da personalidade. Dito de outro modo, "o direito geral de personalidade deve ser concebido como um direito de autodeterminação ético-existencial, que não pode ser restringido, no seu conteúdo de dignidade humana, por intermédio da autodeterminação ético-política da comunidade".[118] E, por isso: "A consagração de um direito geral de personalidade é decisiva para a atribuição de uma tutela geral da personalidade ao Direito privado e realça a dicotomia entre os direitos da personalidade e os direitos fundamentais até mesmo em relação aos bens tutelados".[119]

Em outro vértice, sob uma feição axiológica, em um pressuposto civil-constitucional, tem-se a construção das noções de um direito geral de personalidade,[120] influenciado pela dogmática alemã e consolidado no enunciado 274 da IV Jornada de Direito Civil.[121] No Brasil, parcela da doutrina[122] entende que seu sustentáculo seria o art. 1º, inciso III da Constituição Federal, isto é, a dignidade da pessoa humana – o que permite a atribuição de um direito subjetivo, abstrato, que garanta ao seu titular exigir, *erga omnes*, uma conduta normativa positiva ou negativa. Em outros termos:

---

[118] MAZUR, Maurício. A dicotomia entre os direitos de personalidade e os direitos fundamentais. *In*: MIRANDA, Jorge; RODRIGUES JÚNIOR, Otavio; FRUET, Gustavo. *Direitos da Personalidade*. São Paulo: Atlas, 2012, p. 31.

[119] MAZUR, Maurício. A dicotomia entre os direitos de personalidade e os direitos fundamentais. *In*: MIRANDA, Jorge; RODRIGUES JÚNIOR, Otavio; FRUET, Gustavo. *Direitos da Personalidade*. São Paulo: Atlas, 2012, p. 31.

[120] OLIVEIRA, José Lamartine Corrêa de; MUNIZ, Francisco José Ferreira. O Estado de Direito e os Direitos da Personalidade. *Revista da Faculdade de Direito UFPR*, Curitiba, v. 19, nº 0, p. 223–241, 1979. Disponível em: https://revistas.ufpr.br/direito/article/view/8833/6143. Acesso em: 17 dez. 2020.

[121] "Os direitos da personalidade, regulados de maneira não-exaustiva pelo Código Civil, são expressões da cláusula geral de tutela da pessoa humana, contida no art. 1º, inc. III, da Constituição Federal" (AGUIAR JR., Ruy Rosado de (coord.-geral). IV Jornada de Direito Civil. Enunciado 274. *In*: CONSELHO DA JUSTIÇA FEDERAL (CJF). *CJF - Enunciados*. Brasília: CJF, [2022a]. Disponível em: https://www.cjf.jus.br/enunciados/enunciado/219. Acesso em: 30 jun. 2022).

[122] Nesse sentido, é interessante destacar que a defesa de uma cláusula geral de personalidade, sobretudo quando vinculada à categoria dos direitos fundamentais, não encontra aceitação uníssona na doutrina. Maurício Mazur, com propriedade, compreende que, diferentemente do contexto alemão, as engrenagens do direito civil brasileiro devem dar respostas à complexidade de novas violações à personalidade humana, sem a necessidade de se socorrer aos princípios constitucionais que, sob sua visão, não são aplicáveis às relações privadas (MAZUR, Maurício. A dicotomia entre os direitos de personalidade e os direitos fundamentais. *In*: MIRANDA, Jorge; RODRIGUES JÚNIOR, Otavio; FRUET, Gustavo. *Direitos da Personalidade*. São Paulo: Atlas, 2012, p. 30).

(...) os tipos previstos na Constituição e legislação civil são apenas enunciativos, não esgotando as situações suscetíveis à tutela jurídica da personalidade. O tipo, conquanto menos abstrato que o conceito, é dotado de certa abstração, pois se encontra em plano menos concreto que os fatos da vida. Os fatos concretos, que ocorrem na vida, para serem enquadrados em determinado tipo, necessitam de reconhecimento social, de certa tipicidade social. Desse modo, são apreensíveis pelo interprete, reduzindo o juízo de valor subjetivo. Assim, além dos tipos de direitos da personalidade já positivados na Constituição e legislação civil, os tipos socialmente reconhecidos são aferíveis a partir de sua compatibilidade com o princípio da pessoa humana, fonte determinante de todos.[123]

Não se pode ignorar, nesse sentido, apesar da aceitação de grande parcela da doutrina, que essa vertente civil-constitucional, alicerçada na dignidade humana, traz um certo barateamento da importância das normas constitucionais – que passam a ser chamadas a complementar todo e qualquer conflito. A partir da banalização do emprego da dignidade humana[124] como reforço argumentativo, esvazia-se o seu conteúdo. "Se tudo é fundado na dignidade humana, nada, afinal, o será".[125] A privacidade e as normas que seguiram versando sobre o contexto digital e bancos de dados possuem aptidão, por si só, de disciplinar a proteção de dados pessoais, não há necessidade de recurso à Constituição Federal.

Por derradeiro, independentemente da opção escolhida, é possível observar que os direitos da personalidade (e sobretudo a privacidade) acompanham a evolução social, ampliando – e por vezes restringindo – o bem jurídico protegido, de acordo com a concepção de sociedade envolvida e surgimento de novas espécies de danos. Depreende-se, ademais, especificamente com relação à privacidade, que o caminho desenhado pela ciência jurídica no Brasil acompanhou, ainda que com retardo – e alguma desídia –, a tendência internacional de extrair a proteção dos dados pessoais do seu núcleo – o que forma a terceira premissa deste capítulo. Essa afirmação pode ser confirmada,

---

[123] LÔBO, Paulo. *Direito Civil*: parte geral. São Paulo: Saraiva, 2009, p. 144.
[124] "A transformação da 'conspícua dignidade humana' em um tropo retórico, esvaziando-se de sentido, utilidade prática e credibilidade conceitual" (RODRIGUES JUNIOR, Otavio Luiz. *Direito Civil Contemporâneo*: estatuto epistemológico, Constituição e direitos fundamentais. Rio de Janeiro: Forense, 2019, p. 18).
[125] RODRIGUES JUNIOR, Otavio Luiz. Estatuto epistemológico do direito civil contemporâneo na tradição de Civil Law. *Meritum*, Belo Horizonte, v. 5, nº 2, p. 13–52, jul./dez. 2010, p. 42.

inclusive, por meio de uma breve leitura das novas legislações que regularam o ambiente digital, como o MCI e a LGPD, onde a privacidade assumiu um papel de protagonismo, a partir de mecanismos que asseguram um maior controle do titular sobre o fluxo dos seus dados pessoais.

1.3 Fragmentos da relativização de uma expressão da personalidade: monetização dos dados pessoais e desafios jurídicos

1.3.1 O contexto de datificação do indivíduo: a construção de um mercado de circulação de dados pessoais

Se, por um lado, o direito à proteção de dados pessoais foi abrigado pelo conteúdo do direito à privacidade, por outro, os danos que sua violação gera, e a forma como é encarado pelo contexto social e mercadológico atual, são substancialmente diferentes – o que indicia uma possível insuficiência no uso das ferramentas jurídicas usuais de proteção à privacidade para coibir abusos referentes ao uso e gerenciamento de dados pessoais.

Enquanto os exemplos mais frisantes e expressivos de violação à privacidade em sua acepção clássica (ou seja, interferências físicas em espaços de resguardo) estão entrincheirados nas atividades dos veículos de comunicação, as violações à proteção de dados pessoais e respectivos danos espraiam-se, em razão das suas peculiaridades, para raias muito mais extensas, coletivas, distantes da mera colisão com um atributo da personalidade do indivíduo. São situações e danos sistêmicos, alicerçados em pretensões econômicas expressivas,[126] que exigem, por isso, uma abordagem diferenciada.

Explica-se. O uso e manipulação dos dados pessoais assumiu, nas últimas décadas, uma faceta altamente rentável, alterando substancialmente o espaço da privacidade dentro do contexto mercadológico. Para atingir tanto a diferenciação do atendimento, "quanto a diferenciação do *marketing*, fez-se necessária a coleta massiva de informações sobre os consumidores, seus hábitos e comportamentos".[127] É a máxi-

---

[126] GEDIEL, José Antonio Peres; CORRÊA, Adriana Espíndola. Proteção jurídica de dados pessoais: a intimidade sitiada entre o Estado e o mercado. *Revista da Faculdade de Direito – UFPR*, Curitiba, nº 47, p. 141–152, 2008, p. 141.

[127] MENDES, Laura Schertel. *Privacidade, proteção de dados e defesa do consumidor*. São Paulo: Saraiva, 2019, p. 89.

ma da expressão do capitalismo de vigilância, baseado na mais-valia comportamental.[128]

Alguns exemplos sugerem a alta rentabilidade desse mercado. O Facebook, cujo grande negócio é a venda e formatação de publicidade digital, alcançou, em 2011, uma receita global por usuário de 4,34 dólares. A Experian, que realiza a gestão de gigantescos bancos de dados para extrair informações de crédito, obteve 6,42 dólares por registro de usuários no mesmo período.[129] Recentemente, inclusive, ambas as empresas, cientes do seu alto capital informacional, estabeleceram uma parceria para permitir a segmentação dos posts patrocinados a partir da renda do consumidor. Dessa forma, o setor privado, além de conhecer características fisiológicas e comportamentais, passa também a determinar qual consumidor, a partir da sua renda mensal, é atrativo para determinada marca[130] ou segmento.

A italiana Benetton não produz roupas. Sua atividade está pautada em processar informações, tendências do mercado de moda, e transmiti-las para empresas do sudeste asiático ou leste europeu, que ficam responsáveis pela produção fabril.[131] A Zara, multinacional do segmento de vestuário, de igual modo, ampara-se essencialmente, para formatação de suas estratégias de logística e *marketing*, no gerenciamento dos dados pessoais. Em síntese, os lojistas locais registram os dados de vendas, compartilhando-os com o centro de criação em La Coruña. A partir das informações lá dispostas, a empresa consegue concluir quais itens possuem melhor aceitação no mercado, os quais são (re)projetados com base no padrão de consumo constatado.[132]

A própria aquisição do WhatsApp pelo Facebook, no ano de 2014, que alcançou, aproximadamente, 19 bilhões de dólares, ilustra

---

[128] LÔBO, Paulo. *Direito à privacidade e sua autolimitação*. [s.d.]. Disponível em: https://www.academia.edu/38894562/DIREITO_À_PRIVACIDADE_E_SUA_AUTOLIMITAÇÃO. Acesso em: 19 dez. 2020.

[129] SILVEIRA, Sérgio Amadeu; AVELINO, Rodolfo; SOUZA, Joyce. A privacidade e o mercado de dados pessoais. *Revista Ibict*, Rio de Janeiro, v. 12, nº 2, p. 217–230, nov. 2016, p. 222. Disponível em: http://revista.ibict.br/liinc/article/view/3719/3138. Acesso em: 19 dez. 2020.

[130] SILVEIRA, Sérgio Amadeu; AVELINO, Rodolfo; SOUZA, Joyce. A privacidade e o mercado de dados pessoais. *Revista Ibict*, Rio de Janeiro, v. 12, nº 2, p. 217–230, nov. 2016, p. 226. Disponível em: http://revista.ibict.br/liinc/article/view/3719/3138. Acesso em: 19 dez. 2020.

[131] BIONI, Bruno. *Proteção de dados pessoais*: a função e os limites do consentimento. Forense: Rio de Janeiro, 2019, p. 11.

[132] BIONI, Bruno. *Proteção de dados pessoais*: a função e os limites do consentimento. Forense: Rio de Janeiro, 2019, p. 11.

essa expressiva importância da captação dos dados pessoais para o ambiente econômico. A venda foi objeto de investigação na Federal Trade Comission, órgão regulador norte-americano, para que se apurasse se os dados coletados por meio do aplicativo não seriam objeto de alimentação de estratégias de *marketing* de parceiros comerciais dos mais variados ramos.[133] Mais recentemente, inclusive, a referida agência americana acusou a Meta (nova denominação do Facebook) de violar a lei antitruste, por monopolizar a titularidade das principais redes sociais hoje existentes.

Observa-se, aqui, uma convergência entre a sociedade da informação e a sociedade de consumo, na qual os dados coletados garantem a geração de valor competitivo às empresas, como (i) alta previsibilidade e mitigação de riscos; e (ii) diferenciação estratégica de produtos, serviços e publicidade.[134]

Para extração desse valor, é possível recortar o mercado de dados pessoais em algumas camadas: coleta e processamento, análise e formação de amostras e modulação. Tais camadas articulam-se e dialogam, em maior ou menor grau, dependendo da organização, do tempo e da pretensão das empresas inseridas em um determinado nicho.[135]

1.3.1.1 Coleta e organização

No tocante à coleta, são inúmeras as formas de construção de um robusto banco de dados para as empresas. A primeira delas são as próprias transações comerciais realizadas, que garantem acesso aos cadastros dos consumidores no momento de aquisição de um produto ou serviço. Nesses registros, costuma-se obter, além de dados triviais de identificação, algumas informações relativas aos seus hábitos de consumo, que viabilizam a posterior oferta de bens específicos alinhados às características e desejos singulares do indivíduo.[136]

---

[133] Aquisição do WhatsApp pelo Facebook é aprovada pela FTC. *Canaltech*, [S.l.], 10 abr. 2014. Disponível em: https://canaltech.com.br/redes-sociais/Aquisicao-do-WhatsApp-pelo-Facebook-e-aprovada-pela-FTC/. Acesso em: 19 dez. 2020.

[134] SCHEWNKE, Mathias. *Individualierung und Datenschutz*. Wiesbaden: Deutscher Universitats-Verlag, 2006, p. 58 *apud* MENDES, Laura Schertel. *Privacidade, proteção de dados e defesa do consumidor*. São Paulo: Saraiva, 2019, p. 89.

[135] SILVEIRA, Sérgio Amadeu; AVELINO, Rodolfo; SOUZA, Joyce. A privacidade e o mercado de dados pessoais. *Revista Ibict*, Rio de Janeiro, v. 12, nº 2, p. 217–230, nov. 2016. Disponível em: http://revista.ibict.br/liinc/article/view/3719/3138. Acesso em: 19 dez. 2020.

[136] MENDES, Laura Schertel. *Privacidade, proteção de dados e defesa do consumidor*. São Paulo: Saraiva, 2019, p. 97.

A American Express, empresa norte-americana que oferta serviços financeiros e de viagens, já nos idos de 1993[137] ostentava um robusto cadastro de dados de consumidores, contendo cerca de trinta e três milhões de nomes nacionais e estrangeiros e, ainda, informações dos seus hábitos de viagens, como locais de destino, locais de alimentação e itens adquiridos.[138]

Outra antiga forma de coleta de dados é a realização de censos e registros públicos, geralmente conduzidos pelo poder público. Daniel Solove afirma que, na década de 1970, o governo norte-americano comercializava fitas magnéticas com inúmeros dados do censo, que contavam com informações referentes à etnia, renda, raça, localização e gênero.[139] A partir dessas informações, as empresas passavam a formatar estratégias de mapeamento demográfico dos cidadãos – classificando indivíduos em estereótipos, por vezes, recheados de conteúdo discriminatório.[140]

As pesquisas de mercado e estilo de vida, também, por muitos anos representaram uma importante forma de coleta de informações dos consumidores. Tratavam-se de questionários, por vezes construídos a partir de perguntas aparentemente inofensivas, mas minuciosamente formatadas para fornecer um perfil adequado, mais ou menos preciso, sobre o mercado alvo daquela determinada marca. Sorteios e concursos, igualmente, constituíram-se por um tempo como um modo atrativo e eficaz de coletar e atualizar dados dos indivíduos. A empresa Reader's Digest, mundialmente conhecida por publicar revistas mensais (no Brasil, nomeada *Revista Seleções*), promoveu, durante muitos anos, sorteios de prêmios com o único objetivo de coletar informações para a estruturação de suas estratégias de *marketing* direto. A empresa foi,

---

[137] Outro caso ilustrativo desse cenário foi a descoberta, nos idos de 1992, de um enorme comércio de dados pessoais na Espanha, onde empresas, aproveitando-se do vazio legal, mercantilizavam os dados coletados com objetivo de obter informações sobre solvência de indivíduos, até níveis de sinistralidade (junto às companhias de seguro de veículos). (BILBAO UBILLOS, Juan María. *La eficacia de los derechos fundamentales frente a particulares*: analisis de la jurisprudencia del Tribunal Constitucional. Madrid: CEPC, 1997, p. 778 *apud* LIMBERGER, Têmis. *O direito à intimidade na era da informática*. Porto Alegre: Livraria do advogado, 2007, p. 41).

[138] GANDY JUNIOR, Oscar H. *The panoptic Sort*: a political economy of personal information. Boulder: Westview Press, 1993, p. 66.

[139] SOLOVE, Daniel. *The digital person*: technology and privacy in the information age. New York: New York University Press, 2004, p. 98.

[140] Um caso ilustrativo desse ponto são as negativas de crédito decorrentes de uma presunção de calote do consumidor em razão do seu local de moradia.

inclusive, uma das pioneiras na utilização dessa modalidade de coleta para elaboração de estratégias de captação de clientes.[141]

Mais contemporaneamente, no entanto, assume um protagonismo a técnica de coleta de dados a partir do uso dos *cookies*, marcadores digitais automaticamente inseridos, por *websites* visitados, nos discos rígidos do computador do usuário, possibilitando a identificação e memorização de todos os movimentos *online*.[142] Se, por um lado, são os *cookies* que permitem aos internautas a gravação de senhas e personalização de serviços, por outro, são eles que garantem uma vigilância eficaz, silenciosa e um rastreamento detalhado do comportamento do usuário nas redes. No Brasil, os 100 *sites* mais acessados em 2014 enviavam, sem qualquer consentimento, *cookies* instalados nos computadores de seus visitantes para 956 outros *sites*, chamados terceira parte,[143] realçando, assim, o escalonamento da vigilância digital e robustez e diversificação na coleta de dados.

Sobre a legalidade dessa ferramenta, inclusive, cabe destacar a diretiva 2009/136/CE, da União Europeia, que, em 2009, atribuiu uma obrigação de utilização pela modalidade *opt in*: ou seja, obrigando a obtenção de um consentimento prévio e expresso do usuário anteriormente à coleta das informações (antes vigorava a acepção baseada em *opt out*, como um consentimento presumido até manifestação contrária do usuário).[144] Essa tendência chegou recentemente ao Brasil, a partir da aprovação da Lei nº 13.709/2018,[145] que será objeto de estudo nos capítulos subsequentes.

Outra forma bastante invasiva – e recorrente – de captação de dados pessoais são as escutas insertas em equipamentos eletrônicos, como *smart TVs*[146] e aparelhos celulares.[147] O fundamento central desta

---

[141] MENDES, Laura Schertel. *Privacidade, proteção de dados e defesa do consumidor*. São Paulo: Saraiva, 2019, p. 100.

[142] MENDES, Laura Schertel. *Privacidade, proteção de dados e defesa do consumidor*. São Paulo: Saraiva, 2019, p. 102.

[143] SILVEIRA, Sérgio Amadeu; AVELINO, Rodolfo; SOUZA, Joyce. A privacidade e o mercado de dados pessoais. *Revista Ibict*, Rio de Janeiro, v. 12, nº 2, p. 217-230, nov. 2016. Disponível em: http://revista.ibict.br/liinc/article/view/3719/3138. Acesso em: 13 abr. 2021.

[144] MENDES, Laura Schertel. *Privacidade, proteção de dados e defesa do consumidor*. São Paulo: Saraiva, 2019, p. 104.

[145] BRASIL. Lei nº 13.709, de 14 de agosto de 2018. Lei Geral de Proteção de Dados Pessoais (LGPD). *Diário Oficial da União*, Brasília, 15 ago. 2018a. Disponível em: http://www.planalto.gov.br/ccivil_03/_ato2015-2018/2018/lei/l13709.htm. Acesso em: 14 jun. 2022.

[146] Cuidado com as conversas em frente à televisão. A sua Smart TV está a ouvi-lo. *Diário de Notícias*, (Lisboa), 9 fev. 2015. Disponível em: https://www.dn.pt/ciencia/cuidado-

técnica está assentado na discriminação de algumas palavras-chave que, quando ditas, acionam mecanismos de coleta e processamento de informações. Assim, por exemplo, ao mencionar bens ou serviços específicos, há uma dedução algorítmica do interesse no usuário em determinada compra, fazendo com que ele seja alvo da publicidade segmentada. Os dados obtidos nessa modalidade de coleta, por certo, desmascaram uma tendência do mercado em reduzir o direito à privacidade à matéria-prima para estratégias empresariais, potencializando, de forma sistêmica, uma coleta de informações flagrantemente sigilosas, habitualmente abrigadas apenas no interior dos lares ou da própria solitude.

Por fim, na última década, observa-se o fortalecimento da coleta de dados a partir da lógica do *trade-off*[148] – relações negociais de troca de dados pessoais dos consumidores pela disponibilização de serviços ou produtos aparentemente gratuitos. É, de forma precisa, a monetização dos dados pessoais, que passam a servir, nessa relação contratual, como moeda de troca nas transações. Nesse *"zero-price advertisement business model"*[149] dados são acumulados, alimentando imensos arquivos, que, seguidos pelo surgimento dos *data brokers*,[150] são transformados em informações úteis às empresas. Dito de outro modo:

> As informações fornecidas pelas pessoas para que obtenham determinados serviços são tais, em quantidade e qualidade, que possibilitam uma série de usos secundários, especialmente lucrativos para os gestores dos sistemas secundários. Estes, elaborando as informações obtidas quando do fornecimento dos serviços podem criar informações novas (perfis de consumo individual ou familiar, análises de preferência,

---

com-as-conversas-em-frente-a-televisao-a-sua-smart-tv-esta-a-ouvi-lo-4390324.html. Acesso em: 19 dez. 2020.

[147] COLOMÉ, Jordi Perez. Como você é espionado por seu celular Android sem saber. *El País*, Madri, 19 mar. 2019. Disponível em: https://brasil.elpais.com/brasil/2019/03/17/tecnologia/1552777491_649804.html. Acesso em: 19 dez. 2020.

[148] Interactive Advertising Bureau (IAB) Europe. *Consumers driving the digital uptake: the economic value of online advertising-based services for consumers*. Sept. 2010. Disponível em: https://www.yumpu.com/en/document/read/7292977/consumers-driving-the-digital-uptake-iab-europe/13. Acesso em: 19 dez. 2020.

[149] BIONI, Bruno. *Proteção de dados pessoais*: a função e os limites do consentimento. Forense: Rio de Janeiro, 2019, p. 29.

[150] Chamadas de corretores de dados, essas empresas recolhem e mesclam informações agregadas sobre indivíduos, podendo atuar em duas, três ou quatro camadas desse mercado de dados. Algumas empresas são bem conhecidas, como a Serasa (SILVEIRA, Sérgio Amadeu; AVELINO, Rodolfo; SOUZA, Joyce. A privacidade e o mercado de dados pessoais. *Revista Ibict*, Rio de Janeiro, v. 12, nº 2, p. 217–230, nov. 2016, p. 224. Disponível em: http://revista.ibict.br/liinc/article/view/3719/3138. Acesso em: 19 dez. 2020).

informações estatísticas etc.) que interessam a outros sujeitos, a quem estas informações podem ser vendidas.¹⁵¹

Frise-se que todas essas técnicas de coleta alicerçadas em ferramentas de tecnologia são, ainda, impulsionadas pela corrente expansão da *Internet das Coisas*, ou IoT, na sigla mais comumente empregada na literatura. O termo designa "um ambiente de objetos físicos interconectados com a internet por meio de sensores pequenos e embutidos, criando um ecossistema de computação onipresente (ubíqua), voltado para a facilitação do cotidiano das pessoas, introduzindo soluções funcionais nos processos do dia a dia".¹⁵²

Em outros termos, são equipamentos eletrônicos do cotidiano (como relógios, geladeiras, cafeteiras...) que, por possuírem conexão com a internet e interface e desempenho inteligente, realizam extensa coleta de dados para o seu funcionamento e comunicação com outros componentes eletrônicos correlatos. Essa hiperconexão revigora a vigilância digital e a alimentação dos bancos com imensurável quantidade de dados pessoais.¹⁵³

A título de exemplo, rememore-se o caso de Ross Compton, de Ohio: após ter sua casa incendiada, a companhia de seguros conseguiu uma autorização para acessar informações armazenadas no marca-passo utilizado por Compton, observando que seus batimentos cardíacos eram incompatíveis com a descrição de ação e fuga por ele narrada, resultando, assim, na instauração de um procedimento para averiguar se havia crimes de incêndio e fraude contra a seguradora.¹⁵⁴

---

[151] RODOTÀ, Stefano. *A vida na sociedade da vigilância*: a privacidade hoje. Rio de Janeiro: Renovar, 2008, p. 46.

[152] MAGRANI, Eduardo. *A internet das coisas*. Rio de Janeiro: FGV, 2018, p. 20.

[153] "(...) uma máquina de lavar ou uma televisão, submetidas aos processos tecnológicos do ambiente do IoT, funcionarão autonomamente no horário mais propício ao menor consumo de energia elétrica, calcularão a quantidade adequada de água e sabão para o tipo de roupa (sem comando humano), selecionarão programas de interesse do usuário de modo muito mais preciso que algoritmos atuais. Tudo isso gerará número fabuloso de informações sobre as coisas, que porém, indiretamente, revelarão os hábitos, os desejos e a localização das pessoas. Na 'era dos dados', esses elementos informacionais valerão fortunas" (RODRIGUES JUNIOR, Otavio Luiz. *Direito Civil Contemporâneo*: estatuto epistemológico, Constituição e direitos fundamentais. Rio de Janeiro: Forense, 2019, p. 119).

[154] LEME, Carolina da Silva; PEREIRA, Fábio Luiz Barboza. A proteção de dados pessoais e o avanço tecnológico no Brasil: a tecnologia de coleta de informações. *In*: WOLKART, Erik Navarro *et al*. *Direito, processo e tecnologia*. São Paulo: Thomson Reuters Brasil, 2020, p. 187–206, p. 201.

1.3.1.2 Processamento e modulação

A etapa de coleta de dados anteriormente assinalada dá origem à *Big Data* – um enorme acervo de dados pessoais coletados e com potencial de produzir informações valiosas aos *players* do mercado –, sendo comumente associada a 3 Vs: volume, variedade e velocidade. Volume e variedade porque excede a capacidade das tecnologias tradicionais de processamento, conseguindo organizar quantidades antes inimagináveis e em diversos formatos e, tudo isso, em alta velocidade.[155]

A partir disso, é chegado o momento de operacionalizar a gestão de *Big Data*, onde há o processamento, lapidação e ligação de informações para obtenção de vantagens competitivas (e onde se encontram os departamentos de *marketing* de empresas e plataformas que viabilizam a organização da venda dos chamados *públicos segmentados* e até mesmo das audiências semelhantes[156]). As tecnologias mais comumente empregadas nessa camada são:

(i) *Data warehousing*: constitui um sistema informatizado que realiza, principalmente por meio da tecnologia algorítmica, a organização de dados de inúmeros sistemas "operativos heterogêneos de acordo com a sua relevância, transformando-os e selecionando-os, com vistas a possibilitar a tomada de decisão estratégica".[157]

(ii) *Data mining*, ou mineração de dados: representa o ato de transformação de dados complexos em informações úteis para a empresa, normalmente aliado a técnicas de estatística e informatização. A partir dela, é possível extrair tendências, realizar previsões e classificar indivíduos por meio de segmentos importantes e úteis para a geração de vantagem competitiva para a empresa;

(iii) *Online Analytical Processing* (OLAP): aperfeiçoamento do *data mining*, na medida em que se ampara em uma forma

---

[155] BIONI, Bruno. *Proteção de dados pessoais:* a função e os limites do consentimento. Rio de Janeiro: Forense, 2019, p. 40.

[156] SILVEIRA, Sérgio Amadeu; AVELINO, Rodolfo; SOUZA, Joyce. A privacidade e o mercado de dados pessoais. *Revista Ibict*, Rio de Janeiro, v. 12, nº 2, p. 217–230, nov. 2016, p. 224. Disponível em: http://revista.ibict.br/liinc/article/view/3719/3138. Acesso em: 13 abr. 2021.

[157] MENDES, Laura Schertel. *Privacidade, proteção de dados e defesa do consumidor*. São Paulo: Saraiva, 2019, p. 109.

dinâmica e multidimensional, alcançando relações estatísticas mais complexas e profundas;[158]
(iv) Inteligência artificial: o aprimoramento e o barateamento das tecnologias de *machine learning*[159] garantiram o destaque do uso da inteligência artificial para o processamento de dados pessoais. Baseadas nas noções de "aprendizagem, raciocínio, planejamento, percepção, compreensão de linguagem e robótica",[160] aliadas à agregação de noções de "matemática, lógica, filosofia, probabilística, linguística, neurociência e teoria da decisão",[161] as novas tecnologias mitigaram a importância do componente humano para a apreensão das informações dispostas em *Big Data*. De forma veloz, com algoritmos pré-projetados, a tecnologia de inteligência artificial retroalimenta-se por meio do conhecimento alcançado pelo próprio dispositivo. É, assim, uma ferramenta que viabiliza, quando bem calibrada, o alcance de análises preditivas bastante complexas, interligando continuamente informações capilarizadas e com aptidão de gerar valor para as mais diversas áreas do *marketing*, ou, de forma mais ampla, da empresa em geral.

É nesse contexto de processamento que se encontra o *Business Intelligence*, que atua como suporte para a gestão de negócios a partir da organização dos dados e extração de vantagens competitivas, fraquezas, ameaças e oportunidades para a companhia (objeto central deste estudo).

Por fim, na camada de modulação, identifica-se o conjunto de atividades de oferta de produtos e serviços e das táticas de venda referenciadas nas análises e processamento das informações. Fala-se em dispositivos de filtro, algoritmos de controle de visualização e formação

---

[158] SCHEWNKE, Mathias. *Individualierung und Datenschutz*. Wiesbaden: Deutscher Universitats-Verlag, 2006, p. 58 apud MENDES, Laura Schertel. *Privacidade, proteção de dados e defesa do consumidor*. São Paulo: Saraiva, 2019, p. 109.

[159] Nomeado de "aprendizado de máquina", representa um subcampo da engenharia e ciência da computação, que viabilizou a apreensão de conhecimento, por máquina, sem prévia programação por seres humanos. O equipamento, nutrindo-se de dados coletados, passa a criar um padrão próprio de "comportamento".

[160] PEIXOTO, Fabiano Hartmann; SILVA, Roberta Zumblick Martins da. *Inteligência artificial e direito*. Curitiba: Alteridade, 2019, p. 75.

[161] PEIXOTO, Fabiano Hartmann; SILVA, Roberta Zumblick Martins da. *Inteligência artificial e direito*. Curitiba: Alteridade, 2019, p. 75.

de bolhas ou clusters de consumidores[162] – é, assim, a avaliação e reajuste da inteligência extraída das etapas de coleta e processamento.

1.3.2 Dados pessoais, economia e proteção à personalidade

Como visto, a rentabilidade do mercado de dados pessoais é facilmente inferida. Nos EUA, em 2013,

> os dados pessoais estavam disponíveis por preços distintos: US$ 0,50 centavos para um endereço, US$ 2 para uma data de nascimento, U$ 8 para determinado número do seguro social, US$ 3 para o número da carteira de motorista. Uma combinação de endereço, data de nascimento, número do seguro social, histórico de crédito e do registro militar está orçado em US$ 55.[163]

Isso tudo porque, por meio do uso de atributos da privacidade digital dos indivíduos (reunião e leitura de dados pessoais), é possível modular (i) prováveis surtos de gripe, a partir dos termos agregados de pesquisa em um buscador (buscas de determinados sintomas em determinada região);[164] (ii) riscos de um tomador de crédito sofrer calote, o que auxilia a realizar a calibragem dos juros; (iii) parâmetros de saúde dos segurados, facilitando a formatação dos preços para planos de saúde; (iv) o nível de atenção e prudência na direção de veículos, que pode auxiliar na oferta e negativa de inclusão de determinado sujeito

---

[162] SILVEIRA, Sérgio Amadeu; AVELINO, Rodolfo; SOUZA, Joyce. A privacidade e o mercado de dados pessoais. *Revista Ibict*, Rio de Janeiro, v. 12, nº 2, p. 217–230, nov. 2016, p. 224. Disponível em: http://revista.ibict.br/liinc/article/view/3719/3138. Acesso em: 13 abr. 2021.

[163] Organization for Economic Co-operation and Development (OECD). Exploring the economics of personal data: a survey of methodologies for measuring monetary value. *OECD Digital Economy Papers*, nº 220, 2013 *apud* SILVEIRA, Sérgio Amadeu; AVELINO, Rodolfo; SOUZA, Joyce. A privacidade e o mercado de dados pessoais. *Revista Ibict*, Rio de Janeiro, v. 12, nº 2, p. 217–230, nov. 2016, p. 225. Disponível em: http://revista.ibict.br/liinc/article/view/3719/3138. Acesso em: 13 abr. 2021.

[164] Nesse sentido, veja-se pesquisa que, com base em análise de pesquisas nos buscadores do Google, prevê uma nova onda de casos de covid-19 no Brasil, mais grave que as anteriores (JUCÁ, Beatriz. Pesquisa que rastreia redes sociais aponta que próxima onda da pandemia será mais grave no Brasil. *El País*, Madrid, 28 maio 2021. Disponível em: https://brasil.elpais.com/brasil/2021-05-28/pesquisa-que-rastreia-redes-sociais-ja-aponta-que-a-proxima-onda-da-pandemia-sera-ainda-mais-grave-que-as-anteriores-no-brasil.html. Acesso em: 19 jun. 2021).

nos seguros de automóvel;[165] (v) tendências de mercado, possibilitando a diversificação e segmentação dos serviços e produtos; e (vi) direcionamento publicitário preciso, a partir da personalização da propaganda.

Esse contexto, no entanto, denota uma mudança de paradigmas que traz para o centro da atividade econômica o controle sobre o tempo do consumidor. O consumidor, nesse ínterim, já não é mais um alvo do mercado, torna-se o próprio mercado, cujo potencial é preciso conhecer, prospectar e processar[166] – afirmação que identifica a metamorfose da privacidade, conforme conceitua o professor Perez Luño,[167] do original direito a estar só individualmente à perspectiva de estar só no âmbito social e coletivo; com o deslocamento que aponta para a órbita patrimonial.[168]

Toda ação, por certo, gera uma reação. O Tribunal de Justiça Europeu, em sentença proferida em 13.05.2014, na demanda Google *versus* Agência Espanhola de Proteção de Dados,[169] ressaltou a necessidade de prevalência dos direitos individuais sobre os interesses econômicos, tentando refrear uma tendencia da sociedade contemporânea de abandonar seu espaço de solitude e de controle dos dados pessoais. Afastada da neutralidade das canetas e papéis, contudo, a proteção de dados tem cedido demasiado espaço para os interesses negociais e de modulação do comportamento, alardeando uma necessidade de movimentação das engrenagens normativas (estatais ou não) na busca de uma proteção efetiva para a temática.

Não é demais realçar que as novas dimensões da coleta e do tratamento de informações provocaram a multiplicação de apelos à privacidade e, ao mesmo tempo, aumentaram a consciência da

---

[165] BIONI, Bruno. *Proteção de dados pessoais*: a função e os limites do consentimento. Rio de Janeiro: Forense, 2019, p. 43.

[166] SANTOS, Laymert Garcia dos. *Politizar as novas tecnologias*: o impacto sócio-técnico da informação digital e genética. São Paulo: Editora 34, 2003, p. 144 apud GEDIEL, José Antonio Peres; CORRÊA, Adriana Espíndola. Proteção jurídica dos dados pessoais: a intimidade sitiada entre o Estado e o mercado. *Revista da Faculdade de Direito* – UFPR, Curitiba, nº 47, p. 141–152, 2008, p. 146.

[167] PEREZ LUÑO, Antonio Enrique. *Los derechos humanos en la sociedad tecnológica*. Madrid: Universitas, 2012, p. 115.

[168] LIMBERGER, Têmis. Informação em rede: comparação da Lei brasileira de proteção de dados pessoais e o regulamento geral de proteção de dados europeu. In: MARTINS, Guilherme Magalhães; LONGHI, João Victor Rozatti (coord.). *Direito Digital, Direito Privado e Internet*. Indaiatuba: Foco, 2019, p. 253–266, p. 260.

[169] LIMBERGER, Têmis. Informação em rede: comparação da Lei brasileira de proteção de dados pessoais e o regulamento geral de proteção de dados europeu. In: MARTINS, Guilherme Magalhães; LONGHI, João Victor Rozatti (coord.). *Direito Digital, Direito Privado e Internet*. Indaiatuba: Foco, 2019, p. 253–266, p. 255.

impossibilidade de confinar as novas questões que surgem dentro do quadro institucional tradicionalmente identificado por este conceito. Hoje, o problema, no entanto, não é adaptar uma noção nascida em outros tempos e em outras terras a uma situação profundamente modificada, respeitando suas razões e sua lógica de origem,[170] mas, sim, proteger este novo núcleo fundante de uma apropriação desmedida pelos interesses econômicos, harmonizando interesses colidentes.

Isso porque a liberdade experimentada pelos agentes do mercado nesse contexto de leitura e mapeamento digital de consumidores por vezes supera inúmeros limites éticos – e, por que não, jurídicos – que perpassam a discussão. Quem não se chocaria ao saber que os televisores Samsung, LG e TLC ouvem as conversas e movimentações ocorridas no interior das residências?[171] Quem não questionaria o limite do monitoramento digital ao saber que modelos das bonecas Barbie também possuem uma tecnologia semelhante de captação de dados dos ambientes domésticos?[172]

A loja norte-americana Once Famous, de Minneapolis, diante da constatação de que as pessoas omitiam ou alteravam informações quando questionadas em pesquisas de consumo, resolveu usar centenas de câmeras de circuito interno de TV, microfones ultrassensíveis e uma central de última geração para monitorar suas lojas.[173] Os consumidores, ao ingressarem no estabelecimento, eram, então, filmados[174] em todas as suas reações: quanto tempo ficavam parados diante de um produto, qual o cartaz de ofertas que era mais observado, quais eram as expressões faciais diante das mercadorias e quais eram as reações diante dos preços. O consumidor era observado como um peixe num aquário. Como advertência aos que entravam no local, foi colocado um cartaz com os seguintes dizeres: "este lugar está sendo filmado para

---

[170] RODOTÀ, Stefano. *A vida na sociedade da vigilância*: a privacidade hoje. Rio de Janeiro: Renovar, 2008, p. 23.
[171] FOWLER, Geoffrey A. You watch TV. Your TV watches back. *The Washington Post*, Washigton, 18 set. 2019. Disponível em: https://www.washingtonpost.com/technology/2019/09/18/you-watch-tv-your-tv-watches-back/. Acesso em: 20 dez. 2020.
[172] Privacy fears over "smart" Barbie that can listen to your kids. *The Guardian*, London, 13 mar. 2015. Disponível em: https://www.theguardian.com/technology/2015/mar/13/smart-barbie-that-can-listen-to-your-kids-privacy-fears-mattel. Acesso em: 20 dez. 2020.
[173] LIMBERGER, Têmis. *Direito à intimidade na era da informática*. Porto Alegre: Livraria do Advogado, 2007, p. 59.
[174] No estado de Minnesota é permitido legalmente que proprietários filmem e gravem os ambientes, desde que fiquem longe dos provadores.

testes; se isso o incomoda, volte quando este aviso não estiver aqui"[175] – revelando o desprestígio da loja frente à proteção de dados pessoais.

Para além disso, os mecanismos de *check-in* do Facebook, bem como o *Global Positioning System* (GPS) de *smartphones* e a chamada *Internet das Coisas*, são exemplos de aplicações tecnológicas que possibilitam até mesmo controlar a vida humana por meio da aferição incessante dos hábitos singulares e, dessa forma, visam à produção de enorme conteúdo informacional que pode ser minerado.[176] Em verdade, o sujeito fornece dados de uma maneira súbita e espontânea e, por conseguinte, depois que são armazenados, esquece.[177]

Até mesmo indivíduos mais céticos – e ingênuos – poderiam questionar quais consequências concretas seriam percebidas em razão do monitoramento digital e alimentação da *Big Data* por razões de mercado. Nem todos, é verdade, sentem-se especialmente violados por conta da existência de escutas no interior de sua residência, principalmente se as gravações forem feitas unicamente para aprimorar a experiência de consumo do usuário.

A problemática, porém, pode ir além do defensável. Em 2011, a rede de lojas norte-americana Target enfrentou uma delicada situação: com base na leitura e gerenciamento de dados pessoais, descobriu a gravidez de uma adolescente antes mesmo da família ser comunicada. Com base nessa descoberta, passou a encaminhar cupons de desconto em itens de vestuário de bebês para a residência da adolescente. O pai, bastante incomodado com a estratégia publicitária da varejista, acusava a loja de promover a gravidez precoce, sendo, contudo, posteriormente surpreendido pela notícia de confirmação da gravidez. Tudo isso, frise-se, baseado nas informações coletadas por ferramentas *online* e dispostas na *Big Data*.[178]

---

[175] LIMBERGER, Têmis. *Direito à intimidade na era da informática*. Porto Alegre: Livraria do Advogado, 2007, p. 59.

[176] PARCHEN, Charles Emmanuel; FREITAS, Cinthia Obladen; MEIRELES, Jussara Maria Leal. As técnicas de neuromarketing nos contratos eletrônicos e o vício do consentimento na era digital. *Revista Novos Estudos Jurídicos*, Itajaí, v. 23, nº 2, p. 521–548, maio/ago. 2018, p. 359.

[177] ZENO-ZENCOVICH, Vincenzo. I nuovi sistemi telematici interattivi e la tutela del diritto all'identità personales. *In*: ALPA, Guido; BESSONE, Mario (eds.). *Banche dati telematica e diritti della persona*. Padova: CEDAM, 1984, p. 295.

[178] "Um ano antes, um estatístico contratado pela loja havia criado uma maneira de descobrir quais clientes estariam grávidas para enviar a elas ofertas de produtos para gestantes e bebês. A rede tem uma espécie de identidade de cada consumidor, criada quando ele usa um cartão de crédito ou um cupom promocional, preenche uma pesquisa, liga para o Serviço de Atendimento ao Cliente (SAC) ou visita o *site* da loja. A partir daí, monitora

A busca pela alimentação das estratégias empresariais por meio da coleta de dados gera, por um lado, um poderoso arsenal competitivo para as organizações (a loja Target certamente tem resultados satisfatórios ao direcionar publicidade segmentada para uma gestante), uma frequente facilitação no cotidiano do consumidor e também pode traduzir inúmeros benefícios sociais (sustentabilidade, melhor comunicação entre empresas e consumidor, segmentação nos produtos e serviços...); por outro, no entanto, garante por vezes a devassa da vida privada, discriminação negocial e a ocorrência de situações absolutamente desconfortáveis para um Direito que gravita ao redor da proteção da personalidade humana e da expressão da liberdade de autodeterminação dos indivíduos.

No Brasil, um dos relevantes e emblemáticos exemplos que ilustram os excessos recentemente cometidos nesse mercado está estampado na Ação Civil Pública (ACP) nº 1090663-42.2018.8.26.0100. Nela, o Instituto Brasileiro de Defesa do Consumidor (IDEC) contende com a Concessionária da Linha 4 do Metrô de São Paulo (Via Quatro S.A), em razão da implantação de portas de plataforma interativas, dotadas de sensores, com aptidão de reconhecer o gênero, a faixa etária e as emoções dos usuários expostos à publicidade veiculada, inclusive comercial.[179]

O caso esboça com nitidez como a problemática relativa ao uso de dados pessoais por entes privados tem assumido uma postura sistêmica, com peculiaridades diferentes da acepção clássica do *"right do privacy"*. As câmeras, equipamentos eletrônicos comuns e de

---

tudo que ele compra. Cruzando o consumo de grávidas, o estatístico criou um padrão do que elas compram. Hoje, a *Target* sabe que, se uma mulher de 23 anos levou para casa uma loção de manteiga de coco, uma bolsa grande o suficiente para guardar fraldas, suplementos como zinco e magnésio e um tapete azul, há 87% de chance de ela estar esperando um bebê há 3 meses" (RODRIGUES, Alexandre; SANTOS, Priscilla. A ciência que faz você comprar mais. *Revista Galileu*, [S.l.], [s.d.]. Disponível em: http://revistagalileu. globo.com/Revista/Common/0,,EMI317687-17579,00-A+CIENCIA+QUE+FAZ+VOCE+C OMPRAR+MAIS.html. Acesso em: 20 dez. 2020).

[179] Nas palavras do próprio IDEC, "O sensor é sempre posicionado acima de uma propaganda publicitária, para que a identificação da emoção ocorra quando o usuário do transporte público passa por ela, sendo possível captar os efeitos que ela produz sobre a população em geral. A prática, espécie de 'pesquisa de mercado automatizada' sem autorização do participante, permite a obtenção de receita a partir da venda desses dados para terceiros, que podem então direcionar suas estratégias de publicidade a partir das reações identificadas. De acordo com informações da própria Ré, mais de 350.000 pessoas acessam a Linha Amarela por meio das estações de metrô que possuem o sistema de 'portas interativas'" (BRASIL. Tribunal de Justiça do Estado de São Paulo (TJESP). *Ação civil pública nº 1090663-42.2018.8.26.0100*. 37ª Vara Cível do Foro Central de São Paulo. Juíza Lívia Martins Trindade. [s.d.]).

implantação supostamente justificável em ambientes públicos de grande circulação (por questões de segurança, por exemplo), adquirem funcionalidades extraordinárias, coletando e gerindo dados que foram captados sem qualquer consentimento – ou até mesmo percepção – do usuário. A ação, proposta perante a 37ª Vara Cível de São Paulo/SP, teve sua tutela de urgência deferida e confirmada em sentença pelo juízo, com base nas normativas consumeristas, no MCI e no direito à privacidade, conforme a seguir aduzido:

> A situação exposta no caso concreto é muito diferente da captação de imagens por sistemas de segurança com objetivo de melhoria na prestação do serviço, segurança dos usuários ou manutenção da ordem, o que seria não só aceitável, mas necessário diante da obrigação da fornecedora de serviço público zelar pela segurança de seus usuários dentro de suas dependências. É evidente que a captação da imagem ora discutida é utilizada para fins publicitários e consequente cunho comercial, já que, em linhas gerais, se busca detectar as principais características dos indivíduos que circulam em determinados locais e horários, bem como emoções e reações apresentadas à publicidade veiculada no equipamento. Ademais, restou incontroverso que os usuários não foram advertidos ou comunicados previa ou posteriormente acerca da utilização ou captação de sua imagem pelos totens instalado nas plataformas, ou seja, os usuários nem mesmo tem conhecimento da prática realizada pela requerida, o que viola patentemente o seu direito à informação clara e adequada sobre os produtos e serviços, bem como à proteção contra a publicidade enganosa e abusiva, métodos comerciais coercitivos ou desleais, ambos elencados no artigo 6º, III e IV do Código de Defesa do Consumidor. Por sua vez, o artigo 31 do mesmo diploma legal estabelece que "A oferta e apresentação de produtos ou serviços devem assegurar informações corretas, claras, precisas, ostensivas e em língua portuguesa sobre suas características, qualidades, quantidade, composição, preço, garantia, prazos de validade e origem, entre outros dados, bem como sobre os riscos que apresentam à saúde e segurança dos consumidores." Não se olvide que, na qualidade de concessionária de serviço público, incumbia à requerida arcar com o risco das atividades econômicas por si exploradas, especialmente por envolver os direitos fundamentais à intimidade, à privacidade, à imagem e à honra (art. 5º, X da Constituição Federal), o que não ocorreu, vez que utilizada as imagens dos usuários coletadas durante a prestação do serviço público para fins comerciais.
>
> De todo o exposto, inegável que conduta da requerida viola patentemente o direito à imagem dos consumidores usuários do serviço público, as disposições acerca da proteção especial conferida aos dados pessoais sensíveis coletados, além da violação aos direitos básicos do

consumidor, notadamente *à* informação e à proteção com relação às práticas comerciais abusivas, daí porque o pedido de obrigação de não fazer consistente em não se utilizar de dados biométricos ou qualquer outro tipo de identificação dos consumidores e usuários do transporte público, sem a comprovação do devido consentimento do consumidor é procedente.[180]

A controvérsia, acompanhada por outras semelhantes,[181] é paradoxal e denota a necessária atenção ao tema, sobretudo em razão da complexidade das tecnologias envolvidas e do desconhecimento, dos usuários e das autoridades, acerca das práticas empresariais que se alimentam da *Big Data*. As portas interativas do metrô receberam uma louvável atenção do IDEC, e o saldo da judicialização foi positivo para a proteção à privacidade, mas em um contexto de hiperconexão, como confiar só ao Poder Judiciário uma mudança de paradigmas?

Ou seja, se por um lado a privacidade como um direito da personalidade sofreu um elasticemento, abrigando a proteção de dados pessoais, por outro, há diferenças severas entre esses dois direitos, sobretudo com relação à extensão e variedade dos danos possíveis, bem como às dificuldades de operacionalizar uma proteção jurídica em modelagens tradicionais. Submeter apenas aos tribunais a difícil tarefa de conformar a proteção de dados pessoais nos casos concretos abre espaços perigosos de infiltração dos interesses mercadológicos para anulação de barreiras de proteção dos consumidores (e cidadãos de um modo geral) – fortalecendo, assim, a noção da privacidade digital como um simples ativo financeiro.

Nesse sentido, a inteligência empresarial contemporânea, alimentada pela robusta coleta de dados pessoais, há muito representa

---

[180] BRASIL. Tribunal de Justiça do Estado de São Paulo (TJESP). *Ação civil pública nº 1090663-42.2018.8.26.0100*. 37ª Vara Cível do Foro Central de São Paulo. Juíza Lívia Martins Trindade. [s.d.].

[181] Citem-se, nesse sentido, o inquérito civil público proposto em face do Facebook, para analisar a legalidade da tecnologia de reconhecimento facial de usuários e não usuários da plataforma, e a ACP nº 1006616-14.2020.8.26.0053, em trâmite perante a 1ª Vara da Fazenda Pública de São Paulo: MINISTÉRIO PÚBLICO DO DISTRITO FEDERAL E TERRITÓRIOS (MPDFT). Comissão de Proteção de Dados Pessoais. *Portaria nº 09/2018* – Inquérito Civil Público – Reconhecimento Facial – Facebook. 2018b. p. 1–7. Disponível em: https://juristas.com.br/wp-content/uploads/2018/07/mpdf-investigar-tecnologia.pdf; TRIBUNAL DE JUSTIÇA DO ESTADO DE SÃO PAULO (TJESP). *Processo nº 1006616-14.2020.8.26.0053*. Defensoria Pública do Estado de São Paulo x Companhia do Metropolitano de São Paulo - Metrô. Início do processo: 2020. Disponível em: https://www.jusbrasil.com.br/processos/252983937/processo-n-1006616-1420208260053-do-tjsp. Acesso em: 14 jun. 2022.

uma nova faceta da mercantilização[182] de direitos da personalidade, atingindo por vezes a própria autonomia privada dos indivíduos[183] e gerando prejuízos que alcançam inclusive a orbita patrimonial (como adiante será demonstrado). A inovadora aliança da economia com a tecnologia reclama a estruturação de uma engrenagem jurídica/regulatória equilibrada e cirúrgica, seja ela estatal ou não, de modo a harmonizar os interesses dos consumidores e das empresas no uso e gerenciamento de *Big Data*.

---

[182] GEDIEL, José Antonio Peres; CORRÊA, Adriana Espíndola. Proteção jurídica de dados pessoais: a intimidade sitiada entre o Estado e o mercado. *Revista da Faculdade de Direito – UFPR*, Curitiba, nº 47, p. 141–152, 2008, p. 159.

[183] A inteligência empresarial, atualmente, alia o estudo dos dados pessoais às técnicas de *neuromarketing* para alcançar melhor performance no ambiente mercadológico. Isso porque, sabendo que as decisões impulsivas, emocionais e não racionais são as maiores responsáveis pelo consumo, a disciplina do *neuromarketing* explora a "fundo os sistemas reptiliano e límbico do cérebro humano em busca da indução ou da sugestão do automatismo e do inconsciente, usando artifícios que ativem ou os exacerbem, bem como que produzam emoções e sensações de prazer no cérebro, diminuindo, portanto, a atuação ou a preponderância do córtex responsável pela decisão racional. Verifica-se que o *neuromarketing* é ferramenta que pode potencializar o consumo, pois se vale de uma visão multidisciplinar para, estudando o mecanismo de ondas cerebrais bem como as sinapses e as regiões onde ocorrem estímulos, conseguir identificar se o ato humano está ocorrendo por impulso (cérebro reptiliano), por elementos como as emoções (sistema límbico) ou por puro raciocínio (córtex cerebral)" (PARCHEN, Charles Emmanuel; FREITAS, Cinthia Obladen; MEIRELES, Jussara Maria Leal. As técnicas de neuromarketing nos contratos eletrônicos e o vício do consentimento na era digital. *Revista Novos Estudos Jurídicos*, Itajaí, v. 23, nº 2, p. 521–548, maio/ago. 2018, p. 528). Ocorre, no entanto, que esse sub-ramo da ciência neural, ao focalizar seus esforços em aspectos do inconsciente – não cognoscíveis de imediato pelo consumidor – pode tornar o ser humano um autômato e escravo de seus impulsos e sentimentos. Potencializa o cérebro reptiliano e o límbico em detrimento do córtex cerebral, definhando, assim, o processo de raciocínio, de elaboração interior e, consequentemente, da posterior volição da vontade. Trata-se de um poderoso aparato que, ao fomentar estímulos alheios ao controle racional, amplia o espaço de interferência do inconsciente na manifestação da vontade negocial e aprofunda, por vezes, a hipervulnerabilidade do consumidor, relativizando os contornos clássicos da autonomia privada. Tais estratégias, frise-se, são potencializadas a partir da gestão e manipulação da *Big Data*, pois é a partir desse grande acervo e informações pessoais que os *players* do mercado extraem qual público-alvo (segmento de consumo) estará mais sujeito a determinada técnica de *neuromarketing*. Representa, assim, uma aliança potencialmente danosa aos processos volitivos de consumo e, também, à privacidade dos indivíduos.

CAPÍTULO 2

MARKETING ANALYTICS: BIG DATA E A EXPANSÃO DE UM MERCADO DE EXPLORAÇÃO DA PRIVACIDADE DIGITAL

No capítulo anterior, foram construídas três premissas: (i) desde a sua origem, a privacidade apresentou-se como um conceito plástico, maleável, que dialoga com mudanças sociais, políticas e econômicas vivenciadas por uma determinada cultura; (ii) a mutabilidade do conteúdo que íntegra o âmago de resguardo serviu para abrigar a proteção de dados pessoais (inclusive no Brasil) – circunstância útil em tempos de hiperconexão e monetização de atributos da personalidade; e (iii) expressivos desafios jurídicos surgem diante dos problemas sistêmicos causados pelo mau uso de dados pessoais por atores privados, sugerindo dificuldades de conformar a proteção de dados pessoais, hoje, em uma lógica binária, de mero comando e controle e exercício da coerção estatal.

Neste capítulo haverá um *mergulho* no atual mercado de inteligência empresarial (*business ou marketing analytics*), protagonista no apelo à alimentação incessante de *Big Data* e dos mais variados danos experimentados a partir da vigilância irrestrita praticada por equipamentos eletrônicos conectados em rede.

2.1 O *mix* de *marketing*

Uma das mais expressivas facetas de exploração dos dados pessoais está centrada nas engrenagens que guarnecem o mercado de consumo. A consagração do capitalismo validou a pluralidade e a competitividade no mercado empresarial. No século XX, com o Fordismo e a proposta de produção em série, passou-se a compreender o destaque da captação dos desejos e anseios do público consumidor alvo para a ampliação da parcela de participação de determinada marca/ organização em dado segmento de mercado.

É nesse contexto que surge a expressão do *marketing*, derivada do vocábulo anglo-saxão *market*, essencialmente voltada para "permitir um melhor aproveitamento do mercado, facilitando, em consequência, as trocas e garantindo-lhes o máximo de eficácia".[184]

Inicialmente, a disciplina formatava-se de modo bastante empírico e intuitivo, basicamente associada à ideia de comunicação publicitária. Com o refinamento dos seus estudos e o afunilamento da concorrência empresarial, no entanto, tornou-se mais complexa, alcançando uma dupla tensão conceitual: *marketing* é, por um lado, filosofia, postura mental, uma atividade, uma evolução na forma de conceber toda a função comercial e as relações de troca. Por outro, também constitui um alicerce técnico, como uma importante[185] maneira de levar a cabo a relação de troca, identificando, criando, desenvolvendo e servindo à demanda.[186]

Para o direito, o *marketing* associa-se, de forma imediata, a inúmeras e complexas funções sociais e valores consagrados constitucionalmente, tais como: expressão do livre mercado e da concorrência (art. 170, parágrafo único e inciso IV); defesa do consumidor (art. 170, V); proteção ao meio ambiente, porquanto alinha-se aos ditames de sustentabilidade e de busca por redução de dispêndio de recursos naturais na cadeia produtiva (art. 170, VI); e exercício da liberdade de expressão, sob a roupagem da comunicação e criação publicitária (art. 5º, IX). Sua disciplina, portanto, espraia-se para as mais diversas raias da ciência jurídica.

Uma breve consideração, inicialmente, é salutar para que se compreenda o escopo deste trabalho. O *marketing*, a despeito da usual confusão terminológica percebida em inúmeros canais (inclusive jurídicos), não se esgota na publicidade e propaganda. Em verdade, a comunicação publicitária constitui apenas um de seus elementos,

---

[184] SANTOS, Fernando Gherardini. *Direito do Marketing*. São Paulo: Revista dos Tribunais, 2000, p. 20.

[185] Nos EUA, o gasto das empresas com marketing representa cerca de 50% de cada dólar gasto pelo consumidor (KOTLER, Philip. *Administração de marketing*. São Paulo: Atlas, 1988, v. 1, p. 43 apud SANTOS, Fernando Gherardini. *Direito do Marketing*. São Paulo: Revista dos Tribunais, 2000, p. 36).

[186] NORMANHA FILHO, Miguel Arantes. Marketing, propaganda e publicidade: um estudo dos termos no Brasil. *Revista Gerenciais*, São Paulo, v. 2, p. 33–41, set. 2003.

normalmente encerrando uma extensa cadeia de formulação das estratégias de fomento ao consumo, gerenciamento dos processos internos de produção e de fidelização do cliente. Marketing, em verdade, é muito mais amplo e engloba idealização, precificação adequada, produção inteligente, comunicação assertiva, regularização e logística da venda. É uma complexa ciência e arte de explorar, criar e entregar valor para satisfazer as necessidades do consumidor-alvo e do mercado, gerando, por consequência, lucro para a organização.[187]

Em uma visão macro, alguns elementos imediatos integram o objeto nuclear das funções e da administração do composto de *marketing*,[188] sendo centrais para a discussão acerca do protagonismo de *Big Data* nesse segmento. Sublinhe-se:

a) Partes: são as relações envolvidas no vínculo de produção, podendo ser estruturadas pela ótica fornecedor–consumidor (B2C – *business-to-consumer*, na linguagem corporativa) ou fornecedor–fornecedor (B2B – *business-to-business*), que diagnostica tanto as relações entre diferentes parceiros e interessados comerciais (*stakeholders*), quanto pelas relações de venda de um produto final para uma determinada empresa;[189]

---

[187] KOTLER, Philip. *Marketing para o século XXI*. 13. ed. São Paulo: Futura, 2002, p. 44.

[188] Conjunto de atividades realizadas por um empresário, gerente ou administrador, que visa levar a efeito as trocas desejadas com públicos específicos, tendo por objetivo o ganho pessoal ou mútuo (SANTOS, Fernando Gherardini. *Direito do Marketing*. São Paulo: Revista dos Tribunais, 2000, p. 23).

[189] A essa espécie de relação B2B normalmente não são aplicados os regramentos do CDC, salvo quando a fornecedora adquire determinado bem ou serviço para satisfação de necessidades próprias, como destinatária final do bem. Nesse sentido: "a jurisprudência do STJ se encontra consolidada no sentido de que a determinação da qualidade de consumidor deve, em regra, ser feita mediante aplicação da teoria finalista, que, numa exegese restritiva do art. 2º do CDC, considera destinatário final tão somente o destinatário fático e econômico do bem ou serviço, seja ele pessoa física ou jurídica. 2. Pela teoria finalista, fica excluído da proteção do CDC o consumo intermediário, assim entendido como aquele cujo produto retorna para as cadeias de produção e distribuição, compondo o custo (e, portanto, o preço final) de um novo bem ou serviço. Vale dizer, só pode ser considerado consumidor, para fins de tutela pela Lei nº 8.078/1990, aquele que exaure a função econômica do bem ou serviço, excluindo-o de forma definitiva do mercado de consumo. 3. A jurisprudência do STJ, tomando por base o conceito de consumidor por equiparação previsto no art. 29 do CDC, tem evoluído para uma aplicação temperada da teoria finalista frente às pessoas jurídicas, num processo que a doutrina vem denominando finalismo aprofundado, consistente em se admitir que, em determinadas hipóteses, a pessoa jurídica adquirente de um produto ou serviço pode ser equiparada à condição de consumidora, por apresentar frente ao fornecedor alguma vulnerabilidade, que constitui o princípio-motor da política nacional das relações de consumo, premissa expressamente fixada no art. 4º, I, do CDC, que legitima toda a proteção conferida ao consumidor" (BRASIL. Superior Tribunal de Justiça (STJ). *Recurso Especial nº 1195642/RJ*. Relatora: Ministra Nancy Andrighi. J. 13/11/2012d).

b) Produtos ou serviços: são os objetos das relações de troca. Na conceituação proposta pelo CDC, produto pode ser "qualquer bem, móvel ou imóvel, material ou imaterial" disponível ao mercado de forma profissional, e serviço "qualquer atividade fornecida no mercado de consumo, mediante remuneração, inclusive as de natureza bancária, financeira, crédito e securitárias",[190] capazes de satisfazer uma necessidade ou um desejo do ser humano. Frise-se, aqui, que o recorte dado neste trabalho considera apenas o *marketing* empresarial, ou seja, aquele vocacionado para o aperfeiçoamento da administração do negócio, estímulo ao comércio e satisfação do consumidor final;

c) Ambiente: são todas as forças existentes em determinada localidade e que influem, de forma relevante, para aquele específico segmento empresarial. As forças podem ser de natureza social, política, concorrencial, econômica e tecnológica. A compreensão minuciosa desse elemento é crucial para o crescimento e preservação da empresa.[191]

É certo que, nesse contexto, a partir das lições de Kotler e Keller, a maneira mais fácil e produtiva de alinhar os elementos nucleares do *marketing* com a necessidade de cativar a clientela é entregar alto grau de satisfação ao consumidor.[192] Nesse quadrante, ganha forma e destaque uma nova forma de estruturação da inteligência empresarial, denominada *marketing analytics*[193] – ou, de modo mais abrangente, *marketing intelligence* –, acepção que indica o conjunto de aplicações, infraestrutura, ferramentas e melhores práticas empresariais desempenhadas a partir do acesso e da análise de dados. No *marketing analytics*, a organização

---

[190] SANTOS, Fernando Gherardini. *Direito do Marketing*. São Paulo: Revista dos Tribunais, 2000, p. 20.

[191] Um histórico exemplo do impacto que o fator ambiente exerce no mercado é da tradicional Construtora Adolpho Linderberg, especializada em imóveis de luxo, que deixou, na década de 1970, de reconhecer uma séria mudança no contexto econômico (grande parcela dos seus potenciais clientes, em razão da crise financeira, já não possuía recursos suficientes para a aquisição dos requintados imóveis ofertados), o que a levou a pedir concordata preventiva, em julho de 1979, com um passivo financeiro de, aproximadamente, R$ 50 milhões, dois terços do seu patrimônio líquido do ano anterior (SANTOS, Fernando Gherardini. *Direito do Marketing*. São Paulo: Revista dos Tribunais, 2000, p. 22).

[192] KOTLER, P.; KELLER, K. L. *Administração de marketing*. São Paulo: Pearson, 2012 *apud* PERDIGÃO, Ana Paula *et al*. Inteligência de marketing: utilizando a informação para compreender o mercado consumidor. *Revista FAE*, Curitiba, v. 1, p. 61–75, 2016, p. 65.

[193] SAIDILI, Jihad *et al*. The combination between big data and marketing strategies to gain valuable business insights for better production success. *Procedia Manufacturing*, [S.l.], v. 32, p. 1017–1023, 2019, p. 1019.

realiza, aliada à tecnologia, uma profunda interpretação de grandes volumes de dados dos consumidores, objetivando a identificação de oportunidades (em nível micro e macro) e o desenvolvimento de estratégias aptas a gerar vantagem competitiva e estabilidade no mercado.[194]

Isso porque a leitura e o mapeamento de dados representam uma vantagem informacional que pode ser convertida em inteligência e aplicada no planejamento estratégico de curto e longo prazos, garantindo a modulação de três diferentes aspectos: (i) descritivo, como um resumo da inteligência extraída dos dados, servindo para mapear o desempenho do negócio e facilitar a tomada de decisões; (ii) preditivo, a partir de uma análise de dados pretéritos, insertos em *Big Data*, em um esforço de previsão do futuro e, consequentemente, mitigação de riscos na tomada de decisões empresariais; e (iii) prescritivo, que se socorre nas informações captadas para identificar as melhores alternativas de maximização ou minimização de objetivos[195] específicos.

Na casa das máquinas, é a análise de *Big Data*[196] que proporciona a personalização pela qual os clientes anseiam e a assertividade mercadológica que a empresa busca atingir. Tudo isso, certamente, complementado pela interface humana tradicional, espinha dorsal do *marketing*[197] dos tempos remotos.[198] Ou seja, a tecnologia, na extensa

---

[194] BEDANTE, Gabriel. *Orientação para o marketing analytics*: antecedentes e impacto no desempenho do negócio. 2019. Tese (Doutorado em Administração) – Faculdade de Economia, Administração e Contabilidade da Universidade de São Paulo, São Paulo, 2019, p. 24. Disponível em: https://www.teses.usp.br/teses/disponiveis/12/12139/tde-07052019-114234/publico/CorrigidoGabriel.pdf. Acesso em: 20 dez. 2020.

[195] BEDANTE, Gabriel. *Orientação para o marketing analytics*: antecedentes e impacto no desempenho do negócio. 2019. Tese (Doutorado em Administração) – Faculdade de Economia, Administração e Contabilidade da Universidade de São Paulo, São Paulo, 2019, p. 26. Disponível em: https://www.teses.usp.br/teses/disponiveis/12/12139/tde-07052019-114234/publico/CorrigidoGabriel.pdf. Acesso em: 20 dez. 2020.

[196] "Big data has the ability to provide insights into costumer's social behavior, contrary to Classical Analytics questionnaires. So this combination uses a comparison strategy to analyze behavioral data, and it has been structured by a great diversity of Big Data sources because it is rich of behavioral information. The combination uses the analytics to predict different behaviors, also it provides quick classification methods for several customer predictions which the customers request" (SAIDILI, Jihad et al. The combination between big data and marketing strategies to gain valuable business insights for better production success. Procedia Manufacturing, [S.l.], v. 32, p. 1017–1023, 2019, p. 1020).

[197] KOTLER, Philip. *Marketing 4.0*. Rio de Janeiro: Sextante, 2017, p. 39.

[198] "A década de 1960, com seu grande impulso ao consumo e massificação do capitalismo em níveis sem precedentes, foi o momento quando se criaram agendas de pesquisa sobre *'consumer behavior'* e se estruturou uma agenda nacional sobre o tema nos Estados Unidos da América, com forte impulso ao desenvolvimento de técnicas de predição do comportamento dos consumidores, bem como técnicas para maximização dos retornos com marketing direcionado a grupos com padrões de consumo elevado. Além do trabalho

coleta e mapeamento de dados, apresenta-se como elemento chave para a tomada de decisão dos profissionais de *marketing*, fornecendo *insights* que respondem qual é o produto e serviço mais apropriado para um determinado mercado; como anunciar nesse específico mercado; por meio de quais canais irão se comunicar com o cliente alvo; em que momento anunciar e por qual preço; e quais ferramentas promocionais e publicitárias utilizar.[199]

Algumas pesquisas dão conta que, em 2020, a quantidade de objetos interconectados passa dos 25 bilhões, podendo chegar a 50 bilhões de dispositivos inteligentes pelo mundo. Segundo a Organização das Nações Unidas (ONU), cerca de 45% da população mundial tem acesso à internet.[200] O Facebook, maior rede social do mundo, afirma possuir 2,7 bilhões de usuários ativos mensais[201]. Como se vê, as projeções para o impacto desse cenário de hiperconexão na economia são impressionantes, correspondendo, globalmente, a mais de US$ 11 trilhões, em 2025.[202]

A metáfora do sorvete social, ainda que dotada de uma simplificação excessiva dos processos de mapeamento dos consumidores, aqui

---

desenvolvido por muitas universidades, o governo federal estadunidense investiu em financiamento de pesquisa sobre "comportamento do consumidor", a partir do impulso dado por John F. Kennedy" (ZANATTA, Rafael Augusto Ferreira. *Perfilização, Discriminação e Direitos*: do Código de Defesa do Consumidor à Lei Geral de Proteção de Dados Pessoais, 2019, p. 1–26, p. 9. DOI: 10.13140/RG.2.2.33647.28328. Disponível em: https://www.researchgate.net/publication/331287708_Perfilizacao_Discriminacao_e_Direitos_do_Codigo_de_Defesa_do_Consumidor_a_Lei_Geral_de_Protecao_de_Dados_Pessoais. Acesso em: 20 dez. 2020).

[199] ALSHURA, Mohammad Saleem; ZABADI, Abdelrahim; ABUGHAZALEH, Mohammad. Big Data in Marketing Arena. Big Opportunity, Big Challenge, and Research Trends: An Integrated View. *Management and Economics Review*, Romania, v. 3, nº 1, p. 75–84, 2018, p. 77.

[200] MAGRANI, Eduardo; OLIVEIRA, Renan Medeiros de. Big Data somos nosotros: nuevas tecnologías y gerenciamiento personal de datos. *In*: CAVALLI, Olga; BELLI, Luca (coord.). *Gobernanza y regulaciones de Internet en América Latina*: análisis sobre infraestructura, privacidad, ciberseguridad y evoluciónes tecnológicas en honor de los diez años de la South School on Internet Governance. Rio de Janeiro: FGV, maio 2018, p. 327–350, p. 335. Disponível em: http://eduardomagrani.com/wp-content/uploads/2018/09/Gobernanza-y-Regulaciones-de-Internet-en-Ame%CC%81rica-Latina-1.pdf. Acesso em: 20 dez. 2020.

[201] HIGA, Paulo. Facebook dobra lucro e chega a 2,7 bilhões de usuários. *Tecnoblog*, [S.l.], 31 jul. 2020. Disponível em: https://tecnoblog.net/noticias/2020/07/31/facebook-dobra-lucro-e-chega-a-2-7-bilhoes-de-usuarios/. Acesso em: 20 dez. 2020.

[202] MAGRANI, Eduardo; OLIVEIRA, Renan Medeiros de. Big Data somos nosotros: nuevas tecnologías y gerenciamiento personal de datos. *In*: CAVALLI, Olga; BELLI, Luca (coord.). *Gobernanza y regulaciones de Internet en América Latina*: análisis sobre infraestructura, privacidad, ciberseguridad y evoluciónes tecnológicas en honor de los diez años de la South School on Internet Governance. Rio de Janeiro: FGV, maio 2018, p. 327–350, p. 335. Disponível em: http://eduardomagrani.com/wp-content/uploads/2018/09/Gobernanza-y-Regulaciones-de-Internet-en-Ame%CC%81rica-Latina-1.pdf. Acesso em: 20 dez. 2020.

se apresenta como exemplo frisante. Scoopville era uma cidade famosa por suas sorveterias. Todos os moradores produziam seus próprios *gelatos*, cujos sabores variavam de acordo com suas preferências. No entanto, os visitantes ficavam desnorteados com a alta variedade de opções. A ideia de um comerciante foi instalar um painel em frente a sua loja, para que os próprios consumidores inserissem suas impressões sobre os produtos. A produção, a partir da modulação desses dados, passou a ser orientada pela avaliação dos consumidores, dando ênfase na produção dos sorvetes mais bem-avaliados. Com isso, o produto foi aperfeiçoado de forma colaborativa, emergindo daí a metáfora de que o sorvete era social.[203]

O projeto shopBeacon da loja Macy's também ilustra bem a interação *high-touch* do consumidor com a marca. Com transmissores *iBeacon* da Apple instalados em vários locais da loja, os clientes são alertados com ofertas ultradirecionadas enquanto percorrem os corredores. Ao passarem por determinado setor, eram rememorados de sua lista de compras, recebiam alertas de descontos, sugestões de presentes, entre outros. À medida que os dados das transações se acumulam, as ofertas tornam-se mais e mais personalizadas,[204] em alinho com o perfil exato do consumidor, bem como mais dados avolumam-se, propiciando uma personalização completa do negócio.

Indubitavelmente, esse cenário garante benefícios de ordem social e econômica, que vão desde as comodidades proporcionadas ao consumidor, até a melhoria na utilização dos recursos (naturais, humanos e tecnológicos) pelas organizações. Por outro, pode representar severas violações à personalidade, reduzindo o dado pessoal a um simples ativo financeiro. "Razões de mercado, razões de Estado"[205] não podem ser suficientes para fazer com que uma sociedade esteja pronta para suplantar ou transferir seu direito de reserva à intimidade. Veja-se, nesse sentido, o elevado nível de consciência das pessoas acerca do monitoramento de suas pegadas digitais e uso pelas grandes corporações, conforme Quadro 1:[206]

---

[203] BIONI, Bruno. *Proteção de dados pessoais*: a função e os limites do consentimento. Rio de Janeiro: Forense, 2019, p. 13.
[204] KOTLER, Philip. *Marketing 4.0*. Rio de Janeiro: Sextante, 2017, p. 38–39.
[205] GEDIEL, José Antonio Peres; CORRÊA, Adriana Espíndola. Proteção jurídica de dados pessoais: a intimidade sitiada entre o Estado e o mercado. *Revista da Faculdade de Direito –* UFPR, Curitiba, nº 47, p. 141–152, 2008, p. 153.
[206] LEVIN, Avner. *Privacy, Targeted Advertising & Social Media*: How Big a Concern? Some Disconcerting Observations. Toronto: Ted Rogers School of Management –

Quadro 1 – Porcentagem de concordância com afirmações sobre privacidade e a internet

Sobre privacidade e internet	Percentual
"Privacidade é um direito, por isso é errado pagar para impedir que as empresas invadam minha privacidade."	73
"Eu sinto que é uma invasão de privacidade alguém rastrear minhas atividades *online*."	68
"Publicidade *online* é apenas um fato da vida."	60
"A publicidade *online* direcionada é assustadora quando se baseia em meus rastros *online*."	57
"Eu entendo as funções dos *cookies* no computador."	54
"Eu me sinto protegido pela lei contra companhias coletando meus dados pessoais."	46
"Eu teria mais cuidado no que visito na internet se eu soubesse que as companhias estão monitorando e coletando meus dados."	44
"Se você tiver *cookies* no seu computador, isso o torna mais vulnerável a roubo de senha."	40
"Eu pararia de usar *sites* que fazem uso de publicidade comportamental."	34
"Eu não me importo se companhias coletam meus dados de pesquisa nos buscadores."	27
"Eu não me importo se companhias saibam quais *websites* eu visito."	25
"Usar um computador é tão anônimo quanto usar uma TV, pois ninguém sabe realmente o que você está fazendo."	13

Fonte: Adaptado de Levin [s.d.].

Ryerson University, [s.d.], p. 3. Disponível em: https://www.ourcommons.ca/Content/Committee/411/ETHI/WebDoc/WD5706433/411_ETHI_PSM_Briefs/LevinAvnerE.pdf. Acesso em: 20 dez. 2020.

É interessante notar que, a despeito do reconhecimento da privacidade como um direito, há pouca movimentação social buscando conter a expansão da cultura do seu esvaziamento. É a interpretação do monitoramento digital como "um fato da vida", nos termos da pesquisa canadense. Os riscos decorrentes desse cenário, no entanto, que fogem dos limites de uma mera violação abstrata de um atributo da personalidade (diferentemente da acepção clássica do "*right to be alone*"), não podem ser sumariamente ignorados pela ciência jurídica e pelas engrenagens regulatórias, sob pena de superação de garantias constitucionais (e infraconstitucionais) pelos fatores financeiros – a supremacia da economia sobre a política e do mercado sobre a esfera pública e liberdades individuais.[207]

Nesse sentido, algumas estratégias empresariais, que se aliam a essas ferramentas de *marketing analytics,* serão adiante minudenciadas. Nelas, há discussões urgentes que versam sobre (i) a extensão dos dados pessoais coletados, em razão da lógica de ampliação das capacidades de armazenamento em *Big Data*, o que complexifica a compreensão dos parâmetros decisionais utilizados (*Big Data* e ferramentas algorítmicas como uma *black box*[208]); (ii) a profundidade da coleta, a partir da crescente intromissão de tecnologias de monitoramento em camadas bastante íntimas da vida do indivíduo; e (iii) a dificuldade de contenção de abusos somente por meio das estruturas legais atualmente vigentes.

---

[207] FERRAJOLI, Luigi. Pasado y futuro del estado del derecho. *RIFP*, [S.l.], v. 17, p. 31–45, 2001, p. 37.

[208] "Two of the meanings of 'black box' – a device that keeps track of everything during a flight, on the one hand, and the node of a system that prevents an observer from identifying the link(s) between input and output, on the other hand – serve as apt metaphors for today's emerging Big Data environment. Pasquale digs deep into three sectors that are at the root of what he calls the black box society: reputation (how we are rated and ranked), search (how we use ratings and rankings to organize the world), and finance (money and its derivatives, whose flows depend crucially on forms of reputation and search). Algorithms and Big Data have permeated these three activities to a point where disconnection with human judgment or control can transmogrify them into blind zombies, opening new risks, affordances and opportunities. We are far from the ideal representation of algorithms as support for decision-making. In these three areas, decision-making has been taken over by algorithms, and there is no "invisible hand" ensuring that profit-driven corporate strategies will deliver fairness or improve the quality of life" (DEWANDRE, Nicole. The Human Condition and the Black Box Society: a review of Frank Pasquale, The Black Box Society: The Secret Algorithms That Control Money and Information (Harvard University Press, 2015). 2015. Disponível em: https://www.researchgate.net/publication/309230421_The_Human_Condition_and_The_Black_Box_Society. Acesso em: 20 dez. 2020).

2.2 Ciência de dados e a questionável extração de vantagens competitivas a partir dos dados pessoais

2.2.1 Calibragem do preço: sistema de *scoring*

O preço consiste no valor pago pelo consumidor por determinado produto ou serviço adquirido. É, de forma geral, expressão do cálculo realizado pela organização a partir da quantificação dos custos com fabricação, impostos, distribuição, recursos humanos e margem de lucro. Traduz, assim, uma equação complexa, que, além de considerar peculiaridades internas (que envolvem a própria composição e fabricação do produto ou serviço), deve se atentar para elementos externos, como preço praticado pela concorrência e custos econômicos envolvidos na transação.

Esta multifária atividade empresarial, de essencial destaque para preservação da competitividade da organização, gradativamente passou a identificar a vantajosidade das ferramentas de *marketing analytics* para o dimensionamento e a mitigação dos riscos de negócio. O conhecimento prévio e preciso sobre o consumidor, assegurado pela gestão de *Big Data*, é potencialmente apto a garantir assertividade na formulação do preço e no direcionamento das estratégias de negócio para determinados públicos-alvo de maior interesse e repercussão econômica.

Explica-se. O sistema de avaliação, ou *scoring*, constitui uma conhecida ferramenta estatística de identificação e segmentação de grupos de indivíduos a partir da construção de pontuações baseadas em adimplência, solidez financeira e confiabilidade. Isto é, as empresas, a partir da aglutinação e da leitura de dados pessoais diversos, extraem o grupo de consumidores que representa menor risco de inadimplência, concentrando suas engrenagens de persuasão publicitária nesse segmento específico (até mesmo com a disponibilização de vantagens exclusivas).

Para além disso, o sistema facilita a tomada de decisões importantes para a formulação do preço praticado, no tocante à aprovação de crédito de consumo, personalização das formas de pagamento e calibragem da taxa de juros. As "variáveis de decisão" constituem, aqui, "fatores que a experiência empresarial denotou como relevantes para avaliação do risco de retorno do crédito concedido. Cada uma dessas variáveis recebe uma determinada pontuação, atribuída a partir de cálculos estatísticos, formando a nota final".[209] Trata-se, de forma simplista, de um dossiê de consumo, criado a partir do processamento de milhares de dados relevantes e que garante, ao menos em tese, assertividade na análise de risco do negócio e na escolha do preço do bem ou serviço.

Compreendido como um serviço essencial de proteção ao crédito, o sistema popularizou-se, passando a ser explorado economicamente.[210] A Boa Vista Serviços S.A., uma das maiores do segmento no país, aduz realizar seu sistema de *scoring* a partir da reunião e análise de dados como: profissão, sexo, endereço, renda, quantidade de consultas de crédito, apontamentos de negativação, títulos protestados, existência de ações judiciais etc., utilizando-se, portanto, de informações internas (constantes em seus próprios bancos de dados) e externas (sobretudo insertas em registros públicos).

O Serasa Experian, outra conhecida empresa do ramo, ressalta, com maiores minúcias, que são consideradas, em seu cálculo,

> Informações negativas constantes em banco de dados da Serasa Experian, consistentes em execuções judiciais, protestos, cheques sem fundos, ações de busca e apreensão, participação empresas falidas ou em recuperação judicial, além de anotações de inadimplência (bancos, cartões de crédito, financeiras, telecomunicações, varejo e serviços); CEP: informação pública ou cadastral que é considerada levando-se em consideração o nível de inadimplência e o volume de atividade econômica de determinada região. É uma análise estatística, com base em dados públicos do IBGE; Idade: considera-se a faixa etária, a faixa economicamente ativa e a renda média, segundo informações do IBGE. Mais uma vez, realiza-se uma análise de natureza estatística; e Participação societária: é considerado se o consumidor tem alguma

---

[209] BRASIL. Superior Tribunal de Justiça (STJ). *Recurso Especial n° 1.419.697/RS*. Relator: Ministro Paulo de Tarso Sanseverino. J. 12/11/2014b.

[210] O primeiro banco de dados de integração de informações dos consumidores, denominado de SPC do Brasil, foi criado nos idos de 1950, em Porto Alegre, organizado pela Câmara de Dirigentes Lojistas (CDL). Posteriormente, seguindo a tendência gaúcha, inúmeros outros municípios brasileiros aderiram à criação de CDLs, regionais, atingindo o expressivo número de 1600 instaladas por todo o país. No âmbito público, igualmente, o Banco Central do Brasil (BCB) detém bancos de dados semelhantes, focalizados na proteção ao crédito, incluindo o Cadastro de Emitentes de Cheques Sem Fundos (CCF), o Cadastro Informativo de Créditos não Quitados do Setor Público Federal (CADIN) e o Cadastro de Risco de Crédito (CRC) – enquanto os dois primeiros cadastros trabalham com informações negativas, o último atua também como um sistema positivo de crédito (BRASIL. Superior Tribunal de Justiça (STJ). *Recurso Especial n° 1.419.697/RS*. Relator: Ministro Paulo de Tarso Sanseverino. J. 12/11/2014b).

participação societária, levando-se em conta a data da fundação da sociedade, o volume de empresas das quais é sócio, o tamanho da participação, o capital social da empresa e se ela está ativa.[211]

Um breve apontamento, aqui, é importante. Atualmente, as atividades de classificação de indivíduos para a facilitação dos processos de ajustamento do preço e mitigação dos riscos para a organização, já não são exclusivamente realizadas por empresas especializadas nesse setor ou a partir dos cálculos estatísticos alicerçados em dados triviais e/ou de natureza pública. A popularização de prestadoras de serviços de gestão e venda de banco de dados, naturalizadas na *Age of Big Data*,[212] possibilitou que as próprias empresas interessadas (ou terceiras por elas contratadas), confortadas em suas peculiaridades de mercado, realizem a identificação, mapeamento e classificação de grupos de consumidores a partir dos seus próprios parâmetros organizacionais e objetivos corporativos.

Apenas para ilustrar, nos EUA um estudo publicado na *Yale Journal of Law & Technology* destacou a variedade das informações utilizadas como parâmetro de alimentação destas ferramentas de inteligência artificial pelas companhias. Veja-se, sobre isso, o Quadro 2:[213]

---

[211] SERASA EXPERIAN *apud* BEZERRA, Juliana Guedes da Costa. *Bancos de dados de proteção ao crédito e o sistema de scoring*. 2014. 70 f. Monografia (Bacharelado em Direito) – Centro Universitário de Brasília (UniCEUB), Faculdade de Ciências Jurídicas e Sociais (FAJS), Brasília, 2014, p. 46.

[212] RANGE, Thomas; SCHONBERGER, Viktor Mayer. *Reinventing Capitalism in the Age of Big Data*. Londres: Basic Books, 2018, p. 30.

[213] HURLEY, Mikaella; ADEBAYO, Julius. Credit Scoring in the era of big data. *The Yale Journal of Law & Technology*, New Haven, v. 18, p. 149–216, 2016, p. 166. Disponível em: https://yjolt.org/sites/default/files/hurley_18yjolt136_jz_proofedits_final_7aug16_clean_0.pdf. Acesso em: 20 dez. 2020.

Quadro 2 – Informações-parâmetro

Companhias	Dados utilizados
LexisNexis – RiskView	Estabilidade residencial, propriedade de ativos, análise de estágio de vida, títulos de propriedade e hipotecas, registros fiscais, histórico criminal, de emprego e de endereços, dados de licenciamento profissional.
FICO – Expansion Score	Dados de contas correntes e de depósito, de propriedade, de registros públicos; informações relativas a contas de serviços públicos de telefonia, situações de falência, gravames, julgamentos, débitos e informação de ativos imobiliários.
Experian – Income Insight	Informações acerca do pagamento de aluguel e dados de registro público.
Equifax – Decision 360	Pagamentos de serviços de telecomunicações; informações de emprego; dados de renda, gastos e capacidade econômica. Informações de propriedades e demais ativos mensais. Dívidas atuais, relação dívida/renda, pontuação de falências.
TransUnion – CreditVision	Histórico de endereços, saldos em linhas comerciais, limite de crédito, débitos vencidos.
ZestFinance	Relatórios de crédito das principais agências de proteção ao crédito, incluindo informações financeiras, uso de tecnologia e até mesmo dados sobre a rapidez com que um usuário rola a tela através dos termos de serviço.
LendUp	Relatórios de crédito de importantes agências, dados de redes sociais e informações acerca da rapidez com que o usuário rola a tela nos *sites*.
Kreditech	Dados de localização (por exemplo, GPS), gráficos sociais (curtidas, amigos, locais, postagens), análise comportamental (movimento e duração em uma página da web), relatórios de comportamento de compra, dados do dispositivo (aplicativos instalados, sistemas operacionais).
Earnest	Trabalho atual, salário, histórico educacional, saldos na poupança e demais contas; dados de perfil *online* (por exemplo, LinkedIn) e informações de cartão de crédito.
Demyst Data	Pontuação de crédito, ocupação, verificações de fraude, estabilidade no emprego, histórico profissional e pegada social *online*.

Fonte: Adaptado de Hurley e Adebayo (2016).

Também, o portal americano Focus, de posse de informações detalhadas sobre cerca de 203 milhões de pessoas, formulava inúmeras listas de segmentação e caraterização de grupos, com identificações como "pais gastadores", "possuidores do primeiro cartão de crédito", "adultos, mas ainda vivendo com os pais", "pessoas maduras com conhecimento de tecnologias avançadas", "novos proprietários de imóveis", "compradores com status", "grandes gastadores com compras de vitaminas" e "adeptos de regimes alimentares".[214]

Os casos acima retratados revelam o chamado *black box*[215] das ferramentas de inteligência artificial, dada a obscuridade dos parâmetros que geram a avaliação e a extensão dos dados coletados.

Também na Europa o cenário ultrapassa, por vezes, o defensável. Na Alemanha, a Schufa, empresa que presta Serviços de Proteção ao Crédito (SPCs), por anos classificou de modo negativo consumidores simplesmente em razão do pedido de acesso aos próprios dados. Era, em verdade, a penalização pelo exercício de um direito. A situação provocou uma severa reação do Poder Legislativo daquele país, que, em 2009, determinou a impossibilidade de uso de dados relativos ao exercício de um direito como parâmetro de calibragem dos sistemas de *scoring*.[216]

No Brasil é ilustrativa a ACP proposta pelo Ministério Público do Distrito Federal e Territórios (MPDFT) (nº 0735645-46.2018.8.07.0001) acerca das práticas adotadas pelo *site Tudo sobre todos*, especializado em consulta e venda dos dados pessoais de brasileiros, como identidade, endereço, CPF, perfis em redes sociais e até nomes de vizinhos.[217] Para o *parquet*, a conduta do portal violaria frontalmente a privacidade, não encontrando alicerce jurídico plausível. Em sede de cognição sumária, o juiz, acatando as razões da peça inaugural, determinou o bloqueio de 2 milhões de reais da conta do suposto proprietário do *site*.

---

[214] SOLOVE, Daniel et al. *The digital person and the future of privacy*. Chicago: Springer, 2006 apud CARVALHO, Joatan Marcos. É possível a proteção de dados pessoais? *Revista Luso-brasileira de Direito do Consumo*, Curitiba, v. 7, nº 25, p. 259–269, mar. 2017, p. 265. Disponível em: https://issuu.com/editorabonijuris9/docs/revista_luso-brasileira_de_direito__4356187889e1fe. Acesso em: 23 dez. 2020.

[215] BATHAEE, Yavar. The artificial intelligence black box and the failure of intent and causation. *Harvard Journal of Law & Technology*, Cambridge, v. 31, nº 2, p. 889–938, Spring 2018, p. 905.

[216] MENDES, Laura Schertel. *Privacidade, proteção de dados e defesa do consumidor*. São Paulo: Saraiva, 2019, p. 114.

[217] MINISTÉRIO PÚBLICO DO DISTRITO FEDERAL E TERRITÓRIOS (MPDFT). *MPDFT investiga venda ilegal de dados pessoais pelo site "Tudo sobre todos"*. 10 jul. 2018c. Disponível em: https://www.mpdft.mp.br/portal/index.php/comunicacao-menu/sala-de-imprensa/noticias/noticias-2018/10182-mpdft-investiga-venda-ilegal-de-dados-pessoais-pelo-site-tudo-sobre-todos. Acesso em: 20 dez. 2020.

A situação poderia ser, para alguns, até tragicômica, mas um maior aprofundamento no tema denota a potencial gravidade dos fatos que dela decorrem. Dados de uma pesquisa norte-americana reportam os expressivos prejuízos que equívocos na formatação do *scoring* podem trazer para o consumidor. A Consumer Federation of America e a National Credit Reporting Association pesquisaram 500.000 *credit scores* e 1.700 *credit reports* e concluíram, ao fim, que 1/5 de todos os consumidores haviam sido classificados em categorias de risco mais elevadas, em razão de *credit scores* desajustados. As consequências financeiras, geradas a partir desses equívocos, eram severas. Calcula-se a perda de U$124.000 por consumidor, na hipótese de crédito hipotecário, caso o solicitante estivesse na categoria de risco *subprime*, em vez das taxas mais vantajosas referentes à categoria *prime market*.[218]

Ainda, um birô de crédito que tenha realizado uma classificação enviesada de indivíduos é capaz de fazer com o sujeito morador de uma área periférica e possuidor de determinadas características (idades de 20 a 30 anos, ausência de ensino superior, duas contas bancárias com baixo limite de crédito) seja automaticamente entrincheirado em determinado grupo de risco – o que faz com que seja submetido a menores vantagens negociais. Sobre isso, O'Neil relata casos de empresas de recrutamento que utilizam informações de crédito para seleção de novos colaboradores. Esses indivíduos, por certo, sequer imaginam que estão sofrendo discriminação em razão de suas informações financeiras e que o potencial empregador considera, na seleção, os índices de *credit scoring*.[219]

No Brasil, a situação ganhou luz ao ser enfrentada pelo Superior Tribunal de Justiça (STJ, em 2014. O julgamento paradigma foi proferido no caso de uma consumidora, que, insatisfeita com a negativa de crédito em uma loja de varejo, ajuizou uma ação de obrigação de fazer cumulada com pedido indenizatório em face da Serasa Experian S.A.

---

[218] BUCHNER, Benedikt. *Informationelle Selbstbestimmung im Privatrecht*. Tubingen: Mohr Siebeck, 2006, p. 125 *apud* MENDES, Laura Schertel. *Privacidade, proteção de dados e defesa do consumidor*. São Paulo: Saraiva, 2019, p. 116.

[219] O'NEIL, Cathy. *Weapons of math destruction*: How big data increases inequality and threatens democracy, 2016 *apud* ZANATTA, Rafael Augusto Ferreira. *Perfilização, Discriminação e Direitos*: do Código de Defesa do Consumidor à Lei Geral de Proteção de Dados Pessoais, 2019, p. 1–26, p. 2. DOI: 10.13140/RG.2.2.33647.28328. Disponível em: https://www.researchgate.net/publication/331287708_Perfilizacao_Discriminacao_e_Direitos_do_Codigo_de_Defesa_do_Consumidor_a_Lei_Geral_de_Protecao_de_Dados_Pessoais. Acesso em: 20 dez. 2020.

A alegação nuclear era de que a existência de um cadastro denominado *Concentre Scoring* (comercializado para empresas e lojistas) teria inserido a consumidora em categorias de risco de negócio, dificultando a obtenção de confiabilidade no mercado. Nesses registros, haveria uma análise de risco para compras a prazo, atribuindo ao consumidor uma pontuação após a consulta de documentos e pesquisa junto a instituições financeiras, administradoras de cartão de crédito e lojas credenciadas, por meio de 400 variáveis. Aludiu a consumidora, nos autos, que diligenciou junto ao SERASA, buscando informações acerca de seus dados pessoais arquivados junto ao *Concentre Scoring*, mas que, no entanto, não obteve êxito e, por isso, suscitou violação aos seus direitos da personalidade.

A Corte Superior, em sede de Agravo em Recurso Especial (AREsp), após amplo debate na sociedade – foi a primeira audiência pública da história realizada no âmbito do STJ –, concluiu:

> A avaliação da licitude do sistema *"credit scoring"* deve partir da premissa de que não se trata de um cadastro ou banco de dados de consumidores, mas de uma metodologia de cálculo do risco de crédito, utilizando-se de modelos estatísticos e dos dados existentes no mercado acessíveis via "internet". A vedação de utilização de dados sensíveis busca evitar a utilização discriminatória da informação, conforme claramente definido pelo legislador como aqueles "pertinentes à origem social e étnica, à saúde, à informação genética, à orientação sexual e às convicções políticas, religiosas e filosóficas." Desse modo, no sistema jurídico brasileiro, encontram-se devidamente regulados tanto o dever de respeito à privacidade do consumidor (v.g. informações excessivas e sensíveis), como o dever de transparência nessas relações com o mercado de consumo (v.g. deveres de clareza, objetividade e veracidade). Além disso, devem ser respeitadas as limitações temporais para as informações a serem consideradas, estabelecidas pelo CDC e pela Lei nº 12.414/2011, que são de cinco anos para os registros negativos (CDC) e de quinze anos para o histórico de crédito (Lei nº 12.414/2011, art. 14). No caso específico do *"credit scoring"*, devem ser fornecidas ao consumidor informações claras, precisas e pormenorizadas acerca dos dados considerados e as respectivas fontes para atribuição da nota (histórico de crédito), como expressamente previsto no CDC e na Lei nº 12.414/2011. O fato de se tratar de uma metodologia de cálculo do risco de concessão de crédito, a partir de modelos estatísticos, que busca informações em cadastros e bancos de dados disponíveis no mercado digital, não afasta o dever de cumprimento desses deveres básicos, devendo-se apenas ressalvar dois aspectos: De um lado, a metodologia em si de cálculo da nota de risco de crédito (*"credit scoring"*) constitui segredo da atividade empresarial, cujas fórmulas matemáticas e modelos estatísticos naturalmente não

precisam ser divulgadas (art. 5º, IV, da Lei 12.414/2011: "(...) resguardado o segredo empresarial"). De outro lado, não se pode exigir o prévio e expresso consentimento do consumidor avaliado, pois não constitui um cadastro ou banco de dados, mas um modelo estatístico. Com isso, não se aplica a exigência de obtenção de consentimento prévio e expresso do consumidor consultado (art. 4º). Isso não libera, porém, o cumprimento dos demais deveres estabelecidos pelo CDC e pela lei do cadastro positivo, inclusive a indicação das fontes dos dados considerados na avaliação estatística, como, aliás, está expresso no art. 5º, IV, da própria Lei nº 12.414/2011 ("São direitos do consumidor cadastrado (...) conhecer os principais elementos e critérios considerados para a análise do risco de crédito, resguardado o segredo empresarial"). Assim, essas informações, quando solicitadas, devem ser prestadas ao consumidor avaliado, com a indicação clara e precisa dos bancos de dados utilizados (histórico de crédito), para que ele possa exercer um controle acerca da veracidade dos dados existentes sobre a sua pessoa, inclusive para poder retificá-los ou melhorar a sua performance no mercado. Devem ser prestadas também as informações pessoais do consumidor avaliado que foram consideradas para que ele possa exercer o seu direito de controle acercas das informações excessivas ou sensíveis, que foram expressamente vedadas pelo art. 3º, §3º, I e II, da própria Lei nº 12.414/2011.[220]

Reconheceu-se, assim, a licitude do sistema de *scoring* no contexto brasileiro, a despeito do alerta de "necessidade de assegurar que esses SPCs exercitem suas graves responsabilidades com equidade, imparcialidade e respeito pelo direito à privacidade do consumidor",[221] sobretudo para evitar o estímulo de flagrantes decisões discriminatórias e devassa à intimidade.

Noutras palavras: o STJ concluiu que, mesmo diante da possibilidade de os birôs de crédito possuírem suas próprias metodologias de análise de risco – há liberdade empresarial para tanto –, esses entes privados precisam assumir compromissos de (i) garantia de informação sobre quais dados compõem a base do sistema; e (ii) não discriminação abusiva.[222] Em caso de inobservância, os birôs podem ser

---

[220] BRASIL. Superior Tribunal de Justiça (STJ). *Recurso Especial nº 1.419.697/RS*. Relator: Ministro Paulo de Tarso Sanseverino. J. 12/11/2014b.

[221] GRINOVER, Ada Pellegrini et al. Código de Defesa do Consumidor comentado pelos autores do anteprojeto. Rio de Janeiro: Forense Universitária, 2000, p. 328.

[222] ZANATTA, Rafael Augusto Ferreira. *Perfilização, Discriminação e Direitos*: do Código de Defesa do Consumidor à Lei Geral de Proteção de Dados Pessoais, 2019, p. 1–26, p. 3. Disponível em: https://www.researchgate.net/publication/331287708_Perfilizacao_Discriminacao_e_Direitos_do_Codigo_de_Defesa_do_Consumidor_a_Lei_Geral_de_Protecao_de_Dados_Pessoais. Acesso em: 20 dez. 2020.

responsabilizados objetivamente por eventual uso de dados de natureza sensível ou informações excessivas.

Transparência, correção e objetividade devem, assim, ser os parâmetros essenciais para nortear a conformação dos sistemas de *scoring*. Caso contrário, razões meramente de mercado serão legitimadas, e prejuízos creditícios severos (mas não só) experimentados por consumidores. Sem contar, ainda, o potencial discriminatório que birôs de crédito enviesados suscitam: a leitura emponderada de dados pessoais de grupos marginalizados[223] (que são, inclusive, os maiores beneficiários de políticas públicas, com dados pessoais mais facilmente acessíveis, portanto) pode assegurar um *"feedback looping* de injustiça"[224] – o que perpetua a manutenção de grupos às margens do mercado e sob a condição de superendividamento, em razão dos entraves impostos por conta de *scorings* mais baixos.

2.2.2 Promoção: *behavioral advertising*

A publicidade, ou propaganda,[225] em linhas gerais, pode ser definida como a comunicação estabelecida entre o consumidor e o fornecedor de um produto ou serviço, na qual não só se informa a respeito das características do bem de consumo, como, também, promove-se a persuasão ao ato de consumir.[226]

Para além dos benefícios informacionais que entrega ao consumidor, a comunicação publicitária também é apontada como elemento crucial para o fortalecimento das engrenagens democráticas, na medida em que viabiliza a desvinculação entre a imprensa e o poder estatal centralizado.

---

[223] Nesse sentido é o documentário *Coded Bias*, dirigido por Shalini Katayya, de 2020.

[224] ZANATTA, Rafael Augusto Ferreira. *Perfilização, Discriminação e Direitos*: do Código de Defesa do Consumidor à Lei Geral de Proteção de Dados Pessoais, 2019, p. 1–26, p. 3. Disponível em: https://www.researchgate.net/publication/331287708_Perfilizacao_Discriminacao_e_Direitos_do_Codigo_de_Defesa_do_Consumidor_a_Lei_Geral_de_Protecao_de_Dados_Pessoais. Acesso em: 20 dez. 2020.

[225] "Cumpre enfatizar que a publicidade objeto do presente estudo consiste na publicidade de cunho comercial, ou seja, aquela voltada para o consumo. Diferentemente da propaganda, que tem feição ideológica, a publicidade comercial enfoca na questão do consumo e toma forma com o aparecimento dos meios de comunicação de massa, ou seja, da criação da imprensa" (JACOBINA, Paulo Vasconcelos. *A publicidade no direito do consumidor*. Rio de Janeiro: Forense, 1996, p. 8).

[226] BIONI, Bruno. *Proteção de dados pessoais*: a função e os limites do consentimento. São Paulo: Forense, 2019, p. 15.

Como mera forma de comunicação, a publicidade é tão antiga quanto a própria socialização do ser humano. Como atividade empresarial organizada, porém, tem história recente, e seu estágio embrionário remonta, sobretudo, ao nascimento da imprensa, em meados do século XV, a partir de Johann Gensfleisch zur Laden zum Gutenberg.[227]

Durante um longo período (entre XV e XIX), contudo, esse discurso publicitário era meramente operativo: *O produto x vende-se a preço y, no local z*, sem, portanto, possuir elementos persuasivos. Como exemplo, tem-se o protagonismo dos pintores de cartazes, alunos de belas artes[228] ou pintores profissionais, que, contratados por empresas, utilizavam os muros e paredes da urbe para publicização de produtos e serviços. Esses cartazes serviam mais como alegorias sociais que imprimiam no cotidiano, em alguma medida, destaque para o bem de consumo a publicizar.[229] Veja-se um exemplo do período:[230]

Figura 1 – Cartaz da Coca-Cola

Fonte: CNN (2016).

---

[227] CHAVES, Rui Moreira. *Regime jurídico da publicidade*. Coimbra: Almedina, 2005, p. 33.
[228] Henri Marie Raymond de Toulouse-Lautrec Monfa foi um dos mais notáveis pintores desse período. Revolucionando as pinturas publicitárias, destacou-se no século XIX, sobretudo com seus cartazes promocionais de teatros e lupanares.
[229] CHAVES, Rui Moreira. *Regime jurídico da publicidade*. Coimbra: Almedina, 2005, p. 37.
[230] 130 years of Coca-Cola ads. *CNN*, [S.l.], 6 maio 2016. Disponível em: https://edition.cnn.com/2016/05/06/living/gallery/coca-cola-ads/index.html. Acesso em: 20 dez. 2020.

Posteriormente, já no século XX, com a eclosão da massificação do consumo, em uma sociedade fascinada pelos novos inventos que revolucionaram o cotidiano (como a eletricidade, o telefone e o automóvel) e pela crescente circulação de capital (resultante do aumento do comércio global), amplia-se a concorrência entre os produtores e os seus produtos, obrigando, por derradeiro, o estabelecimento de uma diferenciação positiva no mercado, que encaminhasse o público alvo para adquirir determinado bem em detrimento de outro muito similar.[231]

Também, é nesse momento que se constata o alargamento substancial da base social em que se assentava a publicidade; a transformação e a popularização dos meios de comunicação de massa; a conversão da publicidade como um instrumento financeiro essencial para a imprensa; e o advento das primeiras empresas vocacionadas para a compra e venda de espaços nos meios de comunicação social.

Esse protagonismo experimentado pelo mercado publicitário do século XX é diretamente ligado à sociedade de massa. Isso porque, em um cenário de dissolução do indivíduo enquanto pessoa singular e de constituição de uma massa uniforme de sujeitos simpáticos ao consumo, passa-se a exigir, do mercado, um trabalho de expansão da comunicação comercial, com o objetivo de atingir, indistintamente, o maior número de indivíduos possível[232] (um exemplo marcante desse período histórico é o surgimento de marcas globais célebres, como a Coca-Cola, fundada em 1886, nos EUA).[233]

A partir do final dos anos 1970, associada ao forte individualismo, globalização, feroz competitividade empresarial e estímulo desenfreado ao consumo,[234] a publicidade ganha sofisticação e contornos científicos. O simbolismo torna-se presente. Com a aplicação da Psicologia e da Sociologia ao estudo do comportamento do consumidor, a ação publicitária deixa de se amparar na ideia de mera massificação da comunicação, passando a intervir na *psique* do indivíduo e se aproximando, ao máximo, da individualidade de cada

---

[231] CHAVES, Rui Moreira. *Regime jurídico da publicidade*. Coimbra: Almedina, 2005, p. 38.
[232] CHAVES, Rui Moreira. *Regime jurídico da publicidade*. Coimbra: Almedina, 2005, p. 39.
[233] KOZICKI, Katya; MENDONÇA, Gilson Martins; COELHO, Sérgio Reis. O princípio da vulnerabilidade e as técnicas de neuromarketing: aprofundando o consumo como vontade irrefletida. *Scientia Iuris*, Londrina, v. 18, nº 1, p. 135–152, jul. 2014, p. 139.
[234] KOZICKI, Katya; MENDONÇA, Gilson Martins; COELHO, Sérgio Reis. O princípio da vulnerabilidade e as técnicas de neuromarketing: aprofundando o consumo como vontade irrefletida. *Scientia Iuris*, Londrina, v. 18, nº 1, p. 135–152, jul. 2014, p. 139.

sujeito.[235] Inaugura-se, nesse momento, a ideia do *positioning*, como um reconhecimento de que o produto/serviço deve ser colocado em posição vantajosa na mente do consumidor, e não apenas no mercado.[236]

Nessa direção, acompanhado das revolucionárias transformações sociais e políticas percebidas após 1990, o mercado publicitário agigantou-se,[237] aperfeiçoando, sobretudo por meio da tecnologia, suas técnicas de persuasão. Efetivamente, desde a instituição de mecanismos de reprodução em massa – com o advento das mídias de radiodifusão[238] –, que objetivavam o maior alcance da exposição da propaganda, até a maciça utilização da internet para aprimoramento da relação entre consumidor e empresa, a publicidade experimentou um sensível aperfeiçoamento.

O mais notável deles foi o reconhecimento da necessidade de captura, controle e regulação da ação, principalmente por meio da modulação dos fluxos e desejos, das crenças e das forças (memória e atenção) que circulam pelo cérebro. A memória, a atenção e as relações que elas atualizam tornam-se forças sociais e econômicas que precisam ser apreendidas para que possam ser controladas e exploradas pelo mercado no estímulo ao consumo.[239]

Para isso, exige-se um minucioso e complexo trabalho prévio de caracterização e esteriotipização dos sujeitos ou grupos. Isso porque há substancial distinção entre as informações livremente cedidas

---

[235] CHAVES, Rui Moreira. *Regime jurídico da publicidade*. Coimbra: Almedina, 2005, p. 42.
[236] CHAVES, Rui Moreira. *Regime jurídico da publicidade*. Coimbra: Almedina, 2005, p. 44.
[237] "O investimento em marketing é tão importante quanto o desenvolvimento e a fabricação dos próprios produtos e consome parte considerável das verbas das empresas. A pesquisa *CMO Spend Survey 2018–2018*, da consultoria Gartner, que anualmente questiona os principais executivos de *marketing* sobre o quanto e como gastam seus recursos, mostrou que entre os anos de 2014 e 2017, os investimentos no setor estiveram em torno de 11,3 e 12,1%, em média, para cerca de 350 grandes empresas respondentes. (...) Um fato a observar aqui é a tendência de investimento das empresas – dois terços desses executivos disseram que planejam aumentar a verba da propaganda digital, enquanto as mídias tradicionais deverão perder recursos progressivamente" (SOUZA, Joyce; AVELINO, Rodolfo; SILVEIRA, Sérgio Amadeu da. *Sociedade de controle*. São Paulo: Hedra, 2019, p. 20).
[238] "Roberto Zaccaria afirma a particular importância crescente da televisão no mundo moderno quando destaca a posição central e dominante que ocupa entre os vários meios de comunicação de massa. (...) a posição das emissoras deriva essencialmente da particular natureza do meio técnico em que operam, aberta a todos, independente do seu grau de cultura, gerando uniformização de comportamentos a contar de padrões determinados pelos programas e pela publicidade divulgados. Essa posição corresponde, portanto, a uma forma de exercício do poder" (CENEVIVA, Walter. *Publicidade e o direito do consumidor*. São Paulo: RT, 1991, p. 28).
[239] SOUZA, Joyce; AVELINO, Rodolfo; SILVEIRA, Sérgio Amadeu da. *Sociedade de controle*. São Paulo: Hedra, 2019, p. 80.

pelo consumidor e aquelas obtidas a partir do seu comportamento e emoções. Diferentemente das informações fornecidas conscientemente, as informações advindas do comportamento do sujeito não passam por seu controle, fugindo de qualquer tipo de ponderação ou reflexão a respeito.[240]

Dito de outro modo, para atingir a satisfação e cativar, efetivamente, o consumidor, o mercado publicitário percebeu a necessidade de desenvolver ferramentas que garantissem o acesso aos gostos, anseios e emoções íntimas individuais do seu público-alvo, aliando-se, para isso, às ferramentas digitais *online,* que, com relativo baixo custo, realizam um extenso e silencioso monitoramento.[241] A inovadora técnica, fundada nesta construção de perfis singularizados capazes de personalizar a confecção da campanha publicitária para cada potencial cliente, tem garantido o destaque de inúmeras marcas e incremento na lucratividade para diversos atores do mercado:[242] é a denominada publicidade comportamental, ou *behavioral advertising.*

Essa comunicação comercial direcionada (ou segmentada) é uma prática que procura personalizar, ainda que parcialmente, a publicidade, correlacionando-a a um determinado fator que incrementa a

---

[240] MACHADO, Fernando Inglez de Souza; RUARO, Regina Linden. Publicidade comportamental, proteção de dados pessoais e o direito do consumidor. *Conpedi Law Review*, Braga, v. 3, nº 2, p. 421–440, jul./dez. 2017, p. 429.

[241] "O acesso à internet é, hoje, uma das principais fontes de dados para a formatação da Publicidade Comportamental, em especial a partir do *online profiling* (elaborações de perfis *online*). O histórico de navegação, as buscas realizadas em ferramentas de pesquisa, as compras *online,* praticamente tudo é considerado na hora de destinar uma publicidade personalizada aos gostos e interesses do consumidor de forma quase pessoal" (MACHADO, Fernando Inglez de Souza; RUARO, Regina Linden. Publicidade comportamental, proteção de dados pessoais e o direito do consumidor. *Conpedi Law Review*, Braga, v. 3, nº 2, p. 421–440, jul./dez. 2017, p. 429).

[242] A publicidade contemporânea teve que mudar seu discurso, sendo que a nova estratégia é o compartilhamento de referências culturais comuns entre o anunciante e o consumidor. Essa identificação só se torna possível devido ao público de hoje já estar imerso na cultura das mídias. É um público iniciado, *expert*, que, de certa forma, sabe do funcionamento das mídias e tem acesso aos seus meios de produção, ou, pelo menos, conhece-os. Isso é nítido principalmente em marcas dirigidas para jovens, os primeiros a absorverem as características da cultura digital, que não buscam convencer o receptor a consumir determinado produto diretamente, mas estabelecem elos de cumplicidades, revelando que o anunciante sabe exatamente o que o consumidor pensa, do que ele gosta e do que não gosta (CARNIELLO, Monica Franchi; CARNIELLO, Monica Franchi; ASSIS, Francisco de. Formatos da Publicidade Digital: evolução histórica e aprimoramento tecnológico. *In*: Encontro Nacional de História da Mídia, 7., ago. 2009, Fortaleza. *Anais* (...). Fortaleza: Universidade de Fortaleza (Unifor), ago. 2009. Disponível em: http://www.ufrgs.br/alcar/encontros-nacionais-1/encontros-nacionais/7o-encontro-2009-1/Formatos%20da%20publicidade%20digital.pdf. Acesso em: 13 abr. 2021).

possibilidade de êxito na indução ao consumo. Por meio de diversas ferramentas, dentre as quais se destacam os *cookies*, tornou-se possível rastrear a navegação do usuário e, por conseguinte, inferir seus interesses para correlacioná-los aos anúncios publicitários.[243] Como visto no capítulo 1, quando o usuário navega na internet, há uma série de cliques (*clickstream*) que revela uma gama gigantesca de informações sobre as predileções do sujeito, possibilitando que a abordagem publicitária se aproxime do indivíduo-alvo com grande assertividade.

Conceitua-se esse fenômeno como perfilização,[244] uma agregação de inúmeros dados sobre uma determinada pessoa com vistas a construir, com maior precisão possível, um perfil individualizado, detalhado e confiável, que proporcione a previsibilidade de padrões de comportamento, de gostos, hábitos e preferências de consumo. Rafael Augusto Ferreira Zanatta desmembra o processo, essencialmente, em seis etapas: (i) registro de dados, (ii) agregação e monitoramento, (iii) identificação de padrões, (iv) interpretação de resultados, (v) monitoramento das informações para checagem dos resultados e (vi) aplicação de perfis (*profiles*).[245]

Os elementos que servem de matéria-prima para o processo podem incluir performance de trabalho, situação financeira, saúde, preferências de consumo, interesses intelectuais, confiança social, padrões de mobilidade[246] e geolocalização. O problema é que, por vezes,

---

[243] BIONI, Bruno. *Proteção de dados pessoais*: a função e os limites do consentimento. São Paulo: Forense, 2019, p. 18.

[244] O fenômeno não é recente. A expansão das técnicas de perfilização já na década de 1960 mobilizou acadêmicos dos EUA, especialmente com relação à privacidade, informação e o direito de compreensão da existência dessas bases de dados. Em 1967, foi reportado que a *Association of Credit Bureaus of America* (ACBA) possuía mais de 110 milhões de dossiês de consumidores, emitindo quase 100 milhões de relatórios. (ZANATTA, Rafael Augusto Ferreira. *Perfilização, Discriminação e Direitos*: do Código de Defesa do Consumidor à Lei Geral de Proteção de Dados Pessoais, 2019, p. 1–26, p. 9. Disponível em: https://www.researchgate.net/publication/331287708_Perfilizacao_Discriminacao_e_Direitos_do_Codigo_de_Defesa_do_Consumidor_a_Lei_Geral_de_Protecao_de_Dados_Pessoais. Acesso em: 20 dez. 2020).

[245] HILDEBRANDT, Mireille. Defining profiling: a new type of knowledge? *In*: HILDEBRANDT, Mireille; GUTWIRTH, Serge (eds.). *Profiling the European Citizen*: Cross-Disciplinary Perspectives. New York: Springer, 2008, p. 61 *apud* ZANATTA, Rafael Augusto Ferreira. *Perfilização, Discriminação e Direitos*: do Código de Defesa do Consumidor à Lei Geral de Proteção de Dados Pessoais, 2019, p. 1–26, p. 15. Disponível em: https://www.researchgate.net/publication/331287708_Perfilizacao_Discriminacao_e_Direitos_do_Codigo_de_Defesa_do_Consumidor_a_Lei_Geral_de_Protecao_de_Dados_Pessoais. Acesso em: 20 dez. 2020.

[246] ZANATTA, Rafael Augusto Ferreira. *Perfilização, Discriminação e Direitos*: do Código de Defesa do Consumidor à Lei Geral de Proteção de Dados Pessoais, 2019, p. 1–26, p. 6.

o processo atinge camadas mais profundas. O Tinder, aplicativo de relacionamento desenvolvido por uma empresa norte-americana e utilizado por cerca de 4,3 milhões de brasileiros, foi, recentemente, notificado pelo Ministério da Justiça e Segurança Pública (MJSP), acerca do compartilhamento ilegal de dados íntimos dos usuários brasileiros. No caso europeu, que desencadeou a investigação por órgãos reguladores brasileiros, descobriu-se que as empresas envolvidas coletavam e tratavam dados de conteúdo bastante sensível, como hábitos relacionados ao uso de drogas e preferências sexuais, que, agregados a outros dados de caráter mais genérico, como preferências de alimentação, garantiam a construção de robusto e dinâmico perfil do usuário.[247]

Vale mencionar, aqui, o caso Sears, investigado pela Federal Trade Comission, nos EUA, que suscitou o debate sobre os limites do consentimento no tratamento de dados pessoais. No caso, a empresa foi investigada, em razão da prática de oferecer dez dólares aos consumidores que visitassem o portal da empresa e permitissem a instalação de um *"software* de pesquisa", que estudaria parâmetros e algumas características da navegação *online*. A publicidade da prática envolvia uma oferta de interações emocionantes, mas realçava a possibilidade de escolha na disponibilização de informações pelo sujeito. Ocorre que o *software*, em verdade, possibilitava um vasto grau de monitoramento dos hábitos dos consumidores relacionados à navegação na internet, inclusive de *sites* criptografados, abrangendo desde extratos bancários, registros de remédios, históricos de empréstimos, até dados relativos ao *e-mail* do consumidor.[248]

O órgão regulador americano, após apuração do caso, entendeu serem insuficientes as informações fornecidas ao consumidor a respeito da elevada extensão do monitoramento. Em 2009, um acordo foi celebrado com a empresa, que previu a destruição de todos os registros armazenados e a comunicação aos consumidores sobre como desinstalar o *software*.[249]

Disponível em: https://www.researchgate.net/publication/331287708_Perfilizacao_Discriminacao_e_Direitos_do_Codigo_de_Defesa_do_Consumidor_a_Lei_Geral_de_Protecao_de_Dados_Pessoais. Acesso em: 20 dez. 2020.

[247] Tinder é denunciado por venda de dados com interesses sexuais de usuários. *Veja*, São Paulo, 15 jan. 2020. Disponível em: https://veja.abril.com.br/tecnologia/tinder-e-denunciado-por-venda-de-dados-com-interesses-sexuais-de-usuarios/. Acesso em: 20 dez. 2020.

[248] MENDES, Laura Schertel. O diálogo entre o marco civil da Internet e o Código de Defesa do Consumidor. *Revista de Direito do Consumidor*, Brasília, v. 106, p. 37–69, 2016, p. 65.

[249] MENDES, Laura Schertel. O diálogo entre o marco civil da Internet e o Código de Defesa do Consumidor. *Revista de Direito do Consumidor*, Brasília, v. 106, p. 37–69, 2016, p. 65.

Um recente e vasto (mais de 3,7 milhões de pessoas foram atingidas) estudo americano[250] confirmou, nesse quadrante, que a segmentação de público, cumulada com apelos persuasivos personalizados para os perfis psicológicos, é altamente eficaz para influenciar o comportamento, conforme medição obtida por cliques e conversões.[251]

A partir das métricas de "curtidas" dos usuários da plataforma Facebook[252] e também o banco de dados myPersonality.org (um aplicativo que contém os *likes* do Facebook, juntamente com as pontuações obtidas pelos usuários no questionário de 100 itens do International Personality Item Pool), os pesquisadores assimilaram a segmentação de perfis psicológicos, viabilizando o alcance de traços de personalidade e inclinações emocionais dos usuários.

Com isso, concluíram que a divisão gerada a partir dos dados coletados e manipulados geraria resultados positivos sob a ótica social – como, por exemplo, fazer a identificação de indivíduos altamente neuróticos, com sinais precoces de depressão, e dirigir a eles publicidades de materiais de autoajuda e conselhos profissionais. Destacaram, no entanto, que a persuasão psicológica, também, seria eficaz para explorar "fraquezas" nos traços de personalidade de uma pessoa. Por exemplo, destinar anúncios de cassino *online* ou jogos de azar para indivíduos com traços psicológicos associados ao jogo patológico, ou estimular o consumo em sujeitos psiquicamente desestabilizados.

Essa abordagem e catalogação de usuários pode ser usada para revelar os traços íntimos dos indivíduos sem qualquer consciência deles. Os experimentos empíricos do estudo foram, em seu núcleo, realizados sem coletar nenhuma informação de nível individual, mas, ainda assim, as conclusões asseguraram a obtenção de informações pessoais que grande parcela dos indivíduos consideraria rigorosamente

---

[250] MATZ, Sandra C.; KOSINSKI, Michal; NAVE, Gideon; STILLWELL, David J. Psychological targeting as an effective approach to digital mass persuasion. *Proc Natl Acad Sci U S A*, v. 114, nº 48, p. 12714–12719, 28 nov. 2017.

[251] "Taxas de cliques (CTRs) são uma métrica de marketing digital comumente usada que quantifica o número de cliques em relação ao número de vezes que o anúncio foi mostrando. A taxa de conversão é uma métrica de marketing que reflete o número de conversões, como *downloads* de aplicativos ou compras na loja *online*, em relação ao número de vezes que o anúncio foi exibido" (GOOGLE ADS. *Taxa de cliques (CTR)*: definição. [s.d.]. Disponível em: https://support.google.com/google-ads/answer/2615875?hl=pt-BR. Acesso em: 20 dez. 2020).

[252] Os usuários do Facebook expressam, na plataforma, seu interesse em uma ampla variedade de assuntos, como celebridades, políticos, artes, livros, produtos, marcas etc. Os gostos são semelhantes a uma ampla variedade de outras pegadas digitais – como dados de navegação na web, registros de compra, listas de reprodução e muitos outros.

privadas. Até mesmo informações sobre o atual estágio psíquico dos usuários eram extraídas das métricas usadas, podendo ser transformadas em vantagem competitivas pelos *players* do setor publicitário, por diagnosticar, com certa precisão, o momento e forma ideal de encaixe da tentativa de comunicação publicitária persuasiva.

A pesquisa, ainda, estampada no artigo *Computer-based personality judgements are more accurate tran those made by humans* (2015), mostrou, por modelos testáveis, que as ferramentas de catalogação baseadas em computador são mais precisas que os humanos na tarefa de julgamento da personalidade. Esse artigo, inclusive, serviu de inspiração para que Robert Mercer investisse na criação da CAMBRIDGE ANALYTICA,[253] o mais famoso episódio de manipulação de massas a partir do uso de dados pessoais coletados em redes sociais.[254]

---

[253] SOUZA, Joyce; AVELINO, Rodolfo; SILVEIRA, Sérgio Amadeu da. *Sociedade de controle.* São Paulo: Hedra, 2019, p. 92.

[254] A CAMBRIDGE ANALYTICA foi mencionada na imprensa no início de 2015 pela primeira vez. A empresa foi usada durante a campanha de Ted Cruz. Mais tarde, em dezembro de 2015, o mundo soube sobre o uso de dados pessoais de usuários do Facebook. De acordo com diferentes fontes de mídia, a Strategic Communications Laboratories, que é a empresa-mãe da CAMBRIDGE ANALYTICA, estava trabalhando com a Global Science Research (GSR). Elas projetam o banco de dados do Facebook. O fundador da GSR, Kogan A. estava à frente dos processos de coleta de dados. Ele usou a Amazon Mechanical Turk, ou MTurk, através da qual os usuários foram apresentados com a oportunidade de fazer trabalhos de rotina – Kogan ofereceu aos usuários para fazer uma pesquisa online em troca do pagamento de 1-2$. Para concluir a pesquisa, os usuários foram solicitados a conectar suas contas do Facebook ao site. Isso automaticamente levou a conectar involuntariamente os "amigos" do Facebook de um usuário – e as informações desses "amigos" também se tornaram disponíveis para coletores de dados. Esta técnica de "semeadura" provou ser muito eficaz. Através de um usuário só era possível obter a informação sobre um enorme grupo de pessoas. Um usuário trouxe em média cerca de 340 "amigos", de acordo com as informações baseadas nas estatísticas de 2014. As informações sobre a localização e os interesses dos usuários foram coletadas e analisadas. A análise poderia desvendar tais características de uma pessoa como extraversão, benevolência, consciência, estabilidade emocional e abertura à experiência, bem como seus opostos. A Amazon bloqueou o acesso do GSR ao MTurk após inúmeras reclamações. Naquela época, dois candidatos associados à CAMBRIDGE ANALYTICA eram Ted Cruz e Ben Carson. Documentos da Comissão Eleitoral Federal mostraram que a campanha de Cruise pagou à CAMBRIDGE ANALYTICA pelo menos US$ 750 mil, e a campanha de Carson pagou cerca de US$ 220 mil. Consequentemente, o Facebook ficou muito preocupado com essa informação. Ele anunciou uma investigação minuciosa e pediu à CAMBRIDGE ANALYTICA que removesse qualquer informação recebida via Facebook. Mais tarde, o representante do Facebook informou que "sua investigação não rastreou nenhuma atividade ilegal" (Schwartz, 2017). Em 2017, foi relatado que a GSR tinha dados de cerca de 30 milhões de usuários do Facebook recebidos através de diferentes fontes de dados (Schwartz, 2017). Em 16 de março de 2018, o Facebook fez comentários sobre a situação com a CAMBRIDGE ANALYTICA. Os representantes desvendaram o fato de que, apesar das promessas da CAMBRIDGE ANALYTICA de destruir todos os dados, isso não aconteceu. Wylie, um funcionário da CA, forneceu todas as informações sobre a CAMBRIDGE ANALYTICA

Veja-se, nesse sentido, alguns outros interessantes exemplos que denotam o grau de sofisticação alcançado atualmente pelo mercado publicitário na formulação de suas estratégias de publicidade comportamental:

(i) A implementação de um sistema de processamento de movimentos, o qual identifica os deslocamentos dos usuários para precisar o estado mental deles no momento de interação com a tecnologia;[255]

(ii) A projeção de um sistema para detectar sorrisos e outras expressões faciais de quem assiste a vídeos no Youtube;[256]

(iii) Em 2012, o Facebook fechou um acordo com a empresa Datalogix, que lhe permitiria associar o que o consumidor compra no supermercado aos anúncios que vê no Facebook. O Google já tem um aplicativo – o Google Field – que analisa constantemente lojas e restaurantes da vizinhança do consumidor para lhe indicar as últimas ofertas;[257]

(iv) Google, Apple e Microsoft têm, recentemente, investido no patenteamento da tecnologia de direcionamento de anúncios com base em emoções.[258] Ainda, cabe ressaltar a existência de

---

à imprensa. Ele, juntamente com Kogan, foram suspensos da enquanto aguardavam novas investigações (Grewal, 2018). O New York Times publicou um artigo em 18 de março de 2018 com a escala da coleta de dados. A investigação revelou que a CA havia coletado as informações pessoais de pelo menos 50 milhões de usuários. Provavelmente, seria ser o maior "vazamento" de dados da história do Facebook, embora a legitimidade do uso do termo "vazamento de dados" seja objeto de amplas especulações. Com isso, ficou evidente que a CAMBRIDGE ANALYTICA ainda tinha acesso a todos os dados coletados anteriormente. O Facebook reagiu com outra declaração afirmando que "a violação de dados" não é uma visão verdadeira de uma situação, já que todos os usuários forneceram suas informações voluntariamente. Nenhuma empresa obteve nenhum dado pessoal ilegalmente. Vale ressaltar que a CA está operando não só nos EUA. Atualmente, a investigação é conduzida sobre o envolvimento dela no Brexit, bem como na situação na Rússia e na Ucrânia (BOLDYREVA, Elena; GRISHINA, Natalia; DUISEMBINA, Yekaterina. Cambridge Analytica: ethics and online manipulation with decision-making process. *The European Proceedings of Social & Behavioral Sciences*, Cyprus, p. 91–101, dez. 2018. Disponível em: https://www.researchgate.net/publication/330032180_Cambridge_Analytica_Ethics_And_Online_Manipulation_With_Decision-Making_Process. Acesso em: 13 abr. 2021).

[255] BIONI, Bruno. *Proteção de dados pessoais*: a função e os limites do consentimento. São Paulo: Forense, 2019, p. 24.

[256] BIONI, Bruno. *Proteção de dados pessoais*: a função e os limites do consentimento. São Paulo: Forense, 2019, p. 24.

[257] MOROZOV, Evgeny. *BIG TECH*: a ascensão dos dados e a morte da política. São Paulo: UBU, 2019, p. 33.

[258] BIONI, Bruno. *Proteção de dados pessoais*: a função e os limites do consentimento. São Paulo: Forense, 2019, p. 24.

mais de 30 registros de patentes, pelo Facebook, relacionados à apreensão de emoções dos usuários.[259]

Esse, certamente, é um mercado altamente rentável. O Facebook anunciou, no primeiro semestre de 2020, um aumento de 98% em seu lucro líquido, que alcançou US$ 5,2 bilhões.[260] O Google, no mesmo sentido, atingiu, em 2019, um faturamento total de US$ 46,08 bilhões (US$ 4,72 bilhões só com o YouTube), que resultou em um lucro líquido de US$ 10,67 bilhões no trimestre.

Ressalte-se que o Google e o Facebook tiveram pontos de partida e estratégias distintas, mas ambos escorados no uso e gestão de dados pessoais – um deles se apoiou nas relações entre informações, o outro nas relações entre pessoas –, porém, em última análise, os dois competem pelos mesmos rendimentos advindos da publicidade. Do ponto de vista do anunciante *online*, a questão é simples: qual empresa gerará o maior retorno por cada recurso investido? A relevância, aqui, entra na equação. As massas de dados acumuladas pelo Facebook e pelo Google têm dois propósitos: para os usuários, os dados são a chave para a oferta de notícias e resultados pessoalmente relevantes; para os anunciantes, os dados representam a chave para encontrar possíveis compradores. A empresa que tiver maior quantidade e informações mais íntimas, bem como souber usá-las em prol do estímulo ao consumo, conquistará os recursos do mercado publicitário.[261]

Sublinhe-se, também, que essa mudança de paradigmas – fuga da publicidade massificada em direção à publicidade personalizada, assegurada principalmente pela virtualização das relações sociais – decorre de inúmeros fatores, que vão desde o elevado nível de convencimento alcançado por campanhas publicitárias segmentadas, até mesmo em

---

[259] "A pesquisadora buscou patentes e pedidos de patente registrados pela Facebook *Inc.* nos Estados Unidos entre 2014 e 2018, encontrando quase 4.000. Entre elas, refinou a pesquisa para aquelas que só diziam respeito à rede social e depois selecionou 39 com potencial de modulação do comportamento do usuário. Destas, cerca de 15% tinham a análise de emoções como parte fundamental do funcionamento – vale lembrar que nem todas se tornaram patentes de fato. 'Por mais que aquela tecnologia não esteja sendo utilizada, ou não vá ser utilizada, aquele é um conhecimento que a empresa adquiriu', explica Débora" (Rudnitzki, Ethel; Oliveira, Rafael. Como o Facebook está patenteando as suas emoções. *Pública*, São Paulo, 10 jul. 2019. Disponível em: https://apublica.org/2019/07/como-o-facebook-esta-patenteando-as-suas-emocoes/#.XSY0UtZxdpc.linkedin. Acesso em: 13 abr. 2021).

[260] HIGA, Paulo. Facebook dobra lucro e chega a 2,7 bilhões de usuários. *Tecnoblog*, [S.l.], 31 jul. 2020. Disponível em: https://tecnoblog.net/noticias/2020/07/31/facebook-dobra-lucro-e-chega-a-2-7-bilhoes-de-usuarios/. Acesso em: 20 dez. 2020.

[261] PARISER, Eli. *O filtro invisível*. O que a Internet está escondendo de você. Trad. Diego Alfaro. Rio de Janeiro: Zahar, 2012, p. 41.

razão da redução de custos envolvidos nesta forma de comunicação comercial (uma simples inserção no Jornal Nacional, o telejornal mais assistido do país, chega a custar R$1,3 milhão,[262] enquanto a publicidade digital pode custar frações do valor de investimento exigido pelas mídias tradicionais).

No Brasil, em 2017, esse mercado[263] movimentou 14,8 bilhões de reais – um aumento de 25,4%, quando comparado ao mesmo período de 2016.[264] Em 2020, seguindo essa tendência o valor atingiu 23 bilhões de reais, conforme pesquisa conduzida pela Digital AdSpend e divulgada pela IAB Next 2021. O avanço torna-se ainda mais significativo quando comparado aos dados de investimentos nos veículos de comunicação tradicionais (rádio, jornal e TV):[265]

---

[262] ANDRADE, Vinícius. Quanto custa anunciar na Globo? Comercial no JN vale mais de R$ 1,3 mi. *UOL*, São Paulo, 9 jul. 2019. Disponível em: https://noticiasdatv.uol.com.br/noticia/televisao/quanto-custa-anunciar-na-globo-comercial-no-jn-vale-mais-de-r-13-mi-27923. Acesso em: 20 dez. 2020.

[263] "Erenberg cita várias formas diferentes de publicidade na internet. São elas: *websites* de destinação, por meio dos quais é possível a divulgação de produtos e serviços, bem como a realização de vários tipos de negócios jurídicos; os *microsites*, também chamados *hot sites* ou *promo pages*, são pequenos sítios dedicados unicamente a um produto ou serviços, ao qual os usuários são direcionados ao clicar em um banner; as páginas intercaladas, que são páginas que surgem na tela do computador do usuário, ocupando-a em parte ou em sua totalidade, sobre as quais os usuários, via de regra, não possuem nenhum controle, sendo necessariamente submetidos a elas; os *frames*, que são subdivisões da janela principal do navegador, cada uma funcionando como uma pequena janela, com conteúdo independentes; as janelas *pop-up*, que aparecem na tela, invadindo o campo visual do internauta, sem aviso ou permissão do mesmo; os *websites* de aproximação, corretagem e leilão, que funcionam como intermediário entre compradores e vendedores; os *banners* que aparecem no canto das páginas e geralmente levam o internauta a um *microsite* ou outra página na internet quando o usuário clica sobre eles; e os *e-mails* que a empresa pode enviar ao consumidor ofertando seus produtos e serviços, desde que respeitadas as condições legais" (LONGHI, João Victor Rozatti; BORGES, Gabriel Oliveira de Aguiar. *Marketing cruzado na Internet e publicidade abusiva*: a necessária proteção da privacidade do consumidor. [s.d.]. p. 1–26. Disponível em: http://www.publicadireito.com.br/artigos/?cod=9910489e4ff31089. Acesso em: 20 dez. 2020).

[264] EXCHANGE WIRE. *Investimento em publicidade digital no Brasil*. 2018. Disponível em: https://www.exchangewire.com.br/files/2018/05/infografico_vertical_web_v7-portugues-761x1024.jpg. Acesso em: 20 dez. 2020.

[265] Publicidade online deve superar TV em 2016. *Tec Tríade Brasil (Ttb) Marketing*, [S.l.], (2013). Disponível em: http://tectriadebrasil.com.br/wp-content/uploads/2013/01/Publicidade-online-deve-superar-TV-em-2016.jpg. Acesso em: 20 dez. 2020.

Figura 2 – Publicidade *online*

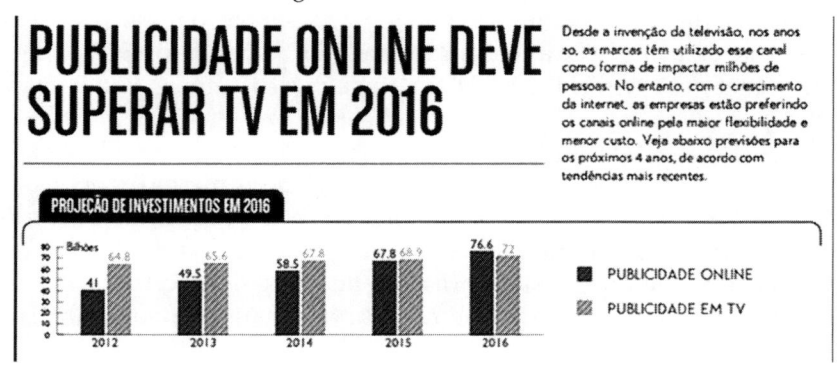

PUBLICIDADE ONLINE DEVE SUPERAR TV EM 2016

Desde a invenção da televisão, nos anos 20, as marcas têm utilizado esse canal como forma de impactar milhões de pessoas. No entanto, com o crescimento da internet, as empresas estão preferindo os canais online pela maior flexibilidade e menor custo. Veja abaixo previsões para os próximos 4 anos, de acordo com tendências mais recentes.

PROJEÇÃO DE INVESTIMENTOS EM 2016

	2012	2013	2014	2015	2016
Publicidade Online (Bilhões)	41	49,5	58,7	67,8	76,6
Publicidade em TV (Bilhões)	64,8	65,6	67,8	68,9	72

Fonte: Publicidade... (2013).

Enquanto a publicidade das mídias tradicionais ampara-se na lógica de máxima efetividade de uma campanha publicitária única (normalmente a empresa veicula o mesmo comercial por um longo período), nas mídias *online* há grande diversidade das formas de comunicação com o público-alvo. Veja-se:

(i) *Spam*: mensagens eletrônicas encaminhadas, com grande velocidade e baixo custo, diretamente para os endereços eletrônicos de consumidores ou potenciais clientes. Trata-se do meio mais comum e antigo de publicidade digital, representando um

> revolucionário canal de *marketing* direto, vez que agrega vantagens como velocidade (um *e-mail* circunda o globo terrestre em poucos instantes), impacto (milhões de mensagens podem ser rapidamente encaminhadas a todos os cantos do planeta de forma automática), economia (os custos de criação, produção e remessa do *e-mail* são infinitamente mais baixos que os de outras mídias, permitindo a experimentação de novas ideias e um maior retorno sobre os investimentos de *marketing*), flexibilidade (uma mensagem que não tenha gerado retorno pode ser substituída em poucos minutos), facilidade de manutenção e atualização da base de dados (mediante a coleta de novos, atuais e mais apurados dados sobre o consumidor e suas preferências), interatividade e manutenção do contato com o cliente (mantendo-se aceso o relacionamento da empresa com este), recursos tecnológicos (a cada dia novos recursos são incorporados às mensagens, como multimídia) e relativa eficiência.[266]

---

[266] ERENBERG, Jean Jacques. Publicidade patológica na internet à luz da legislação brasileira. São Paulo: Juarez de Oliveira, 2003, p. 47 *apud* SANTOS, Fabíola Meira de Almeida.

(ii) *Banners*: anúncios localizados em partes da tela do navegador, oferecendo bens e serviços personalizados ao internauta:

> Trata-se de um pequeno anúncio digital que ocupa pequena porção da tela do navegador, geralmente apresentando recursos gráficos sofisticados a fim de atrair a atenção do usuário. (...) Ao clicar no banner pode-se obter mais informações sobre o produto ou serviço anunciado, adquiri-lo ou mesmo solicitar amostras grátis e registrar-se (fornecendo dados pessoais) para participar de concursos e concorrer a prêmios.[267]

(iii) *Metalags*: são "informações codificadas ou palavras-chave sobre o conteúdo da página de um fornecedor para que os programas de uso as encontrem".[268] Explica-se: é a associação, nos *sites* de busca, de determinada marca com palavras-chave de outros fornecedores, produtos ou expressões de alta procura na internet.[269] Essa conduta pode, inclusive, quando calibrada de forma abusiva, figurar como concorrência desleal, como já salientado pela Corte Paulista:

> Aqui, superada a questão da legitimidade da apelante para exercer o direito de defender a exclusividade da exploração da marca, observa-se que restou comprovada a indevida associação do elemento nominativo "Boston Medical Group", marca licenciada da apelante, ao nome de domínio da apelada Keilla, através do serviço de "*links*" patrocinados oferecido pelo apelado Google. É o suficiente para caracterizar a conduta desleal da apelada Keilla, por facilitar a confusão do consumidor e o desvio da clientela da apelante, sendo de rigor sua condenação à reparação por perdas e danos. Diferentemente dos provedores

---

O marketing digital e a proteção do consumidor. 2009. 181f. Dissertação (Mestrado em Direito) – Faculdade de Direito da Pontifícia Universidade Católica de São Paulo, São Paulo, 2009, p. 90.

[267] ERENBERG, Jean Jacques. *Publicidade patológica na internet à luz da legislação brasileira.* São Paulo: Juarez de Oliveira, 2003, p. 47 apud SANTOS, Fabíola Meira de Almeida. *O marketing digital e a proteção do consumidor.* 2009. 181f. Dissertação (Mestrado em Direito) – Faculdade de Direito da Pontifícia Universidade Católica de São Paulo, São Paulo, 2009, p. 44.

[268] MARQUES, Claudia Lima. *Confiança no comércio eletrônico e a proteção do consumidor.* São Paulo: Revista dos Tribunais, 2004, p. 176.

[269] SANTOS, Fabíola Meira de Almeida. *O marketing digital e a proteção do consumidor.* 2009. 181f. Dissertação (Mestrado em Direito) – Faculdade de Direito da Pontifícia Universidade Católica de São Paulo, São Paulo, 2009, p. 101.

de domínios, que são meras plataformas de veiculação de conteúdos selecionados pelos próprios internautas e somente são responsabilizados civilmente por danos decorrentes de conteúdo gerado por terceiros se, após ordem judicial, não tomarem as providências para tornar indisponível o conteúdo apontado como infringente, a prestação de serviço AdWords é relação contratual onerosa que não imuniza o Google sobre os efeitos que ela gera na esfera jurídica de terceiros. A prática de ilícito distingue o caso em análise da publicidade comparativa, que beneficia o consumidor, fortalece a concorrência saudável no mercado e é autorizada à luz do princípio da livre concorrência e livre iniciativa (CF, art. 1º, IV). Fica imposta à apelada Google, portanto, condenação solidária com a apelada Keila.[270]

(iv) Publicidade mascarada: utilização de indivíduos, aparentemente não vinculados com a marca, para elogiar, em comunidades digitais e/ou grupos de redes sociais, determinado bem ou serviço. É interessante ressaltar que esse modo de estímulo publicitário tem grande eficácia, na medida em que, como apontado pelo Instituto Brasileiro de Opinião Pública e Estatística (IBOPE), 46% das pessoas buscam comentários de outros internautas antes de adquirir um item ou serviço;[271]

(v) *Links* patrocinados: vinculação de *sites* de fornecedores a determinadas pesquisas nos buscadores de internet. Assim, um consumidor, ao buscar determinado bem no Google, por exemplo, terá como resultado principal o *site* de um fornecedor vinculado à busca realizada.

A despeito dos benefícios que empresta ao consumidor, sobretudo no tocante à comodidade, é nítido que a publicidade digital comportamental pode encontrar resistência nos preceitos legais e doutrinários que garantem uma mínima proteção da privacidade dos indivíduos. Contudo, o vácuo normativo até pouco tempo experimentado, bem como o engessamento do sistema de autorregulação publicitária, tem garantido uma terra "sem lei" para a atuação dos grandes atores desse mercado, reforçando a existência de um terreno fértil para a obtenção de

---

[270] BRASIL. Tribunal de Justiça do Estado de São Paulo (TJESP). *Apelação Cível nº 1085064-25.2018.8.26.0100*. Rel. Des. Mauricio Pessoa. J. 10.09.2019c.

[271] Pesquisa indica que 90% dos aficionados em tecnologia usam redes colaborativas. *Folha de São Paulo*, São Paulo, 26 jan. 2009. Disponível em: https://www1.folha.uol.com.br/tec/2009/01/494732-pesquisa-indica-que-90-dos-aficionados-em-tecnologia-usam-redes-colaborativas.shtml. Acesso em: 20 dez. 2020.

lucro através da perfilização excessiva e mineração dos dados pessoais sensíveis insertos em *Big Data*.[272]

Ainda, o processo de identificação, classificação e análise de pessoas pode, para além da violação à privacidade digital, atingir conteúdo discriminatório, identificando quais são as pessoas que merecem atenção do mercado e quais não. Ou seja, primeiro determinam quem você é (identificação), depois o que você é (classificação) e, então, verificam o seu valor econômico (análise).[273]

Infere-se, assim, que a vigilância virtual, pressuposto para formulação das estratégias de publicidade comportamental, pode ser problemática por duas razões: (i) a profundidade das informações perseguidas pelo setor. A privacidade, aqui, não passa de uma expressão vazia e desinteressante; (ii) o potencial discriminatório que a perfilização pode produzir. O mundo de Orwell[274] deixa de ser apenas uma teoria conspiratória, um futuro distante, materializando-se na realidade corrente, sendo agravado, ainda, pela existência não apenas de um vigilante (o Estado), mas uma infinidade de atores privados dispostos a monitorar ininterruptamente.

2.2.3 O composto praça: *geopricing* e *geoblocking*

Outro importante elemento que compõe o *mix* de *marketing* é a praça, diagnosticada como "o local correto para os fornecedores colocarem seus produtos, com objetivo de atingir seu consumidor-alvo",[275] não ignorando, também, a correta escolha dos canais de distribuição e formulação da logística.

Quando dialoga com o *marketing analytics*, sobretudo em ligação direta com o composto *preço*, o elemento praça facilmente associa-se a

---

[272] "*Data Mining*, ou mineração de dados, é o processo pelo qual dados de difícil compreensão são transformados em informações úteis e valiosas para empresa, por meio de técnica informática de combinação de dados e de estatística. Isso significa que, por meio de uma única tecla, empresas são capazes de unir e combinar dados primitivos de uma pessoa, formando novos elementos informativos" (MENDES, Laura Schertel. *Privacidade, proteção de dados e defesa do consumidor*. São Paulo: Saraiva, 2019, p. 104).

[273] GANDY JUNIOR, Oscar H. Consumer Protection in Cyberspace. *TripleC*, Paderborn, v. 9, nº 2, p. 175–189, 2011. Disponível em: http://triplec.at/index.php/tripleC/article/viewFile/267/241. Acesso em: 20 dez. 2020.

[274] George Orwell é o autor do clássico livro de ficção *1984*, que relata um futuro distópico em que a vigilância promovida por um estado totalitário, a partir do "grande irmão", monitora em minúcias toda a sociedade.

[275] SANTOS, Fernando Gherardini. *Direito do Marketing*. São Paulo: Revista dos Tribunais, 2000, p. 29.

dois fenômenos controversos: o *geopricing* e o *geoblocking*. Ambos são fundados em práticas de discriminação do consumidor por razões geográficas ou de nacionalidade. Enquanto o *geoblocking* constitui o bloqueio de uma oferta em dada região, o *geopricing* denota uma diferenciação de preço entre diferentes grupos de consumidores.

Frise-se, de antemão, que a utilização dessas ferramentas nem sempre desagua em qualquer ilicitude, há razões econômicas que legitimam a diferenciação ou negativa de oferta a um determinado grupo de consumo. É o caso de questões logísticas que possam encarecer ou impedir o envio de um produto ou, ainda, que reduzem o desempenho de um serviço para determinada localidade,[276] como, por exemplo, o bloqueio de envio de um determinado produto em razão da ausência de assistência técnica especializada na região.

Para além desses casos, defensáveis em uma lógica de proteção do consumidor, há, no entanto, situações assentadas em razões puramente discriminatórias, como na hipótese de cobrança diferenciada para grupos de consumidores com maior poder de compra.[277] Nesses casos, o consumidor cede, geralmente sem saber, suas informações pessoais ao fornecedor e, a partir dessa cessão, é submetido a práticas discriminatórias aptas a prejudicá-lo severamente.

Exemplos não faltam. Em 2016, após uma denúncia da empresa do ramo de reservas e hospedagem Booking.com, o MJSP instaurou um procedimento investigativo para apuração de suposta prática discriminatória em favor de consumidores estrangeiros. A acusada, Decolar. com, tradicional[278] empresa de agenciamento *online* de viagens, estaria

---

[276] FÁVARO, Heitor Tales de Lima. E-commerce vs geodiscriminação: o que é geoblocking e geopricing? *Jota*, São Paulo, 28 abr. 2018. Disponível em: https://www.jota.info/opiniao-e-analise/artigos/geoblocking-geopricing-28042018 *apud* GUIMARÃES, Marcelo César. Geoblocking e geopricing: uma análise à luz da teoria do interesse público de Mike Feintuck. *Revista de Direito, Estado e Telecomunicações*, Brasília, v. 11, nº 2, p. 87–106, out. 2019, p. 93.

[277] FÁVARO, Heitor Tales de Lima. E-commerce vs geodiscriminação: o que é geoblocking e geopricing? *Jota*, São Paulo, 28 abr. 2018. Disponível em: https://www.jota.info/opiniao-e-analise/artigos/geoblocking-geopricing-28042018 *apud* GUIMARÃES, Marcelo César. Geoblocking e geopricing: uma análise à luz da teoria do interesse público de Mike Feintuck. *Revista de Direito, Estado e Telecomunicações*, Brasília, v. 11, nº 2, p. 87–106, out. 2019, p. 93.

[278] "A procura pelo serviço de agências *online* da Decolar.com no Brasil ultrapassa as grandes concorrentes no setor como a Booking.com e Airbnb, e na segmentação global a soma das vendas das subsidiárias corresponderam a um atendimento total de 5,3 milhões de clientes em 2018, tendo um aumento de 15% (quinze por cento) em relação ao ano anterior e um aumento de 97% (noventa e sete por cento) comparado a 2012" (SOUZA, Luiz Henrique Machado de. *Discriminação de preços por geopricing*: um estudo do caso Decolar.com. 2019.

oferecendo reservas a preços distintos, de acordo com a localização do consumidor, bem como ocultando a disponibilidade de acomodações a consumidores brasileiros, em favor de viajantes estrangeiros.[279]

De acordo com a Nota Técnica nº 92/2018, elaborada pelo Coordenador-Geral de Consultoria Técnica e Sanções Administrativas no bojo do referido expediente administrativo, a denunciante colacionou aos autos pesquisas de simulação simultânea de reserva de hospedagem no *site* Decolar.com, por meio de computadores localizados nas cidades de São Paulo (Brasil) e Buenos Aires (Argentina), nas quais foram registrados valores consideravelmente diferentes para as mesmas reservas consultadas (i.e., acomodações iguais, na mesma data), tendo os preços alcançado a margem de até 29% a mais para os consumidores brasileiros.[280]

Ainda, segundo a nota, foi constatada a indisponibilidade de acomodações para o notário de São Paulo, enquanto, em Buenos Aires, ao mesmo tempo, a mesmíssima acomodação era oferecida como disponível. À denúncia foram acostadas cópias de correspondências eletrônicas trocadas entre a denunciante Booking.com e alguns estabelecimentos hoteleiros, onde constavam indagações sobre a possibilidade de a empresa trabalhar com diferença tarifária em certos mercados, a fim de adotar preços mais agressivos no mercado brasileiro, conduta supostamente comum no setor hoteleiro e utilizada pela Decolar.com.[281]

Em seu exame, após regular curso processual, o Departamento de Proteção e Defesa do Consumidor (DPDC) asseverou que as práticas estariam provadas e violariam os fundamentos do CDC. Para tanto, destacou a vulnerabilidade fática do consumidor percebida na conduta praticada pela denunciada (os consumidores no Brasil não teriam ciência de que outros consumidores, em outros países, teriam acesso a

---

42 p. Monografia (Bacharelado em Ciências Econômicas) – Universidade Federal de São Paulo, Osasco, 2019, p. 34).

[279] GUIMARÃES, Marcelo César. Geoblocking e geopricing: uma análise à luz da teoria do interesse público de Mike Feintuck. *Revista de Direito, Estado e Telecomunicações*, Brasília, v. 11, nº 2, p. 87–106, out. 2019, p. 98.

[280] MINISTÉRIO DA JUSTIÇA (MJ). *Nota Técnica nº 92/2018/CSA-SENACON/CGCTSA/GAB-DPDC/DPDC/SENACON/MJ*. 2018. Disponível em: https://www.cmlagoasanta.mg.gov.br/abrir_arquivo.aspx/PRATICAS_ABUSIVAS_DECOLARCOM?cdLocal=2&arquivo=%7BBCA8E2AD-DBCA-866A-C8AA-BDC2BDEC3DAD%7D.pdf. Acesso em: 20 dez. 2020.

[281] MINISTÉRIO DA JUSTIÇA (MJ). *Nota Técnica nº 92/2018/CSA-SENACON/CGCTSA/GAB-DPDC/DPDC/SENACON/MJ*. 2018. Disponível em: https://www.cmlagoasanta.mg.gov.br/abrir_arquivo.aspx/PRATICAS_ABUSIVAS_DECOLARCOM?cdLocal=2&arquivo=%7BBCA8E2AD-DBCA-866A-C8AA-BDC2BDEC3DAD%7D.pdf. Acesso em: 20 dez. 2020.

tarifas mais baratas, bem como a algumas outras acomodações disponíveis) e a vulnerabilidade técnica (os consumidores não teriam como saber que, através de seu *Internet Protocol* (IP), forneciam à Decolar. com informações, que ao fim, eram usadas para lhe tratarem de forma discriminatória, prejudicial). Logo, compreendeu o Departamento de Proteção e Defesa do Consumidor (DPDC) que as políticas de privacidade da agência *online* de turismo não seriam claras, informativas e, ainda, que a conduta de *geoblocking* e *geopricing* colidiria com os princípios da boa-fé objetiva e do equilíbrio contratual – fundamentos que ensejaram uma penalização administrativa da ordem de R$ 7.500.000,00 (sete milhões e quinhentos mil reais).[282]

No mesmo sentido, alicerçado na representação protocolada pela Booking.com, o Ministério Público do Rio de Janeiro (MPRJ) ingressou com uma ACP, requerendo a condenação da Decolar.com à obrigação de não fazer, consistente na cessação das práticas impugnadas, além da obrigação de pagar uma multa quantificada em 57 milhões de reais,[283] revertida ao fundo de defesa do consumidor. Outro caso, bastante semelhante, está consubstanciado na ACP nº 0288040-39.2018.8.19.0001, proposta também pelo MPRJ, mas em face de outra empresa de agenciamento de viagens, a Hotel Urbano.

Com efeito, há países que passaram, recentemente, a se debruçar sobre a questão. Destaque-se, aqui, a União Europeia, que, no âmbito da Estratégia para o Mercado Único Digital, editou o Regulamento 2018/302 do Parlamento Europeu e do Conselho (conhecido como Regulamento Bloqueio Geográfico). Trata-se de medida para coibir o *geoblocking* injustificado e outras formas de discriminação decorrentes da nacionalidade do consumidor.[284] Sublinhe-se do seu conteúdo:

> Art. 4º. 1. Os comerciantes não podem aplicar condições gerais de acesso diferentes aos bens ou serviços, por razões relacionadas com a nacionalidade, com o local de residência ou com o local de estabelecimento do cliente, caso o cliente procure: a) Adquirir bens a um

---

[282] Decolar.com é multada por prática de geo pricing e geo blocking. *Ministério da Justiça e Segurança Pública* (MJSP), Brasília, 18 jun. 2018. Disponível em: https://www.justica.gov.br/news/collective-nitf-content-51. Acesso em: 20 dez. 2020.

[283] BRASIL. Tribunal de Justiça do Estado do Rio de Janeiro (TJERJ). *Ação Civil Pública 0018051-27.2018.8.19.0001*. 7ª Vara Empresarial da Capital. [s.d.].

[284] GUIMARÃES, Marcelo César. Geoblocking e geopricing: uma análise à luz da teoria do interesse público de Mike Feintuck. *Revista de Direito, Estado e Telecomunicações*, Brasília, v. 11, nº 2, p. 87–106, out. 2019, p. 94.

comerciante, se esses bens forem entregues num local situado num Estado-Membro em que o comerciante propõe um serviço de entrega nas condições gerais de acesso, ou se os bens forem levantados num local acordado entre o comerciante e o cliente num Estado-Membro em que o comerciante propõe essa opção nas condições gerais de acesso; Art. 5º. 1. Os comerciantes não podem aplicar, no âmbito dos instrumentos de pagamento por si aceites, por razões relacionadas com a nacionalidade, com o local de residência ou com o local de estabelecimento do cliente, com a localização da conta de pagamento, com o local de estabelecimento do prestador de serviços de pagamento ou com o local de emissão do instrumento de pagamento na União, diferentes condições a operações de pagamento, caso: a) As operações de pagamento sejam efetuadas através de uma transação eletrônica mediante transferência bancária, através de débito direto ou através de um instrumento de pagamento baseado em cartões da mesma marca e da mesma categoria; b) Os requisitos de autenticação sejam cumpridos nos termos da Diretiva (UE) 2015/2366; e c) As operações de pagamento sejam efetuadas numa moeda aceite pelo comerciante.[285]

Ocorre que, diferentemente do contexto europeu, o Brasil não dispõe de uma legislação explícita[286] apta a coibir as práticas negativas de *geopricing* e *geoblocking*. A alegação de violação à privacidade, alicerçada na coleta de informações geográficas do consumidor, é frágil e pouco contundente – o que denota a urgência de uma regulação precisa para o cenário.

Por ora, a Lei nº 12.529/2011,[287] que estrutura o Sistema Brasileiro de Defesa da Concorrência, pode, por meio de um exercício hermenêutico, servir de base para responsabilização de agentes privados que atuam

---

[285] UNIÃO EUROPEIA. Regulamento (UE) 2018/302 do Parlamento Europeu e do Conselho de 28 de fevereiro de 2018. *Jornal Oficial da União Europeia*, 2 mar. 2018. Disponível em: https://eur-lex.europa.eu/legal-content/PT/TXT/PDF/?uri=CELEX:32018R0302&from=PT. Acesso em: 20 dez. 2020.

[286] A LGPD, abordada no capítulo seguinte, a despeito de não tratar especificamente da matéria de *geoblocking* e *geopricing*, possui ferramentas aptas a auxiliar no enfrentamento dessas práticas.

[287] BRASIL. Lei nº 12.529, de 30 de novembro de 2011. Estrutura o Sistema Brasileiro de Defesa da Concorrência; dispõe sobre a prevenção e repressão às infrações contra a ordem econômica; altera a Lei nº 8.137, de 27 de dezembro de 1990, o Decreto-Lei nº 3.689, de 3 de outubro de 1941 - Código de Processo Penal, e a Lei nº 7.347, de 24 de julho de 1985; revoga dispositivos da Lei nº 8.884, de 11 de junho de 1994, e a Lei nº 9.781, de 19 de janeiro de 1999; e dá outras providências. *Diário Oficial da União*, Brasília, 1º dez. 2011b. Disponível em: http://www.planalto.gov.br/ccivil_03/_ato2011-2014/2011/lei/l12529.htm. Acesso em: 28 jun. 2022.

de forma discriminatória em relação ao consumidor. Isso porque entre o rol de condutas que podem caracterizar infração à ordem econômica está a discriminação abusiva de adquirentes de bens ou serviços por meio de fixação diferenciada de preços (art. 36, §3º, inciso X), bem como a negativa de venda de bens ou serviços dentro das condições de pagamento normais aos usos e costumes comerciais (art. 36, §3º, inciso XI). A prática de *geoblocking* e *geopricing*, assim, pautada em uma espécie de discriminação comportamental[288] (baseada na localização e nacionalidade do consumidor), poderia figurar, com maior firmeza, como um alicerce jurídico razoável para enfrentamento de condutas dessa natureza.

Ocorre, contudo, que a via legislativa da defesa concorrencial opera de forma abstrata: o termo "discriminação abusiva" e "usos e costumes comerciais", que estampam os incisos X e XI do art. 36, §3º, acima referenciados, são dotados de certa subjetividade e não atuam na fonte do problema: a regulação enviesada e pouco efetiva da coleta de informações pessoais dos consumidores e potenciais clientes, além de não servir para coibir práticas mais severas (e dificilmente conhecidas) de discriminação negocial.

Noutras palavras, a despeito da abusividade aparente das ferramentas de *geopricing* e *geoblocking*, falta, no Brasil, enquanto não compreendida, em minúcias, a forma de operacionalizar a LGPD,[289] um arcabouço normativo e regulatório que garanta, de forma indene e precisa, um equilíbrio no mercado. Os benefícios de utilização de informações pessoais para adequação do composto praça não podem, certamente, suplantar direitos e garantias que buscam o equilíbrio e harmonia do mercado de consumo.

Com efeito, se por um lado pode ser difícil deter a internet[290] e o uso dos dados pessoais como matéria-prima das empresas, por outro é verdade que os direitos da personalidade não podem ser simplesmente esvaziados frente às novas tecnologias e mandos e desmandos do

---

[288] GUIMARÃES, Marcelo César. Geoblocking e geopricing: uma análise à luz da teoria do interesse público de Mike Feintuck. *Revista de Direito, Estado e Telecomunicações*, Brasília, v. 11, nº 2, p. 87–106, out. 2019, p. 102.

[289] A LGPD, que entrou em vigor em agosto de 2020, apresenta ferramentas aptas a coibir abusos dessa natureza e será abordada nos tópicos subsequentes.

[290] O Ministro Aldir Passarinho Junior, no julgamento do REsp 844.736/DF, nesse sentido, manifestou que "deter a internet é complicado", reconhecendo como incabível a condenação à reparação civil por envio de *spam* erótico não solicitado.

mercado. A eventual dificuldade em conter uma conduta geradora de dano não pode servir de alicerce para o afastamento da responsabilidade de quem a promove ou dela se aproveita.[291]

---

[291] BARBOSA, Fernanda Nunes. Informação e consumo. *In:* MARTINS, Guilherme Magalhães; LONGHI, João Victor Rozatti (coord.). *Direito Digital, Direito Privado e Internet*. Indaiatuba: Foco, 2019, p. 349–374, p. 359.

CAPÍTULO 3

A DISCIPLINA LEGAL DO USO DE DADOS PESSOAIS NO BRASIL

Após o recorte dos capítulos anteriores, cabe analisar se as Leis que, hoje, disciplinam o tema da proteção de dados no Brasil, são suficientes para neutralizar (ou ao menos minimizar) os danos graves e sistêmicos causados pelo uso abusivo de dados pessoais pelo setor privado em suas estratégias de *analytics*.

3.1 O CDC: a artificial abrangência da regulação do uso dos dados pessoais

O CDC foi a primeira Lei no país que se debruçou, ainda que parcialmente, sobre a proteção dos dados pessoais. Confessadamente[292] inspirado no *Fair Credit Reporting Act*,[293] o artigo 43 do diploma consumerista dispõe:

---

[292] GRINOVER, Ada Pellegrini et al. *Código de Defesa do Consumidor comentado pelos autores do anteprojeto*. Rio de Janeiro: Forense Universitária, 2000, p. 340.

[293] "*The Fair Credit Reporting Act* ("FCRA"), legislação americana, promulgada em 1970, rege a coleta, processamento e uso de informações do consumidor, dando as diretrizes para os sistemas de proteção ao crédito" (SICKLER, Alexandra P. Everhart. The (Un)Fair Credit Reporting Act. *Loyola Consumer Law Review*, Forthcoming, [S.l.], p. 1–43, p. 3. Disponível em: https://ssrn.com/abstract=2726806. Acesso em: 20 dez. 2020). "Os principais direitos dispostos na normativa são: (i) o direito de acesso às fontes das informações constantes em bancos de dados detidos por birôs de crédito, (ii) o direito de saber se informações nos arquivos foram usadas por terceiros, (iii) o direito de obter uma abertura do arquivo gratuita (*file disclosure*) uma vez por ano e quantas vezes for necessário em condições específicas (se a pessoa foi vítima de roubo de identidade, se é beneficiária de assistência pública, se está desempregada), (iv) o direito de saber qual é a pontuação de crédito (*credit score*) derivada do banco de dados, (v) o direito de contestar uma informação incompleta ou incorreta, (vi) o direito de remover ou corrigir informações incorretas em

Art. 43. O consumidor, sem prejuízo do disposto no art. 86, terá acesso às informações existentes em cadastros, fichas, registros e dados pessoais e de consumo arquivados sobre ele, bem como sobre as suas respectivas fontes.

§1º. Os cadastros e dados de consumidores devem ser objetivos, claros, verdadeiros e em linguagem de fácil compreensão, não podendo conter informações negativas referentes a período superior a cinco anos.

§2º. A abertura de cadastro, ficha, registro e dados pessoais e de consumo deverá ser comunicada por escrito ao consumidor, quando não solicitada por ele.

§3º. O consumidor, sempre que encontrar inexatidão nos seus dados e cadastros, poderá exigir sua imediata correção, devendo o arquivista, no prazo de cinco dias úteis, comunicar a alteração aos eventuais destinatários das informações incorretas.

§4º. Os bancos de dados e cadastros relativos a consumidores, os serviços de proteção ao crédito e congêneres são considerados entidades de caráter público.

§5º. Consumada a prescrição relativa à cobrança de débitos do consumidor, não serão fornecidas, pelos respectivos Sistemas de Proteção ao Crédito, quaisquer informações que possam impedir ou dificultar novo acesso ao crédito junto aos fornecedores.

§6º. Todas as informações de que trata o caput deste artigo devem ser disponibilizadas em formatos acessíveis, inclusive para a pessoa com deficiência, mediante solicitação do consumidor.

Inicialmente, para melhor compreensão, cumpre destacar a abrangência da aplicação normativa assinalada.

Os arquivos de consumo, citados no dispositivo, representam o gênero do qual fazem parte os bancos de dados e os cadastros de consumidores.

Nos bancos de dados, compreendem-se quatro características nucleares: (i) aleatoriedade da coleta, ou seja, quanto maior o acervo, mais confiável é o arquivista; (ii) organização permanente das informações; (iii) transmissibilidade extrínseca ou externa, isto é, são direcionados a terceiros, outros que não o próprio arquivista, que sequer mantém

---

30 dias, (vii) o direito de não ter informação negativa computada por mais de sete anos" (ZANATTA, Rafael Augusto Ferreira. *Perfilização, Discriminação e Direitos:* do Código de Defesa do Consumidor à Lei Geral de Proteção de Dados Pessoais, 2019, p. 1–26, p. 6. DOI: 10.13140/RG.2.2.33647.28328. Disponível em: https://www.researchgate.net/publication/331287708_Perfilizacao_Discriminacao_e_Direitos_do_Codigo_de_Defesa_do_Consumidor_a_Lei_Geral_de_Protecao_de_Dados_Pessoais. Acesso em: 20 dez. 2020).

relação contratual com o consumidor; e (iv) inexistência de autorização ou conhecimento do consumidor a respeito do registro, que normalmente é realizado à sua revelia.[294]

Dessa categoria, são exemplos frisantes os SPCs, nascidos em um contexto de ampliação do parcelamento nas formas de pagamento e de necessidade de substituição dos chamados informantes, profissionais contratados pelas empresas para verificar, diária e pessoalmente, as referências que o candidato de crédito apresentara no momento da aquisição de um bem ou serviço.[295] Figuram, essencialmente, como organismos privados,[296] que, aliados à tecnologia, realizam o armazenamento e ágil processamento de informações relevantes para a concessão ou não do crédito no mercado.

Já os cadastros de consumidores, em outro vértice, possuem funcionalidade pontual e imediata. Eles se caracterizam pela coleta e utilização das informações pelo fornecedor, mas para seu próprio benefício ou de pessoas a ele associadas, principalmente buscando alcançar uma finalidade mercadológica (conquista de novos consumidores, ou atendimento personalizado). A formação, coleta e gestão das informações, aqui, não são feitas de modo aleatório, abstrato, senão orientadas pela finalidade específica previamente deduzida pelo fornecedor[297] e a permanência, portanto, diferentemente dos bancos de dados, não se apresenta como característica elementar.

Extrai-se, a partir da distinção conceitual acima retratada, que ainda que nascido com um objetivo certo – regular os SPCs –, a redação do artigo que trata dos bancos de dados permitiu uma extensão significativa do objeto protegido pela norma, confortando a coleta, uso e armazenamento de dados de consumo orientados para qualquer finalidade perseguida pelo fornecedor,[298] propondo uma harmonização nas relações entre os polos da cadeia de consumo.[299]

---

[294] GRINOVER, Ada Pellegrini et al. *Código de Defesa do Consumidor comentado pelos autores do anteprojeto*. Rio de Janeiro: Forense Universitária, 2000, p. 361.

[295] GRINOVER, Ada Pellegrini et al. *Código de Defesa do Consumidor comentado pelos autores do anteprojeto*. Rio de Janeiro: Forense Universitária, 2000, p. 341.

[296] Podem os cadastros ser mantidos por entidades públicas (BACEN/CADIN) ou privadas (SPC), chamadas de arquivistas (TARTUCE, Flávio; NEVES, Daniel Amorim Assumpção. *Manual de direito do consumidor*. Rio de Janeiro: Forense, 2012, p. 395).

[297] MIRAGEM, Bruno. *Curso de Direito do Consumidor*. 4. ed. São Paulo: Revista dos Tribunais, 2013, p. 303.

[298] EFING, Antonio Carlos. *Banco de dados e cadastro de consumidores*. São Paulo: Revista dos Tribunais, 2002, p. 29.

[299] O direito à privacidade e o direito à honra, sabe-se, "(...) não são absolutos. Na verdade, o Código de Defesa do Consumidor ao disciplinar os bancos de dados de proteção ao

Com o uso de inúmeras expressões aparentemente sinônimas (registros, arquivos, fichas, dados pessoais e de consumo), é certo que o legislador anteviu a amplitude do fenômeno de *datificação* e monitoramento por entidades privadas em uma sociedade de massificação das relações de consumo. Com alguma impropriedade, é verdade, indicou, no §4º, que os "bancos de dados e cadastros relativos a consumidores, os serviços de proteção ao crédito são considerados entidades de caráter público",[300] sugerindo que entidades como o SPC e Serasa seriam estranhas à figura dos "bancos de dados e cadastros". A má redação, no entanto, logo foi superada pela Corte Superior,[301] confirmando a extensão da proteção legal e reafirmando o espírito da lei: submeter todo e qualquer registro de informações do consumidor à previsão disposta no art. 43, não importando a designação dada ao conjunto de dados/informações armazenadas.

Já no *caput*, ao suscitar que "o consumidor terá acesso às informações", extrai-se um gatilho que assegura a observância dos princípios da transparência e da informação (consagrados no artigo 6º, III do CDC). Complementa-se, aqui, a redação do §4º, que considera os arquivos de consumo como entidades de caráter público, abrindo, assim, espaço para o uso do *habeas data*, remédio constitucional previsto no art. 5º, XXXII, que proporciona (i) o conhecimento de informações relativas à pessoa do impetrante; e/ou (ii) a retificação de dados insertos nos arquivos criados.

Claro que essa opção legislativa traduz um mero facilitador do exercício processual da pretensão jurídica do indivíduo, não autorizando que qualquer pessoa, indistintamente, acesse informações constantes nos registros dessas entidades. Em primeiro, porque há que se respeitar a privacidade do sujeito cujas informações estão armazenadas.

---

crédito realizou, com base no princípio da proporcionalidade, tarefa conformadora, restringindo, em situação específica, os contornos do direito à privacidade e à honra. Considerando a presença de outros valores – em síntese: a importância do crédito para o consumidor e, também, para economia nacional – e realizando a ponderação dos bens em jogo, permite-se, em caráter excepcional, que as entidades de proteção ao crédito efetuem o tratamento das informações privadas e, em tese, ofensiva à honra do titular dos dados" (BESSA, Leonardo Roscoe. Limites jurídicos dos bancos de dados de proteção ao crédito: tópicos específicos. *Revista de Direito do Consumidor*, Brasília, v. 44, p. 172–185, 2002, p. 194).

[300] BRASIL. Lei nº 8.078, de 11 de setembro de 1990. Dispõe sobre a proteção do consumidor e dá outras providências. *Diário Oficial da União*, Brasília, 12 set. 1990. Disponível em: http://www.planalto.gov.br/ccivil_03/leis/l8078compilado.htm. Acesso em: 30 jun. 2022.

[301] BRASIL. Superior Tribunal de Justiça (STJ). *Recurso Especial nº 30.666-1/RS*. Relator: Ministro Dias Trindade. J. 08/02/1993.

Em segundo, pois há todo um custo envolvido na manutenção dos arquivos e que são suportados exclusivamente pelo empresário, de sorte que as informações ali insertas possuem alto valor de mercado.[302]

Noutras palavras, a redação do *caput*, acrescida pelo §4º, do art. 43, pavimenta o caminho para compreensão, pelo consumidor, de quais dados balizam a decisão de um dado fornecedor e, também, para verificação do cumprimento dos inúmeros deveres impostos na norma – a seguir minudenciados.

O primeiro deles é a veracidade das informações cadastradas, ou seja, a inexatidão é repudiada pelo legislador. Com efeito, é daqui que decorre a obrigatoriedade de correção do cadastro (§3º), que, no entanto, deve ser precedida pela demonstração do equívoco informacional. Interessa destacar que ao arquivista (ou seja, o titular do banco de dados) é dado o prazo de 5 dias para comunicar o erro existente nos registros a todos os destinatários das informações. O prazo é exíguo para evitar maiores danos aos direitos da personalidade do consumidor.[303]

Pontua-se, contudo, a partir das lições de Fábio Ulhoa Coelho, que a veracidade exigida pela norma alcança tão somente os dados insertos nos registros, mas não as avaliações feitas pelo arquivista/fornecedor em decorrência da análise dessas informações. Ou seja, a qualificação do consumidor a partir dos dados cadastrados não pode ser classificada como verdadeira ou falsa. Se os elementos que influem na perfilização são fidedignos, não há que se atribuir ilicitude na discriminação (salvo excessos que eventualmente maculem a honra e imagem do consumidor, apuráveis caso a caso). Assim, agrupamentos denominados "indesejados", "especiais" ou "gastadores" não exigem observância ao requisito imposto no §1º.[304] Isso porque juízos de valor não são verdadeiros ou falsos, mas tão somente manifestações da liberdade de opinião, constitucionalmente assegurada.

No contrafluxo desse aspecto, porém, não se pode ignorar o fenômeno chamado *"feedback looping* de injustiça",[305] que coloca os marginalizados, normalmente os maiores beneficiários de políticas públicas

---

[302] Ver lições de Fábio Ulhoa Coelho em: OLIVEIRA, Juarez de (org.). *Comentários ao Código de Defesa do Consumidor*. São Paulo: Saraiva, 1991, p. 176.

[303] TARTUCE, Flávio; NEVES, Daniel Amorim Assumpção. *Manual de direito do consumidor*. Rio de Janeiro: Forense, 2012, p. 400.

[304] Ver contribuição de Fábio Ulhoa Coelho em: OLIVEIRA, Juarez de (org.). *Comentários ao Código de Defesa do Consumidor*. São Paulo: Saraiva, 1991, p. 176.

[305] ZANATTA, Rafael Augusto Ferreira. *Perfilização, Discriminação e Direitos:* do Código de Defesa do Consumidor à Lei Geral de Proteção de Dados Pessoais, 2019, p. 1–26, p. 3. Disponível em: https://www.researchgate.net/publication/331287708_Perfilizacao_Discriminacao_e_Direitos_do_Codigo_de_Defesa_do_Consumidor_a_Lei_Geral_de_Protecao_de_Dados_Pessoais. Acesso em: 20 dez. 2020.

e, consequentemente, focos de maior controle e vigilância, sob práticas de segregação negocial. Isso porque seus dados pessoais são coletados e seus perfis classificados em posições de risco simplesmente em razão do endereço, faixa salarial ou outros elementos caracterizadores do seu extrato social. Nesses casos, juízos de valor podem desaguar em abuso do direito e não em mera manifestação da liberdade de expressão.

O segundo requisito imposto pelo dispositivo é a ciência (ou informação) prévia do consumidor acerca da abertura do arquivo de consumo. É certo que a formação de bancos de dados não exige autorização. No entanto, a comunicação, por escrito, é obrigatória (art. 43, §2º, CDC). Se infringida a regra, é atraída a incidência da previsão do art. 13, inciso XIII, do Decreto nº 2.181/1997,[306] constituindo-se infração administrativa contra as relações de consumo, podendo, concomitantemente, gerar o dever de indenizar o indivíduo.[307] A rigor, é esse dever de comunicação que garante que o consumidor exerça a impugnação à inscrição ou o pleito de correção necessária.

Em terceiro, tem-se o dever de garantia de acessibilidade dos registros. Como visto, diz a lei que os cadastros de consumidores são considerados entidades de caráter público, justamente para possibilitar o acesso das pessoas nele inscritas. O armazenamento, a despeito de figurar como atividade privada, não diz respeito somente ao proprietário do arquivo, mas a toda a coletividade por ele impactada. O direito de acesso, assim, é o "segundo direito estatuído pelo CDC no campo dos bancos de dados. Numa sequência lógica, *é posterius* em relação ao direito de comunicação, que *é o prius*".[308]

---

[306] "Art. 13. Serão consideradas, ainda, práticas infrativas, na forma dos dispositivos da Lei nº 8.078, de 1990: XIIII – deixar de comunicar, por escrito, ao consumidor a abertura de cadastro, ficha, registro de dados pessoais e de consumo, quando não solicitada por ele;" (BRASIL. Decreto nº 2.181, de 20 de março de 1997. Dispõe sobre a organização do Sistema Nacional de Defesa do Consumidor - SNDC, estabelece as normas gerais de aplicação das sanções administrativas previstas na Lei nº 8.078, de 11 de setembro de 1990, revoga o Decreto nº 861, de 9 julho de 1993, e dá outras providências. *Diário Oficial da União*, Brasília, 20 mar. 1997. Disponível em: http://www.planalto.gov.br/ccivil_03/decreto/d2181.htm. Acesso em: 30 jun. 2022).

[307] "DANO MORAL IN RE IPSA. CANCELAMENTO DO REGISTRO. Verificada a ausência de notificação, configurado está o *danum in re ipsa*. Inaplicabilidade da súmula 385 do STJ, ante a inexistência de prova acerca de registros anteriores, além dos contestados na presente demanda. Possibilidade de cancelamento do apontamento, com a ressalva de que, cumprido o disposto no art. 43, §2º, do CDC e, não impugnado o registro, nada impede que o réu proceda a novo cadastramento" (BRASIL. Superior Tribunal de Justiça (STJ). *Agravo em Recurso Especial nº 1585843/RS*. Relatora: Ministra Nancy Andrighi. DJ. 02.12.2019b).

[308] GRINOVER, Ada Pellegrini et al. *Código de Defesa do Consumidor comentado pelos autores do anteprojeto*. Rio de Janeiro: Forense Universitária, 2000, p. 401.

Importa destacar que apesar de garantir o acesso, deixou a Lei de disciplinar o procedimento a ser adotado pelo consumidor, de tal sorte que basta o requerimento, por escrito, diretamente ao proprietário do cadastro, que deverá, após uma análise prévia de legitimidade do pleito, transmitir gratuitamente[309] o teor das informações.

Em quarto, observa-se a limitação temporal para o armazenamento de informações negativas sobre o consumidor. Nesse tocante, fixou o legislador dois prazos para vida útil dos dados arquivados: cinco anos como prazo genérico, decadencial, aplicável a toda e qualquer informação de repercussão negativa ao consumidor; ou o prazo prescricional da ação de cobrança devida.[310]

Ou seja, o quinquênio representa a vida útil máxima do dado depreciativo. Havendo prazo inferior para prescrição da dívida inscrita, aplicável a redução de tempo de registro em benefício ao consumidor. É a regra especial (§5º) afastando a geral (§1º), parâmetro elementar da hermenêutica jurídica. Nesse sentido, a Súmula nº 323 do STJ corrobora esse raciocínio: "A inscrição do nome do devedor pode ser mantida nos serviços de proteção ao crédito até o prazo máximo de cinco anos, independentemente da prescrição da execução".[311]

E qual seria, indaga-se, o marco inicial para contagem dos prazos assinalados? Há certa divergência.

Por um lado, tem-se a orientação, hoje relativamente minoritária, de que "o cômputo do prazo prescricional, nos termos da Súmula nº 323/STJ, deve observar a efetiva inscrição no cadastro restritivo de crédito, não o vencimento da dívida".[312] Por outro lado, há julgados

---

[309] Decreto nº 2.181/1997, art. 13: "Serão consideradas, ainda, práticas infrativas, na forma dos dispositivos da Lei nº 8.078, de 1990: X – impedir ou dificultar o acesso gratuito do consumidor às informações existentes em cadastros, fichas, registros de dados pessoais e de consumo, arquivados sobre ele, bem como sobre as respectivas fontes" (BRASIL. Decreto nº 2.181, de 20 de março de 1997. Dispõe sobre a organização do Sistema Nacional de Defesa do Consumidor - SNDC, estabelece as normas gerais de aplicação das sanções administrativas previstas na Lei nº 8.078, de 11 de setembro de 1990, revoga o Decreto nº 861, de 9 julho de 1993, e dá outras providências. *Diário Oficial da União*, Brasília, 20 mar. 1997. Disponível em: http://www.planalto.gov.br/ccivil_03/decreto/d2181.htm. Acesso em: 30 jun. 2022).

[310] GRINOVER, Ada Pellegrini et al. *Código de Defesa do Consumidor comentado pelos autores do anteprojeto*. Rio de Janeiro: Forense Universitária, 2000, p. 382.

[311] BRASIL. Superior Tribunal de Justiça (STJ). Súmula nº 323. *Revista de Súmulas do Superior Tribunal de Justiça (RSSTJ)*, Brasília, nº 26, ano 5, p. 345-369, nov. 2011c. Disponível em: https://www.stj.jus.br/docs_internet/revista/eletronica/stj-revista-sumulas-2011_26_capSumula323.pdf. Acesso em: 1º jul. 2022.

[312] BRASIL. Superior Tribunal de Justiça (STJ). *Agravo Regimental no Agravo Interno nº 713.629/ES*. Relator: Ministro Paulo Furtado. DJ. 04.08.2009b.

entendendo que "a respeito à exigibilidade do crédito e ao princípio da veracidade da informação, o termo inicial do limite temporal de cinco anos em que a dívida pode ser inscrita no banco de dados de inadimplência é contado do primeiro dia seguinte à data de vencimento da dívida".[313]

Essa interpretação, hoje majoritária, justifica-se a partir de uma compreensão de que, caso pudesse manter a negativação por um período de cinco anos após a inscrição nos registros, estaria legitimada a mera transposição dos dados entre as diversas entidades de proteção ao crédito, eternizando a negativação do consumidor e dificultando-se a concessão de crédito e trânsito negocial do indivíduo, tão caro em tempos recentes.

Superada, assim, a descrição e breve explicação do dispositivo do CDC, é necessário ressaltar que, ainda que dotado de uma aparente amplitude (apta a assegurar a proteção de dados dos consumidores insertos em qualquer plataforma de armazenamento), o códex consumerista, desde a sua concepção, direcionou a proteção de dados pessoais para as situações de proteção ao crédito. Tanto é verdade que (i) sua inspiração, como visto, foi o *Fair Credit Reporting Act*, diploma dirigido à regulamentação dos serviços de mitigação dos riscos de concessão de crédito nos EUA; (ii) o próprio STF,[314] e também o STJ,[315] ao interpretar a norma, salientam o destaque para regulação das informações de crédito; e (iii) todas as obrigações e direitos dispostos estão melhor confortadas para as situações de negativação de consumidores em cadastros restritivos (por exemplo, a menção de prazos prescricionais relacionados à cobrança de dívida, do §5º, e a própria obrigatoriedade de comunicação do consumidor acerca de toda e qualquer abertura de registros em seu nome).

---

[313] BRASIL. Superior Tribunal de Justiça (STJ). *Recurso Especial nº 1.630.889/DF*. Relatora: Ministra Nancy Andrighi. J. 11/09/2018b.

[314] "Serviu, porém, a evocação da lei de proteção aos consumidores para recordar como, da combinação entre os preceitos inquinados de invalidez e o CDC, que claramente se impõe, resulta uma conciliação de outro padrão alegado – o do direito constitucional da privacidade – com a existência de bancos de dados, cuja realidade a própria Constituição reconhece e entre os quais os arquivos de consumo são um dado inextirpável de uma econômica fundada nas relações massificadas de crédito" (BRASIL. Supremo Tribunal Federal (STF). *Ação Direta de Inconstitucionalidade nº 1790-5*. Relator: Ministro Sepúlveda Pertence. J. 23/04/1998).

[315] "Vê-se, portanto, que o mencionado artigo tem mira cadastros mantidos por fornecedores ou outras entidades privadas, utilizados por eles próprios ou seus associados, em benefício da segurança na concessão do crédito, visando à diminuição do risco do negócio e ao retorno do capital" (BRASIL. Superior Tribunal de Justiça (STJ). *Recurso Especial nº 1.195.668/RS*. Relatora: Ministra Maria Isabel Gallotti. J. 11/11/2012b).

Não se ignora que a obra do Ministro Herman Benjamin, um dos redatores do artigo 43 do CDC, realiza uma detalhada ampliação das situações objeto da proteção jurídica, contemplando princípios essenciais e potencialmente aptos a garantir a defesa integral do consumidor em uma sociedade informatizada. Todavia, da leitura e interpretação do referido dispositivo não se depreende, de forma inconteste, todas essas ferramentas protetivas lançadas pelo doutrinador. O artigo, como visto, é sucinto e as suas nuances evidenciam que o interesse do legislador, àquele tempo, era regular os SPCs e não toda e qualquer espécie de registro de dados de consumo.[316]

A própria análise jurisprudencial[317] indica que os litígios envolvendo arquivistas estão assentados em (i) negativação indevida; (ii) ausência de comunicação prévia do consumidor nos registros de restrição de crédito; e (iii) armazenamento de dados de inadimplência por prazo superior a cinco anos.

Quando, assim, aproxima-se a previsão do artigo 43 às situações de formulação de estratégias de *marketing analytics*, há deficiências insuperáveis ou pouco conectadas à realidade corrente.

Inicialmente, é difícil compreender quem seriam as figuras envolvidas nessa relação. Consumidor, segundo o art. 2º, *caput*, é "toda pessoa física ou jurídica que adquire ou utiliza produto ou serviço como destinatário final". Nas hipóteses de usos de dados pessoais para construção de estratégias empresariais, sobretudo considerando-se que a maior parte dessas informações é coletada a partir da navegação de usuários na internet (por meio dos cookies ou por aplicativos), é bastante

---

[316] Veja-se, nesse sentido, que o doutrinador destaca, na obra *Código de defesa do consumidor comentado pelos autores do anteprojeto*, de Ada Pelegrinni Grinover et al. (2000), um pressuposto substantivo (de conteúdo) para o reconhecimento da licitude dos bancos de dados (p. 369). Ou seja, argumenta que a norma rechaça a inclusão de "dados pessoais do consumidor, sobre seu caráter, família, reputação geral, características individuais ou modo de vida" (p. 375). Ocorre, no entanto, que o texto legal, acerca desse tema, apenas determina que os cadastros e dados devem ser "objetivos, claros, verdadeiros e em linguagem de fácil compreensão" (p. 375), deixando de apresentar, com tantas minúcias, a natureza e os limites das informações que podem ser licitamente cadastradas. Há, ainda, no campo do "direito de acesso", uma defesa sobre o direito de o consumidor ser cientificado acerca do destino das informações depositadas pelos arquivistas (p. 402) – algo que, porém, não pode ser extraído da leitura do artigo. O que se tem, certamente, é o direito de corrigir dados incompletos ou incorretos, e o dever do arquivista de comunicar todos os destinatários destas informações revisadas no prazo de cinco dias (GRINOVER, Ada Pellegrini et al. *Código de Defesa do Consumidor comentado pelos autores do anteprojeto*. Rio de Janeiro: Forense Universitária, 2000).

[317] Após ampla pesquisa no Tribunal Paranaense e no STJ, entre os períodos de 2017 e 2014, não foi localizado nenhum julgamento relativo aos arquivos de consumo diversos daqueles destinados à proteção de crédito.

frágil a pretensão de estender a aplicação do diploma consumerista. O setor privado, aqui, dificilmente possui uma relação direta, contratual, com o sujeito cujos dados foram armazenados e lidos. A simbiose ocorre entre o usuário que navega na internet e as centenas de empresas/ferramentas envolvidas nesta captura das pegadas digitais e construção da perfilização.

É claro que, em algumas situações, como na regulação da publicidade e da propaganda, a figura do consumidor é dotada de maior abstração – ou seja, não se exige uma relação direta entre os polos da cadeia de consumo. Havendo abusividade, enganosidade ou publicidade mascarada,[318] aplica-se a norma (art. 36 e seguintes do CDC). Todavia, mesmo nas situações que possibilitam uma interpretação mais elástica, não se pode admitir uma extensão desmedida de cominação de regras consumeristas, sobretudo diante da rigidez do diploma e a sua potencial aptidão de engessar a inovação decorrente do uso das ferramentas aplicadas em *Big Data*.

E mais: ainda que fosse consolidada a possibilidade de estender a compreensão de quem figura como consumidor, é questionável a identificação do fornecedor nessas hipóteses. Fornecedor é, segundo dicção do art. 3º do CDC, toda pessoa física ou jurídica, pública ou

---

[318] A publicidade enganosa é aquela que é capaz de ludibriar seus destinatários, apta de induzi-los em erro, apresentando um potencial de desviar a vontade de consumo. Não se exige, contudo, para sua configuração, a efetiva indução em erro, mas a mera potencialidade do ato. Nesse sentido, importa destacar que a Federal Trade Comission, cujas regras influenciaram a formatação do códex consumerista brasileiro, apontou, já nos idos de 1985, três critérios para designação da publicidade enganosa, a seguir referenciados: (i) A existência de uma afirmação, omissão ou prática com grande probabilidade de induzir o consumidor em erro: para a apreciação deste critério, frise-se, é necessária a análise do anúncio publicitário em sua integralidade, não bastando pinçar frases e imagens isoladas do contexto amplo; (ii) Consideração da enganosidade pela perspectiva do consumidor padrão: nesse cenário, deve-se considerar, primeiramente, o público alvo da mensagem publicitária e, dentro desse universo, determinar qual a definição de consumidor-padrão para se auferir o potencial de enganosidade; (iii) A materialidade da prática: por fim, a enganosidade estampada no anúncio deve ser apta a influir, com grande probabilidade, o comportamento do consumidor padrão daquele específico mercado, levando-o a cometer um engano em sua decisão de consumo (SANTOS, Fernando Gherardini. *Direito do Marketing*. São Paulo: RT, 2000, p. 213). Por publicidade clandestina, entende-se aquela "(...) transmissão de informações que parece que não é publicidade, mas é" (TARTUCE, Flávio. *Manual de direito do consumidor*. São Paulo: Forense, 2017, p. 332). Por fim a publicidade abusiva figura como a que (i) contenha divulgação discriminatória de qualquer natureza; (ii) incite à violência, explore o medo ou a superstição; (iii) desrespeite valores ambientais; (iv) seja capaz de induzir o consumidor a se comportar de forma prejudicial ou perigosa à sua saúde ou segurança. Verifica-se, em verdade, "(...) que o tipo objetivo da publicidade enganosa envolve, como elemento essencial, a indução a erro, sendo sujeito ativo o fornecedor e o sujeito passivo o consumidor" (CENEVIVA, Walter. *Publicidade e o direito do consumidor*. São Paulo: RT, 1991, p. 126).

privada, nacional ou estrangeira, bem como os entes despersonalizados, que desenvolve atividade de produção, montagem, criação, construção, transformação, importação, exportação, distribuição ou comercialização de produtos ou prestação de serviços, mediante remuneração.

Ou seja, apenas quem exerce determinadas atividades, destinadas ao consumidor, de forma organizada e mediante remuneração é que figura como sujeito passivo da norma. As empresas de bancos de dados, voltadas à perfilização e auxílio da construção de estratégias de *marketing analytics*, em outro vértice, não fornecem serviço algum ao indivíduo que encerra a cadeia de produção, nem obtêm vantagem a partir de uma relação negocial de cunho consumerista.

Essas empresas (como ocorre com o Google Ads, por exemplo) normalmente transitam em relações negociais de cunho empresarial, relacionando-se com organizações dos mais variados segmentos. Sua atividade central é fornecer bases para o *marketing* empresarial, não se relacionando com o consumidor ou obtendo remuneração a partir dele. Não se ignora, no entanto, que a jurisprudência superior, tentando contornar a exigência legal para a qualificação da figura do fornecedor, passou a compreender que o sentido da expressão *mediante remuneração* deveria ser flexibilizado. Sublinhe-se:

> A exploração comercial da Internet sujeita as relações de consumo daí advindas à Lei nº 8.078/1990. O fato do serviço prestado pelo provedor de serviço de Internet ser gratuito não desvirtua a relação de consumo, pois o termo "mediante remuneração" contido no art. 3º, §2º, do CDC, deve ser interpretado de forma ampla, de modo a incluir o ganho indireto do fornecedor.[319]

A interpretação é contestável. Há necessidade de regulação do ambiente *online* e a proteção dos dados do usuário da internet. Isso é um fato. Questiona-se, contudo, se o CDC seria a legislação adequada e capaz de confortar toda a proteção dos dados pessoais na internet (ou demais conflitos havidos entre usuários e empresas como Google e Facebook, por exemplo). Interpretações judiciais criativas e que pouco dialogam com a letra da lei abrem margem para a insegurança jurídica e instabilidade econômica: quanto menor é a compreensão do ambiente legal e regulatório, maior é a tendência empresarial de se socorrer na

---

[319] BRASIL. Superior Tribunal de Justiça (STJ). *Recurso Especial nº 1.192.208/MG*. Relatora: Ministra Nancy Andrighi. DJe. 02/08/2012a.

clandestinidade e repudiar um ambiente cooperativo que resguarde a privacidade dos indivíduos e o incentivo à inovação.

Ademais, o art. 43, ao exigir a comunicação do consumidor acerca da abertura de todo e qualquer arquivo de consumo, desconecta-se da realidade corrente, na qual diariamente milhares de dados são coletados, pelas mais variadas ferramentas e com os mais variados propósitos. Para os cadastros de restrição de crédito, obviamente, a comunicação faz-se necessária e justificável, até mesmo para destravar a gama de direitos dispostos no códex consumerista. Para as estratégias de *analytics*,[320] porém, o dever de comunicação representaria uma onerosidade excessiva ao arquivista e uma chateação intolerável ao consumidor, que seria constantemente informado sobre uma nova abertura de registros com seus dados pessoais – principalmente levando-se em conta a baixa consciência social sobre a necessidade de proteção da privacidade digital hoje.

Por fim, frise-se que, no dispositivo apresentado, não é possível extrair o direito à autodeterminação informativa, vez que o art. 43 não exige o consentimento do consumidor para a coleta de dados – o que diagnostica uma certa inadequação, em tese, dessa legislação para acobertar a proteção de dados pessoais no contexto contemporâneo. Nascido em outros tempos, o microssistema de proteção ao consumidor constitui um elogiável avanço para a regulação do mercado e proteção da parte hipossuficiente das relações negociais de cunho consumerista e até hoje mantém sua utilidade. No entanto, suas engrenagens, ainda que aperfeiçoadas por um exercício doutrinário minucioso, são controversos do ponto de vista de proteção à privacidade digital, sobretudo em razão das deficiências estruturais dos seus órgãos de proteção e das dificuldades de operacionalizar a responsabilização civil dos fornecedores nos casos de ilicitude das estratégias de manipulação e gerenciamento de dados pessoais no *marketing analytics*.

3.1.1 A Lei de Cadastro Positivo

Complementando as disposições do códex consumerista, a Lei nº 12.414, de 2011, ampliou a possibilidade de fluxo de informações para fins mercadológicos,[321] viabilizando a coleta de dados de adimplemento

---

[320] Atividades relacionadas à leitura de dados pessoais, para construção de parâmetros de risco e oportunidades.
[321] MENDES, Laura Schertel. *Privacidade, proteção de dados e defesa do consumidor*. São Paulo: Saraiva, 2019, p. 145.

(dados positivos, de bons pagadores) de pessoas naturais ou jurídicas, com objetivo de formação dos históricos de crédito.

A Lei, de acordo com sua exposição de motivos, trouxe ferramentas focalizadas na ampliação das relações comerciais, estimulando o empresariado à redução de juros a partir da gestão de uma gama maior de dados dos consumidores. Sublinhe-se, nesse sentido, excerto do texto que apresentou a redação da medida:

> Inicialmente, deve-se destacar que a formação do histórico de crédito de pessoas naturais e jurídicas permite o recebimento e o manuseio pelos bancos de dados não somente de informações de inadimplemento, hoje já permitido e disciplinado pelo Código de Defesa do Consumidor, mas também de adimplemento (informações "positivas"), que não apresentava um marco legal claro para sua utilização. Com a coleta e disseminação de informações sobre adimplemento, as pessoas poderão se beneficiar do registro de pagamentos em dia de suas obrigações, de modo a permitir a construção de seu histórico de crédito. Dessa forma, o mercado de crédito e de varejo poderá diferenciar de forma mais eficiente os bons e os maus pagadores, com a consequente redução do risco de crédito por operação, que permitirá a redução dos custos vinculados à expansão do crédito de uma forma geral. (...) Em suma, com este conjunto de medidas, espera-se dotar o País de um arcabouço legal que incentive a troca lícita de informações pertinentes ao crédito e as transações comerciais, reduzindo o problema da assimetria de informações e proporcionando novos meios para redução das taxas de juros e para ampliação das relações comerciais, com a adequada proteção da privacidade das pessoas.[322]

A despeito de robustecer ainda mais os históricos de crédito dos consumidores nos registros de atores privados, com a norma, também, houve uma maior sistematização sobre a proteção de dados pessoais de relevância creditícia, sobretudo por assegurar um espaço de maior trânsito para o autogerenciamento pelo titular dos dados, bem com expressamente, (i) impedir a coleta e uso de informações excessivas ou sensíveis e (ii) vedar a destinação dos dados para fins estranhos à atividade de crédito[323] – requisitos que já haviam sido cuidadosamente frisados pela jurisprudência superior.

---

[322] MINISTÉRIO DA FAZENDA (MF) / MINISTÉRIO DA JUSTIÇA (MJ). *EM Interministerial nº 171/2010 – MF/MJ*. 19 nov. 2010. Disponível em: http://www.planalto.gov.br/ccivil_03/_Ato2007-2010/2010/Exm/EMI-171-MF-MJ-MPV-518-10.htm. Acesso em: 20 dez. 2020.
[323] BIONI, Bruno. *Proteção de dados pessoais*: a função e os limites do consentimento. Forense: Rio de Janeiro, 2019, p. 128.

A norma inovou em seu art. 5º, VI, ao prescrever o direito do titular de revisão das decisões automatizadas. Em uma sociedade de relações massificadas, a concessão ou não de crédito está fundada, sobretudo, no uso das ferramentas de *scoring*, que são flexionadas a partir de algoritmos e inteligência artificial. Assim, ao positivar o direito de explicação sobre estas decisões, o legislador trouxe ferramentas úteis ao consumidor, ainda que de duvidoso diálogo com a prática, na medida em que é baixa, ainda hoje, a aderência dos consumidores à solicitação formal de acesso aos relatórios dos dados incluídos nestes arquivos de natureza creditícia.

Sobre esse aspecto, referenciando um arcabouço fiscalizatório para a matéria, afastado das raias do mero exercício do direito subjetivo do consumidor, dispôs a Lei:

> Art. 17. Nas situações em que o cadastrado for consumidor, caracterizado conforme a Lei nº 8.078, de 11 de setembro de 1990 – Código de Proteção e Defesa do Consumidor, aplicam-se as sanções e penas nela previstas e o disposto no §2º.
>
> §1º Nos casos previstos no caput, a fiscalização e a aplicação das sanções serão exercidas concorrentemente pelos órgãos de proteção e defesa do consumidor da União, dos Estados, do Distrito Federal e dos Municípios, nas respectivas áreas de atuação administrativa.
>
> §2º Sem prejuízo do disposto no caput e no §1º deste artigo, os órgãos de proteção e defesa do consumidor poderão aplicar medidas corretivas e estabelecer aos bancos de dados que descumprirem o previsto nesta Lei a obrigação de excluir do cadastro informações incorretas, no prazo de 10 (dez) dias, bem como de cancelar os cadastros de pessoas que solicitaram o cancelamento, conforme disposto no inciso I do caput do art. 5º desta Lei.[324]

O problema, no entanto, para além da própria especificidade da norma (a Lei é expressamente destinada aos bancos de dados relativos às informações de adimplemento e formação de histórico de crédito, não alcançando todas as possibilidades de uso de dados nas estratégias empresariais), reside nas mesmas deformidades inferidas a partir da análise do microssistema de proteção ao consumidor. Deficiências

---

[324] BRASIL. Lei nº 12.414, de 9 de junho de 2011. Disciplina a formação e consulta a bancos de dados com informações de adimplemento, de pessoas naturais ou de pessoas jurídicas, para formação de histórico de crédito. *Diário Oficial da União*, Brasília, 10 jun. 2011a. Disponível em: http://www.planalto.gov.br/ccivil_03/_ato2011-2014/2011/lei/l12414.htm. Acesso em: 30 jun. 2022.

estruturais dos órgãos de proteção, que não possuem expertise e nem capacidade operacional de regular e fiscalizar os inúmeros bancos de dados existentes; limitações do sistema jurídico; confusão regulatória (normas setoriais conflitantes entre si); baixa consciência social sobre o exercício dos direitos previstos na Lei e a própria dificuldade inerente à operacionalização da responsabilização administrativa dos fornecedores fragiliza a harmonização dos interesses econômicos envolvidos e da proteção de dados pessoais, por vezes colidentes nesta relação.

E mais. Recentemente, após uma polêmica alteração legal,[325] a própria autodeterminação informativa pincelada em diferentes trechos da Lei foi severamente reduzida. A Lei Complementar nº 166/2019,[326] publicada em 08.04.2019, (i) autorizou o compartilhamento de informações entre diferentes bancos de dados; (ii) outorgou ao consumidor o direito de solicitar a exclusão das informações de caráter positivo registradas (ou seja, alterou a perspectiva nuclear da Lei: "Sai do modelo *opt in* para o *opt out*"[327]); (iii) ampliou a lista de pessoas (físicas ou jurídicas) aptas a deter as informações, constando no rol as instituições autorizadas a funcionar pelo BCB, prestadores de serviços continuados de água, esgoto, eletricidade, gás, telecomunicações e semelhantes, empresas que concedem crédito e administram operações de autofinanciamento e as que realizam venda a prazo ou outras transações comerciais e empresariais que lhes impliquem risco financeiro.

Desse modo, parece adequado afirmar que a Lei está fiada, novamente, em disposições esvaziadas parcialmente pela realidade corrente, sendo agravada pela insuficiência da atividade administrativa regulatória, bem como pela ausência de disposição de ferramentas que estimulem a conscientização coletiva na matéria. Ainda que tenha representado um importante avanço para a disciplina da proteção de dados, munindo o indivíduo com instrumentos para melhor gerir suas informações, é certo que outorgar ao Poder Judiciário a aplicação dos direitos e garantias assegurados, pela via da responsabilidade civil,

---

[325] BLUM, Rita. *O direito à privacidade e à proteção dos dados do consumidor*. São Paulo: Almedina, 2018, p. 152.

[326] Na exposição de motivos, a Lei mencionou uma potencial diminuição de aproximadamente 40% do nível de inadimplência dos empréstimos, que geraria, em tese, a redução da taxa de juros do consumidor final (BESSA, Leonardo Roscoe. *Código de Defesa do Consumidor Anotado*. Rio de Janeiro: Forense, 2021, p. 282).

[327] BESSA, Leonardo Roscoe. *Código de Defesa do Consumidor Anotado*. Rio de Janeiro: Forense, 2021, p. 282.

é favorecer uma percepção de vantagem econômica na manutenção do desrespeito à Lei, em sentido aposto ao perseguido pela própria finalidade da norma.

3.2 MCI: entre a preocupação legislativa e o vazio regulatório

A Lei nº 12.964/2014 foi a primeira que versou, no país, com amplitude e especificidade na matéria, sobre o ambiente digital. Tratado como um dos mais avançados regramentos na época, o MCI experimentou um modelo legislativo participativo, dotado de profundo debate e agremiação das ponderações dos mais variados setores envolvidos na regulação da internet.

Sua história, curiosamente, tem ligação umbilical com a apresentação de outro Projeto de Lei (PL), o PL nº 89/2003, vulgarmente conhecido como PL Azeredo,[328] que foi um marco legislativo bastante inflexível e que expandia a tipificação criminal de condutas digitais, exigindo, ainda, identificação e cadastro prévio de todo e qualquer usuário de internet, criminalizando, inclusive, a manutenção de redes *wi-fi* abertas[329] – como aquelas acessíveis de forma gratuita nos aeroportos, por exemplo.

A rigidez do projeto, que tinha potencial gigantesco de engessar e censurar a internet, contrariando, em verdade, a tendência internacional de desregulação, provocou severas reações,[330] que, ao fim, felizmente estimularam o Congresso Nacional a organizar audiências públicas para o debate aprofundado.[331] A "virada de chave", no entanto, aconteceu somente em junho de 2009, no âmbito da 9ª Edição do Fórum Internacional do *Software* Livre, em Porto Alegre, após um discurso

---

[328] O apelido deriva do nome do seu autor, o senador Eduardo Azeredo, do Partido da Social Democracia Brasileira (PSDB).

[329] ALMEIDA, Guilherme Alberto Almeida de. Marco Civil da Internet – antecedentes, formulação colaborativa e resultados alcançados. In: ARTESE, Gustavo (coord.). *Marco Civil da Internet*: análise jurídica de uma perspectiva empresarial. São Paulo: Quartier Latin, 2015, p. 19–64, p. 23.

[330] Gradativamente, o PL Azeredo foi sendo chamado de "AI-5 digital", em razão da sua inclinação de instaurar um permanente estado de exceção na internet, controlando e punindo os usuários (D'ÁVILA, Manuela. O AI-5 digital e as razões para o #meganão. *UOL*, São Paulo, 2011. Disponível em: https://congressoemfoco.uol.com.br/opiniao/colunas/o-ai-5-digital-e-as-razoes-para-o-meganao/. Acesso em: 20 dez. 2020).

[331] ALMEIDA, Guilherme Alberto Almeida de. Marco Civil da Internet – antecedentes, formulação colaborativa e resultados alcançados. In: ARTESE, Gustavo (coord.). *Marco Civil da Internet*: análise jurídica de uma perspectiva empresarial. São Paulo: Quartier Latin, 2015, p. 19–64, p. 24.

do então presidente, Luiz Inácio Lula da Silva, em franca oposição à regulação penal pretendida pelo PL Azeredo. Excerto da sua fala é abaixo replicado:

> A verdade é que agora, Sérgio, aquela mesma discussão que a gente fazia de levar computador para o pobre, agora nós vamos ter que tomar uma decisão de financiar computador para os companheiros que receberam energia elétrica depois de 500 anos no Brasil. Ou seja, nós tiramos as pessoas do século XVIII, colocamos no século XXI e, portanto, elas têm o direito de ter um computador para os seus filhos chegarem ao século XXI imediatamente.
>
> Nós... eu vou terminar... depois eu vou falar da lei do Azeredo, que eu vi o pessoal com uma faixa aí pedindo para eu vetar antes de a lei ser aprovada. (...) Essa lei que está aí, essa lei que está aí, não visa corrigir abuso de Internet. Ela, na verdade, quer fazer censura. O que nós precisamos, companheiro Tarso Genro, quem sabe seja mudar o Código Civil, quem sabe seja mudar qualquer coisa. O que nós precisamos é responsabilizar as pessoas que trabalham com a questão digital, com a Internet. É responsabilizar, mas não proibir ou condenar. (incompreensível) é o interesse policialesco de fazer uma lei que permite que as pessoas adentrem à casa das pessoas para saber o que as pessoas estão fazendo, até sequestrando os computadores. Não é possível, não é possível.[332]

Foi a partir desse momento, de interferência mais direta do governo federal, que o MJSP passou a atuar firmemente para construir um plano alternativo às proposições legislativas em curso, inaugurando um modelo inédito de construção aberta da regulamentação da internet no Brasil.[333]

Na primeira fase, criou-se uma plataforma digital, de destaque colaborativo (como comumente é percebido em diversas ferramentas *online*, como a Wikipedia) para a hospedagem do debate público dos temas. A plataforma possuía características de rede social, para

---

[332] BRASIL. Presidência da República. Secretaria de Imprensa. Discurso do Presidente da República. *Discurso do Presidente da República, Luiz Inácio Lula da Silva, durante visita ao 9º Fórum Internacional Software Livre*. 26 jun. 2009a, p. 1–9, p. 6–8. Disponível em: http://www.biblioteca.presidencia.gov.br/presidencia/ex-presidentes/luiz-inacio-lula-da-silva/discursos/2o-mandato/2009/26-06-2009-discurso-do-presidente-da-republica-luiz-inacio-lula-da-silva-durante-visita-ao-10o-forum-internacional-software-livre. Acesso em: 19 jun. 2022.

[333] ALMEIDA, Guilherme Alberto Almeida de. Marco Civil da Internet – antecedentes, formulação colaborativa e resultados alcançados. *In*: ARTESE, Gustavo (coord.). *Marco Civil da Internet*: análise jurídica de uma perspectiva empresarial. São Paulo: Quartier Latin, 2015, p. 19–64, p. 25.

facilitar a interface e interação, e estava voltada para uma "construção democrática de uma política pública de cultura digital, integrando cidadãos e instituições governamentais, estatais, da sociedade civil e do mercado".[334] Ao todo, nesse primeiro momento, foram recebidos 686 comentários específicos ao texto-base no *blog* da consulta, sem contar, ainda, com as contribuições por *e-mail*, Twitter e aquelas veiculadas em outros vetores de opinião – que, após compilados, geraram um documento de 581 páginas.[335]

De posse desse material, a Secretaria de Assuntos Legislativos do MJSP formulou uma versão do anteprojeto, publicada, em abril de 2010, no portal culturadigital.br, dando início, assim, à segunda fase de elaboração do MCI.[336] Da segunda fase, marcada por amplo debate, surgiu o PL nº 2.126/2011, de autoria do Poder Executivo e relatoria do Deputado Alessandro Molon, do Partido dos Trabalhadores (PT).[337]

A inusitada construção *virtualizada* de um PL trazia, certamente, a uma indagação comum: qual seria o impacto da elaboração participativa do projeto na tramitação no Congresso Nacional? As respostas, ao fim, foram satisfatórias.[338]

Ainda que certa lentidão (o projeto foi atropelado pela aprovação da "Lei Carolina Dieckmann"[339]), o MCI proporcionou um modelo le-

---

[334] ALMEIDA, Guilherme Alberto Almeida de. Marco Civil da Internet – antecedentes, formulação colaborativa e resultados alcançados. In: ARTESE, Gustavo (coord.). *Marco Civil da Internet*: análise jurídica de uma perspectiva empresarial. São Paulo: Quartier Latin, 2015, p. 19–64, p. 32.

[335] ALMEIDA, Guilherme Alberto Almeida de. Marco Civil da Internet – antecedentes, formulação colaborativa e resultados alcançados. In: ARTESE, Gustavo (coord.). *Marco Civil da Internet*: análise jurídica de uma perspectiva empresarial. São Paulo: Quartier Latin, 2015, p. 19–64, p. 38.

[336] ALMEIDA, Guilherme Alberto Almeida de. Marco Civil da Internet – antecedentes, formulação colaborativa e resultados alcançados. In: ARTESE, Gustavo (coord.). *Marco Civil da Internet*: análise jurídica de uma perspectiva empresarial. São Paulo: Quartier Latin, 2015, p. 19–64, p. 41.

[337] TEFFÉ, Chiara Spadaccini de. Marco Civil da Internet: considerações sobre a proteção da liberdade de expressão, neutralidade da rede e privacidade. In: BECKER, Daniel; FERRARI, Isabela (coords.). *Regulação 4.0*. São Paulo: Revista dos Tribunais, 2019, p. 133–160, p. 135.

[338] ALMEIDA, Guilherme Alberto Almeida de. Marco Civil da Internet – antecedentes, formulação colaborativa e resultados alcançados. In: ARTESE, Gustavo (coord.). *Marco Civil da Internet*: análise jurídica de uma perspectiva empresarial. São Paulo: Quartier Latin, 2015, p. 19–64, p. 51.

[339] Chamada de "Lei Carolina Dieckmann", a Lei nº 12.737, de 2013, alterou o Código Penal, tipificando a conduta de "invadir dispositivo informático alheio, conectado ou não à rede de computadores, mediante violação indevida de mecanismo de segurança e com o fim de obter, adulterar ou destruir dados ou informações sem autorização expressa ou

gislativo inédito, diferenciado e elogiável. A despeito da sua qualidade legislativa e feição principiológica, o projeto contou com um fato social para acelerar sua aprovação: as revelações de Edward Snowden,[340] ex-analista da *National Security Agency* (NSA) dos EUA, que divulgou, para o mundo todo, os mecanismos de espionagem *online* praticada pelo governo dos EUA contra diversos países – inclusive o Brasil.[341]

Menos de um ano depois dessas revelações, em abril de 2014, o MCI foi aprovado, servindo como um simbólico exemplo sobre regulação dos ambientes virtuais a partir de uma perspectiva de proteção e respeito aos direitos humanos.[342] O caráter principiológico, com normativas essencialmente abertas, serviu como centro do microssistema de proteção ao consumidor usuário de serviços de internet e evitou,

---

tácita do titular do dispositivo ou instalar vulnerabilidades para obter vantagem ilícita". À época, houve um forte clamor social, estimulado pela divulgação de fotos íntimas da atriz global Carolina Dieckmann, após invasão dos seus dispositivos eletrônicos pessoais. Diferentemente do Projeto Azeredo e do MCI, que passaram anos sem grande enfoque do Poder Legislativo, a "Lei Carolina Dieckmann" foi rapidamente aprovada. O fato social, ocorrido em maio de 2012, poucos meses depois já estava tipificado na Lei, que foi sancionada em novembro de 2012.

[340] Edward Snowden atuou como assistente técnico da Central Intelligence Agency (CIA) e fez carreira trabalhando em empresas privadas de inteligência que prestavam serviços para a NSA. No início de 2013, ele assumiu um posto na Bozz Allen Hamilton – empresa ligada à agência norte-americana – no Havaí. Durante esse período, Snowden fez *download* de documentos secretos relacionados a atividades de inteligência dos EUA e de parceiros internacionais, que, na sequência, foram disponibilizados para o jornalista Green Greenwald e para a cineasta Laura Poitras, responsáveis pela elaboração das entrevistas e imagens posteriormente divulgadas no The Guardian e no The Washington Post. Tão logo as notícias foram publicadas, o governo norte-americano acusou Snowden de espionagem e revogou seu passaporte (PILATI, José Isaac; OLIVO, Mikhail Vieira Cancelier de. Um novo olhar sobre o direito à privacidade: caso Snowden e pós-modernidade jurídica. *Sequência*, Florianópolis, v. 35, nº 69, p. 281–300, dez. 2014, p. 283. Disponível em: https://periodicos.ufsc.br/index.php/sequencia/article/view/2177-7055.2014v35n69p281. Acesso em: 13 abr. 2021). Esse fato, além de acelerar a aprovação do projeto, "endureceu-o". Apenas para ilustrar, anteriormente ao caso Snowden o MCI possuía, em seu art. 7º, apenas cinco incisos versando sobre proteção de dados. Após o episódio, foram acrescidos outros três incisos, com o reposicionamento do usuário para o centro do controle dos seus dados pessoais *online* (BIONI, *Proteção de dados pessoais*: a função e os limites do consentimento. Forense: Rio de Janeiro, 2019, p. 131).

[341] ALMEIDA, Guilherme Alberto Almeida de. Marco Civil da Internet – antecedentes, formulação colaborativa e resultados alcançados. *In*: ARTESE, Gustavo (coord.). *Marco Civil da Internet*: análise jurídica de uma perspectiva empresarial. São Paulo: Quartier Latin, 2015, p. 19–64, p. 54.

[342] TEFFÉ, Chiara Spadaccini de. Marco Civil da Internet: considerações sobre a proteção da liberdade de expressão, neutralidade da rede e privacidade. *In*: BECKER, Daniel; FERRARI, Isabela (coords.). *Regulação 4.0*. São Paulo: Revista dos Tribunais, 2019, p. 133–160, p. 134.

ao menos em tese, a caducidade precoce da lei, garantindo um melhor diálogo com as disposições do códex consumerista, Código Civil e Constituição Federal, além da LGPD, recentemente aprovada.[343]

Ao longo dos seus 32 artigos, infere-se uma preocupação legislativa focada, essencialmente, na chamada tríade axiológica da internet brasileira: neutralidade, liberdade de expressão e privacidade – como se nota a partir da leitura do art. 3º da Lei.

Em primeiro, por neutralidade[344] entende-se uma postura antidiscriminatória por parte dos provedores de conexão, sendo (i) proibido o bloqueio e imposição de restrições de acesso de páginas e aplicativos; (ii) vedado priorizar determinadas páginas e aplicativos no tráfego de dados, em detrimento de outros; (iii) não permitida a degradação do tráfego na rede; e (iv) obrigatória a transparência aos usuários acerca das medidas de gerenciamento da rede.[345]

Dito de outro modo, pela ótica de neutralidade, as empresas de telecomunicação que ofertam banda larga não podem bloquear ou discriminar o tráfego de dados em determinadas páginas ou aplicativos de internet. É o usuário que deve gerir seus interesses de acesso no ambiente digital, não cabendo aos provedores privilegiar, em razão de parcerias comerciais, quais portais ou aplicativos terão acesso mais ágil e facilitado.[346]

---

[343] LONGHI, João Victor Rozatti. Marco Civil da Internet no Brasil: breves considerações sobre seus fundamentos, princípios e análise crítica do regime de responsabilidade civil dos provedores. In: MARTINS, Guilherme Magalhães; LONGHI, João Victor Rozatti (coords.). Direito Digital: direito privado e internet. Indaiatuba: Foco, 2019, p. 123–154, p. 123.

[344] A "(...) paternidade do conceito da Neutralidade da Rede é devida ao professor Tim Wu, da Universidade de Columbia, e teve o Chile como primeiro país a trazer para o seu ordenamento jurídico pátrio tal preocupação com a Neutralidade da Rede no ano de 2010. Em 2012 a Holanda foi o segundo país a inserir em seu ordenamento jurídico, trazendo que os prestadores e provedores estão proibidos de bloquear ou reduzir a velocidade de serviços ou aplicações na internet, sendo permitidas práticas que minimizem os efeitos de congestionamento de tráfego, preserve a integridade e segurança da rede, restrinjam envio de spam e deem cumprimento a alguma determinação legal" (BARRETO JUNIOR, Irineu Francisco; CÉSAR, Daniel. Marco Civil da Internet e Neutralidade da Rede: Aspectos Jurídicos e Tecnológicos. Revista Eletrônica do Curso de Direito da UFSM, Santa Maria, v. 12, nº 1, p. 65–88, 2007, p. 84).

[345] WESTIN, Roberta. Neutralidade de rede: quem ganha e quem perde. In: ARTESE, Gustavo (coord.). Marco Civil da Internet: análise jurídica sob uma perspectiva empresarial. São Paulo: Quartier Latin, 2015, p. 135–158, p. 141.

[346] WESTIN, Roberta. Neutralidade de rede: quem ganha e quem perde. In: ARTESE, Gustavo (coord.). Marco Civil da Internet: análise jurídica sob uma perspectiva empresarial. São Paulo: Quartier Latin, 2015, p. 135–158, p. 141.

Nesse sentido, um breve parênteses: a discussão levada às autoridades acerca do conceito de neutralidade, relacionada ao *zero rating*, estratégia comercial por meio da qual o provedor de conexão assegura a seus consumidores que o volume de dados associados a certas aplicações patrocinadas não seja descontado da sua franquia. É, em linhas gerais, o acesso "gratuito" a alguns aplicativos (como ao WhatsApp e Facebook, comumente), sem consumo do pacote de internet. No Brasil foi instaurado inquérito para apurar se tal prática violaria o MCI, na medida em que privilegiaria determinado página/aplicativo em detrimento dos demais. O Conselho Administrativo de Defesa Econômica (CADE), contudo, em 2017, compreendeu que a gratuidade no acesso teria efeito de poupar a franquia de dados contratada, e não de restrição de mercado, vez que possibilitaria o uso do pacote de dados do consumidor para experimentação de novos aplicativos e conteúdo, fomentando o uso de outras fontes e atores na internet.[347]

Em segundo, como já salientado pelo STF, sabendo que a liberdade de expressão é pressuposta para o funcionamento dos regimes democráticos, que dependem da existência de um mercado de livre circulação de fatos, ideias e opiniões, entende-se que, independentemente da qualidade do conteúdo da expressão da palavra, ela deve ser protegida pelo ordenamento. Por essa razão, a liberdade de expressão é tratada como liberdade preferencial em diferentes partes do mundo,[348] sendo dotada de considerável protagonismo no MCI, que conta com uma proteção positivada em 4 áreas distintas: nos artigos 2º;[349] 3º;[350] 8º;[351] e 19.[352]

---

[347] TEFFÉ, Chiara Spadaccini de. Marco Civil da Internet: considerações sobre a proteção da liberdade de expressão, neutralidade da rede e privacidade. *In*: BECKER, Daniel; FERRARI, Isabela (coords.). *Regulação 4.0*. São Paulo: Revista dos Tribunais, 2019, p. 133–160, p. 152.

[348] BRASIL. Supremo Tribunal Federal (STF). *Reclamação nº 18.638/CE*. Relator: Ministro Luís Roberto Barroso. J. 17.09.2014c.

[349] "A disciplina do uso da internet no Brasil tem como fundamento o respeito à liberdade de expressão;" (BRASIL. Lei nº 12.965/2014, de 23 de abril de 2014. Estabelece princípios, garantias, direitos e deveres para o uso da Internet no Brasil. *Diário Oficial da União*, Brasília, 23 abr. 2014a. Disponível em: http://www.planalto.gov.br/ccivil_03/_ato2011-2014/2014/lei/l12965.htm. Acesso em: 06 jul. 2022).

[350] "A disciplina do uso da internet no Brasil tem os seguintes princípios: I – garantia da liberdade de expressão, comunicação e manifestação de pensamento, nos termos da Constituição Federal;" (BRASIL. Lei nº 12.965, de 23 de abril de 2014. Estabelece princípios, garantias, direitos e deveres para o uso da Internet no Brasil. *Diário Oficial da União*, Brasília, 23 abr. 2014a. Disponível em: http://www.planalto.gov.br/ccivil_03/_ato2011-2014/2014/lei/l12965.htm).

[351] "A garantia do direito à privacidade e à liberdade de expressão nas comunicações é condição para o pleno exercício do direito de acesso à internet" (BRASIL. Lei nº 12.965,

Ora, com a migração das relações sociais para dentro dos contextos *online*, é justificável a preocupação legal com a liberdade de expressão. Uma das mais emblemáticas discussões acerca desse protagonismo conferido pelo MCI pode ser extraída da dicção do art. 19. Isso porque, anteriormente à promulgação da lei, a jurisprudência superior vinha se consolidando no sentido de responsabilizar os provedores em caso de inércia para exclusão de conteúdo difamatório ou injurioso das redes. À época, bastava o envio de uma notificação extrajudicial pela vítima para que fosse criada uma obrigação de exclusão: era a chamada *notice and takedown*.[353]

O MCI, contudo, certamente pressionado pelas gigantes de tecnologia, fez uma opção diversa, passando a exigir uma ordem judicial específica de exclusão de conteúdo para que se possa, eventualmente, atribuir responsabilidade ao provedor, em caso de desatendimento ao comando judicial. Situação diversa, apenas, ocorre nas situações de

---

de 23 de abril de 2014. Estabelece princípios, garantias, direitos e deveres para o uso da Internet no Brasil. *Diário Oficial da União*, Brasília, 23 abr. 2014a. Disponível em: http://www.planalto.gov.br/ccivil_03/_ato2011-2014/2014/lei/l12965.htm).

[352] "Com o intuito de assegurar a liberdade de expressão e impedir a censura, o provedor de aplicações de internet somente poderá ser responsabilizado civilmente por danos decorrentes de conteúdo gerado por terceiros se, após ordem judicial específica, não tomar as providências para, no âmbito e nos limites técnicos do seu serviço e dentro do prazo assinalado, tornar indisponível o conteúdo apontado como infringente, ressalvadas as disposições legais em contrário" (BRASIL. Lei nº 12.965, de 23 de abril de 2014. Estabelece princípios, garantias, direitos e deveres para o uso da Internet no Brasil. *Diário Oficial da União*, Brasília, 23 abr. 2014a. Disponível em: http://www.planalto.gov.br/ccivil_03/_ato2011-2014/2014/lei/l12965.htm).

[353] Nesse sentido, reconhecia o STJ: "uma vez noticiado de que determinado texto ou imagem possui conteúdo ilícito, o provedor deve retirar o material do ar no prazo de 24 horas, sob pena de responder solidariamente com o autor direto do dano, pela omissão praticada. Consignou-se que, nesse prazo (de 24 horas), o provedor não está obrigado a analisar o teor da denúncia recebida, devendo apenas promover a suspensão preventiva das respectivas páginas, até que tenha tempo hábil para apreciar a veracidade das alegações, de modo que, confirmando-as, exclua definitivamente o perfil ou, tendo-as por infundadas, restabeleça o seu livre acesso. Entretanto, ressaltou-se que o diferimento da análise do teor das denúncias não significa que o provedor poderá postergá-la por tempo indeterminado, deixando sem satisfação o usuário cujo perfil venha a ser provisoriamente suspenso. Assim, frisou-se que cabe ao provedor, o mais breve possível, dar uma solução final para o caso, confirmando a remoção definitiva da página de conteúdo ofensivo ou, ausente indício de ilegalidade, recolocá-la no ar, adotando, na última hipótese, as providencias legais cabíveis contra os que abusarem da prerrogativa de denunciar. Por fim, salientou-se que, tendo em vista a velocidade com que as informações circulam no meio virtual, é indispensável que sejam adotadas, célere e enfaticamente, medidas tendentes a coibir a divulgação de conteúdos depreciativos e aviltantes, de sorte a reduzir potencialmente a disseminação do insulto, a fim de minimizar os nefastos efeitos inerentes a dados dessa natureza" (BRASIL. Superior Tribunal de Justiça (STJ). *Recurso Especial nº 1.323.754/RJ*. Relatora: Ministra Nancy Andrighi. J. 19.06.2012c).

divulgação de conteúdo de nudez ou atos sexuais de caráter privado, "onde há previsão de responsabilidade subsidiária do provedor de aplicações que se omita diante de notificação extrajudicial (art. 21)".[354]

Por fim, em terceiro, tem-se a proteção à privacidade *online*, eixo central do presente trabalho. O MCI, a despeito de não pretender ser, desde sua concepção, uma legislação completa e exaustiva a respeito da proteção de dados, traz, em seu bojo, (i) princípios e direitos dos usuários nesse tocante; (ii) políticas de retenção de dados; e (iii) possibilidades de acesso a dados pessoais.[355]

Da proteção legal assinalada, depreende-se, para além do caráter principiológico e tipificação aberta de proteção à privacidade *online*, já citadas, alguns destaques.

Primeiramente, há, no inciso IX, do art. 7º, o protagonismo dado ao consentimento do usuário para captação e uso dos seus dados pessoais. O consentimento, por sua vez, deve ser (i) livre, correspondendo à vontade legítima do sujeito; (ii) expresso e objetivo; e (iii) informado, tendo sua validade condicionada à suficiência das informações ao titular sobre o contexto de tratamento dos dados e a sua consequência de escolha.[356]

Sobre esse aspecto, no entanto, não se pode desconsiderar que o consentimento para coleta e uso dos dados pessoais favorece, em certa medida, "sua transformação em objetos de relações jurídicas de cunho patrimonial e, portanto, de apropriação de terceiros"[357] – o que revela uma insuficiência deste mecanismo para a proteção da privacidade digital.

Outra ferramenta trazida pela norma está materializada no inciso VIII, também do mencionado artigo. Dele, é possível captar o princípio da finalidade, que impõe uma vedação ao uso secundário e inadvertido do dado pessoal (ou seja, aquele que exorbita a pretensão inicialmente apresentada), senão com a obtenção de novo consentimento

---

[354] GARCIA, Rebeca. Marco Civil da Internet no Brasil: repercussões e perspectivas. *Revista dos Tribunais*, [S.l.], v. 964, p. 1–14, fev. 2016, p. 7. Disponível em: http://www.mpsp.mp.br/portal/page/portal/documentacao_e_divulgacao/doc_biblioteca/bibli_servicos_produtos/bibli_boletim/bibli_bol_2006/RTrib_n.964.06.PDF. Acesso em: 20 dez. 2020.

[355] DONEDA, Danilo; MONTEIRO, Marília. O sistema da privacidade e proteção de dados no marco civil da internet. *In*: ARTESE, Gustavo (coord.). *Marco Civil da Internet*: análise jurídica sob uma perspectiva empresarial. São Paulo: Quartier Latin, 2015, p. 73–96, p. 75.

[356] DONEDA, Danilo; MONTEIRO, Marília. O sistema da privacidade e proteção de dados no marco civil da internet. *In*: ARTESE, Gustavo (coord.). *Marco Civil da Internet*: análise jurídica sob uma perspectiva empresarial. São Paulo: Quartier Latin, 2015, p. 73–96, p. 78.

[357] CORRÊA, Adriana Espíndola. *O corpo digitalizado*. Florianópolis: Conceito Editorial, 2010, p. 177.

específico.³⁵⁸ Exemplo frisante de violação desse comando legal foi a aplicação de multa de R$ 3,5 milhões de reais, em 2014, contra a empresa de telecomunicações Oi, em razão do monitoramento dos consumidores e venda de perfis singularizados para anunciantes, agências de publicidade e portais da web³⁵⁹ – o que superava a finalidade esperada pelo consumidor.

Por fim, há, na legislação, o direito de o usuário pleitear a exclusão definitiva dos seus dados pessoais a determinada aplicação de internet, ao término da relação entre as partes, salvo nos casos de guarda obrigatória de registros previstas na Lei (inciso X, art. 7º).

Esta sucinta regulação da proteção de dados operada pelo MCI foi severamente criticada por parcela da doutrina (uma "lei sem conteúdo normativo"³⁶⁰), sendo, poucos anos após sua aprovação, regulamentado pelo Decreto nº 8.771/2016. Nele, é possível destacar uma evolução na preocupação acerca da proteção da proteção de dados, na medida em que (i) conta com a primeira positivação do conceito de dados pessoais e do seu tratamento (art. 14º, I e II³⁶¹); e (ii) traz importantes previsões acerca da atuação regulatória do poder público (art. 17).³⁶²

---

[358] DONEDA, Danilo; MONTEIRO, Marília. O sistema da privacidade e proteção de dados no marco civil da internet. *In*: ARTESE, Gustavo (coord.). *Marco Civil da Internet*: análise jurídica sob uma perspectiva empresarial. São Paulo: Quartier Latin, 2015, p. 73–96, p. 79.

[359] MINISTÉRIO PÚBLICO DO PARANÁ (MPPR). *Oi é multada em R$ 3,5 milhões por invasão de privacidade feita por Velox*. 25 jul. 2014. Disponível em: http://comunicacao.mppr.mp.br/modules/noticias/article.php?storyid=13623. Acesso em: 20 dez. 2020.

[360] A expressão decorre da (i) existência de inúmeras nomenclaturas não esclarecidas pelo texto legal; (ii) repetição desproposital de comandos legais já previstos em outras leis; (iii) deficiências regulatórias e entre outros (TOMASEVICIUS FILHO, Eduardo. Marco Civil da Internet: uma lei sem conteúdo normativo. *Estud. Av.*, São Paulo, v. 30, nº 86, p. 269–285, jan./abr. 2016. Disponível em: https://www.scielo.br/j/ea/a/n87YsBGnphdHHBSMpCK7zSN/?format=pdf&lang=pt. Acesso em: 13 abr. 2021).

[361] "Art. 14. Para os fins do disposto neste Decreto, considera-se: I – dado pessoal – dado relacionado à pessoa natural identificada ou identificável, inclusive números identificativos, dados locacionais ou identificadores eletrônicos, quando estiverem relacionados a uma pessoa; e II – tratamento de dados pessoais – toda operação realizada com dados pessoais, como as que se referem a coleta, produção, recepção, classificação, utilização, acesso, reprodução, transmissão, distribuição, processamento, arquivamento, armazenamento, eliminação, avaliação ou controle da informação, modificação, comunicação, transferência, difusão ou extração" (BRASIL. Decreto nº 8.771, de 11 de maio de 2016. Regulamenta a Lei nº 12.965, de 23 de abril de 2014, para tratar das hipóteses admitidas de discriminação de pacotes de dados na internet e de degradação de tráfego, indicar procedimentos para guarda e proteção de dados por provedores de conexão e de aplicações, apontar medidas de transparência na requisição de dados cadastrais pela administração pública e estabelecer parâmetros para fiscalização e apuração de infrações. *Diário Oficial da União*, Brasília, 11 maio 2016. Disponível em: http://www.planalto.gov.br/ccivil_03/_ato2015-2018/2016/decreto/d8771.htm. Acesso em: 13 jun. 2022).

[362] CARVALHO, Victor Miguel Barros; GUIMARÃES, Patrícia Borba Vilar; OLIVEIRA, Adriana Carla Silva de. Monetização de dados pessoais na internet: competência

O esforço legislativo foi louvável, no entanto, considerando-se as dificuldades práticas de monitoramento, pelo titular do dado sobre o percurso da sua informação (há, a todo momento, alimentação de bancos de dados), seria elementar a necessidade de melhor conformação de uma atuação regulatória, um agir estatal ativo, de direcionamento e fiscalização do mercado – e nisso falhou o MCI.

Explica-se. Pela lei, entende-se que há (i) competência de fiscalização e apuração de infrações por parte da ANATEL, nos termos da Lei nº 9.472/1997; (ii) competência da Secretaria Nacional do Consumidor (SENACON), em observância ao regramento consumerista e (iii) atribuição fiscalizatória ao Sistema Brasileiro de Defesa da Concorrência (SBDC),[363] em caso de infrações à ordem econômica, conforme dispõe a Lei nº 12.529/2011.[364]

Em primeiro, sobre o papel conferido à ANATEL, note-se o desarranjo instituído pelo legislador. Pela disposição da Lei nº 9.472/1997, a referida autarquia é competente para regular sobre a organização dos serviços de telecomunicações – que "inclui, entre outros aspectos, o disciplinamento e a fiscalização da execução, comercialização e uso dos serviços, bem como a implantação e funcionamento de redes de telecomunicações".[365]

Assim, somente poderia ser atribuída competência à ANATEL "às atividades relacionadas à discriminação de dados e diminuição de tráfego, pois que diretamente ligadas à competência desta autarquia". Noutras palavras, sua atuação restringiria à "regulação da velocidade de conexão, a derrubada de sinal, fiscalização dos pacotes de dados, entre outros" – fatos ligados aos entes efetivamente submetidos à atuação regulatória da autarquia.[366]

---

regulatória a partir do Decreto nº 8.771/2016. *Revista de Estudos Institucionais*, Rio de Janeiro, v. 4, nº 1, p. 376–416, 2018, p. 379.

[363] Formado pelo CADE e pela Secretaria de Acompanhamento Econômico do Ministério da Fazenda.

[364] CARVALHO, Victor Miguel Barros; GUIMARÃES, Patrícia Borba Vilar; OLIVEIRA, Adriana Carla Silva de. Monetização de dados pessoais na internet: competência regulatória a partir do Decreto nº 8.771/2016. *Revista de Estudos Institucionais*, Rio de Janeiro, v. 4, nº 1, p. 376–416, 2018, p. 393.

[365] CARVALHO, Victor Miguel Barros; GUIMARÃES, Patrícia Borba Vilar; OLIVEIRA, Adriana Carla Silva de. Monetização de dados pessoais na internet: competência regulatória a partir do Decreto nº 8.771/2016. *Revista de Estudos Institucionais*, Rio de Janeiro, v. 4, nº 1, p. 376–416, 2018, p. 396.

[366] CARVALHO, Victor Miguel Barros; GUIMARÃES, Patrícia Borba Vilar; OLIVEIRA, Adriana Carla Silva de. Monetização de dados pessoais na internet: competência regulatória a partir do Decreto nº 8.771/2016. *Revista de Estudos Institucionais*, Rio de Janeiro, v. 4, nº 1, p. 376–416, 2018, p. 396.

Em outro vértice, o art. 18 conferiu à SENACON[367] a competência de fiscalizar e apurar infrações relacionadas à defesa do consumidor.[368]

No entanto, como já abordado anteriormente, a posição do usuário de internet, monitorado, sobretudo, pela massificação do uso de *cookies* em *sites* e aplicativos, dificilmente amolda-se adequadamente ao conceito tradicional de consumidor. Ainda, dificuldades funcionais, ligadas à própria estrutura da SENACON engessam ainda mais sua capacidade de fiscalização efetiva de um mercado que, de forma massificada, apoia-se cada dia mais no uso de *Big Data*.[369]

Por fim, com relação ao SBDC, não são necessárias maiores digressões. Sua competência regulatória somente se observa nas hipóteses previstas no art. 36, da Lei nº 12.529/2011, abaixo replicado:

> Art. 36. Constituem infração da ordem econômica, independentemente de culpa, os atos sob qualquer forma manifestados, que tenham por objeto ou possam produzir os seguintes efeitos, ainda que não sejam alcançados:

---

[367] A SENACON, órgão administrativo de cúpula para aplicação da Política Nacional de Defesa do Consumidor, ganhou status jurídico de secretaria autônoma por meio da reforma promovida no Decreto nº 7.738/2012, com jurisdição para fiscalizar as relações de consumo e servir como instancia de instrução e julgamento nos processos administrativos no âmbito de sua competência, ligada estritamente à Lei nº 8.078/1990 (ZANATTA, Rafael Augusto Ferreira; SOUZA, Michel Roberto Oliveira de. A tutela coletiva na proteção de dados pessoais: tendências e desafios. *In*: LUCCA, Newton de; LIMA, Cintia Rosa Pereira de. *Direito e Internet IV*: proteção de dados pessoais. São Paulo: Quartier Latin, 2019, p. 1–41).

[368] CARVALHO, Victor Miguel Barros; GUIMARÃES, Patrícia Borba Vilar; OLIVEIRA, Adriana Carla Silva de. Monetização de dados pessoais na internet: competência regulatória a partir do Decreto nº 8.771/2016. *Revista de Estudos Institucionais*, Rio de Janeiro, v. 4, nº 1, p. 376–416, 2018, p. 396.

[369] A "(...) redação legislativa enseja a existência de conflitos horizontais e verticais no exercício do poder de polícia administrativa, além de não prever fóruns com força política para exercer a coordenação e articulação das entidades integrantes do SNDC, as quais são dotadas de autonomia e independência funcional e operacional entre si e não estão submetidas ao poder hierárquico do Departamento de Proteção e Defesa do Consumidor. Há, também, as dificuldades estruturais e históricas na gestão pública brasileira para a formulação, execução e avaliação de políticas públicas intergovernamentais. A constatação de que somente 10,62% dos municípios brasileiros têm Procons municipais demonstra a pouca evolução do Sistema em ampliar a possibilidade de acesso da população à defesa do consumidor, sendo que tal situação decorre da falta de interesse político de sucessivos governos municipais em criar tais órgãos e na falta de recursos de muitas prefeituras. Foi igualmente constatado que, atualmente, 49,91% da população brasileira não têm acesso aos Procons municipais" (VIEIRA, Luciano José Martins; PINHEIRO, Ivan Antônio. Dificuldades para a Implementação do Sistema Nacional de Defesa do Consumidor. *In*: EnAPG/ANPAD, 12–14 nov. 2008, Salvador. *Anais* (...). Salvador: Fiesta Bahia Hotel, 12–14 nov. 2008, p. 1–17, p. 14. Disponível em: http://www.anpad.org.br/admin/pdf/EnAPG472.pdf. Acesso em: 20 dez. 2020).

I - limitar, falsear ou de qualquer forma prejudicar a livre concorrência ou a livre iniciativa;
II - dominar mercado relevante de bens ou serviços;
III - aumentar arbitrariamente os lucros; e
IV - exercer de forma abusiva posição dominante.[370]

Pela dicção do dispositivo, apenas diante das situações em que o uso de dados pessoais repercute em violação concorrencial é que o SBDC terá sua competência regulatória legitimada.

Assim, em linhas gerais, tem-se que (i) o decreto foi impreciso na distribuição das competências regulatórias, demandando esforço interpretativo e em conjunto com outros diplomas legais para extração de algum sentido jurídico; (ii) a ANATEL não tem competência regulatória em matéria de dados pessoais no âmbito dos serviços que o monetizam, mas tão somente em face das empresas de telecomunicações; (iii) apesar de expressamente prevista no art. 18, a SENACON carece de meios eficazes para regulação em termos de dados pessoais, seja pelos percalços na consolidação do usuário de internet como consumidor, seja pelo alto número de matérias submetidas à fiscalização do órgão, seja pela sua incapacidade técnico-estrutural; (iv) o SBDC não tem competência para regular em matéria de dados pessoais, limitando-se às hipóteses concernentes à neutralidade da rede (relacionadas, porém, à violação da livre concorrência ou outra atribuição que lhe compita, disposta na Lei nº 12.529/2011).[371]

Se confuso e pouco efetivo é o agir pela via do Poder Executivo, é certo, também, que a mera disposição de direitos e garantias ao usuário, conferida pelo MCI e seu decreto regulamentador, desatende a finalidade pretendida, vez que pouco se comunica com a proteção da privacidade. Outorgar ao cidadão o caminho do Poder Judiciário não

---

[370] BRASIL. Lei nº 12.529, de 30 de novembro de 2011. Estrutura o Sistema Brasileiro de Defesa da Concorrência; dispõe sobre a prevenção e repressão às infrações contra a ordem econômica; altera a Lei nº 8.137, de 27 de dezembro de 1990, o Decreto-Lei nº 3.689, de 3 de outubro de 1941 - Código de Processo Penal, e a Lei nº 7.347, de 24 de julho de 1985; revoga dispositivos da Lei nº 8.884, de 11 de junho de 1994, e a Lei nº 9.781, de 19 de janeiro de 1999; e dá outras providências. *Diário Oficial da União*, Brasília, 1º dez. 2011b. Disponível em: http://www.planalto.gov.br/ccivil_03/_ato2011-2014/2011/lei/l12529.htm. Acesso em: 28 jun. 2022.

[371] CARVALHO, Victor Miguel Barros; GUIMARÃES, Patrícia Borba Vilar; OLIVEIRA, Adriana Carla Silva de. Monetização de dados pessoais na internet: competência regulatória a partir do Decreto nº 8.771/2016. *Revista de Estudos Institucionais*, Rio de Janeiro, v. 4, nº 1, p. 376–416, 2018, p. 405.

parece ser a via mais adequada para estimular o mercado a respeito da matéria.

Primeiramente, porque dificilmente o sujeito, de forma isolada, tem consciência de quais dados seus foram captados e foram utilizados nas estruturas de perfilização.

Em segundo, porque a morosidade e burocracia inerente à judicialização desestimula o indivíduo a buscar seus direitos, sobretudo nestes casos, em que o dano é muito mais abstrato, pouco palpável.

Em terceiro, porque é contraproducente destacar o Poder Judiciário como palco de discussões dessa natureza. É a estrutura regulatória do Estado, quando efetiva e técnica, que assegurará uma gradativa e sistêmica consolidação da cultura de proteção aos dados pessoais no país.

Assim, opina-se que as disposições do MCI, elogiáveis por inaugurar a regulação do ambiente digital, pecaram sob a ótica prática,[372] sob o olhar de efetiva construção de um espírito cooperativo entre os interesses do setor privado e os anseios de resguardo aos direitos da personalidade do usuário da internet. A mera salvaguarda legal de direitos[373] não garante – e não garantiu – uma mudança de culturas, de modo que a crítica doutrinária, de uma legislação sem considerável conteúdo normativo, tem fundamento, sobretudo ao focalizar a análise sob a ótica do vazio regulatório instituído pelo legislador, que deságua na própria ineficiência da proteção dos dados pessoais no país.

3.3 LGPD: a tentativa de efetivação, pela via legislativa, da autodeterminação informacional

3.3.1 A formulação das LGPDs

A disciplina jurídica, direta e específica, da proteção de dados tem uma história bastante pulverizada: enquanto algumas nações ostentam,

---

[372] Nesse exato sentido: SOUZA, Carlos Affonso; MAGRANI, Eduardo; CARNEIRO, Giovana. Lei Geral de Proteção de Dados: uma transformação na tutela dos dados pessoais. *In*: MULHOLLAND, Caitlin. *A LGPD e o novo marco normativo no Brasil*. Porto Alegre: Arquipélago Editorial, 2020. p. 43–64.

[373] Rafael A. F. Zanatta, nesse sentido, destaca que "a mera definição do direito à proteção de dados pessoais é insuficiente para proteger tal direito. É preciso pensar para além do direito positivo estatal" (ZANATTA, Rafael Augusto Ferreira. A Proteção de Dados entre Leis, Códigos e Programação: os limites do Marco Civil da Internet. *In*: LUCCA, Newton de; SIMÃO FILHO, Adalberto; LIMA, Cintia Rosa Pereira de. *Direito e Internet III*: Marco Civil da Internet. São Paulo: Quartier Latin, 2015. p. 447–470, p. 462).

há décadas, ferramentas infraconstitucionais robustas, outras apenas recentemente deram-se conta da essencialidade da matéria. Não se ignora, certamente, que a proteção de dados poderia ser regulamentada – e em algum período e algumas localidades, de fato,[374] foi – por meio de previsões constitucionais, *privacy torts*, relações contratuais e costumes. Contudo, nas últimas décadas, criou-se um relativo consenso de que as LGPDs se firmariam como a forma mais eficaz de proteção da privacidade e harmonização das relações entre arquivistas, entidades privadas, públicas, cidadãos[375] e, também para regular a transferência internacional de dados.

Enquanto nos EUA e na Europa as discussões sobre o uso e gerenciamento de dados pessoais são mais antigas e dotadas de maior protagonismo (rememore-se, por exemplo, a extensa polêmica em volta do projeto National Data Center, de 1965, em que o governo federal norte-americano pretendia criar um único centro de dados nacional,[376,377]), na América Latina como um todo, a disciplina da proteção de dados pessoais é muito mais recente. Veja-se, a partir das lições de Nelson Angarita Remolina,[378] conforme descrição de Zanatta:[379]

---

[374] Em Portugal, desde 1976, a Constituição prevê a proteção de dados pessoais em seu rol de direitos. Nos EUA, não há uma LGPD, mas legislações regionais (como a *California Consumer Privacy Act*, na Califórnia), ou outras setoriais (como *Children's Online Privacy Protection Act* e o *Health Insurance Portability and Accountability Act*).

[375] BENNET, Colin J.; RAAB, Charles D. *The governance of privacy*: policy instruments in global perspective. Cambridge: The MIT Press, 2006, p. 125 *apud* MENDES, Laura Schertel. *Transparência e privacidade*: violação e proteção da informação pessoal na sociedade de consumo. 158f. 2008. Dissertação (Mestrado em Direito) – Universidade de Brasília, Brasília, 2008, p. 133. Disponível em: http://www.dominiopublico.gov.br/download/teste/arqs/cp149028.pdf. Acesso em: 13 abr. 2021.

[376] MENDES, Laura Schertel. *Privacidade, proteção de dados e defesa do consumidor*. São Paulo: Saraiva, 2019, p. 38.

[377] Recentemente, o governo brasileiro, por meio dos decretos nº 10.046 e nº 10.047 de 2020 pretendeu criar uma megabase de dados dos brasileiros. Com várias similitudes ao National Data Center, o anseio do governo federal foi severamente criticado por setores entidades especializadas na proteção à privacidade, sobretudo por desconsiderar, frontalmente, as disposições da própria LGPD.

[378] REMOLINA, Nelson Angarita. Latin America and Protection of Personal Data: Facts and Figures (1985-2014). *University of Los Andes Working Paper*, 2014. Disponível em: https://papers.ssrn.com/sol3/papers.cfm?abstract_id=2412091. Acesso em: 28 jun. 2022.

[379] ZANATTA, Rafael Augusto Ferreira. A Proteção de Dados entre Leis, Códigos e Programação: os limites do Marco Civil da Internet. *In*: LUCCA, Newton de; SIMÃO FILHO, Adalberto; LIMA, Cintia Rosa Pereira de. *Direito e Internet III*: Marco Civil da Internet. São Paulo: Quartier Latin, 2015, p. 447–470, p. 453.

Quadro 3 – Proteção de dados na América Latina

País	Norma Constitucional	Legislação infraconstitucional
Argentina	Art. 43 (1994)	Lei nº 25.326/2000
Bolívia	Art. 130 (2004)	
Chile	-	Lei nº 19.628/1999 Lei nº 19.812/2002 Lei nº 20.575/2012
Colômbia	Art. 15 (1991)	Lei nº 158/2012
Costa Rica	-	Lei nº 8.968/2011
México	Art. 16 (2009)	Lei Federal 05-07-2010
Nicarágua	Art. 26 (1987)	Lei nº 787/2012 Decreto nº 36/2012
Paraguai	Art. 135 (1992)	Lei nº 1.682/2001 Lei nº 1.691/2002
Peru	Art. 2 e 200 (1993)	Lei nº 29.733/2011 Decreto 003-2013-JUS
Uruguai	-	Lei nº 18.331/2008 Decreto nº 414/2009

Fonte: Adaptado de Zanatta (2015, p. 453-454).

Mais especificamente no Brasil a positivação foi, lamentavelmente, ainda mais tardia.

No século passado, os únicos registros de debate legislativo sobre o tema ocorreram nos anos 1970: os PLs (i) nº 4.365, de 1977, de autoria do Dep. Roberto Faria Lima, que propunha o estabelecimento de um registro nacional dos bancos de dados, para a proteção da privacidade individual; e (ii) nº 4.368, também de 1977, do Dep. José Camargo, que tinha como fito regular o tipo de informação que poderia ser fornecida aos centros de processamento de dados[380]. Menos de um ano depois, entretanto, fruto de uma sociedade ainda pouco conectada com a cultura de proteção de dados, ambos projetos foram arquivados.

Somente em 2010, fruto de uma parceria entre o MJSP e o Observatório Brasileiro de Políticas Digitais da Fundação Getúlio Vargas

---

[380] BAAKLINI, Abdo; REGO, Antonio Carlos Pojo do. O congresso e a política nacional de informática. *Revista Administração Pública*, Rio de Janeiro, v. 22, nº 2, p. 87–105, abr./jun. 1988, p. 91. Disponível em: http://bibliotecadigital.fgv.br/ojs/index.php/rap/article/view/9438/8492. Acesso em: 13 abr. 2021.

do Rio de Janeiro (FGV/RJ) é que foi iniciada, formalmente, a 1ª fase do debate público de elaboração do anteprojeto da LGPD, que tinha, certamente, duas articulações que o antecederam: (i) a movimentação no meio acadêmico, capitaneada, sobretudo, por Danilo Doneda e Laura Schertel Mendes, estimulava a adoção do modelo europeu no país (com uma declaração de direitos mais abrangente e criação de órgãos reguladores independentes); e (ii) os trabalhos do Comitê Gestor de Internet (CGI), que não apenas organizava habitualmente um seminário anual tratando da privacidade digital, como também realizava reuniões multisetoriais, tentando agremiar contribuições das mais várias frentes.[381]

Dessa primeira fase, ocorrida entre 2010 e 2011, participaram entidades variadas, fragmentas em cinco inclinações de contribuição distintas,[382] assim organizadas:[383]

Figura 3 - Segmentação de atores participantes do PL de proteção de dados (2010-2011)

Entidades de Marketing e Propaganda 25%
Universidades e associações de pesquisa 20%
Setor financeiro 10%
Organizações de defesa do consumidor 25%
Empresas de telecomunicações 20%

Fonte: Adaptada de Zanatta (2015).

---

[381] ZANATTA, Rafael Augusto Ferreira. A Proteção de Dados entre Leis, Códigos e Programação: os limites do Marco Civil da Internet. *In*: LUCCA, Newton de; SIMÃO FILHO, Adalberto; LIMA, Cintia Rosa Pereira de. *Direito e Internet III*: Marco Civil da Internet. São Paulo: Quartier Latin, 2015, p. 447–470, p. 455.

[382] ZANATTA, Rafael Augusto Ferreira. A Proteção de Dados entre Leis, Códigos e Programação: os limites do Marco Civil da Internet. *In*: LUCCA, Newton de; SIMÃO FILHO, Adalberto; LIMA, Cintia Rosa Pereira de. *Direito e Internet III*: Marco Civil da Internet. São Paulo: Quartier Latin, 2015, p. 447–470, p. 457.

[383] ASSOCIAÇÃO BRASILEIRA DE MARKETING DIRETO (ABEMD). *Introdução–30/11/2015*. 2015. p. 1–250. Disponível em: https://www.abemd.org.br/interno/DadosPessoais_Contri buicoesdasEntidades.pdf. Acesso em: 20 dez. 2020.

A participação polarizada deste período proporcionou divergências em torno dos conceitos e proposições do anteprojeto, sobretudo voltadas (i) à forma de obtenção do consentimento do usuário; (ii) à definição de dados pessoais e (iii) às formas de tratamento permitidas. Ainda, capítulo à parte das divergências, responsável efetivamente por frear a aprovação do projeto, foram as mobilizações antagônicas em torno do desenho regulatório para a temática.[384]

Enquanto o MJSP sustentava a necessidade de criação de uma Comissão Nacional de Proteção de Dados, sob a roupagem e estrutura de uma autoridade administrativa regulatória, inúmeras outras entidades privadas eram contrárias à criação de novas engrenagens estatais. Para eles, o déficit participativo e democrático destes órgãos engessaria a inovação, colocaria em xeque a harmonização do mercado[385] e criaria barreiras regulatórias descoladas da internacionalização da matéria.

Vejam-se as principais organizações e posicionamentos que rechaçavam a criação de uma autoridade nacional de garantia, constantes nos relatórios que acompanharam o debate do PL:

- SindiTeleBrasil: "Inicialmente, salienta sua discordância em relação à criação de uma Autoridade de Garantia, entendendo que os direitos previstos neste projeto poderão ser adequadamente resguardados pela atuação de órgãos já existentes (DPDC, MP, PROCON etc.). Ademais, no que diz respeito à aplicação de sanções, a entidade acredita ser mais adequado que tal atribuição seja conferida aos entes reguladores de cada um dos segmentos econômicos existentes na sociedade, uma vez que os mesmos já detêm tal competência sancionatória";[386]
- Associação Brasileira de *Marketing* Direto (ABEMD); Associação Brasileira das Relações Empresa-Cliente (ABRAREC); Associação Brasileira de Anunciantes (ABA) e Qualidade da Informação Brasil (QIBRAS): "Entendemos desnecessária a

---

[384] ZANATTA, Rafael Augusto Ferreira. A Proteção de Dados entre Leis, Códigos e Programação: os limites do Marco Civil da Internet. *In*: LUCCA, Newton de; SIMÃO FILHO, Adalberto; LIMA, Cintia Rosa Pereira de. *Direito e Internet III*: Marco Civil da Internet. São Paulo: Quartier Latin, 2015, p. 447–470, p. 458–462.

[385] ZANATTA, Rafael Augusto Ferreira. A Proteção de Dados entre Leis, Códigos e Programação: os limites do Marco Civil da Internet. *In*: LUCCA, Newton de; SIMÃO FILHO, Adalberto; LIMA, Cintia Rosa Pereira de. *Direito e Internet III*: Marco Civil da Internet. São Paulo: Quartier Latin, 2015, p. 447–470, p. 461.

[386] ASSOCIAÇÃO BRASILEIRA DE MARKETING DIRETO (ABEMD). *Introdução* – 30/11/2015. 2015, p. 1–250, p. 228. Disponível em: https://www.abemd.org.br/interno/DadosPessoais_ContribuicoesdasEntidades.pdf. Acesso em: 20 dez. 2020.

criação da Autoridade de Garantia em razão de já existirem órgãos e entidades com capacidade de controle, fiscalização e sanção das normas estabelecidas neste Projeto de Lei. A exemplo do Ministério Público Federal, Estadual, Departamento de Proteção e Defesa do Consumidor (DPDC), PROCONs estaduais, municipais, entidades civis, dentre outras nos termos da Lei nº 8.078 e da Lei nº 7.347. Opinamos pela total supressão do preceito";[387]

- Associação Brasileira de Televisão por Assinatura (ABTA): "entende ser desnecessária a criação de uma Autoridade de Garantia para a proteção de dados. A entidade sustenta que diversos órgãos do Estado podem cumprir essa função, tais como o DPDC, o Ministério Público, o PROCON, entre outros. É destacado o fato de que a criação de tal instituição significa a criação de uma estrutura extremamente custosa e complexa, com poderes regulatórios que podem até mesmo embaraçar a garantia dos direitos fundamentais previstos na Constituição".[388]

Os interesses frontalmente colidentes e a ausência de um fato emergencial que pudesse catapultar a aprovação da lei emperraram a elaboração de uma lei de proteção de dados no Brasil por cerca de oito anos. Ainda que as discussões, volta e meia, retornassem ao destaque midiático, foi somente nos anos que encerravam a segunda dezena do século XXI que o empenho legislativo sofreu significativa alteração, e as razões podem ser sintetizadas por três frentes distintas.

Em primeiro, o episódio da empresa CA, já anteriormente citado, foi determinante para uma mudança de postura nos mais diversos países. A manipulação eleitoral, fundada na aliança entre perfilização dos indivíduos e impulsionamento de *fake news*, estimulou a urgência na regulação da matéria, inclusive, no Brasil, na medida em que não se sabia a exata nacionalidade dos 50 milhões de usuários do Facebook que tiveram seus dados utilizados pela empresa londrina, nem o destino destas informações coletadas.[389]

---

[387] ASSOCIAÇÃO BRASILEIRA DE MARKETING DIRETO (ABEMD). *Introdução – 30/11/2015*. 2015, p. 1–250, p. 211. Disponível em: https://www.abemd.org.br/interno/DadosPessoais_ContribuicoesdasEntidades.pdf. Acesso em: 20 dez. 2020.

[388] ASSOCIAÇÃO BRASILEIRA DE MARKETING DIRETO (ABEMD). *Introdução – 30/11/2015*. 2015, p. 1–250, p. 212. Disponível em: https://www.abemd.org.br/interno/DadosPessoais_ContribuicoesdasEntidades.pdf. Acesso em: 20 dez. 2020.

[389] O MPDFT, em 2018, instaurou um inquérito para apurar se houve atuação da empresa no território brasileiro. Na Portaria nº 02/2018, que iniciou o procedimento de investigação,

Em segundo, o intuito do Brasil de ingressar na Organisation for Economic Co-operation and Development (OECD) também foi peça essencial para a aprovação de um marco legal geral sobre o tema. Isso porque, para fazer parte da organização, o país precisa ter uma legislação compatível e uma autoridade regulatória independente para a proteção, uso, tratamento e armazenamento de dados pessoais na internet. Não é demais lembrar que fazer parte da OECD implica credibilidade internacional e, consequentemente, maior atração de investimentos estrangeiros.[390]

Por fim, a aprovação da GDPR, na Europa, abriu os olhos das autoridades brasileiras sobre os altos custos, inclusive econômicos, que a desregulação e a inércia legislativa trariam. Dentre os princípios que regem o regulamento europeu, há a permissão de transmitir dados apenas para países fora do eixo continental que possuam nível adequado de proteção,[391] de modo que a inação criaria percalços nas relações comerciais existentes entre o bloco e o Brasil.

A partir da confluência desses e outros fatores, foi aprovada com considerável retardo, em agosto de 2018,[392] a LGPD brasileira, nitidamente inspirada no modelo europeu[393] (GDPR) e que conta, em sua espinha dorsal, com um rol extenso de princípios, direitos e deveres, atingindo "os mais diversos setores da economia (usuários, desenvolvedores, poder público e iniciativa privada), numa importante tentativa de introduzir valores voltados à transparência e *accountability*".[394]

é citado que "(...) a Cambridge Analytica opera no Brasil desde 2017 em parceria com a empresa de consultoria A Ponte Estratégia Planejamento e Pesquisa LTDA, do senhor André Luiz Almeida Torretta" (MINISTÉRIO PÚBLICO DO DISTRITO FEDERAL E TERRITÓRIOS (MPDFT). *Portaria nº 02/2018*. 2018. Disponível em: https://www.conjur.com.br/dl/mp-dft-investiga-cambridge-analytica.pdf. Acesso em: 6 jul. 2022).

[390] REAFFRA, Ana Paula Oriola de; SANTOS, Jhoni de Sousa Medrado dos. A prorrogação do prazo de vigência da lei geral de proteção de dados pessoais – LGPD e seus impactos no desenvolvimento econômico do Brasil diante da pandemia. *Migalhas*, [S.l.], 24 abr. 2020. Disponível em: https://migalhas.uol.com.br/depeso/325364/a-prorrogacao-do-prazo-de-vigencia-da-lei-geral-de-protecao-de-dados-pessoais---lgpd-e-seus-impactos-no-desenvolvimento-economico-do-brasil-diante-da-pandemia. Acesso em: 20 dez. 2020.

[391] FERREIRA, Rafael Freire. *Autodeterminação informativa e privacidade na sociedade da informação*. Rio de Janeiro: Lumen Juris, 2018, p. 167.

[392] A entrada em vigor do texto, no entanto, ocorreu apenas em agosto de 2020, e do capítulo referente às penalidades administrativas ocorreu em agosto de 2021.

[393] VERONESE, Alexandre; MELO, Noemy. O Projeto de Lei 5.276/2016 em contraste com o novo Regulamento Europeu. *Revista de Direito Civil Contemporâneo*, São Paulo, v. 14, ano 5, p. 71–99, jan./mar. 2018, p. 89.

[394] SOMBRA, Thiago Luis Santos. *Fundamentos da regulação da privacidade e proteção de dados pessoais*. São Paulo: Revista dos Tribunais, 2019, p. 133.

3.3.2 O tom da legislação: entre princípios e direitos correlatos

Na formulação da LGPD é possível constatar a proeminência de um tom principiológico, seguido de direitos correlatos, buscando manter atualizado o diálogo entre o direito positivado e as rápidas transformações tecnológicas refletidas na sociedade contemporânea.[395] A Lei atenta-se para evitar as chamadas "*sunset rules*",[396] ou seja, normas que já despontam fadadas à obsolescência precoce, ante a constante evolução social. Essa técnica legislativa, porém, diante das possíveis lacunas interpretativas e subjetivismos que gera, exige um agir estatal, de complementação e adaptação do conteúdo da norma à realidade e segmento de mercado – função que será exercida, segundo a Lei, pela ANPD, melhor abordada no capítulo seguinte.

O primeiro princípio disposto na Lei é o da boa-fé (art. 6º, *caput*), que há muito baliza as relações privatistas no Direito brasileiro. O comportamento das pessoas, sabe-se, deve respeitar "um conjunto de deveres reconduzidos, num prisma juspositivo e numa optica histórico-cultural, a uma regra de actuação de boa-fé".[397] Traduz, assim, um cânone hermenêutico-integrativo que concebe fontes criadoras de deveres e limitações ao exercício do direito subjetivo.[398] Obriga as pessoas a não desviarem dos desígnios "que, em ponderação social, emerjam da situação em que se achem colocadas: não devem assumir comportamentos que a contradigam – deveres de lealdade – nem calar ou falsear a actividade intelectual externa que informa a convivência humana – deveres de informação".[399]

Para as relações constituídas a partir do fluxo de dados pessoais, a boa-fé assume especial relevância, não somente sob a ótica de preservação das legitimas expectativas do titular no momento da formação da relação jurídica, mas especialmente sob o aspecto pós-contratual,[400]

---

[395] COTS, Marcio; OLIVEIRA, Ricardo (coord.). *O legítimo interesse e a LGPDP*. São Paulo: Revista dos Tribunais, 2020, p. 43.
[396] RODOTÀ, Stefano. Privacy e construzione dela sfera privata. Ipotesi e prospective. *Politica del Diritto*, Bologna, nº 1, ano XXII, p. 521–546, 1991, p. 543.
[397] CORDEIRO, Antonio Manuel da Rocha e Menezes. *Da boa-fé no Direito Civil*. Coimbra: Almedina, 2001, p. 632.
[398] MARTINS-COSTA, Judith. *A boa-fé no direito brasileiro*. São Paulo: Revista dos Tribunais, 1999. p. 428–437.
[399] CORDEIRO, Antonio Manuel da Rocha e Menezes. *Da boa-fé no Direito Civil*. Coimbra: Almedina, 2001, p. 646.
[400] FLUMINGNAN, Silvano; FLUMINGNAN, Weverton Gabriel Gomes. Princípios que regem o tratamento de dados no Brasil. *In*: LIMA, Cintia Rosa Pereira de. *Comentários à Lei Geral de Proteção de Dados*. São Paulo: Almedina, 2020, p. 125.

no qual o poder de controle do titular sobre o percurso informativo se dissolve, abrindo margem para a comercialização dos seus dados pessoais entre os diferentes atores privados e para as mais diversas finalidades mercadológicas ou eleitorais.

O segundo princípio é o da finalidade (art. 6º, I), que destaca uma obrigação de utilizar-se de "propósitos legítimos, específicos, explícitos e informados ao titular, sem a possibilidade de tratamento posterior de maneira incompatível"[401] com esses desígnios.

Exemplo interessante de operação desse princípio foi o reconhecimento, pela Autoridade de Garantia Italiana, da ilegitimidade do envio de *spam* de propaganda política para usuários que se cadastraram em plataforma de notícias sobre culinária, *hobbies* e esportes.[402] Isso porque finalidades que transcendem aquelas apresentadas ao titular quando do momento da coleta são reputadas ilícitas.[403]

O terceiro princípio é o da proporcionalidade ou adequação (art. 6º, II). Nele, exige-se que o tratamento dos dados seja realizado de forma condizente com os fins previamente informados, ou seja, além de informar o propósito e, também, a extensão do tratamento, deve o controlador garantir que os limites estão sendo efetivamente cumpridos.[404]

Por exemplo, um aplicativo de transporte de passageiros que peça dados relacionados à saúde dos seus usuários terá o processamento considerado inadequado, vez que alheio à razoabilidade existente entre o serviço ofertado e o tratamento de dados pretendidos pela empresa.[405] Noutras palavras, informações pessoais que excedem a essencialidade do serviço prestado pelo controlador e as legítimas expectativas criadas no titular violam a adequação (nesse sentido, o art. 15, da Lei, determina que o término do tratamento de dados pessoais ocorrerá quando

---

[401] SIQUEIRA, Antonio Henrique Albani. Disposições preliminares. *In*: FEIGELSON, Bruno; SIQUEIRA, Antonio Henrique Albani. *Comentários à Lei Geral de Proteção de Dados*. São Paulo: Revista dos Tribunais, 2019, p. 15–58, p. 31.

[402] LIMA, Cintia Rosa Pereira de. *Autoridade nacional de proteção de dados e a efetividade da Lei Geral de Proteção de Dados*. São Paulo: Almedina, 2020, p. 198.

[403] FLUMINGNAN, Silvano; FLUMINGNAN, Weverton Gabriel Gomes. Princípios que regem o tratamento de dados no Brasil. *In*: LIMA, Cintia Rosa Pereira de. *Comentários à Lei Geral de Proteção de Dados*. São Paulo: Almedina, 2020, p. 127.

[404] SIQUEIRA, Antonio Henrique Albani. Disposições preliminares. *In*: FEIGELSON, Bruno; SIQUEIRA, Antonio Henrique Albani. *Comentários à Lei Geral de Proteção de Dados*. São Paulo: Revista dos Tribunais, 2019, p. 15–58, p. 33.

[405] FLUMINGNAN, Silvano; FLUMINGNAN, Weverton Gabriel Gomes. Princípios que regem o tratamento de dados no Brasil. *In*: LIMA, Cintia Rosa Pereira de. *Comentários à Lei Geral de Proteção de Dados*. São Paulo: Almedina, 2020, p. 130.

a finalidade foi alcançada ou os dados deixaram de ser necessários e pertinentes).

O quarto princípio é o da necessidade (art. 6º, III), que, complementando o princípio da finalidade, determina que o tratamento de dados deve ser limitado ao mínimo necessário para atender às finalidades expostas.[406] Dados excessivos, ou tornados irrelevantes com o tempo, devem, assim, ser excluídos com maior brevidade possível.[407]

Direito correlato a este princípio é o de eliminação de dados, que ocorre: (i) quando impertinentes, excessivos ou em tratamento em desconformidade legal; (ii) diante da solicitação do titular, nos casos em que inexistente qualquer exceção legal que permita a continuidade do armazenamento (ou seja, sem a presença de qualquer razão relacionada ao cumprimento de obrigação legal, contratual ou regulatória; estudos de órgãos de pesquisa; ou quando realizada a transferência lícita para terceiros...).[408]

Aqui, cabe uma breve distinção: no Brasil, o direito de eliminação de dados é diferente de direito ao esquecimento, e também diverso ao direito à desindexação[409] e do direito à revogação do tratamento.

Direito ao esquecimento, pela ótica do STJ, extraída dos julgamentos proferidos nos casos de Aída Curi[410] (REsp nº 1.335.153/RJ) e da Chacina da Candelária[411] (REsp nº 1.334.097/RJ), refere-se ao resgate de

---

[406] SIQUEIRA, Antonio Henrique Albani. Disposições preliminares. *In*: FEIGELSON, Bruno; SIQUEIRA, Antonio Henrique Albani. *Comentários à Lei Geral de Proteção de Dados*. São Paulo: Revista dos Tribunais, 2019, p. 15–58, p. 31.

[407] VOIGT, Paul; BUSSCHE, Axel von Dem. *The EU General Data Protection Regulation*. Berlin: Springer, 2017, p. 154.

[408] LIMA, Cintia Rosa Pereira de; RAMIRO, Lívia Froner Moreno. Direitos do titular dos dados pessoais. *In*: LIMA, Cintia Rosa Pereira de. *Comentários à Lei Geral de Proteção de Dados*. São Paulo: Almedina, 2020, p. 260.

[409] LIMA, Cintia Rosa Pereira de; RAMIRO, Lívia Froner Moreno. Direitos do titular dos dados pessoais. *In*: LIMA, Cintia Rosa Pereira de. *Comentários à Lei Geral de Proteção de Dados*. São Paulo: Almedina, 2020, p. 261.

[410] O programa *Linha Direta*, da Rede Globo, elaborou uma reconstituição do crime que vitimou a jovem Aída Curi, morta em 1958. O programa, levado ao ar em 2004, gerou severa irresignação dos familiares da vítima, que pleiteavam uma indenização por danos morais em face da emissora carioca. O caso chegou ao STJ, que a despeito de entender pela existência do direito ao esquecimento dos familiares da jovem Aída, compreendeu que, a partir da ponderação de valores, haveria maior destaque, no caso, à liberdade de imprensa, rechaçando, consequentemente, o pedido indenizatório formulado.

[411] O caso da Chacina da Candelária, ocorrido em 1993, também foi reconstituído pelo programa *Linha Direta*, da Rede Globo, em 2006. O caso referia-se à morte de oito menores desabrigados, nas escadarias de acesso da Igreja Nossa Senhora da Candelária, no Rio de Janeiro. Jurandir Gomes França, um dos acusados do crime, ingressou com demanda indenizatória em face da emissora, sob o pretexto de que o rememorar jornalístico, anos após a sua absolvição criminal, ensejava a ocorrência de grave perturbação aos seus

informações de natureza criminal superadas pelo transcurso do tempo, ou seja, pela redução do interesse público sobre o rememorar de alguns fatos que são aptos a causar danos aos direitos da personalidade dos retratados. Sobre a temática, inclusive, recentemente compreendeu o STF pela ausência de recepção deste direito no ordenamento jurídico brasileiro,[412] afastando a possibilidade de exclusão de material jornalístico isento de abusos, conforme tema de repercussão geral nº 786/STF.

Direito à desindexação, originado do Tribunal de Justiça da União Europeia (TJUE) no caso Google *Spain vs. Mario Costeja González*[413] (Processo nº C-131/2012), refere-se à retirada de determinados resultados nos mecanismos de busca da Internet, como o Google Search.

O direito à revogação do consentimento, por sua vez, refere-se à mera possibilidade de interromper o tratamento, não exigindo, necessariamente, a exclusão dos dados até ali tratados por controlador e operador.[414]

Outro direito consagrado, e relacionado ao princípio da necessidade, é o de anonimização ou eliminação de dados prescindíveis. Segundo o art. 5º, III da LGPD, dados anônimos são aqueles que

---

direitos da personalidade. Nesse caso, o STJ reconheceu que o resgate dos fatos, ainda que totalmente verídico, extrapolava o exercício lícito da liberdade de imprensa, pois colocava o indivíduo sob uma nova reprimenda social, uma perpetuação da condenação. A Corte Superior, nesse caso, entendeu que deveria prevalecer o direito ao esquecimento do acusado.

[412] A solução adotada, inclusive, inviabilizou a criação do direito ao esquecimento pela via legislativa ordinária: "A técnica utilizada no RE nº 1.010.606/RJ não abriu margem para a devolução dos conflitos relacionados ao direito ao esquecimento aos órgãos jurisdicionais, por meio de uma catalogação de conflitos que seriam pré-incluídos ou pré-excluídos do suporte fático desse direito. Em certa medida, esse teria sido o caminho adotado pelo STF acaso houvesse seguido o voto do ministro Nunes Marques" (RODRIGUES JUNIOR, Otavio Luiz. Esquecimento de um direito ou o preço da coerência retrospectiva? (Parte 3). *Consultor Jurídico*, São Paulo, 10 mar. 2021. Disponível em: https://www.conjur.com.br/2021-mar-10/direito-comparado-esquecimento-direito-ou-preco-coerencia-parte. Acesso em: 10 jun. 2021).

[413] Mario Costeja González era um advogado espanhol, que possuía dívidas com o fisco. Maria González, no entanto, quitou os débitos, fazendo com que não houvesse expropriação de qualquer bem do advogado devedor. Em 2009, Mario Costeja procurou o jornal *La Vanguardia* para que o seu nome não aparecesse mais nos motores de busca da internet, associado à dívida já paga. A resposta foi negativa. Na sequência, buscou o Google Espanhol, tendo igualmente resposta negativa. O caso foi parar no TJUE, que reconheceu a existência de um direito à desindexação de dados de pesquisa, relacionado com o direito fundamental à privacidade.

[414] SILVA, Priscilla Regina. Os direitos dos titulares de dados. In: MULHOLLAND, Caitlin (coord.). *A LGPD e o novo marco normativo no Brasil*. Porto Alegre: Arquipélago, 2020, p. 195–216, p. 209.

não admitem a identificação do titular, considerando-se a utilização de meios técnicos razoáveis e disponíveis na ocasião do tratamento (art. 5º, III). Sobre tais dados não incide a LGPD, já que não traduzem uma informação relativa a uma pessoa identificada ou identificável. Em outro vértice, atraindo a aplicação da Lei, tem-se a pseudonimização, que corresponde ao tratamento por meio do qual um dado perde a possibilidade de associação, direta ou indireta, a um indivíduo, senão pelo uso de informação e ferramenta adicional mantida separadamente pelo controlador em ambiente controlado e seguro.

Em linhas gerais, até aqui, o processamento de dados é lícito quando transparente, quando atende legítimas expectativas do titular, quando está calçado, de forma proporcional, em finalidades previamente ajustadas e quando se utiliza do menor número de dados para alcançar seus objetivos (princípio da necessidade).

Na sequência, em quinto, tem-se o princípio da qualidade ou exatidão dos dados (art. 6º, V), que diagnostica uma necessidade de manutenção de informações fidedignas e atualizadas, outorgando ao titular a possibilidade de pleitear a correção de equívocos informacionais dispostos nos arquivos. O âmago desta proteção legal decorre do fato de que o tratamento de dados desatualizados ou equivocados é apto a ensejar a ocorrência de severas desvantagens ao titular, como o envio errado de correspondências,[415] perfilização incorreta em birôs de crédito, envio de *spams* ofensivos ou, ainda mais grave, inserção de uma condenação criminal de um sujeito que, em verdade, foi absolvido.[416]

Em sexto, citem-se os princípios da transparência e livre acesso, identificados como um dever de clareza, que se espraia para (i) a necessidade de exposição da identidade do controlador, ou seja, aquele a quem competem as decisões referentes ao tratamento de dados pessoais, e também, do objetivo que será alcançado pelo processamento; e (ii) a correta indicação dos riscos, garantias e direitos do indivíduo em relação às atividades de tratamento.[417] Aqui, como o próprio nome já sugere, o sujeito tem direito de ter ciência de quais dados seus compõem

---

[415] SILVA, Priscilla Regina. Os direitos dos titulares de dados. *In:* MULHOLLAND, Caitlin (coord.). *A LGPD e o novo marco normativo no Brasil.* Porto Alegre: Arquipélago, 2020, p. 195–216, p. 200.
[416] LIMA, Cintia Rosa Pereira de; RAMIRO, Lívia Froner Moreno. Direitos do titular dos dados pessoais. *In:* LIMA, Cintia Rosa Pereira de. *Comentários à Lei Geral de Proteção de Dados.* São Paulo: Almedina, 2020, p. 258.
[417] VOIGT, Paul; BUSSCHE, Axel von Dem. *The EU General Data Protection Regulation.* Berlin: Springer, 2017, p. 141.

os bancos do controlador, de modo a viabilizar a autodeterminação informacional.[418]

Desses princípios emergem dois direitos relacionados. O primeiro deles é o de confirmação do tratamento e do acesso aos dados, sem qualquer custo. O formato de tal requisição deve ser simplificado e disponibilizado nos *sites* dos agentes de tratamento, que, ao fim, deverão responder a solicitação no prazo de 15 dias (art. 19, II).[419]

Outro direito consagrado é de portabilidade, já conhecido no ambiente de telecomunicações e que se refere à possibilidade de o titular pleitear a remessa dos seus dados para outro controlador. É um estímulo à livre concorrência e um óbice ao efeito *lock-in*, ou seja, o aprisionamento tecnológico do consumidor a determinada organização.[420]

Um exemplo de operação desse direito pode ser extraído da seguinte situação: o titular dos dados possui contrato com uma determinada seguradora de veículos, que coleta e trata dados acerca do seu comportamento como condutor automotivo. Posteriormente, buscando melhores ofertas neste mercado, o titular contata uma nova seguradora. Tem o titular, nessa hipótese, o direito de pleitear a transferência dos dados à nova contratada, que poderá melhor conformar sua oferta, a partir do histórico de comportamento do titular, disposto nas bases na antiga seguradora.[421]

Em sétimo, o princípio da não discriminação implica a impossibilidade de tratamentos de dados para fins discriminatórios ilícitos ou abusivos.[422] Um exemplo ilustrativo de violação deste princípio é a transferência de dados, por aplicativos de medição de desempenho esportivo, para operadoras de planos de saúde.[423] Isso porque, o

---

[418] LIMA, Cintia Rosa Pereira de. *Autoridade nacional de proteção de dados e a efetividade da Lei Geral de Proteção de Dados*. São Paulo: Almedina, 2020, p. 200.

[419] LIMA, Cintia Rosa Pereira de; RAMIRO, Lívia Froner Moreno. Direitos do titular dos dados pessoais. *In*: LIMA, Cintia Rosa Pereira de. *Comentários à Lei Geral de Proteção de Dados*. São Paulo: Almedina, 2020, p. 255.

[420] SILVA, Priscilla Regina. Os direitos dos titulares de dados. *In*: MULHOLLAND, Caitlin (coord.). *A LGPD e o novo marco normativo no Brasil*. Porto Alegre: Arquipélago, 2020, p. 195–216, p. 203.

[421] VOIGT, Paul; BUSSCHE, Axel von Dem. *The EU General Data Protection Regulation*. Berlin: Springer, 2017, p. 169.

[422] FLUMINGNAN, Silvano; FLUMINGNAN, Weverton Gabriel Gomes. Princípios que regem o tratamento de dados no Brasil. *In*: LIMA, Cintia Rosa Pereira de. *Comentários à Lei Geral de Proteção de Dados*. São Paulo: Almedina, 2020, p. 136.

[423] FLUMINGNAN, Silvano; FLUMINGNAN, Weverton Gabriel Gomes. Princípios que regem o tratamento de dados no Brasil. *In*: LIMA, Cintia Rosa Pereira de. *Comentários à Lei Geral de Proteção de Dados*. São Paulo: Almedina, 2020, p. 136.

uso dessas informações sensíveis do titular pode fazer com que as seguradoras escolham quem merece, e sob qual precificação merecem, receber ofertas dos seus serviços.

Note-se que, coligado a esse princípio, a legislação outorga ao titular o direito à explicação e à revisão de decisões automatizadas. Decisões automatizadas são "sequências pré-definidas de comandos automatizados que, com base em dados pessoais e não pessoais, chegam a conclusões que podem sujeitar alguém a determinada ação, a qual pode ou não ter impacto significativo em sua vida".[424] Ao titular é dado o poder de requerer uma revisão dessas conclusões alcançadas. Ocorre, contudo, que no contexto brasileiro essa revisão da decisão pode, também, ser feita por outro meio automatizado. Isto porque, quando da aprovação da Lei, o presidente Jair Bolsonaro vetou o trecho que exigia uma revisão humana, defendendo que a determinação violaria o interesse público, contrariando os modelos atuais de planos de negócios, sobretudo de *startups* e birôs de crédito.[425]

A decisão prestigiou interesses econômicos e garantiu a ampliação do investimento em soluções de *machine learning*. No entanto, a ausência de disciplina sobre esta revisão pode ser prejudicial, sobretudo no tocante à concretização do direito do titular à explicação (será que a tecnologia conseguirá revelar, de forma satisfatória, as formas como estruturou suas decisões automatizadas?).

Em oitavo, o princípio da segurança revela a obrigação de o agente de tratamento adotar "todas as medidas físicas (como fechamento das salas com lacre e fechadura e etc.), bem como medidas tecnológicas (e.g., fazer cópias de segurança em nuvem, usar criptografia e senhas), além de medidas organizacionais, como treinamento de funcionários" para assimilação da cultura de proteção de dados.[426]

As diligências adotadas devem ser suficientes e adequadas ao tempo do processamento, de modo que as ferramentas e padrões de segurança precisam ser constantemente atualizados e reajustados para mitigação ou neutralização de novos riscos – originados pela própria

---

[424] MONTEIRO, Renato Leite. Existe um direito à explicação na Lei Geral de Proteção de Dados no Brasil? *Instituto Igarapé*, Rio de Janeiro, artigo estratégico 39, p. 1-23, dez. 2018, p. 2. Disponível em: https://igarape.org.br/wp-content/uploads/2018/12/Existe-um-direito-a-explicacao-na-Lei-Geral-de-Protecao-de-Dados-no-Brasil.pdf. Acesso em: 20 dez. 2020.

[425] SILVA, Priscilla Regina. Os direitos dos titulares de dados. *In:* MULHOLLAND, Caitlin (coord.). *A LGPD e o novo marco normativo no Brasil*. Porto Alegre: Arquipélago, 2020, p. 195–216, p. 212.

[426] LIMA, Cintia Rosa Pereira de. *Autoridade nacional de proteção de dados e a efetividade da Lei Geral de Proteção de Dados*. São Paulo: Almedina, 2020, p. 205.

fluidez das novas tecnologias. Ainda, decorrente deste princípio, cite-se a regra estampada no art. 48, que determina uma obrigação de comunicação imediata à Autoridade Nacional[427] acerca de eventuais incidentes de segurança.

O penúltimo princípio previsto na Lei é o da prevenção, que indica uma obrigação de (i) adotar todas as medidas disponíveis e razoáveis para neutralização de riscos desconhecidos ou incertos; e, também, (ii) cientificar o titular acerca de todos estes perigos envolvidos, instruindo-o sobre "a forma mais segura para administrá-los".[428]

Por fim, em décimo, o princípio da *accountability*. Da sua leitura, extrai-se uma obrigação, dos agentes de tratamento, de demonstrar as medidas que foram implementadas para observar, de forma eficaz, as normas de proteção de dados.[429] Assim, (i) treinamentos de equipe; (ii) contratação de consultorias especializadas e empresas de segurança da informação e (iii) criação de padrões internos para proteção dos dados integram o âmago deste princípio.[430]

Note-se que, destes últimos três princípios – segurança, prevenção e *accountability* –, é possível se alcançar uma abordagem originalmente aplicada a engenharia de sistemas, prevista na GDPR, que, a despeito de não estar expressamente disposta na nossa Lei, dá o tom a uma hermenêutica adequada ao *compliance* de proteção de dados. É o chamado *"privacy by design"* (privacidade desde a concepção), conceito formulado pela pesquisadora e comissária canadense de Informação e Privacidade de Ontário, Ann Cavoukian,[431] que encoraja, a partir de sete nortes básicos, uma atuação proativa e preventiva, que cerca um dever de reflexão acerca da privacidade desde a criação de qualquer *software, hardware* ou aplicação.[432] Enumere-se:

---

[427] A ANPD é um órgão da administração pública direta federal, vinculado à Presidência da República, que detém competência regulatória e fiscalizadora na matéria de proteção de dados pessoais e privacidade.

[428] LIMA, Cintia Rosa Pereira de. *Autoridade nacional de proteção de dados e a efetividade da Lei Geral de Proteção de Dados*. São Paulo: Almedina, 2020, p. 207.

[429] SIQUEIRA, Antonio Henrique Albani. Disposições preliminares. *In*: FEIGELSON, Bruno; SIQUEIRA, Antonio Henrique Albani. *Comentários à Lei Geral de Proteção de Dados*. São Paulo: Revista dos Tribunais, 2019, p. 15–58, p. 43.

[430] FLUMINGNAN, Silvano; FLUMINGNAN, Weverton Gabriel Gomes. Princípios que regem o tratamento de dados no Brasil. *In*: LIMA, Cintia Rosa Pereira de. *Comentários à Lei Geral de Proteção de Dados*. São Paulo: Almedina, 2020, p. 137.

[431] JIMENE, Camilla do Vale. Reflexões sobre o privacy by design e privacy by default: da idealização à positivação. *In*: MALDONADO, Viviane Nóbrega; BLUM, Renato Opice. *Comentários ao GDPR*. São Paulo: Revista dos Tribunais, 2018, p. 169–184, p. 173.

[432] EVERSON, Eric. Privacy by Design: Taking Ctrl of Big Data. *Cleveland State Law Review*, Cleveland, v. 65, nº 1, p. 28–42, 2017. Disponível em: https://engagedscholarship.csuohio.edu/clevstlrev/vol65/iss1/6. Acesso em: 20 dez. 2020.

- *Proactive not Reactive; Preventative not Remedial* (proatividade e prevenção): reconhece que a proteção à privacidade se torna mais eficaz quando refletida nas fases embrionárias do desenvolvimento das aplicações tecnológicas. Finalizado o desenvolvimento do sistema, é mais difícil neutralizar perigos ocultos;[433]
- *Privacy as the Default Setting* (privacidade por padrão): a configuração padrão deve preservar a privacidade do usuário, não podendo ser exigidos esforços desproporcionais de programação para melhor proteção dos direitos do titular;
- *Privacy Embedded into Design* (privacidade embarcada na arquitetura): consiste na ideia de que a arquitetura do sistema terá a proteção da privacidade como um componente nuclear, integrado às suas próprias finalidades. É, em verdade, um exercício de autoavaliação do controlador, de inclusão da proteção de dados pessoais como performance instituída.[434] Uma das principais razões para atenção deste princípio é o fenômeno de *machine learning*, ou seja, a capacidade de os sistemas de informação aprender condutas a partir da leitura dos dados que acessam: um comportamento inteligente independente da ação humana.[435] Desse modo, se a preocupação com a proteção de dados for inserida no código-fonte do desenvolvimento de *design* da aplicação, há menores chances do sistema, ao ser alimentado por dados diversos, assumir uma postura contrária à privacidade;
- *Full Functionality* (funcionalidade integral): baseado na premissa de que as funcionalidades da aplicação tecnológica não poderão ter suas capacidades reduzidas em razão da negativa de acesso aos dados pelo usuário;[436]

---

[433] EVERSON, Eric. Privacy by Design: Taking Ctrl of Big Data. *Cleveland State Law Review*, Cleveland, v. 65, nº 1, p. 28–42, 2017. Disponível em: https://engagedscholarship.csuohio.edu/clevstlrev/vol65/iss1/6. Acesso em: 20 dez. 2020.

[434] EVERSON, Eric. Privacy by Design: Taking Ctrl of Big Data. *Cleveland State Law Review*, Cleveland, v. 65, nº 1, p. 28–42, 2017. Disponível em: https://engagedscholarship.csuohio.edu/clevstlrev/vol65/iss1/6. Acesso em: 20 dez. 2020.

[435] MORALES, Susana. Derechos digitales y regulacion de internet. Aspectos claves de la apropriación de tecnologias digitales. *In*: RIVOIR, Ana; MORALES, Maria Julia. *Tecnologias digitales*. Miradas criticas de la apropiacion em América Latina. Ciudad Autónoma de Buenos Aires: CLACSO; Montevideo: RIAT, 2019, p. 35–50.

[436] EVERSON, Eric. Privacy by Design: Taking Ctrl of Big Data. *Cleveland State Law Review*, Cleveland, v. 65, nº 1, p. 28–42, 2017. Disponível em: https://engagedscholarship.csuohio.edu/clevstlrev/vol65/iss1/6. Acesso em: 20 dez. 2020.

- *Full Lifecycle Protection* (segurança em todo o ciclo de vida da informação): como o próprio nome já sugere, é um princípio que assegura a proteção dos dados em todas as camadas de desenvolvimento da aplicação – desde a concepção até a obsolescência do sistema.[437] Um exemplo de aplicação desse preceito está nas estruturas desenvolvidas pelo Facebook, que restringe o acesso dos seus funcionários aos dados dos usuários da rede social. Trata-se de um nível escalonado de proteção, que preceitua um dever de observância da proteção à privacidade não somente nas relações usuário – usuário, ou usuário – setor de *marketing*, ou usuário – *cracker*,[438] mas, sim, em todos os contextos, camadas e variantes possíveis;[439]
- *Visibility and Transparency* (transparência): determina a transparência e confiança nos procedimentos de desenvolvimento das aplicações, inclusive com o estabelecimento de mecanismos para correção de falhas e auditorias para assegurar a conformidade concernente à proteção de dados;[440] e
- *Respect for User Privacy – Keep it User-Centric* (respeito à privacidade do usuário): obriga que os operadores dos serviços respeitem os interesses dos usuários, colocando-os no centro dos esforços do desenvolvimento dos *softwares* e *hardwares*, sem comprometimento da sua performance.

Os preceitos indicados pelo *privacy by design*, extraídos dos princípios da segurança, prevenção e *accountability* (e também contemplados, ainda de indiretamente, nos demais princípios que pavimentam a LGPD) dialogam com as bases de uma regulação híbrida, com feições de tecnorregulação (*regulation by code*[441]), ou seja, com um ambiente

---

[437] AGÊNCIA ESPANHOLA PROTECIÓN DATOS (AEPD). *A Guide to Privacy by Design*. Madrid: AEDP, 2019. Disponível em: https://www.aepd.es/sites/default/files/2019-12/guia-privacidad-desde-diseno_en.pdf. Acesso em: 13 abr. 2021.

[438] *Cracker* é o termo utilizado para designar os indivíduos que corrompem sistemas de segurança de forma ilegal. *Hacker*, por sua vez, é quem trabalha na modificação e elaboração de *softwares* e *hardwares*, de forma lícita.

[439] EVERSON, Eric. Privacy by Design: Taking Ctrl of Big Data. *Cleveland State Law Review*, Cleveland, v. 65, nº 1, p. 28–42, 2017. Disponível em: https://engagedscholarship.csuohio.edu/clevstlrev/vol65/iss1/6. Acesso em: 20 dez. 2020.

[440] JIMENE, Camilla do Vale. Reflexões sobre o privacy by design e privacy by default: da idealização à positivação. *In*: MALDONADO, Viviane Nóbrega; BLUM, Renato Opice. *Comentários ao GDPR*. São Paulo: Revista dos Tribunais, 2018, p. 169–184, p. 181.

[441] Lawrence Lessig, um dos principais nomes desta teoria, argumenta que a crescente importância social da internet exige um design holístico, afastado de soluções simplistas regulatórias. Defende, assim, que as medidas de fiscalização e controle estatal devem ser

de compreensão de uma regulação desenvolvida a partir do próprio aprimoramento tecnológico – podendo ser desenvolvida pelo Estado (com ferramentas de *firewall*,[442] por exemplo), pela sociedade civil (a partir de soluções técnicas de filtros de anonimização) ou pelo setor privado (como a própria proliferação das tecnologias de *blockchain*[443] e criptografia[444]).[445]

Tais princípios alinham-se a um percurso de reconhecimento de que a regulação precisa absorver as soluções da tecnologia em seu sentido prático, incluindo,

> no espaço digital as fronteiras necessárias ao entendimento dos canais de abertura ao código que lhe permitem a mutação da realidade, atualmente considerada, pela atualização. A inclusão das soluções tecnológicas deve ser feita perante audiências públicas e demais fóruns de discussão, fundadores de uma governança na internet, para uma regulação que esteja diuturnamente conectada aos conflitos entre o setor privado e a sociedade civil.[446]

---

maleáveis e combinar diferentes ferramentas, como regulamentação por meio do código dos sistemas (algoritmos insertos no design das novas aplicações), autorregulação e controle governamental (BROWN, Ian; MARSDEN, Christopher. *Regulating Code*: Good Governance and Better Regulation in the Information Age. Cambridge: MIT Press, 2013, p. 3).

[442] *Firewalls* são estruturas de defesa da rede, de filtragem do fluxo de dados. Elas são focalizadas em impedir que o tráfego indesejado e malicioso de dados atinja a rede.

[443] *Blockchain* funciona como um "(...) livro de registro digital, em que os dados são armazenados de forma descentralizada por cada um dos agentes da transação em questão. Protegidas por mecanismos de criptografia, as informações colocadas no sistema são, em tese, invioláveis e à prova de fraude. A segurança da rede também se dá pelo fato de os dados não estarem centralizados em um servidor único, mas dispersos por um grupo de computadores independentes que fazem parte da rede, dificultando a ação de *hackers*. As informações sobre as operações são inseridas no *ledger*, espécie de livro de contabilidade digital, formando uma cadeia sequencial de blocos, no qual cada um se liga ao anterior, recuperando suas informações e, ao mesmo tempo, agregando novos dados à cadeia. Rastreabilidade, segurança e imutabilidade dos dados são aspectos centrais da ferramenta" (OTUBO, Fábio. Decifrando o blockchain. *Pesquisa FAPESP*, São Paulo, edição 278, abr. 2019. Disponível em: https://revistapesquisa.fapesp.br/decifrando-o-blockchain/. Acesso em: 13 abr. 2021).

[444] Criptografia, em breves linhas, é tida "(...) como a arte de escrever em cifra ou em código, de modo a permitir que somente quem conheça o código possa ler a mensagem" (MARCACINI, Augusto Tavares Rosa. *Direito e informática*: uma abordagem jurídica sobre a criptografia. Rio de Janeiro: Forense, 2002, p. 9). Com o avanço tecnológico, a técnica, tão antiga quanto a própria escrita, se aperfeiçoou, propiciando um modelo muito mais seguro para as transmissões de dados *online*, dificultando que terceiros, não destinatários do conteúdo transmitido, acessem, indevidamente, as informações transportadas em rede.

[445] LIMA, Cintia Rosa Pereira de; PEROLI, Kelvin. *Direito digital*: compliance, regulação e governança. São Paulo: Quartier Latin, 2019, p. 35.

[446] LIMA, Cintia Rosa Pereira de; PEROLI, Kelvin. *Direito digital*: compliance, regulação e governança. São Paulo: Quartier Latin, 2019, p. 37.

É certo que essa feição principiológica da lei, para além da sua já citada função de evitar a breve caducidade dos dispositivos (fenômeno de *sunset rules*), traduz uma intenção do legislador de criar um ambiente regulatório mais flexível para a proteção de dados. Em verdade, se houver o aperfeiçoamento do *modus operandi* da ANPD, fugindo do subjetivismo do Poder Judiciário,[447] é possível que as cláusulas abertas representem a possibilidade de uma interessante e constante atualização dos mecanismos e projetos de adequação das empresas às peculiaridades dos seus respectivos nichos de mercado.

Percebe-se, assim, que a feição da LGPD, desenhada por (i) princípios e (ii) direitos correlatos, difere sobremaneira das leis que a antecederam, como o MCI e o CDC. Aqui, tem-se uma tentativa real de garantir a autodeterminação informativa, outorgando ao titular, ao menos formalmente, o controle sobre todo o percurso informacional. Para além destes dois eixos centrais, considerando-se o alto valor econômico que cerca o fluxo de dados pessoais hoje (*data is the new oil of the digital economy*[448]), tem-se o terceiro alicerce da Lei, que são as hipóteses que legitimam o tratamento de dados pessoais – adiante estudadas.

3.3.3 As bases legais de tratamento: entre o horizonte dos riscos da insegurança jurídica e a necessidade de repensar o direito regulatório

É certo que o novel legal, recentemente aprovado, tem gerado[449] um significativo impacto para todos os setores da economia, inclusive para os entes públicos, também submetidos às disposições da Lei. Sua abrangência pode ser constatada a partir das pouquíssimas exceções trazidas pelo legislador, ou seja, as raras hipóteses em que não haverá incidência da LGPD. São elas: (i) tratamento para fins particulares e não econômicos; (ii) finalidades jornalísticas, artísticas ou acadêmicas;

---

[447] Sobre os riscos do decisionismo: STRECK, Lenio Luiz. O Direito e três tipos de amor: o que isso tem a ver com subjetivismo? *Consultor Jurídico*, São Paulo, 15 dez. 2016. Disponível em: https://www.conjur.com.br/2016-dez-15/senso-incomum-direito-tres-tipos-amor-isto-ver-subjetivismo. Acesso em: 13 jan. 2021.

[448] Expressão de Clive Humby, um matemático de Sheffield que, com sua esposa, Edwina Dunn, ganhou, em 2006, 90 milhões de libras esterlinas ajudando a Tesco com seu sistema Clubcard.

[449] O nível do impacto ainda não pode ser auferido com precisão, considerando-se que a legislação entrou em vigor há pouquíssimos meses e o capítulo acerca das penalidades administrativas ainda encontra-se em período de *vacatio legis*, até agosto de 2021.

(iii) com o objetivo de segurança do indivíduo e do Estado; (iv) tratamento proveniente de país estrangeiro que detenha nível adequado de proteção de dados pessoais; e (v) em casos de dados anonimizados, ou seja, aqueles que não permitem a identificação do sujeito.[450]

Em outro vértice, fora das hipóteses acima assinaladas, que afastam a aplicação da LGPD, há 10 bases legais taxativas que autorizam o processamento de dados pessoais.[451] Ou seja, aplica-se a Lei, mas autoriza-se a coleta e tratamento de dados pessoais. São elas:

- A primeira hipótese engloba situações em que o tratamento é essencial para atender o interesse público, justificado a partir de uma obrigação legal ou regulatória. Um exemplo prático deste permissivo é o processamento de dados dos trabalhadores para o sistema e-social,[452] a guarda de registros por determinado tempo na forma prevista no MCI ou, de forma mais detalhada, a disposição prevista no art. 104-B do Regulamento de Qualidade dos Serviços de Telecomunicações (Resolução nº 717/2019), que impõe às prestadoras de telefonia a obrigação de elaborar um relatório semestral de diagnóstico do atendimento prestado aos seus consumidores, contendo, dentre outros, "dados e informações sobre as demandas recebidas no período, apresentados em bases mensais comparadas com o mesmo período do ano anterior"[453]. É, em breves linhas, uma base legal que viabiliza o processamento a partir de uma norma regulatória ou previsão legal expressa;

---

[450] Sobre esse ponto, é salutar a crítica da doutrina estrangeira, que rechaça a existência de uma anonimização realmente eficaz, sobretudo porque o cruzamento de dados supostamente anônimos, provenientes de diferentes fontes, pode assegurar a reidentificação do sujeito (NARAYAN, Arvind; SHMATIKOV, Vitaly. Robust De-anonymization of large sparse datasets. *In*: IEEE SYMPOSIUM ON SECURITY AND PRIVACY, Oakland, 18-21 maio 2008. *Proceedings* (...). Oakland: The Claremont Resort, 18-21 maio 2008. p. 111-125. DOI: 10.1109/SP.2008.33. Disponível em: https://ieeexplore.ieee.org/document/4531148. Acesso em: 20 dez. 2020).

[451] Frise-se que com relação aos dados sensíveis (aqueles que versam sobre origem racial ou étnica, convicção religiosa, opinião política, filiação a sindicato ou a organização de caráter religioso, filosófico ou político, dado referente à saúde ou à vida sexual, dado genético ou biométrico) não há possibilidade de uso da base legal de proteção ao crédito e do legítimo interesse.

[452] O e-social é um programa do governo federal que agrupa informações referentes às obrigações trabalhistas, enviadas pelo empregador em relação aos seus empregados.

[453] BRASIL. Resolução nº 717, de 23 de dezembro de 2019. Aprova o Regulamento de Qualidade dos Serviços de Telecomunicações - RQUAL. *Diário Oficial da União*, Brasília, 26 dez. 2019a. Disponível em: https://www.in.gov.br/en/web/dou/-/resolucao-n-717-de-23-de-dezembro-de-2019-235328441. Acesso em: 1º jul. 2022.

- A segunda hipótese refere-se à administração pública, para o tratamento e uso compartilhado de dados necessários à execução de políticas sociais – tais como campanhas de vacinação, implementação de saneamento básico, contextos de epidemias, aferição do controle do padrão de qualidade do ensino público etc. Nestas hipóteses, no entanto, há necessidade de que: a) sejam informadas as hipóteses em que, "no exercício de suas competências, é realizado o tratamento de dados pessoais, fornecendo informações claras e atualizadas sobre a previsão legal, a finalidade, os procedimentos e as práticas utilizadas para a execução dessas atividades, em veículos de fácil acesso, preferencialmente em seus sítios eletrônicos; e b) seja indicado um encarregado"[454] para atendimento das demandas dos titulares;
- Outra base legal é da realização de estudos por órgão de pesquisa, garantida, sempre que possível, a anonimização dos dados pessoais. Pela dicção da Lei, é considerado órgão de pesquisa a pessoa jurídica de direito público ou privado, sem fins lucrativos, que tenha sede no Brasil e finalidade de realizar pesquisa básica ou aplicada, de caráter histórico, científico, tecnológico ou estatístico. Um exemplo frisante desse inciso são as consultas públicas de apuração de intenção de votos em eleições, nas quais se leva em conta sexo, escolaridade, região geográfica e classe social dos indivíduos de maneira agregada. A partir destas segmentações distintas, verifica-se a proporção de votos para cada candidato. O resultado final é resumido ao ponto que se torna praticamente impossível identificar os sujeitos que expressaram suas intenções de votos, devendo a instituição, porém, garantir a segurança dos dados coletados e o devido processo de anonimização;[455]
- Há, também, a autorização legal de processamento dos dados necessários para a execução de contrato do qual seja parte o titular. Neste ponto, o WP29,[456] com base na normativa europeia (que também traz hipótese legal semelhante à LGPD),

---

[454] TEFFÉ, Chiara Spadaccini de; VIOLA, Mario. Tratado de dados pessoais na LGPD. *Civilistica.com*, Rio de Janeiro, v. 9, nº 1, p. 1–38, 2020, p. 23.

[455] TEFFÉ, Chiara Spadaccini de; VIOLA, Mario. Tratado de dados pessoais na LGPD. *Civilistica.com*, Rio de Janeiro, v. 9, nº 1, p. 1–38, 2020, p. 25.

[456] O WP29 foi um órgão consultivo europeu independente que formulava respostas relacionadas às questões referentes à proteção de dados pessoais e privacidade.

diagnosticou que a interpretação, aqui, deve ser realizada de forma restritiva, ou seja, somente dados imediatamente relacionados à conclusão das obrigações contratuais partilhadas é que serão entendidas como lícitas. Assim, em um contrato de compra e venda *online*, há necessidade de processamento de dados relacionados à identificação e endereço do comprador, bem como informações do seu cartão de crédito.[457] O levantamento de informações por instituições financeiras em relação a um determinado sujeito, anteriormente à concessão de crédito, também seria contemplado nesta hipótese legal.[458] Processamentos que exorbitam o objeto contratual – como ocorre com a perfilização do usuário com base em cliques – são, assim, reputados ilegítimos, não contemplados nesse inciso da LGPD;

- A quinta hipótese refere-se ao exercício regular de direitos em processo judicial, administrativo ou arbitral. Trata-se, em verdade, de hipótese que garante a própria consolidação do princípio da ampla defesa,[459] pedra basilar do ordenamento. Em demandas trabalhistas, por exemplo, seria bastante despropositado proibir que o antigo empregador não pudesse se utilizar de dados pessoais coletados do empregado reclamante, sobretudo considerando a necessidade de construção

---

[457] "*Example 9: Customer disappears with car purchased on credit. A customer fails to pay for the instalments that are due on an expensive sports car purchased on credit, and then 'disappears'. The car dealer contracts a third-party 'collection agent'. The collection agent carries out an intrusive 'law-enforcement style' investigation, using, among others, practices such as covert video-surveillance and wire-tapping. Although the interests of the car dealer and the collection agent are legitimate, the balance does not tip in their favour because of the intrusive methods used to collect information, some of which are explicitly prohibited by law (wire-tapping). The conclusion would be different if, for instance, the car dealer or the collection agent only carried out limited checks to confirm the contact details of the data subject in order to start a court procedure*" (EUROPEAN COMMISSION (EC). *Opinion 06/2014 on the notion of legitimate interests of the data controller under Article 7 of Directive 95/46/EC*. 9 abr. 2014, p. 1–68, p. 61. Disponível em: https://ec.europa.eu/justice/article-29/documentation/opinion-recommendation/files/2014/wp217_en.pdf. Acesso em: 20 dez. 2020).

[458] VIOLA, Mario; TEFFÉ, Chiara Spadaccini de. Tratamento de dados pessoais na LGPD: estudo sobre as bases legais dos artigos 7º e 11. *In*: RODRIGUES JR., Otavio Luiz; MENDES, Laura Schertel; DONEDA, Danilo; SARLET, Ingo Wolfgang. *Tratado de Proteção de Dados Pessoais*. Rio de Janeiro: Forense, 2021. p. 117–148.

[459] "Por ampla defesa deve-se entender o asseguramento que é feito ao réu de condições que lhe possibilitem trazer para o processo todos os elementos tendentes a esclarecer a verdade. É por isso que ela assume múltiplas direções, ora se traduzindo na inquirição de testemunhas, ora na designação de um defensor dativo, não importando, assim, as diversas modalidades, em um primeiro momento" (BASTOS, Celso Ribeiro. *Curso de Direito Constitucional*. São Paulo: Celso Bastos Editor, 2002, p. 388).

de sua tese de defesa (desde que, claro, os dados tenham relação estrita com o desempenho da função e não sejam de natureza sensível);
- A sexta e a sétima hipóteses estão relacionadas à proteção da vida e à tutela da saúde. Nelas, a aplicação do preceito legal deve ser excepcional, ou seja, apenas quando o processamento for efetivo e imediatamente relacionado ao direito fundamental à vida. Um caso ilustrativo e que parece dialogar com a intenção, aqui, do legislador é a obtenção de dados de geolocalização de celulares com a fim de localizar desaparecidos em desastres ou outros incidentes graves, como sequestros[460] ou nos recentes empenhos governamentais para contenção do avanço da pandemia da covid-19.[461] A vida e/ou saúde, nesse cenário, parece estar diretamente ligada à necessidade de coleta de informações do indivíduo e justifica a mitigação da proteção de dados, a despeito da eventual ausência de consentimento.

Note-se que a abrangência deste inciso, que sequer discrimina o que seria a "tutela da saúde", não deve ser encarada como uma carta de permissão para a coleta e tratamento de quaisquer dados relacionados à higidez física ou mental do indivíduo – o que poderia legitimar violações à privacidade cometidas por planos de saúde, por exemplo, que abastecem grandes bancos de dados para melhor dimensionar a *álea* dos contratos que celebram ou pretendem entabular com os segurados. É, em síntese, uma base que formaliza a proteção à vida e à saúde como bem jurídico superior à tutela da privacidade – algo já facilmente extraído a partir do juízo de ponderação[462] de valores constitucionais.

Capítulo à parte, para o presente trabalho, são as três próximas bases legais que justificam o processamento de dados, quais sejam: (a) a proteção ao crédito; (b) o consentimento; e (c) o legítimo interesse do controlador. As estratégias inteligência empresarial (*marketing analytics*) somente se justificam, legalmente, por meio da ciência e autorização

---

[460] LIMA, Caio César C. Seção I – Dos Requisitos para o Tratamento de Dados Pessoais. *In*: MALDONADO, Viviane Nóbrega; BLUM, Renato Opice (coord.). *LGPD Lei Geral De Proteção De Dados*. São Paulo: Revista dos Tribunais, 2019. p. 179–186.

[461] VIOLA, Mario; TEFFÉ, Chiara Spadaccini de. Tratamento de dados pessoais na LGPD: estudo sobre as bases legais dos artigos 7º e 11. *In*: RODRIGUES JR., Otavio Luiz; MENDES, Laura Schertel; DONEDA, Danilo; SARLET, Ingo Wolfgang. *Tratado de Proteção de Dados Pessoais*. Rio de Janeiro: Forense, 2021, p. 117–148, p. 137.

[462] A respeito do juízo de ponderação: AVILA, Humberto. *Teoria dos Princípios*. São Paulo: Malheiros, 2003.

do titular para coleta e processamento dos seus dados; a partir de um interesse legítimo do controlador, exercido a por meio de um juízo de proporcionalidade entre interesses e valores; ou para resguardar o crédito, sob o pretexto de proteção econômica do mercado.

Em maiores minúcias, aprofunda-se.

Em primeiro, a base legal do consentimento representa o "instrumento de manifestação individual no campo dos direitos da personalidade e tem o papel de legitimar que terceiros utilizem, em alguma medida, os dados de seu titular".[463] A manifestação deve, no entanto, ser livre, específica, informada e explícita, de modo a atestar a correspondência entre o elemento volitivo e o câmbio das informações pessoais do titular.

Livre significa a possibilidade de o sujeito aceitar, ou não, a utilização dos seus dados sem intervenções que viciem o seu consentimento.[464] Ou seja, a manifestação do agente deve decorrer da expressão da sua vontade, isenta da interferência de dolo, erro, coação, estado de perigo e lesão. Note-se, neste aspecto, que a LGPD determina que nos casos em que o tratamento figurar como condição para o fornecimento de bens ou serviços, há necessidade de informar o titular, de forma destacada, bem indicar os meios de exercício dos seus direitos.

Específico e informado são requisitos que dialogam entre si. Específico é o consentimento destinado e uma função pré-estabelecida, que, por conseguinte, deve ser explicitada ao titular, para o exercício da ponderação e manifestação não viciado do consentimento. Ou seja: "a informação é fator determinante para a expressão de um consentimento livre e consciente, direcionado a um tratamento específico, para determinado agente e sob determinadas condições".[465]

Por fim, o consentimento deve ser explícito, inequívoco – não ambíguo. Ressalte-se que a legislação impõe o dever de que a manifestação do titular seja fornecida por escrito ou outro meio que demonstre,

---

[463] VIOLA, Mario; TEFFÉ, Chiara Spadaccini de. Tratamento de dados pessoais na LGPD: estudo sobre as bases legais dos artigos 7º e 11. *In*: RODRIGUES JR., Otavio Luiz; MENDES, Laura Schertel; DONEDA, Danilo; SARLET, Ingo Wolfgang. *Tratado de Proteção de Dados Pessoais*. Rio de Janeiro: Forense, 2021, p. 117–148, p. 120.

[464] VIOLA, Mario; TEFFÉ, Chiara Spadaccini de. Tratamento de dados pessoais na LGPD: estudo sobre as bases legais dos artigos 7º e 11. *In*: RODRIGUES JR., Otavio Luiz; MENDES, Laura Schertel; DONEDA, Danilo; SARLET, Ingo Wolfgang. *Tratado de Proteção de Dados Pessoais*. Rio de Janeiro: Forense, 2021, p. 117–148, p. 121.

[465] VIOLA, Mario; TEFFÉ, Chiara Spadaccini de. Tratamento de dados pessoais na LGPD: estudo sobre as bases legais dos artigos 7º e 11. *In*: RODRIGUES JR., Otavio Luiz; MENDES, Laura Schertel; DONEDA, Danilo; SARLET, Ingo Wolfgang. *Tratado de Proteção de Dados Pessoais*. Rio de Janeiro: Forense, 2021, p. 117–148, p. 123.

efetivamente, a sua manifestação de vontade, não podendo ser extraído de forma tácita, pela omissão. Caixas de texto pré-selecionadas (que exigem, para negativa da coleta, uma ação do titular), denominado *opt-out*, não se conformam às exigências dispostas na legislação no tocante ao adjetivo inequívoco.

A importância de uma correta aplicação da base legal do consentimento decorre não apenas das lacunas interpretativas que ela representa, vez que a correspondência entre o elemento volitivo do titular não é facilmente assimilada com a coleta e o tratamento dos dados, mas, sim, com a obtenção de um bem ou serviço que dá suporte à relação entre o titular e o controlador. Ela advém, sobretudo, do fato do ônus da prova de demonstração da obtenção do consentimento em conformidade com a Lei ser do controlador, conforme dispõe o artigo 8º, §2º.

Em segundo, a Lei disciplina a base do legítimo interesse, constituída para "possibilitar tratamento de dados importantes, vinculados ao escopo de atividades praticadas pelo controlador, e que encontrem justificativa legítima".[466]

O primeiro passo para avaliação do encaixe desta base legal é verificar se o interesse do controlador se alia a uma finalidade legítima, que não contraria outros comandos legais e/ou regulatórios. A finalidade perseguida, também, deve servir de apoio à promoção das atividades do controlador, ancorada em uma situação em concreto, não abstrata.[467] Em outros termos, segundo o Parecer nº 06/2014 do WP29 para Proteção de Dados da União Europeia (que serviu de base para o texto da GDPR), o interesse do controlador no gerenciamento dos dados deve ser *lícito* (ou seja, não contrarie frontalmente a legislação), definido de forma apta a permitir a realização do teste da ponderação em relação aos interesses e aos direitos fundamentais do titular (ou seja, deve ser suficientemente específico), e representado por um interesse real e atual (não deve ser especulativo).[468]

---

[466] VIOLA, Mario; TEFFÉ, Chiara Spadaccini de. Tratamento de dados pessoais na LGPD: estudo sobre as bases legais dos artigos 7º e 11. *In*: RODRIGUES JR., Otavio Luiz; MENDES, Laura Schertel; DONEDA, Danilo; SARLET, Ingo Wolfgang. *Tratado de Proteção de Dados Pessoais*. Rio de Janeiro: Forense, 2021, p. 117–148, p. 127.

[467] VIOLA, Mario; TEFFÉ, Chiara Spadaccini de. Tratamento de dados pessoais na LGPD: estudo sobre as bases legais dos artigos 7º e 11. *In*: RODRIGUES JR., Otavio Luiz; MENDES, Laura Schertel; DONEDA, Danilo; SARLET, Ingo Wolfgang. *Tratado de Proteção de Dados Pessoais*. Rio de Janeiro: Forense, 2021, p. 117–148, p. 128.

[468] EUROPEAN COMMISSION (EC). *Opinion 06/2014 on the notion of legitimate interests of the data controller under Article 7 of Directive 95/46/EC*, 9 abr. 2014, p. 1–68, p. 61. Disponível em: https://ec.europa.eu/justice/article-29/documentation/opinion-recommendation/files/2014/wp217_en.pdf. Acesso em: 20 dez. 2020.

A segunda etapa é de demonstração de que os dados coletados são realmente necessários ao fim pretendido, em apreço ao dever de minimização.[469]

Por fim, no terceiro momento, fala-se em balanceamento entre os impactos sobre o titular e as suas legítimas expectativas. A ideia, aqui, é verificar se o uso dos dados se encontra dentro das legítimas expectativas do titular: ou seja, o processamento deve ser compatível com o contexto que originou a coleta. Ainda, é essencial dimensionar a forma como os titulares serão impactados pelo uso dos seus dados, considerando-se, sobretudo, repercussões negativas em termos de discriminação e violação às facetas de autonomia (liberdades e direitos fundamentais).[470] É certo que a configuração deste inciso tem maior aderência nos casos em que exista uma relação legítima entre o titular dos dados e o controlador, como quando o titular é cliente, por exemplo.

Isto porque, segundo o órgão consultivo europeu, os responsáveis pelo tratamento podem ter um interesse legítimo acerca das preferências dos respetivos clientes, objetivando personalizar, com maior assertividade, as suas ofertas e, em última análise, disponibilizar produtos e serviços que satisfaçam melhor as necessidades e desejos. Mas não é só. Alguns outros exemplos também parecem atrair a base do legítimo interesse, tais como: (i) tratamento de dados relacionados à prevenção e controle de fraudes, ou para assegurar a segurança da rede e dos sistemas informáticos de determinada instituição; (ii) segurança e melhoria de bens e serviços; (iii) envio de *e-mails* com descontos específicos referentes a produtos buscados por determinado usuário ou com base no seu histórico de compras.[471]

Nesse sentido, na jurisprudência da União Europeia, outros exemplos[472] dialogam com a base legal do legítimo interesse:

---

[469] BIONI, Bruno. Legítimo interesse: aspectos gerais a partir de uma visão obrigacional. *In*: RODRIGUES JR., Otavio Luiz; MENDES, Laura Schertel; DONEDA, Danilo; SARLET, Ingo Wolfgang. *Tratado de Proteção de Dados Pessoais*. Rio de Janeiro: Forense, 2021, p. 163–176, p. 165.

[470] BIONI, Bruno. Legítimo interesse: aspectos gerais a partir de uma visão obrigacional. *In*: RODRIGUES JR., Otavio Luiz; MENDES, Laura Schertel; DONEDA, Danilo; SARLET, Ingo Wolfgang. *Tratado de Proteção de Dados Pessoais*. Rio de Janeiro: Forense, 2021, p. 163–176, p. 166.

[471] VIOLA, Mario; TEFFÉ, Chiara Spadaccini de. Tratamento de dados pessoais na LGPD: estudo sobre as bases legais dos artigos 7º e 11. *In*: RODRIGUES JR., Otavio Luiz; MENDES, Laura Schertel; DONEDA, Danilo; SARLET, Ingo Wolfgang. *Tratado de Proteção de Dados Pessoais*. Rio de Janeiro: Forense, 2021, p. 117–148, p. 128.

[472] COTS, Marcio; OLIVEIRA, Ricardo (coord.). *O legítimo interesse e a LGPDP*. São Paulo: Revista dos Tribunais, 2020.

Quadro 4 – Jurisprudência europeia do legítimo interesse

JULGADO	CONCLUSÃO
TJUE (Segunda secção – 4 de maio de 2017 ECJ/2017/148).	O caso refere-se aos danos causados por um passageiro de táxi que, ao abrir a porta, causou danos em um bonde, na cidade de Riga. Após a negativa da seguradora de ressarcimento do prejuízo causado pelo passageiro, a empresa proprietária do bonde se dirigiu até a Polícia Nacional, solicitando dados completos do responsável pelos prejuízos, mas a polícia apenas forneceu nome e sobrenome, se recusando a disponibilizar outros dados. O Tribunal da União Europeia, no caso, entendeu que há legítimo interesse que justifica o fornecimento dos dados pessoais de qualquer pessoa que tenha causado danos a outrem, de modo a viabilizar o ajuizamento da cobrança.
Comissão de Controladores Nominativos do Principado de Mônaco (CCNI) – deliberação 2017-206, 20 de dezembro de 2017.	A CCNI reconheceu existir legítimo interesse das empresas no monitoramento do acesso dos funcionários aos seus sistemas de informação. Há necessidade, contudo, de amparar esta coleta de dados em uma das seguintes razões: (i) otimização efetiva do trabalho dos funcionários; (ii) segurança e proteção do funcionamento técnico da rede; (iii) preservação de interesses econômicos ou comerciais do controlados; (iv) prevenção de atividades ilegais.
Agência de Proteção de Dados Dinamarquesa (Datatilsynet) – 17 de junho de 2014.	Uma cidadã queixou-se da divulgação de fotos e informações da sua residência em um *site* de venda de imóveis. Neste caso, a Agência Dinamarquesa reconheceu que existe legítimo interesse da imobiliária na divulgação de dados não sensíveis relevantes para estimular a venda do bem.
Agência de Proteção de Dados da Grécia (HDPA) – 17 de outubro de 2016. Decisão 98/2015	Um indivíduo sofreu um grave acidente em sua residência e decidiu processar a construtora, por negligência. Os advogados da ré solicitaram os arquivos médicos do demandante, de modo a conhecer o seu histórico médico (que poderia servir como tese defensiva). Nessa hipótese, a HDPA entendeu que os dados solicitados estavam calçados no legítimo interesse, vez que pertinentes para a atuação em um processo judicial. Note-se, aqui, que no caso da LGPD há um inciso específico que contemplaria essa ocorrência.

Fonte: Elaborado pelo autor.

É perceptível a abrangência do uso da base do legítimo interesse. Com o exercício da ponderação, ele também poderá assegurar a regularidade no tratamento de dados pessoais de clientes para a formatação de estratégias de *marketing analytics*, não viabilizando, contudo, que os responsáveis pelo tratamento monitorem indevidamente atividades *online*, combinando grandes volumes de dados, provenientes de diferentes fontes e recolhidos inicialmente noutros contextos e para outros fins.

No Reino Unido, a ANPD reconheceu como cabível a aplicação do legítimo interesse na hipótese de um cliente, devedor de uma quantia a uma instituição financeira, que mudou de residência sem notificar o seu credor. Ao banco, nesse caso, foi dado o direito de contratar uma agência de cobranças de dívidas para localizar o devedor, fornecendo, para tanto, os dados do indivíduo inadimplente.[473]

Infere-se, a partir dessa descrição e dos exemplos citados, que a hipótese do legítimo interesse é bastante ampla e maleável, criada especificamente para resguardar interesses do mercado e não engessar o desenvolvimento econômico e tecnológico percebido por meio do gerenciamento da *Big Data*.

Por fim, em terceiro, tem-se a base legal de proteção ao crédito. Nela, espera-se que os tratamentos "realizados busquem ampliar e facilitar a concessão de crédito, melhorar as análises de risco e impulsionar o mercado de consumo".[474] Sua configuração se ampara não apenas na coleta de dados relativos à inadimplência do consumidor (cadastros negativos de crédito), mas também em sua adimplência (cadastro positivo) e demais informações aptas a assegurar um melhor dimensionamento do risco econômico das transações negociais.[475]

A dicção dos dispositivos, referentes às três bases acima referenciadas, parece traduzir uma intenção: a privacidade não servirá mais aos mandos e desmandos do mercado. Há de haver equilíbrio entre

---

[473] VIOLA, Mario; TEFFÉ, Chiara Spadaccini de. Tratamento de dados pessoais na LGPD: estudo sobre as bases legais dos artigos 7º e 11. *In*: RODRIGUES JR., Otavio Luiz; MENDES, Laura Schertel; DONEDA, Danilo; SARLET, Ingo Wolfgang. *Tratado de Proteção de Dados Pessoais*. Rio de Janeiro: Forense, 2021, p. 117–148, p. 132.

[474] VIOLA, Mario; TEFFÉ, Chiara Spadaccini de. Tratamento de dados pessoais na LGPD: estudo sobre as bases legais dos artigos 7º e 11. *In*: RODRIGUES JR., Otavio Luiz; MENDES, Laura Schertel; DONEDA, Danilo; SARLET, Ingo Wolfgang. *Tratado de Proteção de Dados Pessoais*. Rio de Janeiro: Forense, 2021, p. 117–148, p. 137.

[475] FRAJHOF, Isabella; MANGETH, Ana Lara. As bases legais para o tratamento de dados pessoais. *In*: MULHOLLAN, Caitlin (coord.). *A LGPD e o novo marco normativo no Brasil*. Porto Alegre: Arquipélago, 2020, p. 65–98, p. 84.

o desenvolvimento econômico e a leitura e catalogação de indivíduos com interesses mercadológicos. Sublinhe-se, neste sentido, a decisão recente da Comissão Nacional de Proteção de Dados da França (CNIL), que condenou o Google a pagar uma multa de 50 milhões de euros em razão de tratamento indevido de dados pessoais para fins de análise comportamental e segmentação de publicidade – o que demonstra um novo caráter repressivo estatal frente aos abusos cometidos a partir do gerenciamento de *Big Data*.

Parece, contudo, que essa atuação legislativa, a despeito de tentar equilibrar os interesses em inovação e proteção da privacidade, peca por vezes na vagueza dos termos e adjetivações, repercutindo em insegurança jurídica, e, consequentemente, judicialização em massa, desestímulo ao *compliance* e desordem regulatória.

Explica-se.

Com relação à base legal do consentimento, verifica-se, em verdade, uma ficção. Há uma expressiva insuficiência desta base legal como foco regulatório, seja sob o aspecto das limitações cognitivas do titular para avaliação adequada das condicionantes envolvidas na autorização da coleta e uso dos dados, seja porque é sintomática a expressiva existência de relações negociais em que a liberdade de escolha do titular é mitigada (a chamada *take it or leave it*[476]).[477]

Ora, diante da racionalidade limitada do ser humano é bastante improvável que os indivíduos tenham aptidão de realizar, de forma efetiva, um exercício de ponderação entre benefícios e riscos envolvidos em uma aceitação para o processamento dos dados. É a *bounded rationality*: a incapacidade de o ser humano absorver, memorizar e processar todas as informações relevantes para um processo legítimo de tomada de decisão.[478]

Além disso, é notável, na psicologia, que o indivíduo tem uma tendência a focar em "benefícios imediatos, o que, de acordo com

---

[476] É a acepção binária do "consentir ou não consentir", que leva o titular a aceitar os custos da transferência dos seus dados pessoais para poder usufruir de um bem ou serviço. (BALKIN, Jack M. Fixing Social Media's Grand Bargain. Hoover Working Group on National Security Technology, and Law. *Aegis Paper Series*, New Haven, nº 1814, p. 1–20, 2018, p. 3).

[477] MENDES, Laura Schertel; FONSECA, Gabriel Campos Soares da. Proteção de dados para além do consentimento: tendências de materialização. *In*: RODRIGUES JR., Otavio Luiz; MENDES, Laura Schertel; DONEDA, Danilo; SARLET, Ingo Wolfgang. *Tratado de Proteção de Dados Pessoais*. Rio de Janeiro: Forense, 2021. p. 73–96.

[478] JOLLS, Christine; SUNSTEIN, Cass; THALLER, Richard. A behavioral approach to law and economics. *Stanford Law Review*, Califórnia, v. 50, p. 1471–1550, 2004, p. 1477 *apud* BIONI, Bruno. *Proteção de dados pessoais*. São Paulo: Forense, 2019, p. 146.

o arranjo e os modelos de negócios da economia informacional, é representado pelo acesso a um produto ou serviço *online*". Ou seja, "(...) deixa-se de sopesar os possíveis prejuízos à privacidade, que são temporariamente distantes. De fato, os possíveis danos com relação à perda do controle sobre as informações pessoais só podem ser experimentados no futuro".[479]

Para comprovar essa teoria, Aleecia M. McDonald e Lorrie Faith Cranor, da Universidade de Stanford, realizaram uma pesquisa de opinião com diversos usuários de internet, segmentando as entrevistas em duas etapas (i) na primeira, por meio de um questionário de formato semiestruturado, foram realizadas perguntas mais complexas, com um número reduzido de voluntários; (ii) na segunda, os resultados da primeira etapa foram testados mediante um novo formulário de perguntas, totalmente estruturado, para alcançar um número considerável de entrevistados e aumentar a amostra do estudo empírico.[480]

Nas primeiras constatações, verificou-se o baixíssimo conhecimento técnico dos entrevistados para autodeterminar o fluxo dos seus dados. Somente 23% admitiram utilizar navegadores no modo privado, enquanto 50% reconhecerem não usar e 27% não souberam informar. Apenas 17% deletam *cookies*, frente 60% que manifestaram não os excluir. Mesmo dentre aqueles que informaram excluir os *cookies* de navegação, somente 30% mencionaram que tal prática teria relação direta com a proteção à privacidade.[481]

A mesma pesquisa, no entanto, diagnosticou que 64% dos entrevistados consideram invasiva a vigilância sobre suas atividades *online* – o que denota uma certa incompatibilidade: enquanto há um expressivo número de indivíduos preocupados com a proteção dos seus dados pessoais, tem-se, ao mesmo tempo, uma baixíssima importância, no dia a dia, no uso de ferramentas *online* de proteção. Essa contradição é ainda mais acentuada a partir da última parte da pesquisa empírica,

---

[479] BIONI, Bruno. *Proteção de dados pessoais*. São Paulo: Forense, 2019, p. 147.
[480] MCDONALD, Aleecia M.; CRANOR, Lorrie Faith. Beliefs and Behaviors: Internet Users' Understanding of Behavioral Advertising. *In*: RESEARCH CONFERENCE ON COMMUNICATION, INFORMATION AND INTERNET POLICY (TPRC), 1–3 out. 2010, Alexandria. *Proceedings* (...). Alexandria: [s.n.], 1–3 out. 2010. p. 1-31 *apud* BIONI, Bruno. *Proteção de dados pessoais*: a função e os limites do consentimento. São Paulo: Forense, 2019, p. 149.
[481] MCDONALD, Aleecia M.; CRANOR, Lorrie Faith. Beliefs and Behaviors: Internet Users' Understanding of Behavioral Advertising. *In*: RESEARCH CONFERENCE ON COMMUNICATION, INFORMATION AND INTERNET POLICY (TPRC), 1–3 out. 2010, Alexandria. *Proceedings* (...). Alexandria: [S.n.], 1–3 out. 2010. p. 1-31 *apud* BIONI, Bruno. *Proteção de dados pessoais*. São Paulo: Forense, 2019, p. 151.

que revelou que 69% dos entrevistados estavam dispostos a receber um desconto de um dólar em troca da permissão para provedores de internet coletassem seus dados pessoais.[482] Também, a pesquisa publicada por Ben Schott na Bloomberg[483] destaca os altos índices de disposição de venda de informações pessoais pelos titulares, inclusive algumas bastante íntimas, como dados de biometria e atividades em aplicativos de namoro:

Figura 4 – Disponibilidade de venda de dados

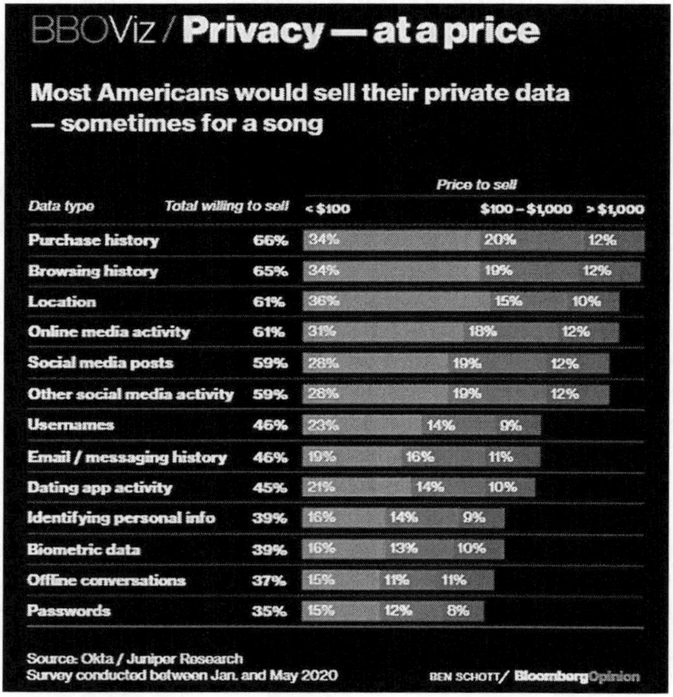

BBOViz / **Privacy — at a price**

Most Americans would sell their private data — sometimes for a song

Data type	Total willing to sell	< $100	$100 – $1,000	> $1,000
Purchase history	66%	34%	20%	12%
Browsing history	65%	34%	19%	12%
Location	61%	36%	15%	10%
Online media activity	61%	31%	18%	12%
Social media posts	59%	28%	19%	12%
Other social media activity	59%	28%	19%	12%
Usernames	46%	23%	14%	9%
Email / messaging history	46%	19%	16%	11%
Dating app activity	45%	21%	14%	10%
Identifying personal info	39%	16%	14%	9%
Biometric data	39%	16%	13%	10%
Offline conversations	37%	15%	11%	11%
Passwords	35%	15%	12%	8%

Source: Okta / Juniper Research
Survey conducted between Jan. and May 2020

BEN SCHOTT / **Bloomberg**Opinion

Fonte: Schott (2020).

---

[482] MCDONALD, Aleecia M.; CRANOR, Lorrie Faith. Beliefs and Behaviors: Internet Users' Understanding of Behavioral Advertising. *In*: RESEARCH CONFERENCE ON COMMUNICATION, INFORMATION AND INTERNET POLICY (TPRC), 1–3 out. 2010, Alexandria. *Proceedings* (...). Alexandria: [S.n.], 1–3 out. 2010. p. 1-31 *apud* BIONI, Bruno. *Proteção de dados pessoais*: a função e os limites do consentimento. São Paulo: Forense, 2019, p. 151.
[483] SCHOTT, Ben. What Price Would You Put on Your Personal Data? *Bloomberg*, [S.l.], 3 jul. 2020. Disponível em: https://www.bloomberg.com/opinion/articles/2020-07-03/personal-data-americans-put-a-low-price-on-privacy. Acesso em: 20 dez. 2020.

Em sentido semelhante, outra pesquisa, da CyberDialogue, dos EUA, atestou que quase 70% dos indivíduos consultados não sabiam que tinham dado seu consentimento para serem incluídos em uma lista de *e-mails* de distribuição de material publicitário, a despeito da existência de uma ferramenta aparentemente lícita de coleta da autorização do indivíduo.[484]

Ou seja, a base legal do consentimento pode não conduzir à autodeterminação informacional. Pelo contrário, ela é estrangulada em uma relação assimétrica[485] e agravada pela baixíssima consciência social sobre os riscos que cercam o mal uso de dados pessoais. Os requisitos impostos pela legislação para conformidade dessa base legal traduzem uma abstração, potencialmente apta a levar à insegurança jurídica e à má-regulação do mercado. Vocábulos como "livre, específico, informado e explícito" possuem baixa carga semântica, podendo ser encaixados em subjetivismos do Poder Judiciário ou de um órgão regulador afastado das peculiaridades de cada nicho de mercado.

Frise-se que não se trata de abandonar a base do consentimento como expressão regulatória da autodeterminação informativa, mas, sim, compreender que a capacidade de avaliação do titular para proteção dos seus dados é questionável, sobretudo em um contexto de massificação do uso das tecnologias de *Big Data*, em que há uma complexa rede de reutilização e agrupamento de dados de bases distintas e para propósitos diferentes.[486]

Não se ignora, nesse aspecto, uma corrente doutrinária que defende, aliada ao conceito de privacidade contextual, o consentimento a partir de uma lógica de compatibilidade entre o anseio do titular e o uso conferido aos dados coletados. Por exemplo, dados referentes à saúde de um paciente, quando compartilhados com outros especialistas médicos para ampliação da capacidade de diagnóstico da enfermidade, encontram suporte na integridade contextual: "o fluxo foi esperado

---

[484] BELLMAN, Steven; JOHNSON, Eric; Lohse, Gerald. To Opt-In Or To Opt-Out? It Depends On The Question. *Communications of the ACM*, New York, v. 44, nº 2, p. 25–27, 2001. Disponível em: https://www.researchgate.net/publication/220425981_To_Opt-in_or_Opt-out_It_Depends_on_the_Question/link/00b49517edbe811b87000000/download. Acesso em: 20 dez. 2020.

[485] BIONI, Bruno. *Proteção de dados pessoais*: a função e os limites do consentimento. São Paulo: Forense, 2019, p. 160.

[486] MENDES, Laura Schertel; FONSECA, Gabriel Campos Soares da. Proteção de dados para além do consentimento: tendências de materialização. *In*: RODRIGUES JR., Otavio Luiz; MENDES, Laura Schertel; DONEDA, Danilo; SARLET, Ingo Wolfgang. *Tratado de Proteção de Dados Pessoais*. Rio de Janeiro: Forense, 2021, p. 73–96, p. 84.

e apropriado. Todavia, caso haja compartilhamento desses mesmos dados a fim de vantagens econômicas, uma quebra dessa integridade contextual já se apresenta mais visível, se não ocorrer em benefício dos interesses do titular".[487] A teoria busca, assim, revitalizar o consentimento como um instrumento legítimo e não mero mecanismo formal, descolado do contexto real,[488] mas, entretanto, não garante a mitigação da expressiva insegurança jurídica que repousa sobre esta hipótese normativa.

Vejam-se, nesse aspecto, inúmeros casos que revelam a discrepância da interpretação de órgãos de fiscalização e do Poder Judiciário acerca da obtenção de um consentimento lícito do titular dos dados:[489]

Quadro 5 – O subjetivismo do consentimento

(continua)

Caso	Apontamentos
Oi vs. SENACON	Nos idos de 2010 a operadora Oi passou a mapear o tráfego de dados dos seus clientes do serviço Oi Velox, a partir de um *software* que criava perfis comportamentais dos usuários, para posterior comercialização com anunciantes, agências de publicidade e portais. Ainda que houvesse, nas políticas e termos de privacidade do serviço, a previsão de instalação de cookies para coleta de dados dos consumidores, a Nota Técnica nº 137/2014[490] da SENACON compreendeu que o fato da opção de ativação do serviço ser pré-selecionada macularia a obtenção de um consentimento livre e informado.

---

[487] MENDES, Laura Schertel; FONSECA, Gabriel Campos Soares da. Proteção de dados para além do consentimento: tendências de materialização. *In*: RODRIGUES JR., Otavio Luiz; MENDES, Laura Schertel; DONEDA, Danilo; SARLET, Ingo Wolfgang. *Tratado de Proteção de Dados Pessoais*. Rio de Janeiro: Forense, 2021, p. 73–96, p. 84.

[488] MENDES, Laura Schertel; FONSECA, Gabriel Campos Soares da. Proteção de dados para além do consentimento: tendências de materialização. *In*: RODRIGUES JR., Otavio Luiz; MENDES, Laura Schertel; DONEDA, Danilo; SARLET, Ingo Wolfgang. *Tratado de Proteção de Dados Pessoais*. Rio de Janeiro: Forense, 2021, p. 73–96, p. 90.

[489] LUCIANO, Maria; BIONI, Bruno. O consentimento como processo: em busca do consentimento válido. *In*: RODRIGUES JR., Otavio Luiz; MENDES, Laura Schertel; DONEDA, Danilo; SARLET, Ingo Wolfgang. *Tratado de Proteção de Dados Pessoais*. Rio de Janeiro: Forense, 2021, p. 149–162, p. 156.

[490] MINISTÉRIO DA JUSTIÇA (MJ). Nota Técnica nº 137/2014-CGCTPA/DPDC/Senacon/MJ. 2014. Disponível em: http://www.mpsp.mp.br/portal/page/portal/cao_consumidor/acervo/SENACON/SENACON_NOTA_TECNICA/Nota%20T%C3%A9cnica%20n%C2%BA%20137-14%20%20TNL%20PCS%20S.A.%20-%20OI-%20mapear%20a%20navega%C3%A7%C3%A3o%20e%20intercepta%C3%A7%C3%A3o%20de%20comunica%C3%A7%C3%B5es-.pdf. Acesso em: 20 dez. 2020.

(conclusão)

MPF vs. Google (ACP nº 25463-45.2016.4.01.4000)	O MPF alegou que o Google realizava escaneamento dos *e-mails* dos usuários do Gmail sem obtenção de consentimento expresso e destacado. A empresa afirmou que nos termos de uso e privacidade do serviço havia a informação do uso questionado pelo MPF, mas o órgão entendeu que o consentimento obtido não era suficiente para o fim o pretendido, não seria "destacado (separado, diferente, apartado)", apto a garantir a regularidade da coleta realizada. Em 1º grau o magistrado compreendeu que o consentimento obtido em um tópico próprio da política de privacidade era expresso e válido.
HSBC vs. Associação Nacional de Defesa da Cidadania e do Consumidor (REsp nº 1348532/SP)	A Corte Superior entendeu abusiva a cláusula inserta em contratos de prestação de serviços de administração de cartão de crédito que permitia ao banco compartilhar dados dos consumidores com outras instituições financeiras e serviços de proteção de crédito. O consentimento obtido pelo contrato, de adesão, não seria livre.
MPF vs. Microsoft (Autos nº 5009507-78.2018.4.03.6100)	Em 2018 o MPF ingressou com uma ACP contra a Microsoft em razão da suposta coleta de dados realizada pelo sistema operacional Windows 10, sem consentimento expresso e destacado, bem como informações claras sobre o tratamento realizado. O consentimento era obtido por meio do aceite geral nos Termos de Licença do Produto e na Política de Privacidade. A Justiça paulista determinou que a Microsoft adequasse o sistema para que o usuário pudesse, de forma simples e fácil, optar pelo não fornecimento de dados pessoais à empresa.
SENACON vs. Facebook (Processo nº 08012.000723/2018-19)	Em razão do escândalo da CAMBRIDGE ANALYTICA, a SENACON instaurou um procedimento para apurar a violação de dados dos usuários da rede social. O órgão multou a empresa em R$ 6,6 milhões, em razão da ausência do uso do modelo de coleta de consentimento *opt-in* (aquele que exige que o titular selecione uma opção, não seja apenas submetido à caixas pré-selecionadas).

Fonte: Elaborado pelo autor.

Muitos dos casos acima assinalados são, destaca-se, anteriores à LGPD – ou seja, são pretéritos à existência inquestionável de um dever legal expresso de obtenção de um consentimento livre, informado e inequívoco por todos os *players* do mercado. Se antes mesmo da formatação de um alicerce legislativo na matéria já era possível extrair um subjetivismo, que deságua na insegurança jurídica para o mercado, agora, com a vigência da LGPD e ampliação de processos judiciais e administrativos pelo país afora, a base do consentimento possivelmente se tornará ainda mais frágil, uma ficção.

Ocorre, ao revés, que a despeito dessa potencial insegurança jurídica, repousada sobretudo na dificuldade de alocação do consentimento dentro dos inúmeros adjetivos que o cercam, é possível constatar-se, nesta fase inicial de vigência da LGPD, uma expressiva utilização desta base legal para legitimar o processamento de dados pessoais no Brasil. Dos dez *sites* mais visitados no país,[491] três[492] deles amparam sua coleta e rastreamento via *cookies* a partir de uma autorização do titular, obtida por meio de *pop-ups* que saltam à tela já no primeiro contato do usuário com o *site*. Em boa parte deles, hoje, inclusive, há um desenho de consentimento baseado em comportamentos concludentes: se o indivíduo permanece navegando no *site*, entende-se que consentiu com a coleta e rastreamento *online* – algo absolutamente questionável a partir de uma leitura teleológica da LGPD.

Para além disso, com relação ao legítimo interesse, trata-se de uma base legal ancorada em dois conceitos jurídicos indeterminados (legítimo interesse e legítima expectativa), o que aumenta o campo da insegurança. A despeito das etapas analíticas elaboradas pelo WP29, elogiáveis por tentar sistematizar o conceito, ainda assim inúmeros enquadramentos contextuais dependem de um juízo bastante pessoal e complexo do julgador ou do órgão de controle. Note-se, acerca das estratégias de publicidade comportamental, os liames de enquadramento do legítimo interesse, a partir do esquema desenvolvido por Bruno Bioni:[493]

---

[491] São eles: Google, Globo, Facebook, UOL, Youtube, XVIDEOS, Google.br, Mercado Livre, Wikipedia, Instagram. (DE NOTÍCIAS à entretenimento, confira os 100 sites mais visitados no Brasil. *TI Inside*, São Paulo, 26 out. 2021. Disponível em: https://tiinside.com.br/26/10/2021/de-noticias-a-entretenimento-confira-os-100-sites-mais-visitados-no-brasil/. Acesso em: 6 jul. 2022).

[492] São eles: UOL, Globo e Mercado Livre.

[493] BIONI, Bruno. Legítimo interesse: aspectos gerais a partir de uma visão obrigacional. *In*: RODRIGUES JR., Otavio Luiz; MENDES, Laura Schertel; DONEDA, Danilo; SARLET, Ingo Wolfgang. *Tratado de Proteção de Dados Pessoais*. Rio de Janeiro: Forense, 2021, p. 163–176, p. 171.

Figura 5 – Legítimo interesse e a matriz de risco

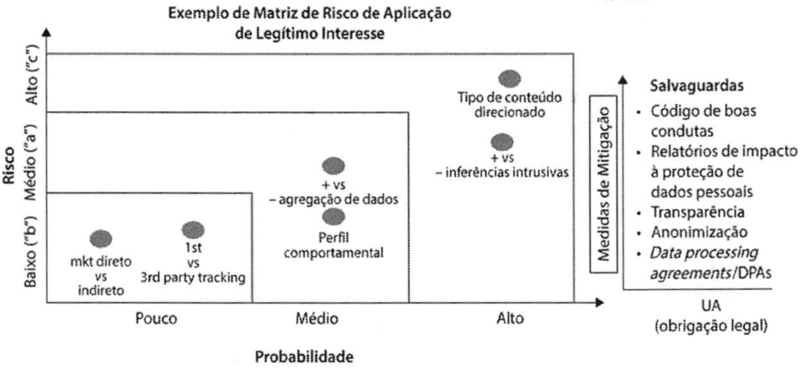

Exemplo de Matriz de Risco de Aplicação de Legítimo Interesse

- Eixo Y (Risco): Baixo ("b"), Médio ("a"), Alto ("c")
- Eixo X (Probabilidade): Pouco, Médio, Alto
- Pontos no gráfico:
  - mkt direto vs indireto (baixo risco, pouca probabilidade)
  - 1st vs 3rd party tracking (baixo risco, pouca probabilidade)
  - Perfil comportamental (baixo/médio)
  - +vs – agregação de dados (médio)
  - Tipo de conteúdo direcionado (alto risco, médio)
  - +vs – inferências intrusivas (médio risco, alto)

Medidas de Mitigação → **Salvaguardas**
- Código de boas condutas
- Relatórios de impacto à proteção de dados pessoais
- Transparência
- Anonimização
- *Data processing agreements*/DPAs

UA (obrigação legal)

Fonte: Bioni (2021, p. 171).

O autor propõe que nos casos de *marketing* baseado nos históricos de compras do cliente e também naqueles fundados em movimentos de interesse do consumidor por determinado bem/serviço (cliques em determinada página, por exemplo), haverá um risco menor à privacidade do consumidor e, também, de compreensão de inaplicabilidade do legítimo interesse, na medida em que a equação legítima expectativa do titular vs. legítimo interesse do controlador parece pender para a regularidade no tratamento. O risco vai aumentando conforme a perfilização do consumidor vai sendo potencializada e dados de diversas fontes agremiados, bem como nos casos em que o tipo de conteúdo direcionado pela estratégia de *marketing* tem relação direta com dados de natureza sensível (relativos à sexualidade, por exemplo).

O esquema, que se alia ao parecer anteriormente analisado, tem forte aderência aos dispositivos da Lei, mas não assegura, de forma indene, que o julgador não interprete a legítima expectativa do titular de forma diversa, compreendendo pela incompatibilidade de um clique em uma página e o posterior recebimento de publicidade relacionada a este conteúdo acessado. A linha, aqui, é tênue e a Lei não prevê – e nem poderia prever – a gama de situações fáticas possivelmente alcançadas pela regra.

Por fim, em sentido semelhante, é a base legal da proteção ao crédito, que pouco diagnostica qual é o limite lícito de atuação das empresas para mitigação dos seus riscos negociais. Não se desconsidera, por certo, que a interpretação da Corte Superior sobre o tema, estampada no REsp nº 1.419.967/RS (julgamento do *Credit Scoring*),[494] pode servir de baliza de atuação para os controladores e operadores no processamento de dados pessoais alicerçados para este fim. Todavia, considerando-se que a LGPD é posterior à interpretação apresentada pelo STJ, não é de todo impensável que órgãos de controle, e o próprio Poder Judiciário, revelem uma tendência mais restritiva de aplicação desta base legal, suscitando que somente dados imediatamente relacionados à inadimplência e ao crédito é que poderão legitimar o uso da base prevista no inciso X.

Noutras palavras, para além da insegurança jurídica decorrente da densa adjetivação que acompanha a base legal do consentimento, tanto o legítimo interesse, quanto a proteção ao crédito, abre margens para uma hermenêutica conflitiva com a inovação pretendida pelo uso de dados pessoais nas estratégias de *marketing analytics* (principalmente no Poder Judiciário). As disposições da LGPD, para que não representem um entrave desproposital aos atores privados (decorrente da disparidade entre as interpretações possíveis da Lei), devem vir, necessariamente, acompanhadas de uma estrutura regulatória transformadora e policontextual, focalizada em assegurar um ambiente seguro, mas dinâmico, para a proteção de dados pessoais e fomento à inovação.

Como adiante minudenciado, para a temática, é necessário fugir "da perspectiva tradicional, limitada ao modelo binário proibir/permitir atividades",[495] na medida em que a Lei, por si só, é insuficiente, enquanto fonte direta, para regular de forma dinâmica e eficaz os avanços ocorridos no *ciberespaço*.[496] O próprio MCI e, em alguma medida, o CDC já enumeravam gatilhos para o exercício do direito à proteção de dados pessoais – e tiveram baixíssima repercussão na prática.

A LGPD, nesse sentido, apresentou a figura da Autoridade Nacional de Dados, órgão de caráter regulador, "responsável por zelar, implementar e fiscalizar o cumprimento desta Lei em todo o território nacional", conforme art. 5º, XIX.[497] Isto porque especialmente

---

[494] Sobre o assunto, vide Capítulo 2.
[495] SOMBRA, Thiago Luis Santos. *Fundamentos da regulação da privacidade e proteção de dados pessoais*. São Paulo: Revista dos Tribunais, 2019, p. 40.
[496] CORRÊA, Adriana Espíndola. *O corpo digitalizado*. Campinas: Conceito Editorial, 2010, p. 314.
[497] BRASIL. Lei nº 13.709, de 14 de agosto de 2018. Lei Geral de Proteção de Dados Pessoais (LGPD). *Diário Oficial da União*, Brasília, 15 ago. 2018a. Disponível em: http://www.planalto.gov.br/ccivil_03/_ato2015-2018/2018/lei/l13709.htm. Acesso em: 14 jun. 2022.

em uma temática que envolve a quase totalidade das relações sociais do cotidiano, a regulação deve exigir uma conduta proativa do Estado, mas não figurar como uma prerrogativa exclusiva e impositiva dos atores estatais – sob pena de, em caso contrário, delegar ao mercado um cenário onde o risco de judicialização excessiva, baixa postura transformadora e interferência estatal desmedida represente um óbice instransponível ao desenvolvimento econômico, e também à própria proteção à privacidade, servindo de desestimulo ao intuito cooperativo, essencial para harmonização dos interesses conflitantes e igualmente valorosos na atualidade.

CAPÍTULO 4

SISTEMA REGULATÓRIO HÍBRIDO: A NECESSIDADE DE UMA ESTRUTURA FLEXIVEL E DE FOMENTO À PARTICIPAÇÃO COOPERATIVA DO SETOR PRIVADO

4.1 Direito e regulação: os paradoxos do direito regulatório convencional

Como visto, no campo da proteção de dados pessoais, a estruturação de um direito regulatório multifacetado, conciliatório e dinâmico, que dialogue com o conteúdo abstrato da norma e seja apto a endossar a dimensão coletiva dos valores protegidos,[498] é imprescindível.

A disciplina legal é incapaz, por si só, de assegurar uma postura transformadora para a cultura de proteção de dados pessoais, seja porque (i) a LGPD (e demais leis que abordam, de forma reflexa ou não, a temática) é carregada de conceitos jurídicos indeterminados e expressões desconectadas da realidade corrente (capazes de potencializar a insegurança jurídica);[499] (ii) a autodeterminação informativa, em uma sociedade digitalizada, é inoperável: não há como saber onde e para quais finalidades estão sendo utilizados seus dados pessoais; e (iii) o

---

[498] ZANATTA, Rafael Augusto Ferreira; SOUZA, Michel Roberto Oliveira de. A tutela coletiva na proteção de dados pessoais: tendências e desafios. *In*: LUCCA, Newton de; LIMA, Cintia Rosa Pereira de. *Direito e Internet IV*: proteção de dados pessoais. São Paulo: Quartier Latin, 2019, p. 1–41, p. 16.

[499] WIMMER, Miriam. Os desafios do enforcement na LGPD: fiscalização, aplicação de sanções administrativas e coordenação intergovernamental. *In*: RODRIGUES JR., Otavio Luiz; MENDES, Laura Schertel; DONEDA, Danilo; SARLET, Ingo Wolfgang. *Tratado de Proteção de Dados Pessoais*. Rio de Janeiro: Forense, 2021, p. 375–388, p. 375.

Poder Judiciário, além de não possuir expertise na matéria, não possui ferramentas diretivas e de estímulo para a adesão dos entes privados ao conteúdo da norma.

Mas se, portanto, a LGPD, isoladamente, é insuficiente[500] (e por vezes um remédio mais amargo que a enfermidade), como formatar o agir estatal, quando os atores regulados são tão plurais, numerosos e diversos entre si?

Cumpre esclarecer, de antemão, que este é um trabalho de Direito Civil, que apenas se utiliza do direito regulatório para construção de uma reflexão mais aprofundada sobre a operacionalização da proteção de dados pessoais. Não é objetivo do presente capítulo esmiuçar diferentes teorias administrativistas, tampouco flexionar conceitos de direito administrativo. Trata-se, tão somente, de um raciocínio e proposta de complementação e operacionalização da LGPD, alicerçada em materiais bibliográficos e modelos práticos implementados recentemente em setores regulados.

Há quem defenda que a regulação teria apenas como objetivo preservar as condições de um dado sistema econômico. Nesta perspectiva restritiva, a atuação estatal estaria focalizada somente em corrigir as "falhas de mercado", assegurando "o equilíbrio interno ao sistema regulado, evitando abusos ou distorções que, em última instância, pudessem comprometer o próprio funcionamento do setor sujeito à regulação".[501]

No entanto, especialmente no Brasil, é expressivo o entendimento de parcela da doutrina de que a função regulatória deve ser mais ampla, na medida em que "se um dos fundamentos da regulação é manter o equilíbrio de um dado mercado, isso não há de impedir que pela atividade regulatória sejam introduzidos objetivos de ordem geral que não seriam alcançados exclusivamente pela ação de livre iniciativa dos agentes econômicos".[502]

A Lei, assim, ao definir um escopo de atuação destinado ao alcance do interesse público, outorga ao regulador o manejo de suas

---

[500] SOMBRA, Thiago Luis Santos. *Fundamentos da regulação da privacidade e proteção de dados pessoais*. São Paulo: Revista dos Tribunais, 2019, p. 53.

[501] MARQUES NETO, Floriano de Azevedo. Finalidades e fundamentos da moderna regulação econômica. *Fórum Administrativo*, Belo Horizonte, v. 9, nº 100, p. 85–93, jun. 2009, p. 90.

[502] MARQUES NETO, Floriano de Azevedo. Finalidades e fundamentos da moderna regulação econômica. *Fórum Administrativo*, Belo Horizonte, v. 9, nº 100, p. 85–93, jun. 2009, p. 90.

competências para atingir esta finalidade. Deverá fazê-lo, para tanto, "arbitrando o ônus de forma viável e equilibrada entre os diferentes agentes atuantes no setor, sopesando obrigações e vantagens competitivas, criando incentivos ou restrições".[503]

Para alcançar essa densa finalidade, o Direito outorga competências orientadas para (i) a aprovação das normas pertinentes (leis, regulamentos, portarias, normas de comportamento); (ii) implementação concreta das regras estabelecidas (autorizações, licenças, injunções, termos de ajustamento de conduta); e (iii) fiscalização do cumprimento pelos agentes regulados e, eventualmente, punição das infrações.[504]

Sabe-se, nesse sentido, que há inúmeras formas de exercer o poder de intervenção estatal e estímulo do setor privado para atuar em observância às normas. No entanto, não se pode ignorar um certo fetichismo doutrinário, uma hipervalorização, em relação à regulação verticalizada (modelo regulatório estatal rígido ou compreensivo), ou seja, ao sistema de comandos, diretrizes e recomendações unilaterais, ou, de forma negativa, na veste de proibições, limitações ou sanções, impostas pelo ente estatal em relação ao ator privado.[505]

Tal modalidade, apesar de ser acompanhada pela coerção estatal e, consequentemente, repercutir em maior temor nos agentes regulados, nem sempre alcança de forma satisfatória o fim pretendido.[506] Há, cada vez mais, a percepção de que o direito da regulação, em seus moldes tradicionais (em uma direção exclusivamente verticalizada, com um Estado em posição superior), pode ser pernicioso, *autossabotador*.

Carl Sunstein, professor da Universidade de Chicago e operador do Comitê de Regulação do governo Obama (2009 – 2012), já na década

---

[503] MARQUES NETO, Floriano de Azevedo. Finalidades e fundamentos da moderna regulação econômica. *Fórum Administrativo*, Belo Horizonte, v. 9, nº 100, p. 85–93, jun. 2009, p. 91.

[504] MOREIRA, Vital. *Auto-regulação professional e administração pública*. Coimbra: Almedina, 1997, p. 37.

[505] GONÇALVES, Pedro Costa. *Reflexões sobre o Estado regulador e o Estado Contratante*. Coimbra: Coimbra, 2013, p. 95.

[506] Trata-se de um "(...) modelo que segue o formato regulatório convencional, com a atuação estatal capitaneando todo o processo de conformação de condutas, implementação de políticas públicas e criação de incentivos, sem espaço para a influência dos atores privados. Em linhas gerais (...) pouco coaduna com a pluralidade de redes de comunicação e sua expressiva capacidade de reagir às escapadas regulatórias dos agentes de mercado" (SWIRE, Peter P.; AHMAD, Kenesa; MCQUAY, Terry. *Foundations of Information Privacy and Data Protection*: a survey of Global Concepts, Laws and Practicies. Portsmouth: International Association of Privacy Professionals (IAPP), 2012 apud SOMBRA, Thiago Luis Santos. *Fundamentos da regulação da privacidade e proteção de dados pessoais*. São Paulo: Revista dos Tribunais, 2019, p. 91).

de 1990, identificou, sob a ótica da economia comportamental, inúmeros paradoxos, estratégias regulatórias falidas,[507] que perpassam desde o conteúdo e extensão da normatização elaborada pelo órgão regulador, até as problemáticas exigências de transparência por vezes impostas. A grande maioria dos paradoxos assinalados, adiante minudenciados, possuem, sugere-se, pontos de expressivo contato com a temática de proteção de dados – o que pode acender um alerta sobre a estrutura de regulação que derivará da LGPD.

O primeiro paradoxo é o de *"overregulation produces underregularion"*, ou seja, a regulação excessiva, rigorosa, por vezes conduz o regulado ao descumprimento dos padrões normativos impostos ou na própria inação da agência reguladora, incapacitada de exercer o controle e fiscalização em um ambiente draconiano.[508] Ainda, a regulação excessiva possui uma maior tendência de ser invalidada pelo Poder Judiciário, sob o pretexto de (i) desatualização do comando normativo frente às circunstâncias fáticas; (ii) confusão no cotejo dos regulamentos diante das situações concretas (normas aparentemente contraditórias entre si); e (iii) violação ao princípio da livre iniciativa e concorrência, ante o engessamento das atividades do setor privado.

Nos EUA, o autor ilustra o seu apontamento a partir do *Clear Air Act* e *Clean Water Act*, de 1982, que possuíam padrões tão rigorosos para redução da poluição do ar e das águas, que paralisaram as atividades da Environmental Protection Agency (incapacitada de concretizar os parâmetros estabelecidos, a agência limitou-se a regular poucas substâncias nocivas ao meio ambiente – foram reguladas apenas 7 substâncias tóxicas, 5 delas em decorrência de ordens judiciais).[509]

Se nos EUA o rigorismo emperrou o adequado desenvolvimento das atividades do órgão regulador, no Brasil, também, são inúmeros os exemplos de intervenção estatal excessiva, que conduzem o mercado para o sentido oposto do esperado. É o caso da política de reajustes por anos adotada pela Agência Nacional de Saúde (ANS) para os planos de saúde individuais, que criava um índice máximo de reajuste dos planos.

---

[507] SUNSTEIN, Cass R. Paradoxes of regulatory state. *The University of Chicago Law Review*, Chicago, v. 57, p. 407–441, 1990, p. 412. Disponível em https://core.ac.uk/download/pdf/234129991.pdf. Acesso em: 15 abr. 2021.

[508] SUNSTEIN, Cass R. Paradoxes of regulatory state. *The University of Chicago Law Review*, Chicago, v. 57, p. 407–441, 1990, p. 414. Disponível em https://core.ac.uk/download/pdf/234129991.pdf. Acesso em: 15 abr. 2021.

[509] SUNSTEIN, Cass R. Paradoxes of regulatory state. *The University of Chicago Law Review*, Chicago, v. 57, p. 407–441, 1990, p. 414. Disponível em https://core.ac.uk/download/pdf/234129991.pdf. Acesso em: 15 abr. 2021.

De acordo com cálculos da "FenaSaúde, de 2008 a 2018 os reajustes autorizados pela ANS para os planos individuais totalizaram 155%. No entanto, as despesas assistenciais per capita atingiram 192% no mesmo período".[510] O comando regulatório, assim, inviabilizou economicamente o serviço, reduzindo a oferta e concorrência, fazendo com que, hoje, segundo o Instituto de Pesquisa Econômica Aplicada (IPEA),[511] essa modalidade de plano assistencial individual tenha um espaço de somente 20% do mercado brasileiro (há, inclusive, cooperativas que sequer oferecem essa modalidade de plano).

No campo da proteção de dados, uma estrutura regulatória alicerçada em bases normativas minuciosas estaria, certamente, fadada ao fracasso. Isto porque um dos pilares do direito regulatório tradicional, a fiscalização e controle pelo órgão regulador, não suportaria a pluralidade – quase infinita – de atores regulados e de situações concretas que deveriam, em tese, estar sob o olhar do órgão estatal.

E mais. A condução de uma regulação excessiva, aliada à incapacidade estrutural de fiscalização, levaria parcela do mercado ao extremo oposto da intenção da norma: preferindo aceitar os riscos de uma penalização, em apreço aos benefícios que a gestão de *Big Data* efetivamente garante ao seu negócio. Esse cenário, inclusive, atrairia uma outra deformidade: grandes empresas, submetidas a um olhar mais minucioso dos órgãos de controle, estariam sob a mira da regulamentação, investindo pesadamente no *compliance*, enquanto outra parcela permaneceria alheia às obrigações impostas, agindo na marginalidade (na medida em que menos fiscalizadas pelo agente estatal). É, *mutatis mutandi*, a chamada regulação assimétrica, quando há "competição entre prestadores sujeitos a incidências regulatórias distintas".[512]

Se por um lado a LGPD exige, para sua adequada implementação, uma estrutura regulatória eficiente e dinâmica, por outro, a regulação

---

[510] LIMA, João Alceu Amoroso. Precisamos falar sobre os planos de saúde individuais. *Estadão*, São Paulo, 24 jul. 2019. Disponível em: https://politica.estadao.com.br/blogs/fausto-macedo/precisamos-falar-sobre-os-planos-de-saude-individuais/. Acesso em: 13 abr. 2021.

[511] Estudo do Ipea aponta que inflação dos planos de saúde é bem superior ao IPCA. *Instituto de Pesquisa Econômica Aplicada (IPEA)*, Brasília, 11 jun. 2019. Disponível em: https://www.ipea.gov.br/portal/index.php?option=com_content&view=article&id=34799. Acesso em: 13 abr. 2021.

[512] MARQUES NETO, Floriano de Azevedo. A nova regulação dos serviços públicos. *Revista de Direito Administrativo*, Rio de Janeiro, v. 228, p. 13–29, abr./jun. 2002, p. 22. Disponível em: http://bibliotecadigital.fgv.br/ojs/index.php/rda/article/view/46521/57635. Acesso em: 13 abr. 2021.

excessiva induz uma disformidade, seja no próprio equilíbrio entre os entes regulados, violando o livre mercado, seja na condução dos atores privados a desobedecer aos comandos excessivos, ou, também, na própria impossibilidade estrutural do órgão para implementar e fiscalizar normas draconianas.

O segundo paradoxo sustentado pelo jurista é o de "*to require the best availabrle technology is to retard technological development*" (exigir a melhor tecnologia disponível pode retardar a inovação), que diagnostica os problemas decorrentes da escolha, pelo órgão regulador, da melhor técnica a ser usada pelo ente regulado em seu nicho de atuação. Sublinhe-se que a padronização normativa dos métodos de atuação conduz a um ambiente de conforto para o regulado, desestimulando o setor privado a encontrar formas mais eficientes e modernas de obtenção do mesmo resultado pretendido pela norma. E mais, por receio de serem submetidos a uma nova alteração da técnica implementada, gerando elevação de custos, é bastante possível que as organizações até mesmo combatam estas novas tecnologias, buscando uma conservação do *status quo*.[513]

Cabe, aqui, um breve parêntese. A imposição estatal de uso de determinados meios tecnológicos, nos termos dispostos no segundo paradoxo, difere do conceito de tecnorregulação. Lawrence Lessig,[514] um dos expoentes de um direito regulatório plural para contextos digitais (formatado a partir do direito, das normas de conduta, do mercado e da arquitetura), defendeu a expressão "*code is law*", que sugere o uso dos códigos pré-definidos, soluções tecnológicas, como reguladores das relações no espaço digital, no sentido de "haver definições de regras base nas interações preditivas, que são a transposição das regras do direito para as soluções técnicas trazidas por *softwares*, por meio de algoritmos, para a eficácia dos imperativos legais".[515]

Dito de outro modo, é uma ideia que parte da premissa que o ciberespaço não pode ser legitimamente "ou efetivamente regulado

---

[513] SUNSTEIN, Cass R. Paradoxes of regulatory state. *The University of Chicago Law Review*, Chicago, v. 57, p. 407–441, 1990, p. 421. Disponível em https://core.ac.uk/download/pdf/234129991.pdf. Acesso em: 15 abr. 2021.

[514] LESSIG, Lawrence. The Law of the Horse. *Harvard Law Review*, Cambridge, v. 113, nº 2, p. 501–549, 1999, p. 505. Disponível em: https://pdfs.semanticscholar.org/e517/6bd3a7783ab4444a0ea3581317aa60ad01a6.pdf?_ga=2.45410020.1348356387.1610308491-799119254.1610308491. Acesso em: 10 jan. 2020.

[515] LIMA, Cintia Rosa Pereira de; PEROLI, Kelvin. *Direito digital*: compliance, regulação e governança. São Paulo: Quartier Latin, 2019, p. 36.

por Estados Nacionais soberanos e que a inexistência de fronteiras geográficas no mundo virtual faria com que não houvesse nenhuma jurisdição, no sentido tradicional do conceito. Para superar esta percepção de imunidade regulatória estatal da internet, Joel Reidenberg, assim como Lawrence Lessig, sustentam um direito regulatório calcado na *lex informática*,[516] como um conjunto de regras voltados sobretudo à própria arquitetura técnica da internet.

Dessa forma, "para que se consiga obter resultados previsíveis de regulação na internet, defende-se que os elaboradores de políticas públicas mudem o foco de regulamentações diretas para regulamentações que influenciem a conformação técnica do ciberespaço".[517] Ou seja, uma aliança entre normatividade, persuasão e desempenho tecnológico do mercado.

É o caso, por exemplo, do uso da criptografia nas aplicações de internet (recomendada pelo Decreto nº 8.771/2016, em seu art. 13, IV). A técnica de escrita em cifra ou código, que impede que outros sujeitos, para além do destinatário da mensagem, possam compreender seu teor, preserva a privacidade e inviabiliza o monitoramento. Isso porque,

> (...) com a disseminação e popularização da Internet, a proteção da privacidade se tornou extremamente importante para cada cidadão, pois seus dados trafegam e podem ser grampeados. Criptografia *é* a chave que permite solucionar tecnologicamente este problema.[518]

Parece elementar que a imposição do uso de determinada tecnologia engessaria a inovação, sobretudo porque são plurais (e rapidamente mutáveis) as soluções dadas pela ciência, bem como difíceis e burocráticas as alterações de regulamento para ajustamento do mercado às mais recentes e sofisticadas tecnologias criadas (um exemplo disso é a recente crítica de obsolescência da segurança oferecida pela criptografia em um contexto de computação quântica). Em outro vértice, a tecnorregulação é uma aliada importante para a conformação dos ambientes

---

[516] A lex informática é um modelo "(...) de governança do ciberespaço, mediante o qual os tomadores de decisão atuariam pautados pelos processos de regulação desenvolvidos tanto pelos atores estatais, quanto pelos técnicos e as normais sociais" (SOMBRA, Thiago Luis Santos. *Fundamentos da regulação da privacidade e proteção de dados pessoais*. São Paulo: Revista dos Tribunais, 2019, p. 51).
[517] FERNANDES, Victor Oliveira. *Regulação de serviços de internet*. Rio de Janeiro: Lumen Juris. 2018, p. 77.
[518] TERADA, Routo. *Segurança dos dados: criptografia em redes de computador*. São Paulo: Edgar Blucher, 2000, p. 8.

digitais, sobretudo por garantir uma modulação dos comportamentos a partir de códigos pré-definidos e não mutáveis.

O terceiro paradoxo revela que *"redistributive regulation harm those at the bottom of the socioeconomic ladder"*, ou seja, técnicas de regulação distributiva por vezes representam prejuízos expressivos para as bases da pirâmide social e econômica. Uma justificativa comum para a intromissão estatal em determinado mercado é evitar a exploração ou a competição injusta entre as partes.[519] Na visão de Sunstein, a despeito dos benefícios distributivos pretensamente assegurados pela regulação, sempre há uma perversidade, um conteúdo autossabotador,[520] que merece ser minuciosamente sopesado para uma adequada condução do mercado regulado.

Um exemplo ilustrativo apresentado são as intervenções estatais no mercado imobiliário, que protegiam sobremaneira os locatários e acabavam por estimular os locadores a saírem deste segmento, prejudicando justamente aqueles que dependiam da oferta de imóveis para a moradia (a parte hipossuficiente supostamente protegida pelo ente regulador).

Claro que essa intervenção de caráter distributivo é complexa e não pode ser reduzida a apenas uma visão. Em grande medida, ela é essencial e justifica a própria estrutura e existência do Estado. Diz o autor, no entanto, que os efeitos deletérios gerados, para uma correta conformação, devem ser acompanhados por um suporte (legal ou administrativo) que reduza o alcance das consequências perniciosas. Assim, por exemplo, a instituição de um aumento da base de salário mínimo somente conduz para uma eficaz harmonização das relações de uma sociedade se acompanhada por um projeto de apoio aos desempregados (na medida em que a elevação do salário mínimo aumenta os custos marginais das contratações, o que pode agravar o desemprego ou emprego informal).

Na proteção de dados, o caráter distributivo pode ser extraído, sobretudo, na vedação legal às condutas discriminatórias oriundas de decisões automatizadas, tomadas por meio da coleta de processamento de dados pessoais. A intenção do legislador, por certo, é legítima,

---

[519] SUNSTEIN, Cass R. Paradoxes of regulatory state. *The University of Chicago Law Review*, Chicago, v. 57, p. 407-441, 1990, p. 421. Disponível em https://core.ac.uk/download/pdf/234129991.pdf. Acesso em: 15 abr. 2021.

[520] SUNSTEIN, Cass R. Paradoxes of regulatory state. *The University of Chicago Law Review*, Chicago, v. 57, p. 407-441, 1990, p. 423. Disponível em https://core.ac.uk/download/pdf/234129991.pdf. Acesso em: 15 abr. 2021.

principalmente considerando-se os altos custos sociais e de trânsito negocial que a má calibração da perfilização dos birôs e das decisões automatizadas pode causar. No entanto, uma política regulatória calçada em subjetivismos, ou em um modelo binário de proibir/permitir, poderá levar o ator privado justamente ao sentido oposto, prejudicando aqueles que a regulação pretendia proteger.

Isto porque é ingenuidade acreditar que os custos negociais serão simplesmente transplantados para a empresa. A concessão de crédito exige uma avaliação prévia dos riscos envolvidos – medida facilitada por meio da obtenção de informação (leitura de dados pessoais). Se a regulação ignora este fato, empurra para a marginalidade (ainda mais) àqueles que deveriam ser os beneficiados por uma regulação distributiva. Nenhuma empresa assumirá para si, sem qualquer contraprestação, os riscos de inadimplência do consumidor, e muito menos correrá o risco de ser submetida a uma multa severa (até 2% do seu faturamento, segundo a LGPD) por contrariar uma regulação verticalizada eventualmente desconectada da realidade corrente.

O quarto paradoxo abordado por Sunstein é o de *"disclosure requirements may make people less informed"*, que, em breves linhas, revela que exigências regulatórias pesadas de transparência na informação conduzem por vezes para um agravamento da má recepção da informação, ou uma recepção defeituosa, pelo público daquele mercado regulado.[521]

Isso ocorre, segundo o autor, quando há uma elevação no fluxo de transmissão de informações, fazendo com que o receptor tenha dificuldade no seu processamento e recorra a heurísticas – procedimentos simples, atalhos cognitivos, que trazem respostas sem grandes esforços e reflexão.

Na proteção de dados, considerando-se a complexidade dos atores e processos envolvidos (coleta, armazenagem, leitura e catalogação), é nítida a incapacidade de o titular exercer plenamente seu percurso volitivo. Como já anteriormente abordado, a cessão de dados pessoais normalmente está atrelada a um benefício imediato (obtenção de um serviço, informação ou produto), de modo que os possíveis prejuízos à privacidade são temporariamente distantes[522] e dificilmente sopesados pelos sujeitos.

---

[521] SUNSTEIN, Cass R. Paradoxes of regulatory state. *The University of Chicago Law Review*, Chicago, v. 57, p. 407–441, 1990, p. 424. Disponível em https://core.ac.uk/download/pdf/234129991.pdf. Acesso em: 15 abr. 2021.
[522] BIONI, Bruno. *Proteção de dados pessoais*. São Paulo: Forense, 2019, p. 147.

O último paradoxo relevante apontado por Sunstein refere-se à independência das agências reguladoras (um dos legados institucionais do período de *New Deal*, nos EUA). A independência é a fase final da delegação. A "delegação permite que sejam superadas assimetrias na informação e aumenta a eficiência da governança em *áreas* técnicas, ao permitir o uso do conhecimento e da experiência, levando a redução dos custos políticos"[523] – assegurando um elevado índice de consistência e credibilidade.

Na realidade prática, no entanto, não são necessárias maiores digressões. Agências reguladoras, nos moldes brasileiros, são suscetíveis à condução política do Poder Executivo, bem como à pressão midiática e de opinião pública. Quando atreladas a determinado governo, estão submetidas às orientações do chefe de estado e dos partidos a ele coligados. Quando afastadas do Poder Executivo, acabam fragilizadas diante da pressão exercida por integrantes do Poder Legislativo.

Nesse sentido, a Lei Geral de Telecomunicações é um exemplo de marco legal que define os limites da participação pública nos processos de implementação de políticas de telecomunicações. Igualmente, esse mesmo diploma demarca as vias pelas quais o Poder Executivo pode determinar os rumos da execução das políticas, com decretos presidenciais e indicações dos componentes do conselho diretor – denotando a conexão umbilical da ANATEL com o Poder Executivo, e sua possível baixa independência.[524]

Relevante para o presente trabalho, a LGPD apresenta-nos a figura da ANPD, órgão integrante da Presidência da República a quem compete:

> I - zelar pela proteção dos dados pessoais, nos termos da legislação;
>
> II - zelar pela observância dos segredos comercial e industrial, observada a proteção de dados pessoais e do sigilo das informações quando protegido por lei ou quando a quebra do sigilo violar os fundamentos do art. 2º desta Lei;

---

[523] FORMAN, John. As agências reguladoras no Brasil e a sua involução. *FGV Energia*, Caderno Opinião, [S.l.], set. 2016. Disponível em: http://www.fgv.br/fgvenergia/coluna_opiniao_john_forman/files/assets/common/downloads/publication.pdf. Acesso em: 13 abr. 2021.

[524] TEIXEIRA, Victor Epitácio Cravo. Agências Reguladoras e o Mito da Independência: uma visão interdisciplinar dos mecanismos institucionais de interação no âmbito da ANATEL. *In*: Encontro Nacional do CONPEDI, 19., 2010, Florianópolis. Anais (...). Florianópolis: CONPEDI; UFSC, 2010, p. 2331-2340, p. 2338.

III - elaborar diretrizes para a Política Nacional de Proteção de Dados Pessoais e da Privacidade;

IV - fiscalizar e aplicar sanções em caso de tratamento de dados realizado em descumprimento à legislação, mediante processo administrativo que assegure o contraditório, a ampla defesa e o direito de recurso;

V - apreciar petições de titular contra controlador após comprovada pelo titular a apresentação de reclamação ao controlador não solucionada no prazo estabelecido em regulamentação;

VI - promover na população o conhecimento das normas e das políticas públicas sobre proteção de dados pessoais e das medidas de segurança;

VII - promover e elaborar estudos sobre as práticas nacionais e internacionais de proteção de dados pessoais e privacidade;

VIII - estimular a adoção de padrões para serviços e produtos que facilitem o exercício de controle dos titulares sobre seus dados pessoais, os quais deverão levar em consideração as especificidades das atividades e o porte dos responsáveis;

IX - promover ações de cooperação com autoridades de proteção de dados pessoais de outros países, de natureza internacional ou transnacional;

X - dispor sobre as formas de publicidade das operações de tratamento de dados pessoais, respeitados os segredos comercial e industrial;

XI - solicitar, a qualquer momento, às entidades do poder público que realizem operações de tratamento de dados pessoais informe específico sobre o âmbito, a natureza dos dados e os demais detalhes do tratamento realizado, com a possibilidade de emitir parecer técnico complementar para garantir o cumprimento desta Lei;

XII - elaborar relatórios de gestão anuais acerca de suas atividades;

XIII - editar regulamentos e procedimentos sobre proteção de dados pessoais e privacidade, bem como sobre relatórios de impacto à proteção de dados pessoais para os casos em que o tratamento representar alto risco à garantia dos princípios gerais de proteção de dados pessoais previstos nesta Lei;

XIV - ouvir os agentes de tratamento e a sociedade em matérias de interesse relevante e prestar contas sobre suas atividades e planejamento;

XV - arrecadar e aplicar suas receitas e publicar, no relatório de gestão a que se refere o inciso XII do caput deste artigo, o detalhamento de suas receitas e despesas;

XVI - realizar auditorias, ou determinar sua realização, no âmbito da atividade de fiscalização de que trata o inciso IV e com a devida observância do disposto no inciso II do caput deste artigo, sobre o tratamento de dados pessoais efetuado pelos agentes de tratamento, incluído o poder público;

XVII - celebrar, a qualquer momento, compromisso com agentes de tratamento para eliminar irregularidade, incerteza jurídica ou situação contenciosa no âmbito de processos administrativos, de acordo com o previsto no Decreto-Lei nº 4.657, de 4 de setembro de 1942;

XVIII - editar normas, orientações e procedimentos simplificados e diferenciados, inclusive quanto aos prazos, para que microempresas e empresas de pequeno porte, bem como iniciativas empresariais de caráter incremental ou disruptivo que se autodeclarem startups ou empresas de inovação, possam adequar-se a esta Lei;

XIX - garantir que o tratamento de dados de idosos seja efetuado de maneira simples, clara, acessível e adequada ao seu entendimento, nos termos desta Lei e da Lei nº 10.741, de 1º de outubro de 2003 (Estatuto do Idoso);

XX - deliberar, na esfera administrativa, em caráter terminativo, sobre a interpretação desta Lei, as suas competências e os casos omissos;

XXI - comunicar às autoridades competentes as infrações penais das quais tiver conhecimento;

XXII - comunicar aos órgãos de controle interno o descumprimento do disposto nesta Lei por órgãos e entidades da administração pública federal;

XXIII - articular-se com as autoridades reguladoras públicas para exercer suas competências em setores específicos de atividades econômicas e governamentais sujeitas à regulação;

XXIV - implementar mecanismos simplificados, inclusive por meio eletrônico, para o registro de reclamações sobre o tratamento de dados pessoais em desconformidade com esta Lei.

Com funções normativas, consultivas e judicantes, a ANPD, em uma estrutura regulatória verticalizada, torna-se crucial para a concretização material da proteção de dados. No entanto, sua estrutura confirma o conteúdo do sexto paradoxo, pecando pela dependência com relação ao Poder Executivo Federal.

Fabrizio Gilardi, professor da Universidade de Zurique, nesse tocante, há muito sistematizou uma proposta de cálculo para obtenção do nível de independência das entidades reguladoras contemporâneas, agregando inúmeros fatores e elementos que, somados, podem chegar ao coeficiente 1,0 – que diagnostica o maior nível de independência.[525]

---

[525] GILARDI, Fabrizio. The Formal Independence of Regulators: A Comparison of 17 Countries and 7 Sectors. *Swiss Political Science Review*, Bern, v. 11, nº 4, p. 139–167, 2005. Disponível em: http://lexenconstitucion2022.cl/uploads/repositorio/b6db182532350c6037bc3f230158b d51d28db20a.pdf. Acesso em: 11 jan. 2021.

Ainda que elaborado em um específico contexto, bastante diferente da realidade brasileira, é certo que a aplicação do cálculo e sua respectiva dosimetria à estrutura da ANPD pode sugerir alguns entraves à independência esperada do órgão regulador. Veja-se o Quadro 6:

Quadro 6 – Metodologia de Gilardi de independência das entidades reguladoras
(continua)

AUTONONOMIA DO DIRETOR (peso: 0,20)	AUTONOMIA DA DIRETORIA GERAL (peso: 0,20)
1) Tempo no cargo: a) 6 a 8 anos (1,0); b) 5 anos (0,8); **c) 4 anos (0,6);** d) Termo fixo, inferior a 4 anos (0,2); e) Sem termo fixo (0).	1) Tempo no cargo: a) 6 a 8 anos (1,0); b) 5 anos (0,8); **c) 4 anos (0,6);**[526] d) Termo fixo, inferior a 4 anos (0,2); e) Sem termo fixo (0).
2) Indicação do diretor-geral: a) Diretoria geral da entidade (1); b) Legislativo e governo (0,75); c) Legislativo (0,5); **d) O governo (0,25);** e) Ministros (0).	2) Indicação do diretor-geral: a) Diretoria geral da entidade (1); b) Legislativo e governo (0,75); c) Legislativo (0,5); **d) O governo (0,25);** e) Ministros (0).
3) Demissão: a) Impossível (1); **b) Possível, por razões não políticas (0,67);** c) Inexistem orientações e comandos sobre os assuntos (0,33); d) Demissão por decisão do governo (0).	3) Demissão: a) Impossível (1); **b) Possível, por razões não políticas (0,67);** c) Inexistem orientações e comandos sobre os assuntos (0,33); d) Demissão por decisão do governo (0).

---

[526] Conforme artigo 55-D, §4º, da LGPD: "Os mandatos dos primeiros membros do Conselho Diretor nomeados serão de 2, de 3, de 4, de 5 e de 6 anos, conforme estabelecido no ato de nomeação" (BRASIL. Lei nº 13.709, de 14 de agosto de 2018. Lei Geral de Proteção de Dados Pessoais (LGPD). *Diário Oficial da União*, Brasília, 15 ago. 2018a. Disponível em: http://www.planalto.gov.br/ccivil_03/_ato2015-2018/2018/lei/l13709.htm. Acesso em: 14 jun. 2022).

(continua)

4) O diretor pode ocupar outros cargos no governo? **a) Não (1);** b) Sim, com permissão do governo (0,5); c) Sim, sem orientações específicas (0).	4) A diretoria geral pode ocupar outros cargos no governo? **a) Não (1);** b) Sim, com permissão do governo (0,5); c) Sim, sem orientações específicas (0).
5) O mandado é renovável? a) Não (1); **b) Sim, somente uma vez (0,5);** c) Sim, mais de uma vez (0).	5) O mandado é renovável? a) Não (1); **b) Sim, somente uma vez (0,5);** c) Sim, mais de uma vez (0).
6) A independência é um requisito para nomeação? a) Sim (1); **b) Não (0).**[527]	6) A independência é um requisito para nomeação? a) Sim (1); **b) Não (0).**
RELAÇÃO COM O GOVERNO E PODER LEGISLATIVO (peso: 0,20)	**AUTONOMIA FINANCEIRA E ORGANIZACIONAL (peso: 0,20)**
7) A independência é formalmente assinalada? a) Sim (1,0); **b) Não (0).**	7) Qual a origem dos recursos da entidade? a) Taxas da indústria regulada (1); b) O governo e as taxas da indústria regulada (0,5); **c) O governo (0).**[528]
8) Obrigações da agência para com o governo: **a) Não existem obrigações formais; (1);**[529] b) Apresentação de relatório anual informativo (0,67); c) Apresentação de relatório anual, para aprovação (0,33); d) A entidade é subserviente ao governo (0).	8) Formas de controle do orçamento: a) Pela própria entidade (1); **b) Por uma controladoria ou outro órgão conexo (0,67);** c) Pela entidade e pelo governo (0,33); d) Pelo governo apenas (0).

---

[527] Segundo o artigo 55-D, §2º, da LGPD: Os membros do Conselho Diretor serão escolhidos dentre brasileiros que tenham reputação ilibada, nível superior de educação e elevado conceito no campo de especialidade dos cargos para os quais serão nomeados" (BRASIL. Lei nº 13.709, de 14 de agosto de 2018. Lei Geral de Proteção de Dados Pessoais (LGPD). Diário Oficial da União, Brasília, 15 ago. 2018a. Disponível em: http://www.planalto.gov.br/ccivil_03/_ato2015-2018/2018/lei/l13709.htm. Acesso em: 14 jun. 2022). .

[528] Por ora, não há definição da forma de custeio da ANPD. Ela foi criada sem aumento de despesa pelo governo.

[529] Há obrigação de elaboração de relatórios, conforme art. 55-J, XII, mas sem indicação de uma subordinação, seja ao governo, seja ao Poder Legislativo.

(conclusão)

9) Obrigações da agência para com o legislativo: **a) Não existem obrigações formais (1);** b) Apresentação de relatório anual informativo (0,67); c) Apresentação de relatório anual, para aprovação (0,33); d) A entidade é subserviente ao governo (0).	9) Quem organiza o formato da organização interna da entidade: a) A entidade (1); b) A entidade e o governo (0,50); **c) O governo (0)**.[530]
10) Quem pode reverter as decisões da entidade, além do Poder Judiciário? **a) Ninguém (1);** b) Órgão especializado (0,67); c) O governo, com restrições (0,33); d) O governo, sem restrições (0).	10) Quem decide sobre recursos humanos da entidade? **a) A entidade (1);** b) A entidade e o governo (0,50); c) O governo (0).
COMPETÊNCIA REGULATÓRIA (peso: 0,20)	
11) Qual instância compete a regulação? a) Somente a entidade (1); b) A entidade e outra autoridade independente (0,75); **c) A entidade e o Poder Legislativo (0,5);** d) A entidade e o governo (0,25). e) A entidade possui apenas competência consultiva (0).	

Fonte: Adaptado de Gilardi (2005).

---

[530] Ainda que recentemente alterada para autarquia, a ANPD ainda não possui estrutura efetivamente autônoma, desvinculada, técnico-burocraticamente e financeiramente, do governo federal.

A partir da metodologia exposta, obtém-se um índice de independência, da ANPD, de 0,58[531] – o que pode reforçar os receios de constituição de uma entidade reguladora dependente de interesses do governo,[532] e sob forte influência política.

Para além desses seis paradoxos, há outros argumentos que evidenciam a impropriedade do uso da regulação exclusivamente verticalizada para a proteção de dados pessoais. São eles:

- Pluralidade indisciplinável por via única: diferentemente da regulação tradicional, onde há uma similaridade entre os atores regulados, a proteção de dados alcança todos os setores do mercado, de modo que a regulação precisa dialogar com as peculiaridades de cada nicho. Por exemplo, a regulamentação pela ANPD, prevista no art. 11 da Lei, referente à possibilidade de uso compartilhado de dados pessoais sensíveis entre controladores com objetivo econômico, não pode ser a mesma para operadoras de planos de saúde, cujo impacto do mal-uso dos dados é muito mais severo (danos negociais, inclusive), e empresas publicidade, que apenas desejam confortar suas estratégias de *marketing* comportamental de forma mais assertiva. Regular atores tão plurais e diversos entre si é uma tarefa bastante complexa, dificilmente alcançada a partir de estruturas estatais burocratizadas;
- Ausência da melhor técnica: considerando-se a pluralidade de atores regulados, é certo que o órgão regulador não possuirá conhecimento técnico suficiente para regular setores tão diversos entre si. O baixo conhecimento do nicho regulado macula a própria credibilidade da regulação, falindo a estratégia regulatória;
- Risco de engessamento, com prejuízos econômicos ao país: normatizar o mercado leva tempo e exige diálogo. Em uma matéria dinâmica e tecnológica, qualquer regulação já nasce aquém da realidade prática, e pode colocar o Brasil em desvantagem competitiva com outras nações. O uso de *Big Data* é imprescindível para a análise de riscos pelo setor privado, tem

---

[531] O cálculo é feito a partir da soma das respostas negritadas, devidamente conformadas em seu peso de relevância para a dosimetria final.

[532] A ANPD atuará em conjunto com o Conselho Nacional de Proteção de Dados Pessoais e da Privacidade (CNPD), entidade de natureza consultiva, que conta com a participação de diversos segmentos sociais relevantes para a regulação da proteção de dados pessoais. No entanto, o poder decisório repousa sobre a diretoria.

função de promover a sustentabilidade e favorece uma melhor assertividade para o setor comercial. A proteção à privacidade deve dialogar com estes benefícios propiciados, e a regulação estabelecida precisa ser flexível e facilmente revista, sob pena de engessar a inovação;

• Confusão regulatória: como visto, a disciplina da proteção de dados pessoais no Brasil constituiu-se como uma colcha de retalhos, disposta em diferentes diplomas. Isto, por si só, atrai elevados riscos de sanções oriundas de diferentes órgãos, mas decorrentes de fatos semelhantes ou conexos – o que aumenta a insegurança jurídica e a dificuldade de conformação do mercado às orientações governamentais. Não se fala, aqui, do pluralismo natural existente no interior da regulação estatal. É certo que há uma pluralidade de subsistemas jurídicos, direcionados para setores especializados. Porém, essas políticas setoriais devem ser inseridas nos propósitos genéricos perseguidos pelo Estado, sobretudo porque medidas e orientações inseridas em dado setor repercutem em outros (ex.: conflitos entre agências reguladoras e o CADE). Ruídos intersistêmicos podem causar conflitos na regulação e comprometer a própria essência e qualidade do ato de regular.[533]

É ilustrativo, nesse contexto, o inquérito instaurado pelo Programa de Proteção e Defesa do Consumidor de Minas Gerais (PROCON/MG), em face das drogarias Araújo, em razão da solicitação indevida de CPFs dos consumidores. A investigação, fundada em dispositivos do CDC, levou a investigada a uma penalidade, em 2018, de R$ 7.930.801,72[534] e denota a provável pluralidade de entidades, no Brasil, que assumirão uma conduta regulatória repressiva para a proteção de dados. Um mesmo episódio, de contrariedade à LGPD, poderá culminar na instauração de procedimentos sancionatórios pela ANPD, por órgãos de proteção ao consumidor, pelo Ministério Público, CADE etc.

Para além de todos estes fatores que obstaculizam a eficácia de uma regulação exclusivamente estatal para a proteção de dados pessoais, tem-se que a dinamicidade do fluxo de dados entre diferentes nações, aspectos da globalização e a ausência de barreiras geográficas

---

[533] OLIVEIRA, Rafael Carvalho Rezende. Governança e análise de impacto regulatório. *Revista de Direito da Procuradoria Geral*, Rio de Janeiro, p. 389–414, 2014, número especial, p. 400.

[534] Posteriormente, foi celebrado um termo de ajustamento de conduta, com a cessação da conduta alegadamente *contra legem* praticada pela rede de farmácias.

na internet, reafirmam a necessidade de repensar a posição e a relação do Direito com a contemporaneidade.

Pode-se afirmar, nesse sentido, que "o Direito, vivido ao longo dos séculos dentro dos limites dos Estados, encontra-se admirado e perdido",[535] tensionado por uma realidade que por vezes já não se comunica com as ferramentas jurídicas tradicionais. O espaço digital, em verdade, inflama a ordem jurídica, e consequentemente a organização regulatória, principalmente considerando-se a ausência de limites físicos e territoriais, peças-chave das jurisdições.[536]

Nesse sentido, sublinhe-se o projeto trackography.org, que a partir do rastreamento dos dados compartilhados por provedores de serviço (principalmente veículos de comunicação), atesta o alto tráfego de dados pessoais pelo mundo. No Brasil, uma consulta à plataforma apresenta-nos inúmeros países que comunicam dados a partir de uma simples visita ao *site* do portal de notícias O Globo. Veja-se:

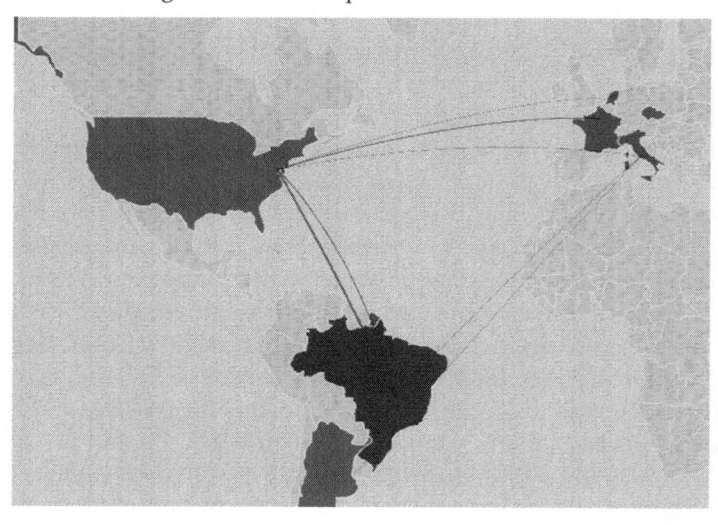

Figura 6 – Dados e percurso internacional

Fonte: Trackography [s.d.].

---

[535] IRTI, Natalino. Biodireito, Tecnodireito e Geodireito. (Trad. de Alfredo Copetti Neto e Karam trindade). *Revista da Faculdade de Direito da Universidade de São Paulo*, São Paulo, v. 102, p. 1171–1191, jan./dez. 2007, p. 1183.

[536] JOHNSON, David; POST, David. Law and borders: the rise of law in cyberspace. *Stanford Law Review*, Stanford, v. 48, p. 1367–1402, 1995, p. 1368. Disponível em: https://www.researchgate.net/publication/220167130_Law_and_Borders_-_The_rise_of_law_in_Cyberspace. Acesso em: 11 jan. 2021.

Ainda, na sequência, a plataforma nos mostra as inúmeras empresas que podem ter acesso aos dados pessoais dos usuários para formatação de suas estratégias empresariais, a partir do acesso ao portal de notícias do jornal O Globo:

Figura 7 – Dados do Jornal O Globo e percurso internacional

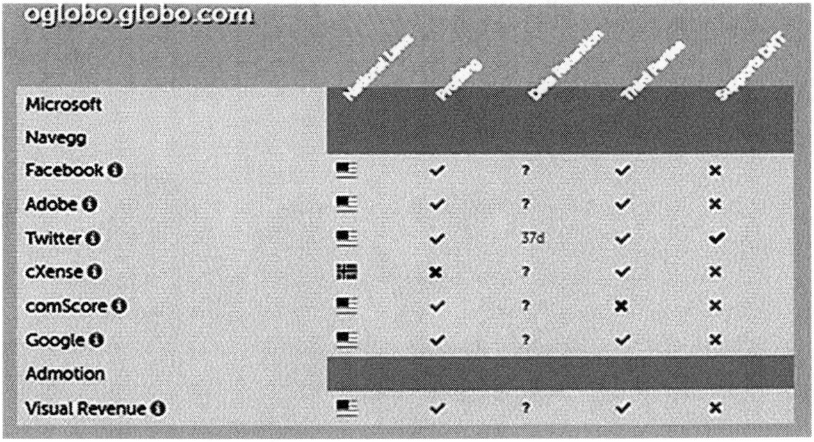

oglobo.globo.com	National Laws	Profiling	Data Retention	Third Parties	Support DNT
Microsoft					
Navegg					
Facebook ❶	▆	✓	?	✓	✗
Adobe ❶	▆	✓	?	✓	✗
Twitter ❶	▆	✓	37d	✓	✓
cXense ❶	▦	✗	?	✓	✗
comScore ❶	▆	✓	?	✗	✗
Google ❶	▆	✓	?	✓	✗
Admotion					
Visual Revenue ❶	▆	✓	?	✓	✗

Fonte: Trackography [s.d.].

Note-se que a maioria das empresas que acessam os dados executam estratégias de perfilização – centrais para o desenvolvimento das práticas de *marketing analytics*.

E mais. No contexto da América Latina, quase a totalidade do trânsito de dados passa pelos EUA. Somente em 2013 foi inaugurado um caminho digital binacional entre Uruguai e Brasil, considerado o primeiro passo para implantação de um anel óptico sul-americano, conectando os países do continente entre si e com Europa e África.[537]

Vê-se, assim, uma dissolução considerável dos limites territoriais. As "tecnologias estão globalmente disponíveis e as infraestruturas comunicacionais, assim, como os canais de distribuição operadas com

---

[537] ASSANGE, Julian. *Cypherpunks*: liberdade e o futuro da internet. Trad. Cristina Yamagami. São Paulo: Boitempo, 2013, p. 20.

tecnologia digital, estão organizadas em nível transnacional e muitas vezes em escala global".[538]

Isso por si só dificulta a aplicação eficaz do Direito, vez que:

> As infraestruturas e os fluxos comunicacionais, bem como os serviços, atingem, na maioria dos casos, áreas ou territórios com organizações econômicas e políticas diferentes, com culturas jurídicas diferentes, e também com atitudes diferentes para com a pertinência e a possibilidade de interferências regulatórias. Essa heterogeneidade faz com que mesmo onde exista direito aplicável para lidar com possíveis problemas no ordenamento jurídico de cada nação, não se verifica uma efetividade do direito posto pelo Estado. O direito resulta sem efetividade porque as empresas têm possibilidades consideráveis de evitar interferências regulatórias das quais também fazem uso.[539]

Todos esses elementos sugerem uma urgente necessidade de revisão dos institutos e instrumentos utilizados pelo direito da regulação, bem como dos seus pressupostos centrais, como, por exemplo, seu caráter unilateral, autoritário, de imposição e condução de um determinado mercado.[540]

4.1.1 Análise de Impacto Regulatório (AIR)

A despeito das naturais falhas existentes no direito da regulação, não se defende, por certo o seu abandono. A privacidade, como visto, é um bem jurídico, e o uso e manipulação irresponsável de dados pessoais pode repercutir – e têm repercutido – em danos sistêmicos à personalidade e à própria manutenção das democracias. As lacunas existentes na legislação brasileira, bem como seu caráter de destaque individualista (assegura direitos individuais, mas pouco se preocupa com a sua efetividade prática, sob a ótica coletiva), exigem a construção

---

[538] HOFFMANN-RIEM, Wolfgang. Autorregulação, autorregulamentação e autorregulamentação regulamentada no contexto digital (tradução Luís Marcos Sander). *Revista AJURIS*, Porto Alegre, v. 46, nº 146, p. 529–553, 2019, p. 536.

[539] NEMITZ, Paul. Constitutional Democracy and Technology in the Age of Artificial Intelligence. *Royal Society Philosophical Transactions A*, London, p. 1-25, 2018. Disponível em: https://ssrn.com/abstract=3234336 *apud* HOFFMANN-RIEM, Wolfgang. Autorregulação, autorregulamentação e autorregulamentação regulamentada no contexto digital (tradução Luís Marcos Sander). *Revista AJURIS*, Porto Alegre, v. 46, nº 146, p. 529–553, 2019, p. 537.

[540] MARQUES NETO, Floriano de Azevedo. *Regulação estatal e interesses públicos*. São Paulo: Malheiros, 2002, p. 16.

de uma estrutura de controle, flexível e dinâmica, que dialogue com o setor privado de forma cooperativa.

Neste cenário, uma das ferramentas recentemente importadas pelo legislador brasileiro (o modelo foi originalmente desenvolvido no Reino Unido e, depois, na Holanda[541]), é a chamada AIR, uma tendência da OECD,[542] que, no Brasil, encontra-se disposta na Lei nº 13.879/2019 – popularmente conhecida como Lei da Liberdade Econômica, por reavivar um espírito *pro libertatem*, de estímulo à autonomia privada e redução da interferência estatal nas relações privadas. Frise-se da exposição de motivos da Lei no tocante à necessidade de uma calibragem cuidadosa ao ato estatal de regular:

> Tendo o 108º pior desempenho na carga regulatória do mundo, conforme o Índice de Competividade Global, o Brasil não consegue atualizar, no mesmo passo com que a tecnologia avança, as normas que visavam, originalmente, proteger a sociedade contra riscos que já foram superados, mesmo quando isso está claro na prática internacional.
>
> Para esses casos, cria-se um instrumento para que se afastem os efeitos desse tipo de regulação, dentro de condições muito específicas, garantindo que os brasileiros não ficarão para trás quanto ao avanço econômico e tecnológico no mundo. A presente proposta versa também sobre o ambiente regulatório sob dois prismas. Primeiramente, no art. 4º, se estabelecem requisitos objetivos, agora previstos em lei, que visam garantir que o exercício regulador pelo Estado, conforme determina o art. 174 da Constituição Federal, não atuará em sentido contrário ao da liberdade econômica.
>
> No aperfeiçoamento de normas, estabelece-se a obrigatoriedade de, quando alcançados determinados critérios, a edição de uma regulação que limitar a liberdade do cidadão será precedida por Análise de Impacto Regulatório, que consiste em um processo sistemático baseado em evidências, que busca avaliar, a partir da definição de um problema, os possíveis impactos das alternativas de ação disponíveis para o alcance dos objetivos pretendidos.

A AIR, como mecanismo disposto no capítulo IV da Lei, impõe, em breves linhas, uma exigência à administração pública de estudo

---

[541] PONTO, Antonio José Maristrello; GAROUPA, Nuno; GUERRA, Sérgio. Análise de Impacto Regulatório: dimensões econômicas de sua aplicação. *Economic Analysis of Law Review (EALR)*, Brasília, v. 10, nº 2, p. 173–190, maio/ago. 2019, p. 175.

[542] Em 1980 eram três países utilizando a AIR. Em 2000, ao revés, 50% dos países membros da OECD assumiram o uso da ferramenta de controle, transparência e efetividade do ato de regular.

prévio quando da edição e alteração de atos normativos. Seu espírito circunda uma obrigação de adoção de atos preparatórios para a tomada da decisão pelo órgão regulador, baseando-se na coleta de informações, consultas técnicas e cotejo sistemático de possíveis ou reais efeitos das medidas regulatórias pretendidas, com minucioso sopesamento entre riscos, oportunidades, custos (diretos ou reflexos) e benefícios efetivos decorrentes do ato de regular.[543] É, assim, "uma análise prévia da proporcionalidade da regulação, com a necessária participação dos administrados, em linha com o consequencialista artigo 20, recentemente instituído na LINDB",[544] cuja redação dispõe: que nas esferas administrativa, controladora e judicial, as decisões não podem ter como base valores jurídicos abstratos sem que sejam consideradas as consequências práticas da decisão".

A AIR, além de assegurar uma melhor ponderação pelas autoridades regulatórias dos interesses e riscos envolvidos, propicia uma maior probabilidade de aceitação dos destinatários das decisões administrativas tomadas, conferindo, também, maior assertividade na relação entre regulador, regulados e beneficiários da regulação.[545]

Veja-se: se a regulação ampara-se na existência de falhas de mercado, a AIR fundamenta-se nas falhas de regulação (sumarizadas no item antecedente), entendidas como atos e regulamentos administrativos inaptos para promoção do fim perseguido pelo ordenamento, que, ao fim, produzem efeitos sistêmicos inesperados ou custos sociais superiores aos benefícios da medida.[546]

Tem-se, assim, nessa ferramenta um método decisório que objetiva corrigir (ou ao menos aparar) a regulação estatal verticalizada (i) reduzindo e/ou superando a assimetria de informações existente entre reguladores e agentes econômicos; (ii) trazendo maior transparência, responsividade e controlabilidade social (*accountability*) nos processos

---

[543] BINENBOJM, Gustavo. Análise de impacto regulatório. *In*: MARQUES NETO, Floriano Peixoto; RODRIGUES JR, Otavio Luiz; LEONARDO, Rodrigo Xavier. *Comentários à Lei da Liberdade Econômica*. São Paulo: RT, 2019, p. 223–230, p. 224.

[544] ARAGÃO, Alexandre Santos de. Análise de impacto regulatório na Lei da Liberdade Econômica. *In*: SALOMÃO, Luis Felipe; CUEVA, Ricardo Villas Bôas; FRAZÃO, Ana. *Lei da Liberdade Econômica e seus impactos no Direito brasileiro*. São Paulo: RT, 2019, p. 371–382, p. 372.

[545] OLIVEIRA, Rafael Carvalho Rezende. Governança e análise de impacto regulatório. *Revista de Direito da Procuradoria Geral*, Rio de Janeiro, p. 389–414, 2014, número especial, p. 402.

[546] BINENBOJM, Gustavo. Análise de impacto regulatório. *In*: MARQUES NETO, Floriano Peixoto; RODRIGUES JR, Otavio Luiz; LEONARDO, Rodrigo Xavier. *Comentários à Lei da Liberdade Econômica*. São Paulo: RT, 2019, p. 223–230, p. 224.

de regulação; (iii) maximizando os benefícios da interferência estatal, de modo a alcançar maior eficiência[547] e (iv) impedindo que o regulador se esconda por meio de valores jurídicos abstratos, crenças e preconceitos ou vieses populistas.[548]

Em verdade, para além desses benefícios possíveis, seu fundamento existencial está alicerçado no princípio da eficiência, no pluralismo jurídico e visão sistêmica do direito,[549] bem como na harmonização do mercado e fomento e preservação da iniciativa privada.

Mas como poderá a Administração Pública formatar a AIR, de maneira adequada, no exercício da sua atividade regulatória?

A resposta é usualmente reduzida em duas metodologias distintas. A primeira, chamada Análise Custo-Benefício, foi sistematizada, inicialmente, pelo Decreto nº 12.291 do Governo Reagan[550] e determina o levantamento de todos os possíveis custos decorrentes da medida (para todos os atores envolvidos), para, na sequência, confrontar tais dados com os benefícios decorrentes. É fundada em uma métrica econômica. Os elementos (custos e benefícios), para a correta comparação, precisam ser monetizados, de modo a viabilizar a reflexão matemática acerca do quanto a sociedade está disposta a pagar para ter acesso a determinados benefícios, permitindo, deste modo, escolhas mais bem informadas.[551]

A quantificação destes custos e benefícios é o cerne da ACB e envolve o uso de conceitos econômicos em uma equação complexa, como custo de oportunidade, disposição a pagar, eficiência alocativa, avaliação de poder de mercado, externalidades, taxas e subsídios, tratamento dos efeitos inflacionários, efeitos de custos em benefícios e vice-versa. Todos esses fatores, de alguma forma, distorcem a relação entre custo

---

[547] BINENBOJM, Gustavo. Análise de impacto regulatório. *In*: MARQUES NETO, Floriano Peixoto; RODRIGUES JR, Otavio Luiz; LEONARDO, Rodrigo Xavier. *Comentários à Lei da Liberdade Econômica*. São Paulo: RT, 2019, p. 223–230, p. 224.

[548] BINENBOJM, Gustavo. Análise de impacto regulatório. *In*: MARQUES NETO, Floriano Peixoto; RODRIGUES JR, Otavio Luiz; LEONARDO, Rodrigo Xavier. *Comentários à Lei da Liberdade Econômica*. São Paulo: RT, 2019, p. 223–230, p. 229.

[549] OLIVEIRA, Rafael Carvalho Rezende. Governança e Análise de Impacto Regulatório. *Revista de Direito Público da Economia*, Belo Horizonte, v. 9, nº 36, p. 173–203, 2011 *apud* ARAGÃO, Alexandre Santos de. Análise de impacto regulatório na Lei da Liberdade Econômica. *In*: SALOMÃO, Luis Felipe; CUEVA, Ricardo Villas Bôas; FRAZÃO, Ana. *Lei da Liberdade Econômica e seus impactos no Direito brasileiro*. São Paulo: RT, 2019, p. 371–382, p. 373.

[550] OLIVEIRA, Rafael Carvalho Rezende. Governança e análise de impacto regulatório. *Revista de Direito da Procuradoria Geral*, Rio de Janeiro, p. 389–414, 2014, número especial, p. 404.

[551] BINENBOJM, Gustavo. Análise de impacto regulatório. *In*: MARQUES NETO, Floriano Peixoto; RODRIGUES JR, Otavio Luiz; LEONARDO, Rodrigo Xavier. *Comentários à Lei da Liberdade Econômica*. São Paulo: RT, 2019, p. 223–230, p. 227.

marginal, preços praticados e a disposição a pagar da sociedade, que é uma métrica importante na mensuração dos benefícios avaliados.[552]

Não se ignoram, aqui, as críticas doutrinárias acerca da incomensurabilidade de bens da vida (discussões dirigidas à análise econômica do direito como um todo). No entanto, o reconhecimento da impossibilidade de dimensionar, em números e coeficientes econômicos, alguns bens jurídicos não impede que eles possuam numerários e precificação para fins de planejamento econômico de políticas públicas estatais. Até mesmo em questões de mercado há o uso de componentes econômicos traduzindo bens vitais (como é o caso dos prêmios dos seguros de vida). O fato

> de a vida e a saúde humana serem bens sagrados não nos permite ignorar que (i) a sua preservação importa custos; (ii) que os recursos são escassos; (iii) que há, ainda, outras despesas muito importantes e que, por conseguinte, (iv) algumas escolhas trágicas serão necessariamente feitas. Não se trata de reduzir o valor de bens sagrados, mas de reconhecer que os recursos disponíveis para preservá-los não são infinitos, nem excluem outros interesses humanos.[553]

Outro método conhecido é a Análise Custo-Efetividade (ACE), que foge da perspectiva aritmética custos *versus* benefícios para se amparar em um cálculo realizado entre custos das medidas alternativas e seus potenciais resultados, sem monetização destes últimos. Ainda que não consiga fugir de uma certa subjetividade, a ACE abre um leque mais bem conformado nas situações em que bens da vida estão diretamente envolvidos (como é o caso da privacidade, por exemplo).[554]

Essa metodologia, noutras palavras, é marcada pela definição "prévia de metas regulatórias que devem ser implementadas pela forma menos custosa. Ao contrário da ACB, onde se discute os custos e benefícios da regulação, a ACE pressupõe a decisão prévia, legislativa

---

[552] SOUSA, Renan Martins. A Análise de Impacto Regulatório (AIR) e o papel do Tribunal de Contas da União na avaliação da regulação setorial. *Revista do TCU*, Brasília, nº 123, p. 102–113, jan./abr. 2012, p. 107.

[553] BINENBOJM, Gustavo. Análise de impacto regulatório. *In*: MARQUES NETO, Floriano Peixoto; RODRIGUES JR, Otavio Luiz; LEONARDO, Rodrigo Xavier. *Comentários à Lei da Liberdade Econômica*. São Paulo: RT, 2019, p. 223–230, p. 228.

[554] BINENBOJM, Gustavo. Análise de impacto regulatório. *In*: MARQUES NETO, Floriano Peixoto; RODRIGUES JR, Otavio Luiz; LEONARDO, Rodrigo Xavier. *Comentários à Lei da Liberdade Econômica*. São Paulo: RT, 2019, p. 223–230, p. 227.

ou administrativa, quanto aos resultados da regulação".⁵⁵⁵ É, portanto, uma acepção que resolve o "como fazer" pelo ente regulador e está fundada em uma análise de custos, com a adoção da medida que alcança o benefício perseguido com menor gasto possível.⁵⁵⁶

Seja por qualquer uma das duas vertentes propostas (e tantas outras mais existentes), é certo que a operacionalização da AIR deverá ser feita por meio de um estudo prévio e detalhado, que se debruça em algumas etapas: (i) identificação de um problema; (ii) verificação da existência ou não de instrumento regulatório hábil para a solução do impasse; (iii) se afirmativo, levantam-se alternativas regulatórias para o alcance do objetivo; (iv) das alternativas enumeradas, observa-se qual delas irá trazer menor ônus aos administrados; e (v) ao fim, pondera-se os interesses para decidir pela implementação ou não do instrumento regulatório especificado.⁵⁵⁷

É claro que nem toda consequência é previsível. O exercício de prognose, proposto pela AIR, tem falhas. Todavia, a sua ausência assegura maiores distorções na regulação estatal verticalizada,⁵⁵⁸ abrindo maior espaço para atos normativos calçados no subjetivismo e descolados dos fins perseguidos pelo administrador e, por vezes, pelos beneficiários da regulação.

Isso é bastante emblemático na proteção de dados pessoais. A Lei, como visto, apresenta diversas garantias e direitos ao titular, no entanto, a densa subjetividade de inúmeros dos seus conceitos e as lacunas propositalmente deixadas pelo legislador exigem um exercício legiferante do Poder Público, sobretudo para garantir que a consagração de um direito não morra na frieza da Lei. Ou seja, a ANPD, como instância regulatória (mas não só) no tocante à proteção de dados, deve ancorar-se, para garantir a efetividade de uma regulação estatal

---

⁵⁵⁵ OLIVEIRA, Rafael Carvalho Rezende. Governança e análise de impacto regulatório. *Revista de Direito da Procuradoria Geral*, Rio de Janeiro, p. 389–414, 2014, número especial, p. 405.
⁵⁵⁶ OLIVEIRA, Rafael Carvalho Rezende. Governança e análise de impacto regulatório. *Revista de Direito da Procuradoria Geral*, Rio de Janeiro, p. 389–414, 2014, número especial, p. 405.
⁵⁵⁷ ARAGÃO, Alexandre Santos de. Análise de impacto regulatório na Lei da Liberdade Econômica. *In*: SALOMÃO, Luis Felipe; CUEVA, Ricardo Villas Bôas; FRAZÃO, Ana. *Lei da Liberdade Econômica e seus impactos no Direito brasileiro*. São Paulo: RT, 2019, p. 371–382, p. 377.
⁵⁵⁸ ARAGÃO, Alexandre Santos de. Análise de impacto regulatório na Lei da Liberdade Econômica. *In*: SALOMÃO, Luis Felipe; CUEVA, Ricardo Villas Bôas; FRAZÃO, Ana. *Lei da Liberdade Econômica e seus impactos no Direito brasileiro*. São Paulo: RT, 2019, p. 371–382, p. 372.

tradicional, em estudos prévios minuciosos e aptos a dialogar com os administrados, sob pena de tornar o fim proposto pela norma, a proteção da privacidade digital, uma mera abstração ou, pior, representar um custo superior ao benefício instituído.

No entanto, sobre esse aspecto, não se pode deixar de citar, por ora, uma certa descrença na AIR no contexto brasileiro.

Isso porque a engrenagem trazida pela Lei, apesar de invocar um importante avanço para o uso inteligente da regulação, representa ainda uma incógnita, ou, ao menos, uma incompletude.

A Lei da Liberdade Econômica, em severo estado de anticlímax à adequação do estado regulador, dispôs que a vigência da obrigatoriedade de elaboração da AIR será objeto de regulamento posterior. Ainda que a intenção do legislador fosse de imprimir uma maior maleabilidade ao instituto, retirando um tratamento pormenorizado em Lei, acabou-se, ao fim, por retirar parte da sua eficácia, ou ao menos postergá-la para um futuro incerto. [559]

Em outros termos, não se discute a necessidade de preenchimento das lacunas da LGPD pela ANPD, com um correto direcionamento do mercado. Contudo, há inegáveis riscos de criação de normas descoladas da realidade corrente, perniciosas e aptas a traduzir um mero custo financeiro novo para as empresas e, por vezes, até mesmo uma obrigação afastada da própria perspectiva e pretensão do titular dos dados. A AIR, como inovação legal, se conforta como uma interessante medida de eficiência para o exercício regulatório do Estado, estando prevista no artigo 55-J, §2º da LGPD, e busca mitigar a influência dos inúmeros paradoxos da regulação expostos no tópico antecedente.

Porém, sabe-se que (i) sua formulação atual registra uma abstração, vez que a Lei não denotou a vigência da obrigatoriedade de elaboração do documento; e (ii) mesmo com estudos prévios detalhados, o restrito espaço de participação dos regulados nesta ferramenta pode obstaculizar um correto e adequado preenchimento das lacunas dispostas na Lei. Como visto, todos os segmentos de mercado ancoram-se, hoje, no uso de dados pessoais. Sem um eficaz espaço de diálogo com os diferentes atores, a atuação da ANPD (e de qualquer órgão regulador na temática) estará fadada, potencialmente, ao fracasso.

---

[559] ARAGÃO, Alexandre Santos de. Análise de impacto regulatório na Lei da Liberdade Econômica. *In*: SALOMÃO, Luis Felipe; CUEVA, Ricardo Villas Bôas; FRAZÃO, Ana. *Lei da Liberdade Econômica e seus impactos no Direito brasileiro*. São Paulo: RT, 2019, p. 371–382, p. 380.

4.2 Autorregulação: contrastando o direito regulatório verticalizado

O tradicional contraste à regulação estatal é a chamada autorregulação, concebida como um mecanismo do setor privado de conformação que se estabelece "pela adesão e observância consensual de normas e padrões de atuação por agentes econômicos, com vistas a preservar as condições ideais de exploração de uma atividade econômica, sujeitando-se a mecanismos de incentivo, sanções premiais, censuras comportamentais ou exclusão associativa".[560] Seu fundamento é sintetizado a partir de um poder dado ao regulado para se autoajustar, mediante esquemas organizatórios adequados, formatados "através de acordos estabelecidos por e entre as suas organizações associativas ou representativas".[561]

Dito com outras palavras, é a concepção de que processos econômicos e sociais, apartados do estrito controle e origem estatal,[562] podem gerar normas concretas e capazes de equilibrar determinados mercados,[563] por meio, repisa-se, da "sujeição a normas impostas por uma

---

[560] MARQUES NETO, Floriano de Azevedo. Regulação estatal e autorregulação na economia contemporânea. *Revista de Direito Público da Economia*, Belo Horizonte, v. 9, nº 33, p. 79–94, jan./mar. 2011, p. 90.

[561] MOREIRA, Vital. *Auto-regulação professional e administração pública*. Coimbra: Almedina, 1997, p. 52.

[562] "(...) el Estado está inmerso, en la actualidad, en un proceso de reformulación de sus presupuestos. Aparentemente, se trata de un proceso de crisis y debilitamiento del Estado, propiciado por la reducción de su soberanía, por el estancamiento de su volumen organizativo y, por ende, ámbitos en los que es posible su intervención directa, así como por la reducción de su capacidad de actuación, que se manifiesta, en numerosas ocasiones, en el persistente déficit de ejecución de sus decisiones. Paralelamente, se observa un notable reforzamiento de la capacidad organizativa de la sociedad, un aumento de su capacidad de influencia sobre el Estado, así como una notable proliferación de manifestaciones autorregulativas que tienden a cubrir aquellos espacios dominados anteriormente por una intervención estatal o, simplemente, aquellas parcelas de interés público tradicionalmente libres de cualquier intervención. Ante esta tendencia, sin embargo, el Estado no permanece indiferente. Bajo un aparente retroceso en la intervención pública, la Administración se sitúa en una posición de atalaya de la autorregulación, al tiempo que el legislador se preocupa por regular los objetivos, los contenidos y los procedimientos necesarios para garantizar que aquélla sirva con efectividad a concretos fines públicos" (DARNACULLETA i GARDELLA, Maria Mercè. *Autorregulación y Derecho Público*: La Autorregulación Regulada. Madrid: Marcial Pons, Ediciones Jurídicas y Sociales, 2005, p. 22. Disponível em: https://dugi-doc.udg.edu/bitstream/handle/10256/4787/tmdg.pdf?sequence=12&isAllowed=y. Acesso em: 13 abr. 2021).

[563] FORNASIER, Mateus de Oliveira; FERREIRA, Luciano Vaz. Autorregulação e Direito Global: os novos fenômenos jurídicos não-estatais. *Revista do Programa de Pós-Graduação em Direito da UFC*, Fortaleza, v. 35, nº 2, p. 295–312, jul./dez. 2015, p. 305. Disponível em: http://periodicos.ufc.br/nomos/article/view/1518/1960. Acesso em: 13 abr. 2021.

entidade organizada e administrada pelos próprios agentes regulados, a qual é dotada de instrumentos regulatórios específicos".[564]

No Brasil, dois exemplos práticos usualmente ilustram o modelo. O primeiro deles é o Conselho Nacional de Autorregulamentação Publicitária (CONAR). O ajustamento da publicidade no Brasil foi inaugurado por um movimento do próprio setor privado, que, a despeito de reconhecer a necessidade de uma disciplina adequada para os anúncios comerciais, compreendia que a interferência estatal direta era potencialmente hábil a engessar a comunicação, as técnicas de *marketing* de persuasão e incorrer em práticas censórias.

Assim, já nos idos de 1978, o mercado publicitário brasileiro, alinhado a uma tendência regulatória mundial[565] – derivada sobretudo do modelo inglês –, aprovava o Código Brasileiro de Autorregulação Publicitária, elaborado por meio das considerações e conclusões obtidas no III Congresso Brasileiro de Autorregulação. O documento, que contava com o respaldo teórico de juristas de destaque, como Pontes de Miranda,[566] pavimentou o caminho para a constituição e regularização do CONAR, um tribunal ético privado focalizado na análise e julgamento de anúncios comerciais, que, em agosto de 2019, atingiu a marca de 10 mil representações apreciadas. Apesar de celebrado sob a roupagem de uma entidade privada, não detendo, portanto, da típica coerção estatal, a modelagem autorregulatória deste mercado

---

[564] SANTANNA, Luciano Portal. Autorregulação supervisionada pelo Estado: desenvolvimento de um sistema de corregulação para o mercado de corretagem de seguros, resseguros, capitalização e previdência complementar aberta. *Revista de Direito Administrativo*, Rio de Janeiro, v. 257, p. 183–211, maio/ago. 2011, p. 187.

[565] A autorregulamentação publicitária está presente nos seguintes países: Colômbia, Peru, Chile, Uruguai, Canadá, EUA, El Salvador, México, Áustria, Bélgica, República Tcheca, Bulgária, Finlândia, França, Alemanha, Grécia, Luxemburgo, Lituânia, Itália, Irlanda, Hungria, Holanda, Polônia, Portugal, Romênia, Eslovênia, Espanha, Suécia, Reino Unido, Turquia, Suíça, Austrália, Nova Zelândia, África do Sul, Índia, Singapura, Filipinas e Japão.

[566] "Na feitura das leis, atente-se a que Senadores e Deputados foram escolhidos pelo Povo e, quando o presidente é eleito, se dá o mesmo. Se algum grupo do Povo quer lançar normas que resultaram da sua própria investigação dentro de si, tem-se de agradecer à auto-análise e ao auto-regulamento, que evita (sic) erros e ingerências suscetíveis de levar ofensas e sanções. Se o grupo é dos publicitários, ressalta a necessidade de se agradecer e tender à auto-regulamentação. Este é o meu parecer, Rio de Janeiro, 19.12.1979" (CORRÊA, Petrônio Cunha. Da auto-regulamentação publicitária: lineamentos de sua introdução no Brasil. *In*: BRANCO, Renato Castelo; MARTENSEN, Rodolfo Lima; REIS, Fernando (orgs.). *História da Propaganda no Brasil*. São Paulo: T. A. Queiroz Editor, 1990, p. 45-54, p. 45 *apud* JACOBINA, Paulo Vasconcelos. *A publicidade no direito do consumidor*. Rio de Janeiro: Forense. 1996, p. 27).

prosperou,⁵⁶⁷ conquistando expressivo respeito e autoridade na matéria – o que garantiu, inclusive, aproximadamente 12 anos como a única fonte regulatória no tema de publicidade comercial no país.

O segundo modelo de autorregulação comumente citado na doutrina, que conta com maior sinergia e dependência do Poder Público, é aquele operado na Bolsa de Valores, através da atuação da BM&FBOVESPA – entidade de "natureza privada, tipicamente corporativa, que exerce funções de interesse público, com autêntico poder de polícia, na condição de órgão auxiliar da CVM e operando sob supervisão desta".⁵⁶⁸

Em breves linhas, a Comissão de Valores Mobiliários (CVM, autarquia federal), pela dicção legal, propõe ao Conselho Monetário Nacional (CMN) normas gerais sobre o exercício do poder disciplinar das bolsas em "relação aos seus membros e aos valores mobiliários nelas negociados", outorgando, por conseguinte, à BM&FBOVESPA um poder de fiscalizar "permanentemente as atividades e os serviços do mercado de valores mobiliários, bem como a veiculação de informações relativas ao mercado", às pessoas e valores que dele participam.⁵⁶⁹ A estrutura tem expressiva aceitação, sobretudo por garantir maior flexibilidade para alteração e edição de normas e fomentar, com maior assertividade, o *compliance* no mercado de capitais.⁵⁷⁰

No entanto, para o ciberespaço (relações estabelecidas em ambiente virtual), diferentemente dos moldes de conformação operadas na Bolsa de Valores de São Paulo (BOVESPA) e no setor de publicidade, a autorregulação sempre esteve mais atrelada a um mero poder de disciplinar-se,⁵⁷¹ concedido ao particular, do que com a exigência de uma estruturação associativa contratual entre os atores. Na declaração

---

⁵⁶⁷ ROCHA, Raquel Heck Mariano da. Modelos de regulamentação: reflexões para um eficiente controle jurídico da publicidade no Brasil. *Direito & Justiça*, Porto Alegre, v. 38, nº 2, p. 200–212, jul./dez. 2012, p. 203.

⁵⁶⁸ ROCHA, Glauco da. Autorregulação e poder disciplinar das bolsas de valores, mercadorias e futuros. *Direito e Justiça*, Porto Alegre, v. 41, nº 2, p. 182–194, jul./dez. 2015, p. 186.

⁵⁶⁹ ROCHA, Glauco da. Autorregulação e poder disciplinar das bolsas de valores, mercadorias e futuros. *Direito e Justiça*, Porto Alegre, v. 41, nº 2, p. 182–194, jul./dez. 2015, p. 189.

⁵⁷⁰ ZANOTTA, Alexandre. *Regulação e auto-regulação no mercado de capitais brasileiro*. 139f. 2005. Dissertação (Mestrado em Direito Comercial) – Pontifícia Universidade Católica de São Paulo, São Paulo, 2005, p 128. Disponível em: https://tede2.pucsp.br/bitstream/handle/9113/1/Regulacao%20e%20Auto%20Regulacao%20no%20Mercado%20de%20Capitais%20Brasileiro.PDF. Acesso em: 13 abr. 2021.

⁵⁷¹ DARNACULLETA i GARDELLA, Maria Mercè. *Autorregulación y Derecho Público*: La Autorregulación Regulada. Madrid: Marcial Pons, Ediciones Jurídicas y Sociales, 2005, p. 356. Disponível em: https://dugi-doc.udg.edu/bitstream/handle/10256/4787/tmdg.pdf?sequence=12&isAllowed=y. Acesso em: 13 abr. 2021.

de independência do Cyberspace, de 1996, de John Perry Barlow,[572] é possível depreender-se o embrião dessa posição libertária para os ambientes virtuais, de desvinculação das normas de Direito e dos controles territoriais de soberania[573] – um reduto semelhante ao ocorrido com a *Lex Mercatoria*.[574]

Isso porque entendeu-se, por muito tempo, que o espaço de liberdade promovido na internet somente poderia ser eficazmente construído se os próprios agentes (usuários e provedores de conteúdo e acesso) pudessem identificar e corrigir eventuais falhas e conflitos do meio, seja a partir da "criação de um contrato social único para o ciberespaço, ou ainda pela simples aplicação de ferramentas tecnológicas, sem a necessidade de interferência governamental, quer legislativa, quer judicial".[575]

É uma acepção que também parte da noção de incapacidade absoluta de regulação[576] por meio de sentenças ou textos de Lei, mas,

---

[572] Também pela defesa do ciberlibertarianismo: JOHNSON, David; POST, David. Law and borders: the rise of law in cyberspace. *Stanford Law Review*, Stanford, v. 48, p. 1367–1402, 1995. Disponível em: https://www.researchgate.net/publication/220167130_Law_and_Borders_-_The_rise_of_law_in_Cyberspace. Acesso em: 11 jan. 2021.

[573] *"Governments derive their just powers from the consent of the governed. You have neither solicited nor received ours. We did not invite you. You do not know us, nor do you know our world. Cyberspace does not lie within your borders. Do not think that you can build it, as though it were a public construction project. You cannot. It is an act of nature and it grows itself through our collective actions"* (BARLOW, John Perry. A Declaration of The Independence of Cyberspace. *Duke Law & Technology Review*, Durham, v. 18, nº 1, p. 5–7, 2019, p. 5. Disponível em: https://scholarship.law.duke.edu/cgi/viewcontent.cgi?article=1337&context=dltr. Acesso em: 13 abr. 2021).

[574] *"La lex mercatoria no sólo había sido esto porque regulaba las relaciones mercantiles, sino también y sobre todo porque era un derecho creado por los mercantes. Sus fuentes habían sido los estatutos de las corporaciones mercantiles, la jurisprudencia de las curie mercatorum, porque en ellas tenían sus sesiones los mercantes. Hoy se entiende de la misma forma, por lex mercatoria, un derecho creado por la clase empresarial, sin la mediación del poder legislativo de los Estados"* (GALGANO, Francesco. *La Globalización en el Espejo del Derecho*. Santa Fé: Rubinzal Culzoni, 2005, p. 65).

[575] LEONARDI, Marcel. *Fundamentos do Direito Digital*. São Paulo: RT, 2019, p. 24.

[576] *"No sólo las fronteras territoriales, sino también las fronteras técnicas, se alzan como un límite insalvable para la actuación estatal. En este caso, como mínimo, en un triple sentido. En primer lugar, los Estados no poseen el dominio directo de los conocimientos necesarios para establecer reglamentaciones y controles adecuados a las características técnicas de la red. En segundo lugar, el desfase de las normas de derecho positivo respecto las transformaciones sociales es, indudablemente, mucho más acusado en este terreno, cuya evolución tecnológica es especialmente dinámica. En tercer lugar, las características técnicas específicas de Internet, su estructura caótica, su carácter abierto y descentralizado, así como su configuración como un espacio de libertad, dificultan enormemente cualquier tipo de regulación y de control basados en estructuras jerárquicas y centralizadas. Por si estas dificultades no fueran pocas, cabe mencionar también, entre las limitaciones de los poderes públicos para regular el universo de Internet, la resistencia de los propios cibernautas a cualquier injerencia pública con vocación reguladora. Destacadamente en sus comienzos, Internet*

quando muito, pela própria tecnologia empregada (como, por exemplo, as ferramentas de criptografia ou de bloqueio de *cookies*), principalmente em razão da independência destas ferramentas diante dos aspectos relacionados à territorialidade, bem como sua aptidão de alcançar eficácia para além dos desejos dos atores envolvidos[577] (ou seja, não depende de comando humano para que haja atuação em *compliance*, a própria arquitetura do sistema, construída pelo agente privado, gera uma atuação em observância à conformação dos direitos envolvidos).

Para além disso, códigos de conduta, selos, certificados, políticas, padrões tecnológicos e arranjos contratuais, dotados de maleabilidade e capazes de facilmente adaptarem-se à evolução tecnológica,[578] também compõem o arranjo usual de abrigo da defesa à autorregulação da internet.

Uma das expressões ilustrativas deste cenário é a chamada *"uberización de la economía"*,[579] diagnosticada como uma nova modalidade de prática mercadológica, em que empresas atuam como intermediadores de determinadas relações negociais, podendo ditar as regras do jogo, criando suas próprias políticas de conformação, arbitrando conflitos entre as partes, gerindo os pagamentos e impondo sanções (castigos e recompensas baseadas em esquemas de reputação) – tudo isso sem interferência, em geral, das formas tradicionais de regulação estatal. São os casos, por exemplo, das empresas Uber (que nomeia o fenômeno), Airbnb, Blablacar,[580] dentre outras nascidas a partir do fortalecimento dos modelos de negócios do Vale do Silício.

Outra hipótese que exemplifica o uso das ferramentas de regulação privada na internet é a Internet Corporation for Assigned Names

---

apareció como un espacio de libertad que parecía ilimitado. En este espacio se generó una ideología propia, basada en una cierta anarquía y en una confianza utópica en la posibilidad de crear, en el ciberespacio, una sociedad ideal completamente libre" (DARNACULLETA i GARDELLA, Maria Mercè. *Autorregulación y Derecho Público*: La Autorregulación Regulada. Madrid: Marcial Pons, Ediciones Jurídicas y Sociales, 2005, p. 354. Disponível em: https://dugi-doc.udg.edu/bitstream/handle/10256/4787/tmdg.pdf?sequence=12&isAllowed=y. Acesso em: 13 abr. 2021).

[577] ROSSETO, Guilherme; LISBOA, Roberto Senise. A tutela da privacidade no âmbito da internet: reflexões sobre a importância da criptografia. *Revista de Direito Civil Contemporâneo*, São Paulo, v. 18, ano 6, p. 91–113, jan./mar. 2019, p. 54.

[578] BLACK, Júlia. Constituinalising self-regulation. *The Modern Law Review*, Cambridge, v. 58, nº 1, p. 24-55, 1996 apud SOMBRA, Thiago Luis Santos. *Fundamentos da regulação da privacidade e proteção de dados pessoais*. São Paulo: Revista dos Tribunais, 2019, p. 94.

[579] TORTOLERO, Francisco; LUQUET, Etienne. La difícil regulación de internet. *Revista del Instituto de la Judicatura Federal*, Ciudad de México, nº 48, p. 233–254, jul./dez. 2019, p. 236.

[580] TORTOLERO, Francisco; LUQUET, Etienne. La difícil regulación de internet. *Revista del Instituto de la Judicatura Federal*, Ciudad de México, nº 48, p. 233–254, jul./dez. 2019, p. 236.

and Numbers (ICANN) – organização privada que atua na coordenação do *Domain Name System* (DNS), ou seja, no gerenciamento dos nomes e números que servirão para identificar endereços virtuais.[581] Seu funcionamento, que viabiliza a própria e existência hoje da internet (todo *site* finalizado por ".com" está relacionado à gestão do referido ente privado), está baseado em uma rede contratual: a ICANN celebra contratos "com a Verisign, uma organização privada que atua como administradora de nomes de domínio e esta, por sua vez, celebra contratos com os administradores de domínio de cada país, numa clara demonstração de que o ordenamento estatal fica relativamente à margem de todo o processo".[582]

No campo da proteção de dados, como expressão de um fenômeno quase que integralmente alicerçado hoje nas transações digitais e relações estabelecidas em rede, o cenário não diferiu. A autorregulação firmou-se por décadas como o baluarte da expressão da liberdade promovida no câmbio e uso de dados pessoais, sendo compreendida como uma possibilidade de os próprios atores estabelecerem suas próprias regras do jogo (sobretudo as *Big Five* – Google, Facebook, Microsoft, Amazon e Ebay[583]). Era, em síntese, uma interpretação de que os dados pessoais não pertenceriam aos seus titulares, mas, sim, expressavam um poder econômico passível de apreensão pelas empresas de tecnologia para extração de inteligência empresarial.

Nos EUA, desde sempre se constatou uma inclinação de defesa mais acentuada da autorregulação da proteção de dados,[584] muito mais que em outras partes do globo. Sem uma Autoridade Nacional nos moldes europeus (e, mais recentemente, brasileiro), ou uma Lei Geral disciplinando a matéria, o sistema norte-americano possui algumas leis setoriais – como por exemplo o *Health Insurance Portability and Accountability Act* (HIPAA), o *Family Educational Rights and Privacy Act* (FERPA), o *Child Online Protection Act* (COPA) e outros.

---

[581] DARNACULLETA i GARDELLA, Maria Mercè. *Autorregulación y Derecho Público*: La Autorregulación Regulada. Madrid: Marcial Pons, Ediciones Jurídicas y Sociales, 2005, p. 357. Disponível em: https://dugi-doc.udg.edu/bitstream/handle/10256/4787/tmdg.pdf?sequence=12&isAllowed=y. Acesso em: 13 abr. 2021.

[582] SOMBRA, Thiago Luis Santos. *Fundamentos da regulação da privacidade e proteção de dados pessoais*. São Paulo: Revista dos Tribunais, 2019, p. 70.

[583] HOFFMANN-RIEM, Wolfgang. Autorregulação, autorregulamentação e autorregulamentação regulamentada no contexto digital (tradução Luís Marcos Sander). *Revista AJURIS*, Porto Alegre, v. 46, nº 146, p. 529-553, 2019, p. 537.

[584] LIMA, Cintia Rosa Pereira de. *Autoridade nacional de proteção de dados e a efetividade da Lei Geral de Proteção de Dados*. São Paulo: Almedina, 2020, p. 158.

Esse é um modelo regulatório que apresenta uma abordagem bastante heterodoxa no que toca às limitações à proteção da privacidade digital. A despeito da compreensão de que os dados pessoais possuem, de fato, ligação com a privacidade, constata-se que a tutela, porém, dificilmente é autoaplicável ou diretamente exigível pelo titular em face daquele que coleta e trata os dados.[585]

Assim, a norma de direito mais próxima do indivíduo é o contrato que rege a relação do usuário com a empresa que coleta e gerencia os seus dados. Talvez, "por conta da alta estima em que tem a liberdade, o legislador pareceu deixar à liberdade das partes de contratar a definição do que é razoável e possível. O instituto central do modelo norte-americano pode ser apontado, pois, como o consentimento",[586] com fundo contratual. Aqui,

> As condições e características desse consentimento variam de acordo com o setor de mercado e com a corte competente, mas é bastante claro que o consentimento possui, no contexto norte-americano, valor muito maior que aquele a ele atribuído nos demais modelos regulatórios, pois não se trata aqui de um consentimento informado, livre ou expresso, resultado da consideração do indivíduo sobre o que se pretende com seus dados e o sopesamento entre benefícios e malefícios. O consentimento, na tradição norte-americana, parece ter maior ligação com a venda de informações que com o estabelecimento de uma relação entre o usuário e o responsável pelo tratamento, dando-se ao contrato o tom de uma transação comercial, ao invés de uma cessão temporária de direitos sobre os dados em questão.[587]

Nesse sentido, um reforço que denota a inclinação americana para a proteção de dados sob uma ótica contratual, autorregulatória, mais ligada à autonomia das partes, pode ser extraído da *California Consumer Privacy Act*, de 2018,[588] que prevê expressamente a possibilidade de

---

[585] GUIDI, Guilherme Berti de Campos. Modelos regulatórios para proteção de dados. In: BRANCO, Sérgio; TEFFÉ, Chiara Spadaccini de. *Privacidade em perspectivas*. Rio de Janeiro: Lumen Juris, 2018, p. 85–110, p. 98.
[586] GUIDI, Guilherme Berti de Campos. Modelos regulatórios para proteção de dados. In: BRANCO, Sérgio; TEFFÉ, Chiara Spadaccini de. *Privacidade em perspectivas*. Rio de Janeiro: Lumen Juris, 2018, p. 85–110, p. 98.
[587] GUIDI, Guilherme Berti de Campos. Modelos regulatórios para proteção de dados. In: BRANCO, Sérgio; TEFFÉ, Chiara Spadaccini de. *Privacidade em perspectivas*. Rio de Janeiro: Lumen Juris, 2018, p. 85–110, p. 99.
[588] ESTADOS UNIDOS DA AMÉRICA (EUA). Califórnia Legislative Information. *Civil Code* – CIV. Division 3. Obligations [1427 - 3273.16] (Heading of Division 3 amended by Stats. 1988, Ch. 160, Sec. 14.). Part 4. Obligations arising from particular transactions

comercialização de dados pessoais entre empresas, inclusive com compensações financeiras (ou não) para os consumidores, titulares dos dados.

Toda essa estrutura autorregulatória, que muito dialoga com a cultura norte-americana, no entanto, tende, gradativamente, a ruir – ou ao menos exigirá uma profunda adaptação, sob pena de fragilizar relações comerciais.

Explica-se.

A União Europeia desde os anos 1990 possui diretivas abrangentes de proteção para os dados pessoais (95/46/CE do Parlamento Europeu e do Conselho), inclusive com a vedação de transferência de dados de cidadãos europeus para nações que não demonstram nível semelhante de proteção que aqueles instituídos em seu território.

Para contornar esse óbice, mantendo hígidas as relações comerciais entre Europa e EUA, em meados dos anos 2000 foi celebrado um acordo internacional, nomeado *Safe Harbor*, que impôs, sob uma estrutura autorregulatória, a adoção de alguns princípios pelas empresas estadunidenses, quais sejam: (i) da informação; (ii) do consentimento/ escolha; (iii) da segurança; (iv) da integridade (que denota que o dano pessoal deve ser adequado à finalidade do tratamento; (v) do acesso; (vi) da vigilância obrigatória (traduzido como uma obrigação das empresas criarem mecanismos adequados para cumprir eficazmente o modelo regulatório de proteção de dados).[589]

Vigente por 15 anos, no entanto, o tratado foi invalidado pelo TJUE, após a análise de uma reclamação apresentada pelo ativista austríaco Maximillian Schrems, que, após as revelações feitas por Snowden – de "que os serviços de inteligência dos Estados Unidos (em particular a National Security Agency – NSA) utilizam programas para vigilância eletrônica massificada"[590] – entendia que o acordo celebrado entre norte-americanos e europeus não oferecia proteção adequada

---

[1738 - 3273.16] (Part 4 enacted 1872). Title 1.81.5. California Consumer Privacy Act of 2018 [1798.100 - 1798.199.100]. (Title 1.81.5 added by Stats. 2018, Ch. 55, Sec. 3.). [s.d.]. Disponível em: https://leginfo.legislature.ca.gov/faces/codes_displayText.xhtml?division=3.&part=4.&lawCode=CIV&title=1.81.5. Acesso em: 13 abr. 2021.

[589] LIMA, Cintia Rosa Pereira de. *Autoridade nacional de proteção de dados e a efetividade da Lei Geral de Proteção de Dados*. São Paulo: Almedina, 2020, p. 162.

[590] REINALDO FILHO, Demócrito. A decisão da Corte Europeia que invalidou o acordo de transferência de dados pessoais. *Informática Jurídica*, [S.l.], 27 dez. 2015. Disponível em: http://www.informatica-juridica.com/etiqueta/tribunal-de-justica-da-uniao-europeia/. Acesso em: 20 dez. 2020.

aos dados pessoais de cidadãos. A queixa, quando submetida à Corte Europeia de Justiça, foi acatada, com a declaração de invalidade do *"Safe Harbor Agreement"*, em 2015.

O vazio normativo colocava as gigantes de tecnologia americanas, e empresas europeias que operavam com transmissão intercontinental de dados pessoais, em uma situação crítica, o que fez com que rapidamente EUA e Europa celebrassem um novo pacto, de estrutura semelhante ao anterior, chamado *EU-US Privacy Shield* e *Swiss-U.S. Privacy Shield*.

Ambos foram planeados pelo Departamento de Comércio dos EUA, pela Comissão Europeia e pela Administração Suíça, com vistas a disponibilizar às empresas ferramentas autorregulatórias para atender os requisitos de proteção de dados instituídos em solo europeu, superando os óbices reconhecidos no *Safe Harbor*, e viabilizando novamente a transferência internacional de dados.

Embora ainda fosse voluntária a participação dos atores privados no novo programa, o compromisso assumido trazia, com maior rigidez, a obrigação de *compliance*. As organizações deveriam obter um certificado *US Departament of Commerce*, bem como declarar publicamente o compromisso de adesão às balizas relacionadas pelo *Privacy Shield Framework Principles*. Com o ingresso no programa, submeter-se-iam à fiscalização da Federal Trade Comission, do Department of Transportation ou de qualquer outro organismo destinado a apurar a observância dos princípios e regras auto assumidos. O novo acordo, dotado de maior especificidade e rigorismo,[591] ainda trazia a possibilidade de imposição das sanções dispostas na *section* 5 da Federal Trade Commission[592] – reconhecidas como medidas de *private enforcement* a partir do *consente decree*, que podem ser traduzidas como a imposição de sanções decorrentes do descumprimento de códigos de conduta, códigos de ética e políticas de privacidade formulado pelas empresas.[593]

---

[591] Verificar o quadro comparativo em: BRYAN Cave Leighton Paisner. A Side-By-Side Comparison of "Privacy Shield" and the "Safe Harbor": The Easiest Way to Understand What Privacy Shield is and What You Need to Do to Use it. *International Association of Privacy Professionals (IAPP)*, [S.l.], [s.d.]. Disponível em: https://iapp.org/media/pdf/resource_center/Comparison-of-Privacy-Shield-and-the-Safe-Harbor.pdf. Acesso em: 13 abr. 2021.

[592] LIMA, Cintia Rosa Pereira de; PEROLI, Kelvin. *Direito digital*: compliance, regulação e governança. São Paulo: Quartier Latin, 2019, p. 81–82.

[593] SOMBRA, Thiago Luis Santos. *Fundamentos da regulação da privacidade e proteção de dados pessoais*. São Paulo: Revista dos Tribunais, 2019, p. 100.

Recentemente, contudo, em julho de 2020, após nova reclamação apresentada pelo ativista Maximillian Schrems, o *Privacy Shield* também foi invalidado pela Corte de Justiça Europeia, por priorizar os interesses de segurança nacional dos EUA em detrimento de garantias fundamentais de proteção à privacidade.

Desse percurso recente depreende-se que o modelo autorregulatório, a despeito de funcionar com excelência em determinadas áreas, encontra forte oposição em matéria de regulação de dados pessoais.

Isso porque entende-se que o contrato, usual forma de disciplina do trânsito de dados entre usuário e empresas, não serve como substituto eficaz para a garantia de certos direitos abrangentes. Principalmente "em situações em que uma das partes é uma grande empresa e a outra um indivíduo que deseja usufruir de um serviço – ao qual não terá acesso caso não aceite o contrato – o usuário vê-se forçado a aceitar termos impostos pelo provedor".[594]

Pesquisa realizada em 2017 por professores das Universidades de Michigan e de Connecticut revelou que 74% dos usuários não leem as políticas de privacidade e os que o fazem gastam, em média, apenas 74 segundos nessa tarefa. Por este raciocínio, é certo que as empresas utilizam os dados da forma que lhes aprouver, como se fossem legítimas proprietárias, cedendo, gerindo, cruzando, vendendo dados, sem qualquer apreço à privacidade e outros danos decorrentes da prática.[595]

Ademais, considerando-se o oligopólio instituído no mercado de tecnologia e tráfego de dados, é compreensível a desconfiança de que a autorregulação seja inclinada para manutenção do *status* quo, qual seja, de uso irrestrito de dados pessoais para fins mercadológicos abusivos. O titular de dados, em um cenário de autorregulação, acaba sendo afastado dos processos decisórios, tendo pouco – senão nenhum – controle informacional.

---

[594] GUIDI, Guilherme Berti de Campos. Modelos regulatórios para proteção de dados. *In*: BRANCO, Sérgio; TEFFÉ, Chiara Spadaccini de. *Privacidade em perspectivas*. Rio de Janeiro: Lumen Juris, 2018, p. 85–110, p. 99.

[595] BELLI, Luca; SCHWARTZ, Molly; LOUZADA, Luiza. Selling your soul while negotiating the conditions: from notice and consent to data control by design. *Health and Technology Journal*, [S.l.], v. 7, nº 4, p. 453–467, 2017 *apud* MAGRANI, Eduardo; OLIVEIRA, Renan Medeiros de. Big Data somos nosotros: nuevas tecnologías y gerenciamiento personal de datos. *In*: CAVALLI, Olga; BELLI, Luca (coord.). *Gobernanza y regulaciones de Internet en América Latina*: análisis sobre infraestructura, privacidad, ciberseguridad y evoluciónes tecnológicas en honor de los diez años de la South School on Internet Governance. Rio de Janeiro: FGV, maio 2018, p. 327–350, p. 360. Disponível em: http://eduardomagrani.com/wp-content/uploads/2018/09/Gobernanza-y-Regulaciones-de-Internet-en-Ame%CC%81rica-Latina-1.pdf. Acesso em: 20 dez. 2020.

O próprio escândalo da CAMBRIDGE ANALITYCA, apontado como a virada de chave para o olhar estatal mais apurado sobre a proteção de dados, advogou pelo reconhecimento da insuficiência da autoconformação. Os códigos de conduta, políticas de privacidade e relações contratuais não foram eficazes para impedir o uso malicioso de informações pessoais na manipulação eleitoral e interferência em processos democráticos. A dificuldade de constituição de uma entidade associativa regulatória[596] eficaz (apta a realizar uma fiscalização e nortear o uso dos dados pessoais nas empresas), também, obstaculiza a construção de um cenário harmônico neste mercado sem a interferência estatal.

Ou seja, a absoluta recusa à intromissão do Estado, supostamente destinada a conservar a internet como um espaço de exercício pleno das liberdades, além de deixar o ambiente virtual substancialmente livre para a estrita lógica de mercado, pode revelar uma faceta tão traiçoeira quanto à regulação verticalizada perniciosa,[597] assimilando o uso de dados pessoais tão somente à uma visão econômica.

Para além disso, no cenário atual, a estrutura exclusivamente autorregulatória é obstaculizada por previsão legal. Após a aprovação da LGPD, a fiscalização do mercado (e também do próprio setor público) é atribuída à Autoridade Nacional, conforme prevê o capítulo VIII, de modo que a estruturas de autoajuste, ainda que incentivadas pela Lei, não detém exclusividade em regulação no contexto brasileiro.

4.3 Direito regulatório responsivo: suporte para operacionalização da proteção de dados

A percepção da incapacidade do direito regulatório convencional para algumas áreas e setores disruptivos da economia, anteriormente minudenciada, tem assegurado uma nova compreensão sobre o papel do Estado na condução e conformação dos mercados. Em verdade, é certo que hoje não se faz mais "suficiente pensar apenas na concepção já estabelecida de um 'Estado Regulador' como uma organização jurídico-institucional marcada pela atuação independente de órgãos

---

[596] Diferentemente do mercado da publicidade, onde o objeto da análise é singular – o conteúdo do comercial – a regulação de dados assenta-se em projetos muito mais complexos, que são, por muitas vezes ocultados pelas empresas, seja por razões de segredo industrial, seja por malícia no uso e gerenciamento das informações.
[597] RODOTÀ, Stefano. *A vida na sociedade da vigilância*: a privacidade hoje. Rio de Janeiro: Renovar, 2008, p. 131.

setoriais",[598] mas, sim, como uma engrenagem multifocal, dinâmica e participativa sobre os processos de ajuste, dando menor destaque às relações e ferramentas de natureza puramente verticalizada, autoritárias e inflexíveis.

A influência do Estado pode ocorrer de formas muito diversificadas, por exemplo, "na forma de normas ou estímulos comportamentais, por meio do estabelecimento de estruturas – como as de natureza corporativa –, pela viabilização e apoio de sistemas funcionais da sociedade, como o mercado",[599] ou pela integração responsiva entre regulador e regulado. Essa multiplicidade de ferramentas se alicerça em uma necessidade proeminente de adaptar o direito administrativo

> às novas exigências de um mundo globalizado e complexo, cujos interesses protegidos são, muitas das vezes, conflitantes entre si. Assim, o ato de regular, de efetivar o comando legal, perpassa uma alteração contextual, assentada na preocupação com planejamento, prestação de contas, transparência, participação dos atores regulados e instrumentos eficazes de controle pautados em resultado.[600]

Em matéria de proteção de dados pessoais, como citado, uma intervenção estatal em moldes tradicionais, de simples comando e controle, por vezes se mostra perniciosa, trabalhando em sentido oposto ao perseguido pelo legislador, originando um legalismo sem sentido que ignora problemas sistêmicos[601] e obstaculizando o desenvolvimento econômico. Ademais, a privacidade, como valor social, já não é a mesma da antiguidade e não pode ser conformada em uma mera lógica binária, alheia ao olhar contextual.

Noutras palavras, a despeito da importância da disciplina jurídica dos ambientes *online*, nem sempre a heterorregulação é necessária ou desejada: pelo contrário, é preciso cautela para evitar

---

[598] FEIGELSON, Bruno; SILVA, Luiza Caldeira Leite. Regulação 4.0: o Sandbox Regulatório e o futuro da regulação. *In*: BECKER, Daniel; FERRARI, Isabela (coords.). *Regulação 4.0*. São Paulo: Revista dos Tribunais, 2019, p. 75–88, p. 78.

[599] HOFFMANN-RIEM, Wolfgang. Autorregulação, autorregulamentação e autorregulamentação regulamentada no contexto digital (tradução Luís Marcos Sander). *Revista AJURIS*, Porto Alegre, v. 46, nº 146, p. 529–553, 2019, p. 532.

[600] OLIVEIRA, Rafael Carvalho Rezende. Governança e análise de impacto regulatório. *Revista de Direito da Procuradoria Geral*, Rio de Janeiro, p. 389–414, 2014, número especial, p. 393.

[601] SILVA, João Marcelo Azevedo Marques Mello da. A regulação responsiva das telecomunicações: novos horizontes para o controle de obrigações pela ANATEL. *Revista Direito, Estado e Telecomunicações*, Brasília, v. 9, nº 1, p. 183–208, maio 2017, p. 202.

excessos regulatórios. Para desenvolver uma cultura empreendedora e favorecer o ciclo de vida dos negócios, é preciso, dentre outras medidas, estruturar um ambiente de regulação que proporcione segurança jurídica e fomente o surgimento de novos atores, ao mesmo tempo que não dificulte a inovação.[602] Numa lógica estritamente punitivista, de rigorismo no preenchimento das lacunas da Lei e de aplicação dos capítulos sancionatórios, a LGPD (e por derradeiro a própria proteção de dados pessoais) teria uma história de frustrações.

Em outro vértice, a autorregulação, além de expressamente rechaçada no contexto brasileiro (há disciplina legal para proteção de dados, bem como a constituição de uma entidade pública de caráter regulador), também revela significativa insuficiência, sobretudo por assentar-se em uma percepção muito mais filiada à desregulação que ao fortalecimento de mecanismos de conformação associativa e de certificação privada.

Assim, diante desses polos antagônicos, indaga-se: como operacionalizar a proteção de dados pessoais, fugindo da acepção de mero exercício do direito de ação pelos titulares dos direitos (como ocorre com a defesa da privacidade em sua acepção originária, de interferências físicas em espaços de resguardo), mas também da rigidez e ingenuidade de uma disciplina regulatória descolada do contexto social? Como superar, ou ao menos mitigar, o congelamento do direito administrativo?[603]

A resposta, sugere-se, é complexa e perpassa pela assimilação e implementação de uma teoria, que se afasta do debate entre regular ou desregular, denominada regulação responsiva.

Oriunda de estudos nascidos na década de 1970,[604] mas comumente vinculada às pesquisas de Ayres e Braithwaite, de 1992, essa modalidade regulatória desdobra-se a partir de um percurso em degraus de intervenção estatal, em um processo de sinergia entre punição

---

[602] LEONARDI, Marcel. *Tutela e privacidade na Internet*. São Paulo: Saraiva, 2011, p. 70.

[603] Fenômeno que descreve "(...) a ausência de responsividade dos métodos jurídicos em face de resultados indesejáveis ou a novos problemas; o recurso dogmático a categorias, por vezes, atávicas, ou a princípios de alto nível de abstração, sem a perspectiva de respostas inovadoras: uma marginalização da capacidade do Direito de absorver inovações onde elas são necessárias; a ausência de terreno fértil para o florescimento de novas soluções nas estruturas jurídicas existentes" (TOSTA, André Ribeiro. O congelamento do Direito Administrativo: o judiciarismo e a ausência de responsabilidade da Administração Pública. *In*: BECKER, Daniel; FERRARI, Isabela (coords.). *Regulação 4.0*. São Paulo: Revista dos Tribunais, 2019, p. 55–74, p. 56).

[604] MELO FILHO, Marconi Araní. Da regulação responsiva à regulação inteligente: uma análise crítica do desenho regulatório do setor ferroviário de cargas no Brasil. *Revista do Direito Setorial e Regulatório*, Brasília, v. 6, nº 1, p. 144–163, maio 2020, p. 150.

e persuasão,⁶⁰⁵ com base de fundo colaborativo⁶⁰⁶ e diálogo constante entre regulado e regulador ⁶⁰⁷ – conforme ilustrado pela Figura 8:

Figura 8 – Pirâmide regulatória responsiva

[Pirâmide regulatória responsiva: da base ao topo - Persuasion/counselling (Restorative justice coaching - virtuous actor); Warning letter; Civil penalty; Criminal penalty (Deterrence - rational actor); Licence suspension; Licence revocation (Incapacitation - incompetent or irrational actor). Lateral esquerdo: Persuasion (base) e Formal punishment (sanctioning) no topo.]

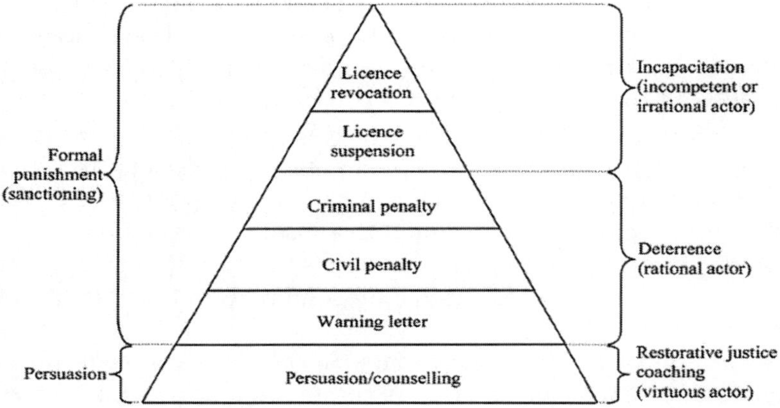

Fonte: Zanatta (s.d., p. 7).

Na base piramidal, segundo a teoria, encontram-se as técnicas de persuasão e, progressivamente, à medida da resistência dos regulados, ocorre a escalada em níveis da pirâmide, em direção ao topo – onde há o degrau mais alto de intervenção estatal.⁶⁰⁸

A base de autorregulação, mais ampla e que dá suporte ao restante da estrutura, se justifica ante a maior probabilidade de atingimento dos escopos da política de regulação quando estabelecida uma dinâmica persuasiva apta a atribuir aos regulados maior discricionariedade e

---

[605] LACERDA, Natalio de Melo; THOMAS, Patrick Thadeu. Teoria responsiva da regulação em situações de crises hídricas: uma análise a partir da atuação da Agência Nacional de Águas na crise do Rio Pardo. *Revista do Direito Setorial e Regulatório*, Brasília, v. 5, nº 2, p. 1–26, out. 2019, p. 9.

[606] BRAITHWAITE, John. The essence of responsive regulation. *UBC Law Review*, Vancouver, v. 44, nº 3, p. 475–520, 2011, p. 475.

[607] BRAITHWAITE, John. The essence of responsive regulation. *UBC Law Review*, Vancouver, v. 44, nº 3, p. 475–520, 2011, p. 483.

[608] LACERDA, Natalio de Melo; THOMAS, Patrick Thadeu. Teoria responsiva da regulação em situações de crises hídricas: uma análise a partir da atuação da Agência Nacional de Águas na crise do Rio Pardo. *Revista do Direito Setorial e Regulatório*, Brasília, v. 5, nº 2, p. 1–26, out. 2019, p. 10.

responsabilidade no desenvolvimento e aplicação das suas estratégias próprias.[609]

Isso se justifica porque, muitas das vezes, a punição e a intervenção rigorosa não asseguram o alcance dos resultados, mas a conciliação e o diálogo sim, e com menor dispêndio de recursos. Em outros termos, a base da pirâmide não é só para perseverar um ambiente de não-dominação (de fortalecimento da livre iniciativa), mas também para economizar recursos públicos e garantir que o eventual controle coercitivo posterior seja mais bem compreendido e incorporado, vez que precedido de uma etapa dialógica, cooperativa.[610]

O alicerce da punição vem, assim, como segundo plano – é a mudança de um paradigma: a percepção do ator privado como virtuoso, digno de confiança. Este mecanismo acaba por mitigar o pensamento econômico do regulado sobre a pena, a ideia da punição compensando a infração à Lei ou, ainda, de fuga da intervenção estatal[611] (traduzida na expressão "jogo de gato e rato" regulatório).[612]

No ponto intermediário de intervenção, por sua vez, observa-se a autorregulação imposta, ou corregulação, na qual os "agentes são compelidos a normatizarem um plano de atuação de acordo com as peculiaridades da firma, mediante ratificação pelo regulador".[613] É o caso, por exemplo, da Lei de Segurança da TI alemã, que estabelece obrigações de adoção de providencias pelos entes privados para coibir crimes e sabotagem cibernética, a partir de padrões pré-aprovados pelo órgão federal.[614]

---

[609] LACERDA, Natalio de Melo; THOMAS, Patrick Thadeu. Teoria responsiva da regulação em situações de crises hídricas: uma análise a partir da atuação da Agência Nacional de Águas na crise do Rio Pardo. *Revista do Direito Setorial e Regulatório*, Brasília, v. 5, nº 2, p. 1–26, out. 2019, p. 11.

[610] BRAITHWAITE, John. The essence of responsive regulation. *UBC Law Review*, Vancouver, v. 44, nº 3, p. 475–520, 2011, p. 486.

[611] BRAITHWAITE, John. The essence of responsive regulation. *UBC Law Review*, Vancouver, v. 44, nº 3, p. 475–520, 2011, p. 489.

[612] SILVA, João Marcelo Azevedo Marques Mello da. A regulação responsiva das telecomunicações: novos horizontes para o controle de obrigações pela ANATEL. *Revista Direito, Estado e Telecomunicações*, Brasília, v. 9, nº 1, p. 183–208, maio 2017, p. 202.

[613] LACERDA, Natalio de Melo; THOMAS, Patrick Thadeu. Teoria responsiva da regulação em situações de crises hídricas: uma análise a partir da atuação da Agência Nacional de Águas na crise do Rio Pardo. *Revista do Direito Setorial e Regulatório*, Brasília, v. 5, nº 2, p. 1–26, out. 2019, p. 11.

[614] HOFFMANN-RIEM, Wolfgang. Autorregulação, autorregulamentação e autorregulamentação regulamentada no contexto digital (tradução Luís Marcos Sander). *Revista AJURIS*, Porto Alegre, v. 46, nº 146, p. 529–553, 2019, p. 545.

Por fim, no topo da pirâmide, com maior restrição, "situam-se as estratégias de comando e controle",[615] tradicionais no ato de regular e que expressam mero exercício do poder de coerção estatal. Frise-se, aqui, que a teoria não trata de uma simples regulação como um processo progressivo de punições, mas de efetiva construção de regimes jurídicos progressivamente intervencionistas (autorregulação, com persuasão – corregulação – regulação verticalizada).[616]

Para além dessa escalada piramidal que alia persuasão e punição, a teoria se alicerça em nove heurísticas, abaixo sintetizadas[617]:

- Pensar em contexto: não há forma estática de regulação ou teorias preconcebidas. O ato de regular é um processo e deve se comunicar com o momento, o mercado e a cultura daquele dado segmento;
- Fortalecer a comunicação: é necessário dar voz aos regulados e interessados, estimulando o compromisso de motivação para o autoajuste e orientando, de forma assertiva, o mercado. O diálogo constante é, em verdade, o ponto central para uma oportuna regulação responsiva;
- Persuasão: motivar os regulados por meio de benefícios e suportes, bem como apoiar a inovação do setor. O "elogio" e outros mecanismos de incentivo servem como uma modalidade de regulação;
- Fomentar o conteúdo pedagógico para alcance dos resultados perseguidos;
- Reforço à pirâmide regulatória: sinalizar com firmeza, mas afastado do tom ameaçador, a possibilidade de escalada da pirâmide regulatória de intervenção estatal, com penas graduais, que avançam e retrocedem conforme a resposta dada pelos envolvidos;
- Dinamismo: avaliar constantemente os resultados e custos envolvidos na atividade regulatória, apurando o conteúdo social envolvido;

---

[615] LACERDA, Natalio de Melo; THOMAS, Patrick Thadeu. Teoria responsiva da regulação em situações de crises hídricas: uma análise a partir da atuação da Agência Nacional de Águas na crise do Rio Pardo. *Revista do Direito Setorial e Regulatório*, Brasília, v. 5, nº 2, p. 1–26, out. 2019, p. 11.

[616] GOETTENAUER, Carlos. Regulação responsiva e a Política de Segurança Cibernética do Sistema Financeiro Nacional. *Revista de Direito Setorial e Regulatório*, Brasília, v. 5, nº 1, p. 131–146, maio 2019, p. 141.

[617] BRAITHWAITE, John. The essence of responsive regulation. *UBC Law Review*, Vancouver, v. 44, nº 3, p. 475–520, 2011, p. 476.

- Estimular a responsabilidade ativa (responsabilidade pelo atingimento dos resultados perseguidos), e não o mero receio do uso da coerção;
- Envolver os atores que oferecem resistência, mostrando-lhes respeito, interpretando sua resistência como uma oportunidade de aprender como melhorar o desenho regulatório;
- Governança piramidal da rede: desenvolver redes mais amplas de parceiros na movimentação da pirâmide. Nessa ótica, a relação de ajuste não se dá apenas entre regulado e regulador, vez que terceiros estranhos à atividade tem espaço para intervir. É a camada do tripartismo, que convoca todos os interessados a participarem, dialogarem e pressionarem os agentes para a conformidade, facilitando também a ocorrência de mudanças culturais, em uma simbiose entre sociedade, regulado e regulador.[618] No caso dos países em desenvolvimento, inclusive, a governança piramidal em rede deve ser pensada e adaptada como alternativa. A ausência de recursos suficientes para a atuação do Estado exige um maior destaque à autorregulação e corregulação, incentivando-se, até mesmo, atores privados para atuar no controle e incentivo ao autoajuste.

O grande benefício dessa perspectiva de intervenção estatal, vê-se, é a redução de motivação externa como mote regulatório, normalmente associada à ameaça de sanções jurídicas como único fundamento para a atuação conforme a Lei.[619] Em verdade, a principal visão é reconhecer que os problemas são resolvidos, em geral, expandindo as capacidades gerenciais dos regulados, permitindo seu autoajuste.[620] Para isso, a "proximidade, o conhecimento do setor, a interação e a influência entre regulador e o ambiente regulado é o cenário desejado à construção do desenho" de intervenção.[621] O *enforcement* punitivo,

---

[618] LACERDA, Natalio de Melo; THOMAS, Patrick Thadeu. Teoria responsiva da regulação em situações de crises hídricas: uma análise a partir da atuação da Agência Nacional de Águas na crise do Rio Pardo. *Revista do Direito Setorial e Regulatório*, Brasília, v. 5, nº 2, p. 1–26, out. 2019, p. 12–13.

[619] GOETTENAUER, Carlos. Regulação responsiva e a Política de Segurança Cibernética do Sistema Financeiro Nacional. *Revista de Direito Setorial e Regulatório*, Brasília, v. 5, nº 1, p. 131–146, maio 2019, p. 135.

[620] BRAITHWAITE, John. The essence of responsive regulation. *UBC Law Review*, Vancouver, v. 44, nº 3, p. 475–520, 2011, p. 480.

[621] MELO FILHO, Marconi Araní. Da regulação responsiva à regulação inteligente: uma análise crítica do desenho regulatório do setor ferroviário de cargas no Brasil. *Revista do Direito Setorial e Regulatório*, Brasília, v. 6, nº 1, p. 144–163, maio 2020, p. 150.

portanto, não é abandonado, mas utilizado como último mecanismo[622] – exatamente como recomenda a OCDE[623] desde 2012, baseada em princípios da regulação responsiva.[624]

No Canadá, onde não há uma estrutura regulatória de proteção de dados nos moldes europeus (e brasileiros), o incentivo conciliatório e pedagógico é característica marcante – há um gatilho institucional que proporciona um ambiente que repudia a lógica punitivista. O *Personal Informaction Protection and Electronic Documents Act* - PIPEDA (Lei Federal canadense que regula a coleta, o uso e a divulgação de informações pessoais no exercício de atividades comerciais) é operacionalizado por um ente estatal denominado Office of the Privacy Commissioner of Canada (OPC).[625] O recurso às ouvidorias, ao contato constante e à realização de auditorias – em vez de um tribunal administrativo – possibilitou avanços significativos na formação cultural em privacidade naquele país, no avanço dos níveis de conformidade, no estímulo dos entes privados sujeitos à Lei, e, sobretudo, na construção de uma relação de confiança com o setor empresarial.

O Comissário canadense, a despeito de não possuir competência para aplicação de multas (tão comuns no direito regulatório brasileiro), tem uma série de ferramentas de fiscalização úteis para implementar e avançar a absorção do PIPEDA, tais quais[626]:

---

[622] MELO FILHO, Marconi Araní. Da regulação responsiva à regulação inteligente: uma análise crítica do desenho regulatório do setor ferroviário de cargas no Brasil. *Revista do Direito Setorial e Regulatório*, Brasília, v. 6, nº 1, p. 144–163, maio 2020, p. 151.

[623] Item 9/OECD/2012: "Aplicar conforme apropriado, a avaliação de riscos, gestão de riscos e estratégias de comunicação de risco para a concepção e implementação das regulações para garantir que a regulação seja direcionada e efetiva. Os reguladores devem avaliar os efeitos da regulação e devem elaborar estratégias para implementação responsiva e *enforcement*" (ORGANISATION FOR ECONOMIC CO-OPERATION AND DEVELOPMENT (OECD). *Recomendação do Conselho sobre Política Regulatória e Governança*. Paris: OECD, 2012, p. 5. Disponível em: https://www.oecd.org/gov/regulatory-policy/Recommendation%20 PR%20with%20cover.pdf. Acesso em: 20 dez. 2020).

[624] SILVA, João Marcelo Azevedo Marques Mello da. A regulação responsiva das telecomunicações: novos horizontes para o controle de obrigações pela ANATEL. *Revista Direito, Estado e Telecomunicações*, Brasília, v. 9, nº 1, p. 183–208, maio 2017, p. 204.

[625] LIMA, Cintia Rosa Pereira de. *Autoridade nacional de proteção de dados e a efetividade da Lei Geral de Proteção de Dados*. São Paulo: Almedina, 2020, p. 287.

[626] HOULE, Francis; SOSSIN, Lorne. *Powers and Functions of the Ombudsman in the Personal Information Protection and Electronic Documents Act*: An Effectiveness Study. Quebec: Office of the Privacy Commissioner of Canada, ago. 2010. Disponível em: https://www.priv.gc.ca/media/1725/pipeda_h_s_e.pdf. Acesso em: 20 mar. 2021.

- Investigar reclamações e emitir relatórios com recomendações para as instituições do governo federal e organizações do setor privado, conforme o caso;
- Ajuizar ações judiciais perante os Tribunais Federais quando as questões permanecem sem solução extrajudicial;
- Avaliar o cumprimento das obrigações contidas em leis e no PIPEDA, por meio da realização de atividades de auditoria e revisão independente, relatando publicamente as descobertas, com apoio da imprensa;
- Fornecer análises jurídicas e políticas, bem como conhecimentos especializados para orientar a revisão do Parlamento sobre a legislação;
- Responder a indagações de parlamentares, cidadãos e organizações, tomando medidas proativas para informá-los sobre questões emergentes em matéria de privacidade;
- Promover a conscientização e conformidade pública e fomentar a compreensão dos direitos e obrigações por meio do envolvimento com instituições governamentais, associações, comunidade jurídica e acadêmica e outras partes interessadas;
- Preparar e disseminar materiais de educação pública, contemplando a evolução de legislação, regulamentos e políticas, documentos de orientação e resultados de pesquisas;
- Fornecer pareceres jurídicos e litigar em processos judiciais para promover a interpretação e aplicação das leis federais de proteção de dados;
- Monitorar tendências nas práticas de privacidade, identificar questões sistêmicas que precisam ser tratadas e promover a integração das melhores práticas; e
- Trabalhar com partes interessadas em privacidade de outras jurisdições no Canadá e no cenário internacional para tratar sobre assuntos globais que resultam em fluxos transfronteiriços de dados.

A natureza desse modelo é sintetizada por Jennifer Stoddart, que atuou como comissária canadense da proteção de dados entre os anos de 2003 e 2013:

> Deve-se ressaltar que a função do Ombudsman não é simplesmente corretiva, mas transformadora por natureza. O objetivo é a resolução de reclamações individuais, mas é também o desenvolvimento de uma cultura duradoura de sensibilidade à privacidade entre as partes, por meio de seu envolvimento ativo e voluntário no processo. Para atingir

esses objetivos, a atuação deve ser necessariamente flexível, participativa e individualizada em sua abordagem.[627]

Ainda que não fundada em soluções propriamente responsivas, na medida em que ausente a perspectiva piramidal, a solução canadense encontrou alicerce em figuras de autoajuste diversas daquelas comumente encontradas no contexto brasileiro, onde o *enforcement* de confronto e a imposição unilateral de normas foram largamente utilizados,[628] mas estão gradativamente sendo revistos.

Um exemplo dessa tendência, ainda embrionária no país, é o *sandbox* regulatório, uma ferramenta de *open regulation*, criada em 2015 no Reino Unido para o mercado financeiro, que denota novos instrumentos para o agir público, exponencializando o Direito a partir de uma acepção mais aberta e célere de solução às demandas sociais e econômicas.

Sandbox (ou caixa-de-areia, numa tradução literal[629]) é uma expressão apropriada da computação e designa a criação de um espaço virtual, paralelo, que protege o restante do sistema enquanto programas testes são executados no ambiente instituído.[630]

Para o ambiente legal, esta concepção apenas institui um modo de endereçar novos modelos regulatórios, permitindo que empresas operem temporariamente com "descontos de intervenção" e menor fiscalização, de modo a estimular a adoção de novos produtos e serviços e facilitar a compreensão destes novos negócios sob a perspectiva estatal (a ideia é "estimular a experimentação para que o regulador possa acompanhar de perto as inovações e avaliar o impacto que terão na experiência do usuário, o quanto isso facilita a vida das pessoas e, em contrapartida, os riscos reais decorrentes da sua implementação".[631]

---

[627] HOULE, Francis; SOSSIN, Lorne. *Powers and Functions of the Ombudsman in the Personal Information Protection and Electronic Documents Act*: An Effectiveness Study. Quebec: Office of the Privacy Commissioner of Canada, ago. 2010, p. 124. Disponível em: https://www.priv.gc.ca/media/1725/pipeda_h_s_e.pdf. Acesso em: 20 mar. 2021.

[628] SILVA, João Marcelo Azevedo Marques Mello da. A regulação responsiva das telecomunicações: novos horizontes para o controle de obrigações pela ANATEL. *Revista Direito, Estado e Telecomunicações*, Brasília, v. 9, nº 1, p. 183–208, maio 2017, p. 186.

[629] COUTINHO FILHO, Augusto. Regulação sandbox como instrumento regulatório no mercado de capitais: principais características e prática internacional. *Revista Digital de Direito Administrativo*, Ribeirão Preto, v. 5, nº 2, p. 264–282, 2018, p. 266.

[630] FEIGELSON, Bruno; SILVA, Luiza Caldeira Leite. Regulação 4.0: o Sandbox Regulatório e o futuro da regulação. *In*: BECKER, Daniel; FERRARI, Isabela (coords.). *Regulação 4.0*. São Paulo: Revista dos Tribunais, 2019, p. 75–88, p. 79.

[631] FEIGELSON, Bruno; SILVA, Luiza Caldeira Leite. Regulação 4.0: o Sandbox Regulatório e o futuro da regulação. *In*: BECKER, Daniel; FERRARI, Isabela (coords.). *Regulação 4.0*. São Paulo: Revista dos Tribunais, 2019, p. 75–88, p. 80.

Tais descontos regulatórios materializam-se a partir de dispensas de observância de determinadas normas temporariamente pelo regulado, pela concessão de um regime de registro especial ou pelo afastamento das sanções no exercício das atividades empresariais. Nesse contexto, haveria benefícios tanto para o regulado (que poderá gozar de um regime especial para desenvolver suas atividades sem incorrer em infrações regulatórias), quanto para o regulador (que passa a ter um contato mais próximo e assertivo com as empresas, melhorando sua curva de aprendizado a respeito dos negócios e transpondo-o, eventualmente, para uma futura normatização).[632]

Esse sistema, que ilustra novas formas de conceber o ato de regular, em um processo mais dialógico, já foi adotado em inúmeras jurisdições, como Canadá, Reino Unido, Holanda, Abu Dhabi, Hong Kong, Malásia, Singapura e Austrália.[633] Em Londres, inclusive, há um projeto de implementação de *sandbox* para a regulação de proteção de dados pessoais.[634] No Brasil, ganhou contornos a partir das resoluções Conselho Monetário Nacional (CMN) nº 4.865 e BCB nº 29, que entraram em vigor em 1º de dezembro de 2020, além das tendências de implementação já comunicadas pela presidência da Agência Nacional de Energia Elétrica (ANEEL) (informação verbal).[635]

Mas não é só. A ANATEL, nos últimos anos, por meio da sua área técnica, elaborou um trabalho de reforma das normas de telecomunicações,[636] dispondo expressamente de ferramentas de regulação responsiva, com uso da pirâmide gradual de intervenção, modelagens de sanções premiais (selos às operadoras) e maior participação dos regulados na adequação setorial, sobretudo a respeito dos índices de universalização e controle de qualidade dos serviços ofertados.[637]

---

[632] COUTINHO FILHO, Augusto. Regulação sandbox como instrumento regulatório no mercado de capitais: principais características e prática internacional. *Revista Digital de Direito Administrativo*, Ribeirão Preto, v. 5, nº 2, p. 264–282, 2018, p. 269.

[633] COUTINHO FILHO, Augusto. Regulação sandbox como instrumento regulatório no mercado de capitais: principais características e prática internacional. *Revista Digital de Direito Administrativo*, Ribeirão Preto, v. 5, nº 2, p. 264–282, 2018, p. 267.

[634] ICO selects first participants for data protection Sandbox. *Information Commissioner's Office (ICO)*, Cheshire, jul. 2019. Disponível em: https://ico.org.uk/about-the-ico/news-and-events/news-and-blogs/2019/07/ico-selects-first-participants-for-data-protection-sandbox/. Acesso em: 17 jun. 2021.

[635] Conforme revelado pelo diretor da ANEEL, Sandoval de Araújo Feitosa Neto, no Webinar promovido pela FGV/RJ em 17.05.2021.

[636] Conforme disposto no Informe nº 62/2016/SEI/PRRE/SPR, nos autos do Processo Administrativo nº 53500.006207/2015-16.

[637] SILVA, João Marcelo Azevedo Marques Mello da. A regulação responsiva das telecomunicações: novos horizontes para o controle de obrigações pela ANATEL. *Revista Direito, Estado e Telecomunicações*, Brasília, v. 9, nº 1, p. 183–208, maio 2017, p. 202.

A título exemplificativo, em 2020 foi celebrado o primeiro termo de ajustamento de condutas da ANATEL, com a empresa TIM, prevendo compromissos de obrigação de fazer focalizados no fortalecimento da infraestrutura de telecomunicações e aprimoramento dos serviços ao consumidor[638] – ou seja, pautando-se em atos de menor destaque punitivista, de mera redução da atividade regulatória à aplicação de multas.

No mesmo sentido, a ANEEL, em 2019, após oito anos de discussão, concluiu a revisão nos procedimentos e critérios de aplicação de penalidades aos agentes do setor elétrico. As novas práticas de fiscalização, baseadas nos conceitos de regulação responsiva, estão reunidas na Resolução Normativa nº 846, publicada em 11 de junho daquele ano.[639] A Agência Nacional de Aviação Civil (ANAC), também, alinhada ao seu plano estratégico 2020-2026, "lançou o Projeto Prioritário Regulação Responsiva" com "objetivo de buscar alternativas para o modelo de regulação adotado hoje pela ANAC, de modo a torná-lo mais responsivo e menos prescritivo".[640]

Vê-se, assim, uma paulatina alteração dos alicerces que fundaram o direito da regulação no país, com o reconhecimento da incapacidade e ineficácia de modelos de intervenção rígidos, rigorosos e meramente impostos unilateralmente pelo Estado, muitas das vezes descolados do foco de resolução de problemas sistêmicos. O uso de ferramentas responsivas, com participação de agentes privados de função certificadora, aliadas com a estruturação da AIR – recentemente instituída no ordenamento brasileiro –, desenham uma arquitetura que melhor se comunica com diversos setores, principalmente com a regulação da proteção de dados pessoais, cujas dificuldades, assinaladas anteriormente, revelam a impossibilidade de recurso à mera reprodução

---

[638] AGÊNCIA NACIONAL DE TELECOMUNICAÇÕES (ANATEL). *Termo de ajustamento de condutas 01/2020*. Termo de compromisso de ajustamento de conduta (tac) que celebram entre si a Agência Nacional de Telecomunicações e a tim S.A. 2020. Disponível em: https://sei.anatel.gov.br/sei/modulos/pesquisa/md_pesq_documento_consulta_externa.php?eEP-wqk1skrd8hSlk5Z3rN4EVg9uLJqrLYJw_9INcO7CJ1Sc5Nt2NuNVLkFnaPKpri lXK6aDawUYS2BTNdh4r4hMJfFBho1J978dHtSqeswWIHgB5f87ote9eCG0XYpf. Acesso em: 13 abr. 2021.

[639] REGULAÇÃO: Fiscalização responsiva é um avanço na regulação do setor elétrico, dizem agentes. *Sinagências*, Brasília, 1 jul. 2019. Disponível em: https://www.sinagencias.org.br/aneel/regulacao-fiscalizacao-responsiva-e-um-avanco-na-regulacao-do-setor-eletrico-dizem-agentes/. Acesso em: 20 mar. 2021.

[640] AGÊNCIA NACIONAL DE AVIAÇÃO CIVIL (ANAC). *Regulação Responsiva*. [s.d.]. Disponível em: https://www.gov.br/anac/pt-br/assuntos/regulacao-responsiva. Acesso em: 20 mar. 2021.

de técnicas de comando e controle, ou do simplista debate *"regular versus desregular"*.

Nesse tocante, como já citado, riscos de engessamentos da inovação, com severo impacto econômico ao país, incapacidade de fiscalização eficaz diante da multiplicidade quase infinita de atores submetidos à regulação de proteção de dados, bem como a ausência de uma cultura de proteção à privacidade digital reforçam as sugestões de uso de um direito regulatório responsivo e contextual, orientado para o caráter transformador, e não somente corretivo, punitivo e legalista.

Repisa-se: caixas de ferramentas dispondo somente de técnicas binárias de comando e controle, com elevado recurso às sanções administrativas, estão potencialmente fadadas ao insucesso. É aquilo que se chama de "moderna regulação", onde a ação estatal não se dá "exclusivamente pela prática de atos de força ou pela interdição da exploração de uma atividade à iniciativa privada",[641] mas, sim, pela utilização de mecanismos diversos de incentivo ao agir virtuoso, desde que voltada para "alterar o comportamento dos agentes econômicos (produtores, distribuidores, consumidores) em relação ao que eles teriam se não houvesse a regulação, isto é, se houvesse apenas as regras de mercado".[642]

A ANATEL, desde a sua criação, aplicou cerca de 66 mil multas às operadoras, somando bilhões de reais, mas arrecadou tão somente 10% dos valores (informação verbal).[643] A sacralização da sanção pecuniária dificilmente alcança a finalidade perseguida pelo Estado: é preciso fomentar e perseverar um cenário de diálogo, cooperação e flexibilidade, elevando a relação entre regulado e regulador para além do seu caráter conflitivo.

Para alcançar essas finalidades, além da abertura legal, é necessária uma atitude proativa do ente estatal, de estímulo para a convergência em direção à melhoria do serviço e observância dos direitos dos consumidores/cidadãos, com maior uso, pelo regulador, das ferramentas de persuasão, de obrigação de fazer e dos termos de ajustamento de condutas.

---

[641] MARQUES NETO, Floriano de Azevedo. Finalidades e fundamentos da moderna regulação econômica. *Fórum Administrativo*, Belo Horizonte, v. 9, nº 100, p. 85–93, jun. 2009, p. 89.
[642] MOREIRA, Vital. *Auto-regulação profissional e administração pública*. Coimbra: Almedina, 1997, p. 36.
[643] Conforme revelado pelo presidente da ANATEL, Leonardo Euler de Morais, no Webinar promovido pela FGV/RJ em 17.05.2021.

Inclusive, para a temática de proteção de dados pessoais há um certo bônus, um facilitador para o autoajuste. Isto porque, diferentemente de algumas outras áreas da regulação, o desrespeito e uso abusivo das informações pessoais é potencialmente apto a causar estragos reputacionais nas companhias. O incidente de 2013 da Target, rede varejista americana, gerou uma queda de 54% na avaliação da imagem da empresa pelos consumidores – ocorrência que se manteve relativamente estável mesmo passados cinco anos. Algo similar aconteceu com a Uber, que em 2018 experimentou uma queda no nível de avaliação dos consumidores – época em que episódios significativos de vazamento de dados ocorreram.[644]

Por essa razão, é que as empresas podem ser – e possivelmente serão – estimuladas pela ANPD para compreender a proteção de dados pessoais como algo relevante para além da ótica regulatória,[645] mas como matéria-prima para obtenção de vantagens competitivas. A título ilustrativo, o banco Itaú, recentemente, diante da necessidade de adequação das suas atividades às disposições da LGPD, elaborou uma expressiva campanha publicitária de conscientização sobre a importância dos dados dos seus clientes, bem como destacou as ferramentas de segurança implementadas no cotidiano da companhia:

Figura 9 – Publicidade Itaú

Fonte: Facebook Itaú (2021).

---

[644] HOSPELHORN, Sarah. Analyzing Company Reputation After a Data Breach. *Varonis*, New York, 2020. Disponível em: www.varonis.com/blog/company-reputation-after-a-data-breach. Acesso em: 20 mar. 2021.

[645] GUIDI, Guilherme Berti de Campos. Modelos regulatórios para proteção de dados. *In*: BRANCO, Sérgio; TEFFÉ, Chiara Spadaccini de. *Privacidade em perspectivas*. Rio de Janeiro: Lumen Juris, 2018. p. 85–110.

O encorajamento à compreensão do tema como um bônus, e não somente como ônus, permite não só uma maior aderência dos regulados à regulação, mas, gradativamente, aprimora a própria consciência e pressão coletiva sobre o assunto. O uso da persuasão, defendida pela teoria responsiva, revela uma arquitetura adequada para a cultura de proteção de dados e garantia à segurança jurídica. A necessidade de complementação das lacunas da LGPD, bem como a imprescindibilidade de estruturação de um órgão estatal para fomento à proteção da privacidade digital no Brasil, não pode servir de muleta para o uso indiscriminado e autoritário da coerção.

Mais que reforçar uma ingênua defesa à autodeterminação informativa, em tempos de digitalização das relações humanas e multiplicidade quase infinita de bancos de dados, ou apenas inserir direitos e obrigações na Lei, é necessário fortalecer a cultura de proteção da privacidade digital sob uma ótica sistêmica, com controle e fiscalização sobre as situações e práticas empresariais que efetivamente geram danos ao cidadão – como no uso indiscriminado de informações sensíveis, no vazamento expressivo de dados, na manipulação eleitoral e na discriminação e fomento à marginalização de grupos.

Noutras palavras, mais que encaixar a coleta dos dados pessoais em uma das 10 hipóteses dispostas na LGPD, é preciso que o regulador compreenda e atue para promover um ambiente funcional de desburocratização e de estímulo ao agir virtuoso, focalizado no exato sentido do interesse público e nas particularidades setoriais. Se o consentimento do titular é uma ficção e o monitoramento estatal eficaz uma utopia, torna-se necessário robustecer as ferramentas de autorregulação e corregulação, mas sem cair em um discurso simplista liberal.

A teoria do direito regulatório responsivo, deste modo, aliando ferramentas persuasivas, punitivas, de estímulo de atores privados aptos a auxiliar na conformação, pode ser apresentada como uma notável proposta para operacionalização cirúrgica da LGPD, sobretudo considerando-se as mazelas, as deficiências estruturais, o baixo risco de detecção de infrações e a insuficiência de recursos dos órgãos de controle do país – que exigem uma nova forma de pensar a instrumentalizar a regulação.

4.3.1 A natureza da LGPD: gatilhos para estruturação do direito regulatório responsivo?

Como visto, a teoria responsiva somente pode ser avaliada na prática, no cotidiano, nas relações estabelecidas e nas normativas e orientações expedidas pela entidade competente. No entanto, é a partir da base legal que serve de sustentáculo à regulação que os alicerces para a cultura responsiva devem ser extraídos. Ou seja, é na LGPD que os fundamentos e gatilhos para operacionalização desta nova proposta regulatória devem estar arquitetados.

Em primeiro, com relação às bases da pirâmide, de apreço à autorregulação e corregulação, é nítido o tímido destaque dado pela LGPD. Ainda que diante de uma feição principiológica, com maior campo e liberdade para atuação e interpretação das normas pelo ente privado, há poucas ferramentas de persuasão para o incentivo à conformidade e cultura de proteção da privacidade digital, sobretudo a partir de governança piramidal da rede.

Enquanto a legislação europeia dispõe, em inúmeros artigos, de especificações e garantias que fomentam a certificação privada e a adoção de selos de boas-práticas, a LGPD somente menciona o uso destes meios para os casos de transferência internacional de dados – e, ainda, de forma lacônica.[646]

O quadro comparativo a seguir evidencia que a despeito da usual afirmação de inspiração da LGDP no modelo europeu, há divergências severas de incentivos à autorregulação e corregulação entre as duas legislações. Sublinhe-se (Quadro 7):

---

[646] Note-se, inclusive, que até mesmo nestas hipóteses há a atribuição de uma intervenção desmedida da ANPD no ambiente privado. O capítulo V da Lei, que disciplina a transferência transfronteiriça de dados, e prevê em seu art. 35 que "(...) a definição do conteúdo de cláusulas-padrão contratuais, bem como a verificação de cláusulas contratuais específicas para uma determinada transferência, normas corporativas globais ou selos, certificados e códigos de conduta, (...) será realizada pela autoridade nacional" (BRASIL. Lei nº 13.709, de 14 de agosto de 2018. Lei Geral de Proteção de Dados Pessoais (LGPD). *Diário Oficial da União*, Brasília, 15 ago. 2018a. Disponível em: http://www.planalto.gov.br/ccivil_03/_ato2015-2018/2018/lei/l13709.htm. Acesso em: 14 jun. 2022). Ou seja, mesmo quando incentivada a adoção de ferramentas privadas de autoajuste, há uma concomitante despropositada interferência do agente estatal, que obstaculiza a expansão da base piramidal proposta.

Quadro 7 – Comparativo de incentivos à corregulação e autorregulação entre a GDPR e a LGPD

(continua)

GDPR	"Considerando nº 100: A fim de reforçar a transparência e o cumprimento do presente regulamento, deverá ser encorajada a criação de procedimentos de certificação e selos e marcas de proteção de dados, que permitam aos titulares avaliar rapidamente o nível de proteção de dados proporcionado pelos produtos e serviços em causa".
	"Com bastante similaridade, os artigos 24º, §3º, 25º, §3º e 32º, §3º dispõem: O cumprimento de códigos de conduta aprovados conforme referido no artigo 40 ou de procedimentos de certificação aprovados conforme referido no artigo 42 pode ser utilizado como elemento para demonstrar o cumprimento das obrigações do responsável pelo tratamento".
	"Art. 42, §1º: Os Estados-Membros, as autoridades de controle, o Comitê e a Comissão promovem, em especial ao nível da União, a criação de procedimentos de certificação em matéria de proteção de dados, bem como selos e marcas de proteção de dados, para efeitos de comprovação da conformidade das operações de tratamento de responsáveis pelo tratamento e subcontratantes com o presente regulamento. Serão tidas em conta as necessidades específicas das micro, pequenas e médias empresas".
	"Art. 43, §1º: Sem prejuízo das atribuições e poderes da autoridade de controle competente nos termos dos artigos 57 e 58, um organismo de certificação que tenha um nível adequado de competência em matéria de proteção de dados emite e renova a certificação, após informar a autoridade de controle para que esta possa exercer as suas competências nos termos do artigo 58, nº 2, alínea h), sempre que necessário".
	"Art. 43, §5º: Os organismos de certificação a que se refere o nº 1 fornecem às autoridades de controle competentes os motivos que levaram à concessão ou revogação da certificação solicitada. 6. Os requisitos referidos no nº 3 do presente artigo, e os critérios referidos no artigo 42, nº 5, são publicados pela autoridade de controle sob uma forma facilmente acessível. As autoridades de controle também comunicam estes requisitos e estas informações ao Comitê. O Comitê recolhe todos os procedimentos de certificação e selos de proteção de dados aprovados num registo e disponibiliza-os ao público por todos os meios adequados".

	(conclusão)
LGPD	"Art. 34, §3º: A autoridade nacional poderá designar organismos de certificação para a realização do previsto no caput deste artigo, que permanecerão sob sua fiscalização nos termos definidos em regulamento. §4º Os atos realizados por organismo de certificação poderão ser revistos pela autoridade nacional e, caso em desconformidade com esta Lei, submetidos a revisão ou anulados".
	"Art. 50. Os controladores e operadores, no âmbito de suas competências, pelo tratamento de dados pessoais, individualmente ou por meio de associações, poderão formular regras de boas práticas e de governança que estabeleçam as condições de organização, o regime de funcionamento, os procedimentos, incluindo reclamações e petições de titulares, as normas de segurança, os padrões técnicos, as obrigações específicas para os diversos envolvidos no tratamento, as ações educativas, os mecanismos internos de supervisão e de mitigação de riscos e outros aspectos relacionados ao tratamento de dados pessoais. (...) §3º As regras de boas práticas e de governança deverão ser publicadas e atualizadas periodicamente e poderão ser reconhecidas e divulgadas pela autoridade nacional".

Fonte: Elaborado pelo autor.

A diferença é expressiva: a legislação europeia dispõe de um capítulo exclusivo para disciplinar e assegurar o uso dos meios de certificação privada, enquanto a LGPD somente cita lateralmente o tema, sem apresentar garantias de reconhecimento da modalidade de autoajuste.

Apesar desse cenário, de acanho no papel de protagonismo sugerido aos instrumentos privados de persuasão, não se pode ignorar uma recente movimentação de órgãos tradicionais de certificação autorregulatória para instituir mecanismos de ajuste confiáveis em matéria de proteção de dados no país. A Associação Brasileira de Normas Técnicas (ABNT) lançou, no fim de 2019, a Norma Brasileira (NBR) International Organization for Standardization (ISO)/International Electrotechnical Commission (IEC) 27701, que dispõe sobre gestão da privacidade da informação, com foco nos requisitos específicos de um Sistema de Gestão da Privacidade da Informação e observância das diretrizes dispostas na GDPR e na LGPD.[647]

---

[647] FARIAS JUNIOR, Ariosto. ABNT NBR ISO/IEC 27701. *Boletim ABNT*, [S.l.], set./out. 2019. Disponível em: http://www.abnt.org.br/images/Docspdf/Artigos/Artigo_27701.pdf. Acesso em: 20 mar. 2021.

O impasse, no entanto, é como o setor empresarial brasileiro irá recepcionar estes instrumentos, e também os órgãos reguladores, na medida em que, como visto, ao contrário do previsto na Lei europeia, a LGPD é silente, de modo que se faz necessário um trabalho hermenêutico da ANPD para o reconhecimento, estímulo e legitimação da engenharia de boas práticas.

Além disso, outra disposição que também revela um tom ainda incipiente de responsividade regulatória da LGPD está previsto no art. 52, §1º, VIII. Os programas de *compliance*,[648] que integraram o sistema jurídico brasileiro na última década, sobretudo para coibir práticas de corrupção empresarial, foram tratados na LGPD apenas como critério minorante para a dosimetria de aplicação de sanções (art. 52, VIII, IV).

Desse modo, mesmo quando revelado algum encorajamento ao autoajuste, este se baseia em feições largamente punitivistas. Levando-se em consideração o alto custo envolvido[649] na estruturação dos comitês de conformidade empresarial, tem-se que o uso deste mecanismo apenas como minorante de penas é insuficiente, pouco persuasivo. Ainda que a Lei ressalte, em seu art. 50, §3º, que "as regras de boas práticas e de governança (...) poderão ser reconhecidas e divulgadas pela autoridade nacional"[650] é certa a necessidade de um detalhamento mais aprofundado para a operacionalização deste estímulo.

O adequado, sugere-se, seria ocupar-se, em maiores minúcias e com maiores garantias, dos códigos de boa prática para além do

---

[648] Refere-se "(...) ao conjunto de ações a serem adotadas no ambiente corporativo para que se reforce a anuência da empresa à legislação vigente, de modo a prevenir o imediato retorno ao contesto de normalidade e legalidade" (FRAZÃO, Ana. Programas de compliance e critérios de responsabilização de pessoas jurídicas por ilícitos administrativos. *In*: ROSSETTI, Maristela Abla; PITTA, André Grunspun. *Governança corporativa*: avanços e retrocessos. São Paulo: Quartier Latin, 2007, p. 23–57, p. 42).

[649] Para os programas de conformidade da LGPD os "(...) custos, no Brasil, podem alcançar uma média de 700 (setecentos) mil reais ao ano, considerando-se o salário de DPO, a assinatura de *softwares* como o Varonis ou Tripwire, e outros funcionários, como advogados. Em empresas de médio porte, consonante com a natureza do negócio, será necessário estabelecer uma equipe ou ao menos um funcionário especializado, deste modo o investimento anual pode atingir cerca de 300 (trezentos) mil reais, considerando o salário de um Data Protection Officer (DPO) ou a contratação de uma empresa terceirizada que cumprirá com as obrigações estabelecidas na lei" (SILVA, Marcela Paola Moreno Borges da; BUZZO JUNIOR, Osny; REUSING, Luciana. O custo da proteção de dados: conhecendo a GDPR e a LGPD na prática. *GEDAI*, Curitiba, 2021. Disponível em: https://www.gedai.com.br/o-custo-da-protecao-de-dados-conhecendo-a-gdpr-e-a-lgpd-na-pratica/. Acesso em: 20 mar. 2021).

[650] BRASIL. Lei nº 13.709, de 14 de agosto de 2018. Lei Geral de Proteção de Dados Pessoais (LGPD). *Diário Oficial da União*, Brasília, 15 ago. 2018a. Disponível em: http://www.planalto.gov.br/ccivil_03/_ato2015-2018/2018/lei/l13709.htm. Acesso em: 14 jun. 2022.

âmbito da punição, mas viabilizando a sua utilização como fator de vantagem competitiva pelos regulados, por meio da concessão de selos de boas práticas periódicos, estímulos premiais, publicidade elogiosa, campanhas de incentivo, e até mesmo através de benefícios fiscais.[651]

Com esse cenário, de impulso e envolvimento, há uma maior aderência social com a regulação, o que faz com que outros mecanismos não governamentais de auxílio à conformidade surjam, como, por exemplo, o MyData, uma associação finlandesa, de alcance global, que opera um recurso tecnológico interoperável que:

> refere-se 1) a uma nova abordagem, uma mudança de paradigma no gerenciamento e processamento de dados pessoais que busca transformar a organização atual centrada nos sistemas num sistema centrado no ser humano, 2) aos dados pessoais como um recurso que o indivíduo pode acessar e controlar. Os dados pessoais que não estejam sob o controle do indivíduo não podem ser chamados de MyData. O objetivo é proporcionar aos indivíduos meios práticos para acessar, obter e utilizar datasets contendo suas informações pessoais, tais como dados de compra, de tráfego, de telecomunicações, registros médicos, informações financeiras, e dados derivados de diversos serviços *online*, além de encorajar as organizações que detêm os dados a dar aos indivíduos o controle sobre esses, para além dos padrões legais mínimos. (...) A abordagem MyData fornece às organizações os meios práticos para implementar a proteção de dados e da privacidade no decorrer de análises de *big data* e traz aos indivíduos transparência sobre como seus dados estão sendo coletados e processados. Sem abordar a perspectiva humana, muitos dos potenciais usos inovadores do *big data* podem se tornar impossíveis se os indivíduos os considerarem invasivos, duvidosos e inaceitáveis. A abordagem MyData adota o movimento filosófico "Dados Abertos" no sentido de que proporcionar acesso a informações em um formato livre e transparente aumenta sua utilidade e valor. Por definição, dados abertos são tecnicamente e legalmente livres para que qualquer um use, reuse e distribua. Similarmente, dados coletados sobre uma pessoa atenderão ao critério MyData se estiverem técnica e legalmente disponíveis para uso, reuso e distribuição pelo indivíduo do modo que ele desejar.[652]

---

[651] Abordando a temática acerca da possível aplicação de créditos PIS e COFINS em razão da implementação dos programas de conformidade, veja-se: LEITE, Luiza; CHAMBARELLI, Guilherme. LGPD como insumo: do compliance ao aproveitamento de créditos de PIS e COFINS. *Jota*, São Paulo, 23 mar. 2021. Disponível em: https://www.jota.info/opiniao-e-analise/colunas/regulacao-e-novas-tecnologias/lgpd-como-insumo-do-compliance-ao-aproveitamento-de-creditos-de-pis-e-cofins-23032021. Acesso em: 13 abr. 2021.

[652] POIKOLA, Antti; KUIKKANIEMI, Kai; HONKO, Harri. *MyData* – Um modelo nórdico para gestão e processamento de dados pessoais centrado no ser humano. Rio de Janeiro:

Dito de outro modo, o MyData (dentre outras soluções tecnológicas semelhantes) apresenta uma alternativa para gestão informatizada do consentimento, trazendo o titular dos dados para o centro de controle e comando das operações e viabilizando o diálogo e transação ordenada das informações entre indivíduos e setor privado. Este mecanismo, que demonstra uma articulação inteligente e apta a complementar a instrumentalização da LGPD, necessita, para efetividade, de estímulo e reconhecimento de legitimidade pelos órgãos reguladores, sob pena de ser inócuo, exatamente como ocorre com certificação ABNT/ISO, anteriormente citada.

Por outro lado, mais atinente à corregulação, há um realce mais acentuado conferido pela Lei. São inúmeros artigos que frisam uma obrigação do controlador de dados de instituir meios de conformidade, auditáveis pela Autoridade Nacional, tais como, exemplificativamente:

- Art. 12, §3º prevê que a "autoridade nacional poderá dispor sobre padrões e técnicas utilizados em processos de anonimização e realizar verificações acerca de sua segurança, ouvido o Conselho Nacional de Proteção de Dados Pessoais e da Privacidade";[653]
- Art. 20, §2º, com relação ao uso de decisões automatizadas, dispõe a Lei que em caso de não oferecimento das informações ao titular com justificativa na observância de segredo comercial e industrial, "a autoridade nacional poderá realizar auditoria para verificação de aspectos discriminatórios em tratamento automatizado de dados pessoais";[654]
- Art. 38 apresenta o Relatório de Impacto à Proteção de Dados (RIPD), documentação do controlador que contém a descrição dos processos de tratamento de dados pessoais que podem gerar riscos às liberdades civis e aos direitos fundamentais, bem como medidas, salvaguardas e mecanismos de mitigação de risco. Nele, é dada à autoridade uma melhor assimilação e fiscalização dos mecanismos implementados pelas empresas que coletam e gerenciam dados pessoais;

FGV Direito Rio, [s.d.]. Disponível em: https://internet-governance.fgv.br/sites/internet-governance.fgv.br/files/publicacoes/selection_novo.pdf. Acesso em: 17 jun. 2021.

[653] BRASIL. Lei nº 13.709, de 14 de agosto de 2018. Lei Geral de Proteção de Dados Pessoais (LGPD). *Diário Oficial da União*, Brasília, 15 ago. 2018a. Disponível em: http://www.planalto.gov.br/ccivil_03/_ato2015-2018/2018/lei/l13709.htm. Acesso em: 14 jun. 2022.

[654] BRASIL. Lei nº 13.709, de 14 de agosto de 2018. Lei Geral de Proteção de Dados Pessoais (LGPD). *Diário Oficial da União*, Brasília, 15 ago. 2018a. Disponível em: http://www.planalto.gov.br/ccivil_03/_ato2015-2018/2018/lei/l13709.htm. Acesso em: 14 jun. 2022.

- Art. 46 determina que "os agentes de tratamento devem adotar medidas de segurança, técnicas e administrativas aptas a proteger os dados pessoais de acessos não autorizados e de situações acidentais ou ilícitas de destruição, perda, alteração, comunicação ou qualquer forma de tratamento inadequado ou ilícito". Assegurando à autoridade nacional dispor sobre padrões técnicos mínimos, "considerados a natureza das informações tratadas, as características específicas do tratamento e o estado atual da tecnologia, especialmente no caso de dados pessoais sensíveis, assim como os princípios previstos no caput do art. 6º desta Lei";[655]
- Art. 50, §3º, já citado, diz que "as regras de boas práticas e de governança deverão ser publicadas e atualizadas periodicamente e poderão ser reconhecidas e divulgadas pela autoridade nacional".[656]

Todos esses dispositivos revelam, em maior ou menor escala, formas de intervenção moderada do ente regulador no ator privado, denotando uma preocupação em não obstaculizar a flexibilidade na adoção e formulação das estratégias próprias para a proteção de dados pessoais. Estas ferramentas são essenciais sobretudo por conta da presença de atores multissetoriais submetidos à mesma autoridade regulatória – a ANPD. Outorgar ao particular um espaço de autoajuste, sem nulificar a presença e dever fiscalizatório do ente estatal, dilata a responsividade da regulação, principalmente se, ao corregular, técnicas menos punitivas forem implementadas, tais como os termos de ajustamento de condutas, previstos no art. 55-J, XVII da LGDP.

Em segundo, com relação ao topo da pirâmide, não são necessárias maiores digressões. A maioria das disposições da Lei conduz para técnicas de comando e controle e ameaças de intervenção incisiva do Estado no agente infrator. Há, certamente, diversas matrizes para limitar ações punitivas do Estado – como os critérios de gradação da pena, a previsão de minorantes, a inevitabilidade de aplicação das penas mais leves antes da imposição da suspensão do funcionamento do banco

---

[655] BRASIL. Lei nº 13.709, de 14 de agosto de 2018. Lei Geral de Proteção de Dados Pessoais (LGPD). *Diário Oficial da União*, Brasília, 15 ago. 2018a. Disponível em: http://www.planalto.gov.br/ccivil_03/_ato2015-2018/2018/lei/l13709.htm. Acesso em: 14 jun. 2022.

[656] BRASIL. Lei nº 13.709, de 14 de agosto de 2018. Lei Geral de Proteção de Dados Pessoais (LGPD). *Diário Oficial da União*, Brasília, 15 ago. 2018a. Disponível em: http://www.planalto.gov.br/ccivil_03/_ato2015-2018/2018/lei/l13709.htm. Acesso em: 14 jun. 2022.

de dados ou da proibição do exercício de atividades relacionadas a tratamento de dados.

Contudo, diferentemente do previsto na GDPR, onde há expressamente inúmeras menções à necessidade de observância dos adjetivos *"efetiva, proporcionada e dissuasiva"* para aplicação de penalidades, na LGPD a preocupação está mais centrada na fundamentação dada para a sanção e na tentativa de estabelecer uma "mínima intervenção" (art. 55-J, §1º), e não na busca de um real alcance de efetividade na consagração do direito perseguido pela norma.

Por fim, acerca do envolvimento dos interessados no ato de regular, a LGPD dispõe (i) no art. 53, a obrigação de formular consulta pública para a definição das metodologias de cálculo de aplicação de sanções pecuniárias; e (ii) no art. 55-J, o dever da ANPD de estruturar campanhas de conscientização e políticas sociais, bem como a indispensabilidade de editar regulamentos e normas somente após precedidos de consulta e audiência públicas, bem como elaborar análises de impacto regulatório, e, ainda, o dever de ouvir os agentes de tratamento e a sociedade em matérias de interesse relevante, prestando contas sobre as atividades e planejamento realizados.

Também nesse tocante, com relação ao CNPD, disposto no art. 58-A da Lei, nota-se uma preocupação em inserir diferentes atores, relacionados a distintos segmentos e interesses, no auxílio à atuação para as competências da ANPD – o que anuncia um intuito participativo e menos discricionário fomentado pela norma.

A participação dos diversos agentes é, em verdade, central para a construção de uma cultura responsiva. A título exemplificativo, o Código de Proteção de Dados das companhias alemãs de seguros, que conta com expressiva aderência, foi elaborado em conjunto pela Confederação da Indústria de Seguros Alemã, autoridades nacionais e Central dos Consumidores – reforçando a simbiose entre todos os agentes envolvidos e interessados no ajuste.[657]

Infere-se, nesse recorte, que a LGPD dispõe de bons gatilhos para operacionalizar[658] uma cultura regulatória responsiva. A despeito da

---

[657] HOFFMANN-RIEM, Wolfgang. Autorregulação, autorregulamentação e autorregulamentação regulamentada no contexto digital (tradução Luís Marcos Sander). *Revista AJURIS*, Porto Alegre, v. 46, nº 146, p. 529–553, 2019, p. 545.

[658] CARVALHO, Vinicius Marques; MATTIUZZO, Marcela; PONCE, Paulo Pedigoni. Boas práticas e governança na LGPD. *In*: RODRIGUES JR., Otavio Luiz; MENDES, Laura Schertel; DONEDA, Danilo; SARLET, Ingo Wolfgang. *Tratado de Proteção de Dados Pessoais*. Rio de Janeiro: Forense, 2021, p. 361–374.

existência de falhas e lacunas expressivas no diploma legal, é notável que a ANPD, no exercício das suas competências, poderá conformar sua atuação sob uma ótica menos prescritiva, alicerçando-se em redes mais amplas de auxílio ao ajuste do mercado e assimilação da cultura de proteção à privacidade digital – desde que, certamente, estabeleça previamente regras claras de implementação da teoria, afastando o agir estatal de subjetivismo.[659]

Além do dever de defender os titulares de dados, é obrigação do órgão regulador proteger também o setor empresarial e equilibrar os interesses envolvidos, aliando-se a outras entidades governamentais afetas ao tema, inclusive com o Poder Judiciário, de modo a criar ferramentas para solução dos impasses associados à Lei com menor dispêndio de recursos privados ou públicos.[660]

Só assim é que o agir estatal contará com menor resistência dos entes regulados e da própria sociedade, assegurando uma gradativa mudança cultural que reconheça a essencialidade da proteção de dados pessoais, sem cair em discursos simplistas proibitivos e/ou descolados da realidade contemporânea, onde já não se pode ignorar que *"data is the new oil of the digital economy"*.[661]

---

[659] Destacam-se "(...) alguns pontos que merecem estabelecimento de regras claras quando da implementação da teoria: as soluções consensuais que possam ser adotadas na base da pirâmide; a forma de negociação dessas soluções consensuais; o monitoramento dos compromissos assumidos; a frequência sobre adoção de soluções consensuais em relação a um mesmo tema ou a um mesmo agente regulado (admite infrações reiteradas?); as razões que justificam a escalada na pirâmide em busca de intervenções regulatórias mais onerosas; a gradação dos sancionamentos ao longo da pirâmide regulatória; a possibilidade de impugnar a decisão da agência reguladora de escalar a pirâmide; o grau de publicidade que será conferida às informações do processo; o nível de controle de terceiros; os prazos e competências; e a aplicação de precedentes" (CARNAES, Mariana. Breve reflexão sobre a regulação responsiva. *Consultor Jurídico*, São Paulo, 20 jun. 2021. Disponível em: https://www.conjur.com.br/2021-jun-20/artx-publico-pragmatico-breve-reflexao-regulacao-responsiva. Acesso: 23 jun. 2021).

[660] O uso de todas estas ferramentas responsivas, crê-se, têm o potencial de reduzir os riscos de judicialização em massa em temáticas de proteção de dados, principalmente considerando-se a controversa decisão da 3ª Turma do STJ no REsp nº 1758799/MG, de 2019, que considerou que a inobservância dos direitos e garantias associados à autodeterminação informativa geraria danos *in re ipsa* – aquele que prescinde de provas, é presumido. Assim, é certo que técnicas de resolução de reclamações individuais devem ser adotadas pela entidade, como, exemplificativamente, o portal consumidor.gov.

[661] Expressão de Clive Humby, um matemático de Sheffield que, com sua esposa, Edwina Dunn, ganhou, em 2006, 90 milhões de libras esterlinas ajudando a Tesco com seu sistema Clubcard.

CONSIDERAÇÕES FINAIS

A personalidade humana foi digitalizada. Nossos anseios, medos, particularidades, hábitos e dados diversos passaram a integrar gigantescos arquivos *online*, que agilmente se cruzam e dialogam, na busca de conclusões preditivas e na perfilização dos indivíduos, assegurando a construção de estratégias empresariais mais assertivas, com mitigação de riscos negociais.

Essa popularização da tecnologia e, por derradeiro, a virtualização das relações humanas nos imbricou com o mundo *online*. Tornou-se difícil separar o real e o digital. Danos e riscos decorrentes de uma vigilância irrestrita, que figuravam como meras conjecturas de obras de ficção científica, tornaram-se tangíveis.

Para o Direito, se por um lado não se pode ignorar os prejuízos potencialmente causados por este cenário, que superam a mera ruína da privacidade, por outro, tem-se como inócua a construção de barreiras legais rígidas e/ou meramente proibitivas, que, além de serem indesejadas pelo contexto social, terão pouco, senão nenhuma, aplicação prática.

Desde a dinamização do conteúdo agasalhado pelo direito à privacidade, que tentou neutralizar os prejuízos decorrentes do uso abusivo dos dados pessoais pelas organizações e entes públicos, até a elaboração de normativas mais específicas para o assunto, tornou-se elementar a necessidade de complementação da Lei a partir de uma atuação estatal diretiva e fiscalizatória, que se desvinculasse da mera entrega de um direito subjetivo aos cidadãos. Isto porque ainda que derivados de um radical comum (privacidade e proteção de dados pessoais), os danos decorrentes da gestão abusiva de *Big Data* possuem caráter sistêmico, coletivo, e exorbitam a simples violação ao espaço de solitude. São prejuízos que envolvem até mesmo questões patrimoniais e políticas – exigindo, portanto, soluções jurídicas diversas daquelas empregadas para obstar práticas de intromissão física nos espaços íntimos, comumente cometidas por órgãos de imprensa.

Estabeleceu-se, assim, uma premissa da pesquisa: a Lei, por si só, não é suficiente para alcançar, hoje, a proteção de dados pessoais. Outorgar ao cidadão o caminho do Poder Judiciário, como fizeram, essencialmente, o MCI e o CDC, não pareceu ser forma mais adequada para desestimular o mau uso dos dados pessoais pelas organizações.

Primeiramente, porque a autodeterminação informativa, doutrinariamente festejada como um mecanismo de retorno da "propriedade" do dado ao seu titular, não é capaz e operativa para coibir excessos em um contexto de alimentação incessante e incontrolável de *Big Data*. Considerando-se a extensa complexidade dos atores e processos envolvidos, é inegável a incapacidade de o titular exercer plenamente seu percurso volitivo e monitorar onde e de qual forma estão sendo utilizadas suas informações pessoais. Ainda, conforme revelaram pesquisas empíricas, a cessão de dados normalmente está atrelada a um benefício imediato (obtenção de um serviço, informação ou produto), e os eventuais prejuízos experimentados pelo titular são temporariamente distantes, incompreensíveis e dificilmente sopesados ao tempo do consentimento para coleta e tratamento.

Essa contradição é também acentuada a partir de dados estatísticos que revelaram que cerca de 70%[662] das pessoas estão dispostas a receber descontos de um dólar em troca da permissão para provedores de internet coletar seus dados pessoais – o que indica a baixa consciência social ainda existente sobre essencialidade da matéria.

Em segundo, porque a morosidade e a burocracia inerentes à judicialização desincentivam o indivíduo a buscar seus direitos, sobretudo nestes casos, em que o dano é bastante abstrato, pouco palpável, e a situação geradora raramente conhecida ao tempo da violação – são situações que *carecem de cadáveres*,[663] dificilmente constatadas.

Em terceiro, porque é contraproducente destacar o Poder Judiciário como palco de discussões dessa natureza. Os riscos de uma enxurrada de ações individuais, sobretudo diante das possibilidades

---

[662] MCDONALD, Aleecia M.; CRANOR, Lorrie Faith. Beliefs and Behaviors: Internet Users' Understanding of Behavioral Advertising. *In*: RESEARCH CONFERENCE ON COMMUNICATION, INFORMATION AND INTERNET POLICY (TPRC), 1–3 out. 2010, Alexandria. *Proceedings* (...). Alexandria: [S.n.], 1–3 out. 2010. p. 1-31 *apud* BIONI, Bruno. *Proteção de dados pessoais*: a função e os limites do consentimento. São Paulo: Forense, 2019, p. 151.

[663] SOLOVE, Daniel. I've got nothing to hide and other misunderstandings. *San Diego Law Review*, San Diego, v. 44, nº 4, p. 745–772, 2007, p. 768.

de reconhecimento de dano *moral in re ipsa* apenas em razão do uso de dados pessoais sem enquadramento legal específico acendem um alerta sobre novas formas de pensar o agir estatal. Como visto, defende-se que é a estrutura regulatória do Estado, quando efetiva e técnica, que assegurará uma gradativa consolidação da cultura de proteção aos dados pessoais no país – exatamente como antevê a LGPD, que, seguindo uma tendencia global, criou a figura da ANPD, órgão federal especializado, dotado de funções normativas, consultivas e judicantes.

Desse recorte, fixou-se, assim, outra premissa deste livro: é a função regulatória exercida pela ANPD que, direcionando o mercado, conciliando interesses conflitantes, complementando as lacunas e atualizando a hermenêutica da Lei, poderá alcançar uma melhor operacionalização e adesão da LGPD.

Essa regulação, no entanto, especialmente por se comunicar com uma temática que envolve a quase totalidade das relações sociais do cotidiano, espraiadas em todos os segmentos do mercado, deve exigir uma conduta proativa do Estado, mas não figurar como uma prerrogativa exclusiva e impositiva – sob pena de, em caso contrário, delegar aos entes privados um cenário onde o risco de judicialização excessiva, baixa postura transformadora, elevada resistência às normativas e interferência estatal desmedida represente um óbice instransponível ao desenvolvimento econômico, e também à própria proteção à privacidade.

Por fim, conciliando sob uma estrutura piramidal de incentivos à autorregulação e corregulação, e aliando ferramentas de persuasão e punição, foi apresentada a teoria da regulação responsiva, que, implementada recentemente em setores regulados no Brasil, tem sido festejada como uma possível forma (i) de fomentar uma cultura cooperativa e dialógica no mercado, de atendimento ao interesse público sob uma ótica sistêmica, e não de mera punição às infrações; (ii) de redução da resistência dos regulados (e sociedade) às normas e interferências governamentais, atraindo terceiros, inclusive privados, para o ato de regular; e, ainda, (iii) de garantia de uma atuação mais incisiva apenas sobre as práticas empresariais que efetivamente geram danos ao cidadão – como, exemplificativamente, no uso indiscriminado de informações sensíveis, no vazamento expressivo de dados, na manipulação de massas e na discriminação e marginalização de grupos.

A proposta é complexa e exige um amadurecimento regulatório, mas não é uma utopia. Ainda que tenha pouquíssimo tempo de atuação, e uma estrutura bastante enxuta, o cenário regulatório de proteção de dados pessoais no Brasil tem demonstrado uma simpatia ao uso de instrumentos conciliatórios e flexíveis de cultura responsiva.

MPF, CADE, ANPD e MJSP, em maio de 2021, apresentaram, em conjunto, uma carta de recomendações ao WhatsApp Inc. para que adie a implementação das novas regras de intercâmbio de dados dos seus usuários com outras empresas do grupo, como o Facebook.[664] Essa iniciativa[665] dá o tom ao uso do aprendizado mútuo entre reguladores e regulado, arquitetando um horizonte possível para a absorção de um novo modo de regular e compreender as nuances envolvidas na proteção de dados pessoais – exatamente como implementado nos mecanismos de *sandbox* regulatório, recentemente inaugurados no Reino Unido para a proteção da privacidade digital.

Aquilo "que é sussurrado no quarto será proclamado dos telhados",[666] e não há nada que o Direito possa fazer para impedir. O que se espera, ao revés, são novos meios para assegurar uma cultura conciliatória e de assimilação dos riscos envolvidos no uso arbitrário e abusivo dos dados pessoais, sem se descurar dos interesses econômicos envolvidos na gestão de *Big Data*. Não se pode perseverar na quimera de defesa de uma autodeterminação informativa irrestrita, no uso do Poder Judiciário para reprimir problemas sistêmicos, ou na utilização arbitrária da coerção estatal, sob uma lógica regulatória binária, sob pena de esvaziar a complexidade do tema (que tem conteúdo e relevância política) e reduzir a proteção de dados pessoais a um gravame legal, descolado dos reais anseios e preocupações da sociedade moderna.

---

[664] Enquanto estudos mais aprofundados não forem feitos, com análise de possíveis riscos e oportunidades, recomendou-se a suspensão das alterações. Íntegra do documento disponível em: MINISTÉRIO PÚBLICO FEDERAL (MPF); MINISTÉRIO DA JUSTIÇA E SEGURANÇA PÚBLICA (MJSP); CONSELHO ADMINISTRATIVO DE DEFESA ECONÔMICA (CADE); AUTORIDADE NACIONAL DE PROTEÇÃO DE DADOS (ANPD). *Recomendação*. 7 maio 2021. Disponível em: https://www.migalhas.com.br/arquivos/2021/5/43DE2079943FE2_recomendacao-whatsapp.pdf. Acesso em: 10 maio 2021.

[665] Outra iniciativa relevante foi a abertura de consulta pública sobre as normas de fiscalização da ANPD. No documento recentemente divulgado, que serve de base para o debate, há inúmeros elementos que denotam a pretensão de aplicação de um direito regulatório responsivo, com escalonamento nos níveis de intervenção.

[666] WARREN, Samuel; BRANDEIS, Louis. The right to privacy. *Harvard Law Review*, Cambridge, v. 4, nº 5, 15 dez. 1890. Disponível em: https://faculty.uml.edu/sgallagher/Brandeisprivacy.htm. Acesso em: 10 dez. 2020.

REFERÊNCIAS

130 YEARS of Coca-Cola ads. *CNN*, [S.l.], 6 maio 2016. Disponível em: https://edition.cnn.com/2016/05/06/living/gallery/coca-cola-ads/index.html. Acesso em: 20 dez. 2020.

AGÊNCIA ESPANHOLA PROTECCIÓN DATOS (AEPD). *A Guide to Privacy by Design*. Madrid: AEDP, 2019. Disponível em: https://www.aepd.es/sites/default/files/2019-12/guia-privacidad-desde-diseno_en.pdf. Acesso em: 13 abr. 2021.

AGÊNCIA NACIONAL DE AVIAÇÃO CIVIL (ANAC). *Regulação Responsiva*. [s.d.]. Disponível em: https://www.gov.br/anac/pt-br/assuntos/regulacao-responsiva. Acesso em: 20 mar. 2021.

AGÊNCIA NACIONAL DE TELECOMUNICAÇÕES (ANATEL). *Termo de ajustamento de condutas 01/2020*. Termo de compromisso de ajustamento de conduta (TAC) que celebram entre si a Agência Nacional de Telecomunicações e a TIM S.A. 2020. Disponível em: https://sei.anatel.gov.br/sei/modulos/pesquisa/md_pesq_documento_consulta_externa.php?eEP-wqk1skrd8hSlk5Z3rN4EVg9uLJqrLYJw_9INcO7CJ1Sc5Nt2NuNVLkFnaPKprilXK6aDawUYS2BTNdh4r4hMJfFBho1J978dHtSqeswWIHgB5f87ote9eCG0XYpf. Acesso em: 13 abr. 2021.

AGUIAR JR., Ruy Rosado de (coord.-geral). IV Jornada de Direito Civil. Enunciado 274. *In*: CONSELHO DA JUSTIÇA FEDERAL (CJF). *CJF - Enunciados*. Brasília: CJF, [2022a]. Disponível em: https://www.cjf.jus.br/enunciados/enunciado/219. Acesso em: 30 jun. 2022.

AGUIAR JR., Ruy Rosado de (coord.-geral). V Jornada de Direito Civil. Enunciado 404. *In*: CONSELHO DA JUSTIÇA FEDERAL (CJF). *CJF - Enunciados*. Brasília: CJF, [2022b]. Disponível em: https://www.cjf.jus.br/enunciados/enunciado/208. Acesso em: 30 jun. 2022.

ALMEIDA, Guilherme Alberto Almeida de. Marco Civil da Internet – antecedentes, formulação colaborativa e resultados alcançados. *In*: ARTESE, Gustavo (coord.). *Marco Civil da Internet*: análise jurídica de uma perspectiva empresarial. São Paulo: Quartier Latin, 2015. p. 19–64.

ALSHURA, Mohammad Saleem; ZABADI, Abdelrahim; ABUGHAZALEH, Mohammad. Big Data in Marketing Arena. Big Opportunity, Big Challenge, and Research Trends: An Integrated View. *Management and Economics Review*, Romania, v. 3, nº 1, p. 75–84, 2018.

ANDRADE, Vinícius. Quanto custa anunciar na Globo? Comercial no JN vale mais de R$ 1,3 mi. *UOL*, São Paulo, 9 jul. 2019. Disponível em: https://noticiasdatv.uol.com.br/noticia/televisao/quanto-custa-anunciar-na-globo-comercial-no-jn-vale-mais-de-r-13-mi-27923. Acesso em: 20 dez. 2020.

AQUISIÇÃO do WhatsApp pelo Facebook é aprovada pela FTC. *Canaltech*, [S.l.], 10 abr. 2014. Disponível em: https://canaltech.com.br/redes-sociais/Aquisicao-do-WhatsApp-pelo-Facebook-e-aprovada-pela-FTC/. Acesso em: 19 dez. 2020.

ARAGÃO, Alexandre Santos de. Análise de impacto regulatório na Lei da Liberdade Econômica. *In*: SALOMÃO, Luis Felipe; CUEVA, Ricardo Villas Bôas; FRAZÃO, Ana. *Lei da Liberdade Econômica e seus impactos no Direito brasileiro*. São Paulo: RT, 2019. p. 371–387.

ARENHART, Sérgio Cruz. *A tutela inibitória da vida privada*. v. 2. São Paulo: Revista dos Tribunais, 2000.

ARTESE, Gustavo (coord.). *Marco Civil da Internet*: análise jurídica de uma perspectiva empresarial. São Paulo: Quartier Latin, 2015.

ASCENSÃO, José de Oliveira. *Teoria Geral do Direito Civil*. Lisboa: Faculdade de Direito de Lisboa, 1995.

ASSANGE, Julian. *Cypherpunks*: liberdade e o futuro da internet. Trad. Cristina Yamagami. São Paulo: Boitempo, 2013.

AVILA, Humberto. *Teoria dos Princípios*. São Paulo: Malheiros, 2003.

ASSOCIAÇÃO BRASILEIRA DE MARKETING DIRETO (ABEMD). *Introdução – 30/11/2015*. 2015. p. 1–250. Disponível em: https://www.abemd.org.br/interno/DadosPessoais_ContribuicoesdasEntidades.pdf. Acesso em: 20 dez. 2020.

BAAKLINI, Abdo; REGO, Antonio Carlos Pojo do. O congresso e a política nacional de informática. *Revista Administração Pública*, Rio de Janeiro, v. 22, nº 2, p. 87–105, abr./jun. 1988. Disponível em: http://bibliotecadigital.fgv.br/ojs/index.php/rap/article/view/9438/8492. Acesso em: 13 abr. 2021.

BALKIN, Jack M. Fixing Social Media's Grand Bargain. Hoover Working Group on National Security Technology, and Law. *Aegis Paper Series*, New Haven, nº 1814, p. 1–20, 2018.

BARBOSA, Fernanda Nunes. Informação e consumo. *In*: MARTINS, Guilherme Magalhães; LONGHI, João Victor Rozatti (coord.). *Direito Digital, Direito Privado e Internet*. Indaiatuba: Foco, 2019. p. 349–374.

BARLOW, John Perry. A Declaration of The Independence of Cyberspace. *Duke Law & Technology Review*, Durham, v. 18, nº 1, p. 5–7, 2019. Disponível em: https://scholarship.law.duke.edu/cgi/viewcontent.cgi?article=1337&context=dltr. Acesso em: 13 abr. 2021.

BARRETO JUNIOR, Irineu Francisco; CÉSAR, Daniel. Marco Civil da Internet e Neutralidade da Rede: Aspectos Jurídicos e Tecnológicos. *Revista Eletrônica do Curso de Direito da UFSM*, Santa Maria, v. 12, nº 1, p. 65–88, 2007.

BASTOS, Celso Ribeiro. *Curso de Direito Constitucional*. São Paulo: Celso Bastos Editor, 2002.

BATHAEE, Yavar. The artificial intelligence black box and the failure of intent and causation. *Harvard Journal of Law & Technology*, Cambridge, v. 31, nº 2, p. 889–938, Spring 2018.

BEDANTE, Gabriel. *Orientação para o marketing analytics*: antecedentes e impacto no desempenho do negócio. 2019. Tese (Doutorado em Administração) – Faculdade de Economia, Administração e Contabilidade da Universidade de São Paulo, São Paulo, 2019. Disponível em: https://www.teses.usp.br/teses/disponiveis/12/12139/tde-07052019-114234/publico/CorrigidoGabriel.pdf. Acesso em: 20 dez. 2020.

BELLMAN, Steven; JOHNSON, Eric; LOHSE, Gerald. To Opt-In Or To Opt-Out? It Depends On The Question. *Communications of the ACM*, New York, v. 44, nº 2, p. 25–27, 2001. Disponível em: ttps://www.researchgate.net/publication/220425981_To_Opt-in_or_Opt-out_It_Depends_on_the_Question/link/00b49517edbe811b87000000/download. Acesso em: 20 dez. 2020.

BESSA, Leonardo Roscoe. *Código de Defesa do Consumidor Anotado*. Rio de Janeiro: Forense, 2021.

BESSA, Leonardo Roscoe. Limites jurídicos dos bancos de dados de proteção ao crédito: tópicos específicos. *Revista de Direito do Consumidor*, Brasília, v. 44, p. 172–185, 2002.

BEZERRA, Juliana Guedes da Costa. *Bancos de dados de proteção ao crédito e o sistema de scoring*. 2014. 70 f. Monografia (Bacharelado em Direito) – Centro Universitário de Brasília (UniCEUB), Faculdade de Ciências Jurídicas e Sociais (FAJS), Brasília, 2014.

BINENBOJM, Gustavo. Análise de impacto regulatório. *In*: MARQUES NETO, Floriano Peixoto; RODRIGUES JR, Otavio Luiz; LEONARDO, Rodrigo Xavier. *Comentários à Lei da Liberdade Econômica*. São Paulo: RT, 2019. p. 223–230.

BIONI, Bruno. Legítimo interesse: aspectos gerais a partir de uma visão obrigacional. *In*: RODRIGUES JR., Otavio Luiz; MENDES, Laura Schertel; DONEDA, Danilo; SARLET, Ingo Wolfgang. *Tratado de Proteção de Dados Pessoais*. Rio de Janeiro: Forense, 2021. p. 163–176.

BIONI, Bruno. *Proteção de dados pessoais*: a função e os limites do consentimento. Rio de Janeiro: Forense, 2019.

BLUM, Rita. *O direito à privacidade e à proteção dos dados do consumidor*. São Paulo: Almedina, 2018.

BOLDYREVA, Elena; GRISHINA, Natalia; DUISEMBINA, Yekaterina. Cambridge Analytica: ethics and online manipulation with decision-making process. *The European Proceedings of Social & Behavioral Sciences*, Cyprus, p. 91–101, dez. 2018. Disponível em: https://www.researchgate.net/publication/330032180_Cambridge_Analytica_Ethics_And_Online_Manipulation_With_Decision-Making_Process. Acesso em: 13 abr. 2021.

BORGES, Jorge Luis. Funes, o Memorioso. *In*: BORGES, Jorge Luis. *Obras Completas*. 14. ed. Buenos Aires: Emecé, 1984. p. 485–490.

BORGES, Roxana Cardoso Brasileiro. *Direitos da personalidade e autonomia privada*. São Paulo: Saraiva, 2007.

BRAITHWAITE, John. The essence of responsive regulation. *UBC Law Review*, Vancouver, v. 44, nº 3, p. 475–520, 2011.

BRASIL. (Constituição (1988)). *Constituição da República Federativa do Brasil de 1988.* Brasília, DF: Presidência da República, (2020). Disponível em: http://www.planalto.gov.br/ccivil_03/constituicao/constituicao.htm. Acesso em: 13 abr. 2021.

BRASIL. Decreto nº 2.181, de 20 de março de 1997. Dispõe sobre a organização do Sistema Nacional de Defesa do Consumidor - SNDC, estabelece as normas gerais de aplicação das sanções administrativas previstas na Lei nº 8.078, de 11 de setembro de 1990, revoga o Decreto nº 861, de 9 julho de 1993, e dá outras providências. *Diário Oficial da União*, Brasília, 20 mar. 1997. Disponível em: http://www.planalto.gov.br/ccivil_03/decreto/d2181.htm. Acesso em: 30 jun. 2022.

BRASIL. Decreto nº 8.771, de 11 de maio de 2016. Regulamenta a Lei nº 12.965, de 23 de abril de 2014, para tratar das hipóteses admitidas de discriminação de pacotes de dados na internet e de degradação de tráfego, indicar procedimentos para guarda e proteção de dados por provedores de conexão e de aplicações, apontar medidas de transparência na requisição de dados cadastrais pela administração pública e estabelecer parâmetros para fiscalização e apuração de infrações. *Diário Oficial da União*, Brasília, 11 maio 2016. Disponível em: http://www.planalto.gov.br/ccivil_03/_ato2015-2018/2016/decreto/d8771.htm. Acesso em: 13 jun. 2022.

BRASIL. Emenda Constitucional nº 115, de 10 de fevereiro de 2022. Altera a Constituição Federal para incluir a proteção de dados pessoais entre os direitos e garantias fundamentais e para fixar a competência privativa da União para legislar sobre proteção e tratamento de dados pessoais. *Diário Oficial da União*, Brasília, 11 fev. 2022. Disponível em: http://www.planalto.gov.br/ccivil_03/constituicao/Emendas/Emc/emc115.htm. Acesso em: 13 jun. 2022.

BRASIL. Lei nº 8.078, de 11 de setembro de 1990. Dispõe sobre a proteção do consumidor e dá outras providências. *Diário Oficial da União*, Brasília, 12 set. 1990. Disponível em: http://www.planalto.gov.br/ccivil_03/leis/l8078compilado.htm. Acesso em: 30 jun. 2022.

BRASIL. Lei nº 12.414, de 9 de junho de 2011. Disciplina a formação e consulta a bancos de dados com informações de adimplemento, de pessoas naturais ou de pessoas jurídicas, para formação de histórico de crédito. *Diário Oficial da União*, Brasília, 10 jun. 2011a. Disponível em: http://www.planalto.gov.br/ccivil_03/_ato2011-2014/2011/lei/l12414.htm. Acesso em: 30 jun. 2022.

BRASIL. Lei nº 12.529, de 30 de novembro de 2011. Estrutura o Sistema Brasileiro de Defesa da Concorrência; dispõe sobre a prevenção e repressão às infrações contra a ordem econômica; altera a Lei nº 8.137, de 27 de dezembro de 1990, o Decreto-Lei nº 3.689, de 3 de outubro de 1941 - Código de Processo Penal, e a Lei nº 7.347, de 24 de julho de 1985; revoga dispositivos da Lei nº 8.884, de 11 de junho de 1994, e a Lei nº 9.781, de 19 de janeiro de 1999; e dá outras providências. *Diário Oficial da União*, Brasília, 1º dez. 2011b. Disponível em: http://www.planalto.gov.br/ccivil_03/_ato2011-2014/2011/lei/l12529.htm. Acesso em: 28 jun. 2022.

BRASIL. Lei nº 12.965, de 23 de abril de 2014. Estabelece princípios, garantias, direitos e deveres para o uso da Internet no Brasil. *Diário Oficial da União*, Brasília, 24 abr. 2014a. Disponível em: http://www.planalto.gov.br/ccivil_03/_ato2011-2014/2014/lei/l12965.htm. Acesso em: 12 jun. 2022.

BRASIL. Lei nº 13.709, de 14 de agosto de 2018. Lei Geral de Proteção de Dados Pessoais (LGPD). *Diário Oficial da União*, Brasília, 15 ago. 2018a. Disponível em: http://www.planalto.gov.br/ccivil_03/_ato2015-2018/2018/lei/l13709.htm. Acesso em: 14 jun. 2022.

BRASIL. Presidência da República. Secretaria de Imprensa. Discurso do Presidente da República. *Discurso do Presidente da República, Luiz Inácio Lula da Silva, durante visita ao 9º Fórum Internacional Software Livre*. 26 jun. 2009a. p. 1-9. Disponível em: http://www.biblioteca.presidencia.gov.br/presidencia/ex-presidentes/luiz-inacio-lula-da-silva/discursos/2o-mandato/2009/26-06-2009-discurso-do-presidente-da-republica-luiz-inacio-lula-da-silva-durante-visita-ao-10o-forum-internacional-software-livre. Acesso em: 19 jun. 2022.

BRASIL. Resolução nº 717, de 23 de dezembro de 2019. Aprova o Regulamento de Qualidade dos Serviços de Telecomunicações - RQUAL. *Diário Oficial da União*, Brasília, 26 dez. 2019a. Disponível em: https://www.in.gov.br/en/web/dou/-/resolucao-n-717-de-23-de-dezembro-de-2019-235328441. Acesso em: 1º jul. 2022.

BRASIL. Superior Tribunal de Justiça. *Agravo em Recurso Especial nº 1585843/RS*. Relatora: Ministra Nancy Andrighi. DJ. 02.12.2019b.

BRASIL. Superior Tribunal de Justiça (STJ). *Agravo Regimental no Agravo Interno nº 713.629/ES*. Relator: Ministro Paulo Furtado. DJ. 04.08.2009b.

BRASIL. Superior Tribunal de Justiça (STJ). *Recurso Especial nº 1.168.547/RJ*. Relator: Ministro Luis Felipe Salomão. J. 17.05.2010.

BRASIL. Superior Tribunal de Justiça (STJ). *Recurso Especial nº 1.192.208/MG*. Relatora: Ministra Nancy Andrighi. DJe. 02.08.2012a.

BRASIL. Superior Tribunal de Justiça (STJ). *Recurso Especial nº 1.195.668/RS*. Relatora: Ministra Maria Isabel Gallotti. J. 11.11.2012b.

BRASIL. Superior Tribunal de Justiça (STJ). *Recurso Especial nº 1.323.754/RJ*. Relatora: Ministra Nancy Andrighi. J. 19.06.2012c.

BRASIL. Superior Tribunal de Justiça (STJ). *Recurso Especial nº 1.419.697/RS*. Relator: Ministro Paulo de Tarso Sanseverino. J. 12.11.2014b.

BRASIL. Superior Tribunal de Justiça (STJ). *Recurso Especial nº 1.630.889/DF*. Relatora: Ministra Nancy Andrighi. J. 11.09.2018b.

BRASIL. Superior Tribunal de Justiça (STJ). *Recurso Especial nº 1195642/RJ*. Relatora: Ministra Nancy Andrighi. J. 13.11.2012d.

BRASIL. Superior Tribunal de Justiça (STJ). *Recurso Especial nº 22.337-9/RS*. Relator: Ministro Ruy Rosado de Aguiar. DJ. 20.03.1995a.

BRASIL. Superior Tribunal de Justiça (STJ). *Recurso Especial nº 30.666-1/RS*. Relator: Ministro Dias Trindade. J. 08.02.1993.

BRASIL. Superior Tribunal de Justiça (STJ). Súmula nº 323. *Revista de Súmulas do Superior Tribunal de Justiça (RSSTJ)*, Brasília, nº 26, ano 5, p. 345-369, nov. 2011c. Disponível em: https://www.stj.jus.br/docs_internet/revista/eletronica/stj-revista-sumulas-2011_26_capSumula323.pdf. Acesso em: 1º jul. 2022.

BRASIL. Superior Tribunal de Justiça. *Recurso Especial nº 844.736/DF*. Relator: Ministro Luis Felipe Salomão. J. 27.10.2009c.

BRASIL. Supremo Tribunal Federal (STF). *Ação Direta de Inconstitucionalidade nº 1790-5*. Relator: Ministro Sepúlveda Pertence. J. 23.04.1998.

BRASIL. Supremo Tribunal Federal (STF). *Reclamação nº 18.638/CE*. Relator: Ministro Luís Roberto Barroso. J. 17.09.2014c.

BRASIL. Supremo Tribunal Federal (STF). *RHD 22/DF*. Voto Celso de Mello. DJ 01.09.1995b. Disponível em: http://redir.stf.jus.br/paginadorpub/paginador.jsp?docTP=AC&docID=362613. Acesso em: 17 dez. 2020.

BRASIL. Tribunal de Justiça do Estado de São Paulo (TJESP). *Ação civil pública nº 1090663-42.2018.8.26.0100*. 37ª Vara Cível do Foro Central de São Paulo. Juíza Lívia Martins Trindade. [s.d.].

BRASIL. Tribunal de Justiça do Estado de São Paulo (TJESP). *Apelação Cível nº 1085064-25.2018.8.26.0100*. Rel. Des. Mauricio Pessoa. J. 10.09.2019c.

BRASIL. Tribunal de Justiça do Estado do Rio de Janeiro (TJERJ). *Ação Civil Pública 0018051-27.2018.8.19.0001*. 7ª Vara Empresarial da Capital. [s.d.].

BROWN, Ian; MARSDEN, Christopher. *Regulating Code*: Good Governance and Better Regulation in the Information Age. Cambridge: MIT Press, 2013.

BRUTAU, José Puig. *Fundamentos de derecho civil*. Tomo II. Barcelona: Bosch, 1993.

BRYAN Cave Leighton Paisner. A Side-By-Side Comparison of "Privacy Shield" and the "Safe Harbor": The Easiest Way to Understand What Privacy Shield is and What You Need to Do to Use it. *International Association of Privacy Professionals (IAPP)*, [S.l.], [s.d.]. Disponível em: https://iapp.org/media/pdf/resource_center/Comparison-of-Privacy-Shield-and-the-Safe-Harbor.pdf. Acesso em: 13 abr. 2021.

BURKERT, Herbert. Privacy-data protection – a German/European perspective. *In*: ENGEL, Christoph; KELLER, Kenneth (org.). *Governance of global networks in the light of differing local values*. Baden-Baden: Nomos, 2000. Disponível em: http://www.coll.mpg.de/sites/www/files/text/burkert.pdf. Acesso em: 13 abr. 2021.

CARNAES, Mariana. Breve reflexão sobre a regulação responsiva. *Consultor Jurídico*, São Paulo, 20 jun. 2021. Disponível em: https://www.conjur.com.br/2021-jun-20/artx-publico-pragmatico-breve-reflexao-regulacao-responsiva. Acesso: 23 jun. 2021.

CARNIELLO, Monica Franchi; CARNIELLO, Monica Franchi; ASSIS, Francisco de. Formatos da Publicidade Digital: evolução histórica e aprimoramento tecnológico. *In*: ENCONTRO NACIONAL DE HISTÓRIA DA MÍDIA, 7., ago. 2009, Fortaleza. *Anais* (...). Fortaleza: Universidade de Fortaleza (Unifor), ago. 2009. Disponível em: http://www.ufrgs.br/alcar/encontros-nacionais-1/encontros-nacionais/7o-encontro-2009-1/Formatos%20da%20publicidade%20digital.pdf. Acesso em: 13 abr. 2021.

CARVALHO, Joatan Marcos. É possível a proteção de dados pessoais? *Revista Luso-brasileira de Direito do Consumo*, Curitiba, v. 7, nº 25, p. 259–269, mar. 2017. Disponível em: https://issuu.com/editorabonijuris9/docs/revista_luso-brasileira_de_direito__4356187889e1fe. Acesso em: 23 dez. 2020.

CARVALHO, Victor Miguel Barros; GUIMARÃES, Patrícia Borba Vilar; OLIVEIRA, Adriana Carla Silva de. Monetização de dados pessoais na internet: competência regulatória a partir do Decreto nº 8.771/2016. *Revista de Estudos Institucionais*, Rio de Janeiro, v. 4, nº 1, p. 376–416, 2018.

CARVALHO, Vinicius Marques; MATTIUZZO, Marcela; PONCE, Paulo Pedigoni. Boas práticas e governança na LGPD. In: RODRIGUES JR., Otavio Luiz; MENDES, Laura Schertel; DONEDA, Danilo; SARLET, Ingo Wolfgang. *Tratado de Proteção de Dados Pessoais*. Rio de Janeiro: Forense, 2021. p. 361–374.

CENEVIVA, Walter. *Publicidade e o direito do consumidor*. São Paulo: RT, 1991.

CHAVES, Rui Moreira. *Regime jurídico da publicidade*. Coimbra: Almedina, 2005.

CLEMENTE DIEGO, Felipe de. El método en la aplicación del Derecho Civil. *Revista de Derecho Privado*, [S.l.], ano IV, nº 37, 1916.

COLOMÉ, Jordi Perez. Como você é espionado por seu celular Android sem saber. *El Pais*, Madri, 19 mar. 2019. Disponível em: https://brasil.elpais.com/brasil/2019/03/17/tecnologia/1552777491_649804.html. Acesso em: 19 dez. 2020.

CORDEIRO, Antonio Manuel da Rocha e Menezes. *Da boa-fé no Direito Civil*. Coimbra: Almedina, 2001.

CORRÊA, Adriana Espíndola. *O corpo digitalizado*. Campinas: Conceito Editorial, 2010.

COSTA JUNIOR, Paulo José da. *O direito de estar só*: tutela penal da intimidade. São Paulo: Siciliano Jurídico, 2004.

COSTA JUNIOR, Paulo José da. *O direito de estar só*: tutela penal da intimidade. São Paulo: Revista dos Tribunais, 2007.

COTS, Marcio; OLIVEIRA, Ricardo (coord.). *O legítimo interesse e a LGPDP*. São Paulo: Revista dos Tribunais, 2020.

COUTINHO FILHO, Augusto. Regulação sandbox como instrumento regulatório no mercado de capitais: principais características e prática internacional. *Revista Digital de Direito Administrativo*, Ribeirão Preto, v. 5, nº 2, p. 264–282, 2018.

CRUZ, Álvaro Ricardo de Souza. Regras e Princípios: por uma distinção normoteorética. *Revista da Faculdade de Direito UFPR*, Curitiba, v. 45, nº 0, p. 37–73, dez. 2006. ISSN 2236-7284. Disponível em: https://revistas.ufpr.br/direito/article/view/8746. Acesso em: 10 jun. 2022.

CUEVA, Ricardo Villas Bôas. A insuficiente proteção de dados pessoais no Brasil. *Revista de Direito Civil Contemporâneo*, São Paulo, v. 12, ano 4, p. 59–67, out-dez. 2017.

CUIDADO com as conversas em frente à televisão. A sua Smart TV está a ouvi-lo. *Diário de Notícias*, (Lisboa), 9 fev. 2015. Disponível em: https://www.dn.pt/ciencia/cuidado-com-as-conversas-em-frente-a-televisao-a-sua-smart-tv-esta-a-ouvi-lo-4390324.html. Acesso em: 19 dez. 2020.

CUPIS, Adriano de. *Os direitos da personalidade*. Campinas: Romada, 2004.

D'ÁVILA, Manuela. O AI-5 digital e as razões para o #meganão. *UOL*, São Paulo, 2011. Disponível em: https://congressoemfoco.uol.com.br/opiniao/colunas/o-ai-5-digital-e-as-razoes-para-o-meganao/. Acesso em: 20 dez. 2020.

DARNACULLETA i GARDELLA, Maria Mercè. *Autorregulación y Derecho Público*: La Autorregulación Regulada. Madrid: Marcial Pons, Ediciones Jurídicas y Sociales, 2005. Disponível em: https://dugi-doc.udg.edu/bitstream/handle/10256/4787/tmdg. pdf?sequence=12&isAllowed=y. Acesso em: 13 abr. 2021.

DECOLAR.COM é multada por prática de geo pricing e geo blocking. *Ministério da Justiça e Segurança Pública (MJSP)*, Brasília, 18 jun. 2018. Disponível em: https://www.justica.gov.br/news/collective-nitf-content-51. Acesso em: 20 dez. 2020.

DE NOTÍCIAS à entretenimento, confira os 100 sites mais visitados no Brasil. *TI Inside*, São Paulo, 26 out. 2021. Disponível em: https://tiinside.com.br/26/10/2021/de-noticias-a-entretenimento-confira-os-100-sites-mais-visitados-no-brasil/. Acesso em: 6 jul. 2022.

DESPEGAR.COM. *2Q 2019 Corporate Presentation*. 2019. p. 1–36. Disponível em: https://s22.q4cdn.com/820444807/files/doc_presentations/2019/09/DESP-2Q-Corporate-Presentation.pdf. Acesso em: 13 nov. 2019.

DEWANDRE, Nicole. *The Human Condition and the Black Box Society*: a review of Frank Pasquale, The Black Box Society: The Secret Algorithms That Control Money and Information (Harvard University Press, 2015). 2015. Disponível em: https://www.researchgate.net/publication/309230421_The_Human_Condition_and_The_Black_Box_Society. Acesso em: 20 dez. 2020.

DONEDA, Danilo. *Da privacidade à proteção de dados pessoais*. Rio de Janeiro: Renovar, 2006.

DONEDA, Danilo; MONTEIRO, Marília. O sistema da privacidade e proteção de dados no marco civil da internet. *In*: ARTESE, Gustavo (coord.). *Marco Civil da Internet*: análise jurídica sob uma perspectiva empresarial. São Paulo: Quartier Latin, 2015. p. 73–96.

DOTTI, René Ariel. A liberdade e o direito à intimidade. *Rev. Inf. Legislativa*, Brasília, v. 17, nº 66, p. 125–152, abr./jun. 1980.

DOTTI, René Ariel. *Proteção da vida privada e liberdade de informação*. São Paulo: Revista dos Tribunais, 1980.

EFING, Antonio Carlos. *Banco de dados e cadastro de consumidores*. São Paulo: Revista dos Tribunais, 2002.

ESTADOS UNIDOS DA AMÉRICA (EUA). Califórnia Legislative Information. *Civil Code* – CIV. Division 3. Obligations [1427 - 3273.16] (Heading of Division 3 amended by Stats. 1988, Ch. 160, Sec. 14.). Part 4. Obligations arising from particular transactions [1738 - 3273.16] (Part 4 enacted 1872). Title 1.81.5. California Consumer Privacy Act of 2018 [1798.100 - 1798.199.100]. (Title 1.81.5 added by Stats. 2018, Ch. 55, Sec. 3.). [s.d.]. Disponível em: https://leginfo.legislature.ca.gov/faces/codes_displayText.xhtml?division=3.&part=4.&lawCode=CIV&title=1.81.5. Acesso em: 13 abr. 2021.

ESTADOS UNIDOS DA AMÉRICA (EUA). New York. *Marks v. Jaffa*. 1 dez. 1893. Disponível em: https://casetext.com/case/marks-v-jaffa. Acesso em: 10 jul. 2020.

ESTUDO do Ipea aponta que inflação dos planos de saúde é bem superior ao IPCA. *Instituto de Pesquisa Econômica Aplicada (IPEA)*, Brasília, 11 jun. 2019. Disponível em: https://www.ipea.gov.br/portal/index.php?option=com_content&view=article&id=34799. Acesso em: 13 abr. 2021.

EUROPEAN COMMISSION (EC). *Opinion 06/2014 on the notion of legitimate interests of the data controller under Article 7 of Directive 95/46/EC*. 9 abr. 2014. p. 1–68. Disponível em: https://ec.europa.eu/justice/article-29/documentation/opinion-recommendation/files/2014/wp217_en.pdf. Acesso em: 20 dez. 2020.

EVERSON, Eric. Privacy by Design: Taking Ctrl of Big Data. *Cleveland State Law Review*, Cleveland, v. 65, nº 1, p. 28–42, 2017. Disponível em: https://engagedscholarship.csuohio.edu/clevstlrev/vol65/iss1/6. Acesso em: 20 dez. 2020.

EXCHANGE WIRE. *Investimento em publicidade digital no Brasil*. 2018. Disponível em: https://www.exchangewire.com.br/files/2018/05/infografico_vertical_web_v7-portugues-761x1024.jpg. Acesso em: 20 dez. 2020.

FACEBOOK and Cambridge Analytica: What You Need to Know as Fallout Widens. *The New York Times*, Nova Iorque, 19 mar. 2018. Disponível em: https://www.nytimes.com/2018/03/19/technology/facebook-cambridge-analytica-explained.html. Acesso em: 6 jul. 2022.

FAMILIARES de suposto pai podem ser coercitivamente submetidos a exame de DNA. *Consultor Jurídico*, São Paulo, 22 maio 2020. Disponível em: https://www.conjur.com.br/2020-mai-22/familiares-suposto-pai-podem-coercitivamente-submetidos-exame-dna. Acesso em: 13 jun. 2022.

FARIAS JUNIOR, Ariosto. ABNT NBR ISO/IEC 27701. *Boletim ABNT*, [S.l.], set./out. 2019. Disponível em: http://www.abnt.org.br/images/Docspdf/Artigos/Artigo_27701.pdf. Acesso em: 20 mar. 2021.

FEIGELSON, Bruno; SILVA, Luiza Caldeira Leite. Regulação 4.0: o Sandbox Regulatório e o futuro da regulação. *In*: BECKER, Daniel; FERRARI, Isabela (coords.). *Regulação 4.0*. São Paulo: Revista dos Tribunais, 2019. p. 75–88.

FERNANDES, Victor Oliveira. *Regulação de serviços de internet*. Rio de Janeiro: Lumen Juris, 2018.

FERRAJOLI, Luigi. Pasado y futuro del estado del derecho. *RIFP*, [S.l.], v. 17, p. 31–45, 2001.

FERREIRA, Rafael Freire. *Autodeterminação informativa e privacidade na sociedade da informação*. Rio de Janeiro: Lumen Juris, 2018.

FINOCCHIARO, Giusela. *Privacy e protezione dei dati personali*: disciplina e strumenti operativi. Bologna: Zanichelli, 2012.

FLUMINGNAN, Silvano; FLUMINGNAN, Weverton Gabriel Gomes. Princípios que regem o tratamento de dados no Brasil. *In*: LIMA, Cintia Rosa Pereira de. *Comentários à Lei Geral de Proteção de Dados*. São Paulo: Almedina, 2020.

FORMAN, John. As agências reguladoras no Brasil e a sua involução. *FGV Energia*, Caderno Opinião, [S.l.], set. 2016. Disponível em: http://www.fgv.br/fgvenergia/coluna_opiniao_john_forman/files/assets/common/downloads/publication.pdf. Acesso em: 13 abr. 2021.

FORNASIER, Mateus de Oliveira; FERREIRA, Luciano Vaz. Autorregulação e Direito Global: os novos fenômenos jurídicos não-estatais. *Revista do Programa de Pós-Graduação em Direito da UFC*, Fortaleza, v. 35, nº 2, p. 295–312, jul./dez. 2015. Disponível em: http://periodicos.ufc.br/nomos/article/view/1518/1960. Acesso em: 13 abr. 2021.

FORTES, Vinicius Borges. *O direito fundamental à privacidade*: uma proposta conceitual para a regulamentação da proteção de dados pessoais na internet no Brasil. 2016. 225 f. Tese (Doutorado em Direito) - Universidade Estácio de Sá, Rio de Janeiro, 2015.

FOWLER, Geoffrey A. You watch TV. Your TV watches back. *The Washington Post*, Washigton, 18 set. 2019. Disponível em: https://www.washingtonpost.com/technology/2019/09/18/you-watch-tv-your-tv-watches-back/. Acesso em: 20 dez. 2020.

FRAJHOF, Isabella; MANGETH, Ana Lara. As bases legais para o tratamento de dados pessoais. *In:* MULHOLLAN, Caitlin (coord.). *A LGPD e o novo marco normativo no Brasil*. Porto Alegre: Arquipélago, 2020. p. 65–98.

FRAZÃO, Ana. Programas de compliance e critérios de responsabilização de pessoas jurídicas por ilícitos administrativos. *In:* ROSSETTI, Maristela Abla; PITTA, André Grunspun. *Governança corporativa*: avanços e retrocessos. São Paulo: Quartier Latin, 2007. p. 23–57.

GALGANO, Francesco. *La Globalización en el Espejo del Derecho*. Santa Fé: Rubinzal Culzoni, 2005.

GANDY JUNIOR, Oscar H. Consumer Protection in Cyberspace. *TripleC*, Paderborn, v. 9, nº 2, p. 175–189, 2011. Disponível em: http://triplec.at/index.php/tripleC/article/viewFile/267/241. Acesso em: 20 dez. 2020.

GANDY JUNIOR, Oscar H. *The panoptic Sort*: a political economy of personal information. Boulder: Westview Press, 1993.

GARCIA, Rebeca. Marco Civil da Internet no Brasil: repercussões e perspectivas. *Revista dos Tribunais*, [S.l.], v. 964, p. 1–14, fev. 2016. Disponível em: http://www.mpsp.mp.br/portal/page/portal/documentacao_e_divulgacao/doc_biblioteca/bibli_servicos_produtos/bibli_boletim/bibli_bol_2006/RTrib_n.964.06.PDF. Acesso em: 20 dez. 2020.

GASIOLA, Gustavo Gil. Criação e desenvolvimento da proteção de dados na Alemanha: a tensão entre a demanda estatal por informações e os limites jurídicos impostos. *Jota*, São Paulo, 29 maio 2019. Disponível em: https://www.jota.info/opiniao-e-analise/artigos/criacao-e-desenvolvimento-da-protecao-de-dados-na-alemanha-29052019. Acesso em: 17 dez. 2020.

GEDIEL, José Antonio Peres; CORRÊA, Adriana Espíndola. Proteção jurídica de dados pessoais: a intimidade sitiada entre o Estado e o mercado. *Revista da Faculdade de Direito – UFPR*, Curitiba, nº 47, p. 141–152, 2008.

GIAMPICCOLO, Giorgio. La tutela giuridica della persona umana e il c.d. diritto alla riservatezza. *Revista trimestrale di Diritto e Procedura Civile*, Padova, p. 458–475, 1958.

GILARDI, Fabrizio. The Formal Independence of Regulators: A Comparison of 17 Countries and 7 Sectors. *Swiss Political Science Review*, Bern, v. 11, nº 4, p. 139–167, 2005. Disponível em: http://lexenconstitucion2022.cl/uploads/repositorio/b6db182532350c6037bc3f230158bd51d28db20a.pdf. Acesso em: 11 jan. 2021.

GOETTENAUER, Carlos. Regulação responsiva e a Política de Segurança Cibernética do Sistema Financeiro Nacional. *Revista de Direito Setorial e Regulatório*, Brasília, v. 5, nº 1, p. 131–146, maio 2019.

GONÇALVES, Pedro Costa. *Reflexões sobre o Estado regulador e o Estado Contratante*. Coimbra: Coimbra, 2013.

GOOGLE ADS. Taxa de cliques (CTR): definição. [s.d.]. Disponível em: https://support.google.com/google-ads/answer/2615875?hl=pt-BR. Acesso em: 20 dez. 2020.

GRINOVER, Ada Pellegrini *et al*. *Código de Defesa do Consumidor comentado pelos autores do anteprojeto*. Rio de Janeiro: Forense Universitária, 2000.

GUIDI, Guilherme Berti de Campos. Modelos regulatórios para proteção de dados. *In*: BRANCO, Sérgio; TEFFÉ, Chiara Spadaccini de. *Privacidade em perspectivas*. Rio de Janeiro: Lumen Juris, 2018. p. 85–110.

GUIMARÃES, Marcelo César. Geoblocking e geopricing: uma análise à luz da teoria do interesse público de Mike Feintuck. *Revista de Direito, Estado e Telecomunicações*, Brasília, v. 11, nº 2, p. 87–106, out. 2019.

HIGA, Paulo. Facebook dobra lucro e chega a 2,7 bilhões de usuários. *Tecnoblog*, [S.l.], 31 jul. 2020. Disponível em: https://tecnoblog.net/noticias/2020/07/31/facebook-dobra-lucro-e-chega-a-2-7-bilhoes-de-usuarios/. Acesso em: 20 dez. 2020.

HOFFMANN-RIEM, Wolfgang. Autorregulação, autorregulamentação e autorregulamentação regulamentada no contexto digital (tradução Luís Marcos Sander). *Revista AJURIS*, Porto Alegre, v. 46, nº 146, p. 529–553, 2019.

HOSPELHORN, Sarah. Analyzing Company Reputation After a Data Breach. *Varonis*, New York, 2020. Disponível em: www.varonis.com/blog/company-reputation-after-a-data-breach. Acesso em: 20 mar. 2021.

HOULE, Francis; SOSSIN, Lorne. *Powers and Functions of the Ombudsman in the Personal Information Protection and Electronic Documents Act*: An Effectiveness Study. Quebec: Office of the Privacy Commissioner of Canada, ago. 2010. Disponível em: https://www.priv.gc.ca/media/1725/pipeda_h_s_e.pdf. Acesso em: 20 mar. 2021.

HURLEY, Mikaella; ADEBAYO, Julius. Credit Scoring in the era of big data. *The Yale Journal of Law & Technology*, New Haven, v. 18, p. 149–216, 2016. Disponível em: https://yjolt.org/sites/default/files/hurley_18yjolt136_jz_proofedits_final_7aug16_clean_0.pdf. Acesso em: 20 dez. 2020.

ICO selects first participants for data protection Sandbox. *Information Commissioner's Office (ICO)*, Cheshire, jul. 2019. Disponível em: https://ico.org.uk/about-the-ico/news-and-events/news-and-blogs/2019/07/ico-selects-first-participants-for-data-protection-sandbox/. Acesso em: 17 jun. 2021.

IDES, Allan. Bowers V. Hard Wick: The Enigmatic Fifth Vote and The Reasonableness of Moral Certitude. *Washington and Lee Law Review*, Lexigton, v. 49, nº 1, p. 93–107, 1992. Disponível em: https://scholarlycommons.law.wlu.edu/cgi/viewcontent.cgi?article=1853&context=wlulr. Acesso em: 3 abr. 2020.

INTERACTIVE ADVERTISING BUREAU (IAB) Europe. *Consumers driving the digital uptake: the economic value of online advertising-based services for consumers*. Sept. 2010. Disponível em: https://www.yumpu.com/en/document/read/7292977/consumers-driving-the-digital-uptake-iab-europe/13. Acesso em: 19 dez. 2020.

IRTI, Natalino. Biodireito, Tecnodireito e Geodireito. (Trad. de Alfredo Copetti Neto e Karam trindade). *Revista da Faculdade de Direito da Universidade de São Paulo*, São Paulo, v. 102, p. 1171–1191, jan./dez. 2007.

IRTI, Natalino; SEVERINO, Emanuele. *Dialogo su diritto e tecnica*. Roma: Laterza, 2001.

ITÁLIA. Decreto Legislativo 30 giugno 2003, nº 196. Codice in materia di protezione dei dati personali. Gazzetta Ufficiale nº 174 del 29 luglio 2003 - Supplemento Ordinario nº 123. Disponível em: https://web.camera.it/parlam/leggi/deleghe/Testi/03196dl.htm. Acesso em: 30 jun. 2022.

JACOBINA, Paulo Vasconcelos. *A publicidade no direito do consumidor*. Rio de Janeiro: Forense, 1996.

JIMENE, Camilla do Vale. Reflexões sobre o privacy by design e privacy by default: da idealização à positivação. *In*: MALDONADO, Viviane Nóbrega; BLUM, Renato Opice. *Comentários ao GDPR*. São Paulo: Revista dos Tribunais, 2018. p. 169–184.

JOHNSON, David; POST, David. Law and borders: the rise of law in cyberspace. *Stanford Law Review*, Stanford, v. 48, p. 1367–1402, 1995. Disponível em: https://www.researchgate.net/publication/220167130_Law_and_Borders_-_The_rise_of_law_in_Cyberspace. Acesso em: 11 jan. 2021.

JUCÁ, Beatriz. Pesquisa que rastreia redes sociais aponta que próxima onda da pandemia será mais grave no Brasil. *El País*, Madrid, 28 maio 2021. Disponível em: https://brasil.elpais.com/brasil/2021-05-28/pesquisa-que-rastreia-redes-sociais-ja-aponta-que-a-proxima-onda-da-pandemia-sera-ainda-mais-grave-que-as-anteriores-no-brasil.html. Acesso em: 19 jun. 2021.

KOTLER, Philip. *Marketing 4.0*. Rio de Janeiro: Sextante, 2017.

KOTLER, Philip. *Marketing para o século XXI*. 13. ed. São Paulo: Futura, 2002.

KOZICKI, Katya; MENDONÇA, Gilson Martins; COELHO, Sérgio Reis. O princípio da vulnerabilidade e as técnicas de neuromarketing: aprofundando o consumo como vontade irrefletida. *Scientia Iuris*, Londrina, v. 18, nº 1, p. 135–152, jul. 2014.

LACERDA, Natalio de Melo; THOMAS, Patrick Thadeu. Teoria responsiva da regulação em situações de crises hídricas: uma análise a partir da atuação da Agência Nacional de Águas na crise do Rio Pardo. *Revista do Direito Setorial e Regulatório*, Brasília, v. 5, nº 2, p. 1–26, out. 2019.

LEITE, Luiza; CHAMBARELLI, Guilherme. LGPD como insumo: do compliance ao aproveitamento de créditos de PIS e COFINS. *Jota*, São Paulo, 23 mar. 2021. Disponível em: https://www.jota.info/opiniao-e-analise/colunas/regulacao-e-novas-tecnologias/lgpd-como-insumo-do-compliance-ao-aproveitamento-de-creditos-de-pis-e-cofins-23032021. Acesso em: 13 abr. 2021.

LEITE, Maykon Stanley Ribeiro; GASPAROTTO, Angelita Moutin Segoria. Análise SWOT e suas funcionalidade: o autoconhecimento da empresa e sua importância. *Revista Interface Tecnológica*, Taquaritinga, v. 15, nº 2, p. 184–195, 2018.

LEME, Carolina da Silva; PEREIRA, Fábio Luiz Barboza. A proteção de dados pessoais e o avanço tecnológico no Brasil: a tecnologia de coleta de informações. *In*: WOLKART, Erik Navarro *et al*. *Direito, processo e tecnologia*. São Paulo: Thomson Reuters Brasil, 2020. p. 187–206.

LEONARDI, Marcel. *Fundamentos do Direito Digital*. São Paulo: RT, 2019.

LEONARDI, Marcel. *Tutela e privacidade na Internet*. São Paulo: Saraiva, 2011.

LESSIG, Lawrence. The Law of the Horse. *Harvard Law Review*, Cambridge, v. 113, nº 2, p. 501–549, 1999. Disponível em: https://pdfs.semanticscholar.org/e517/6bd3a77 83ab4444a0ea3581317aa60ad01a6.pdf?_ga=2.45410020.1348356387.1610308491-799119254.1610308491. Acesso em: 10 jan. 2020.

LEVIN, Avner. *Privacy, Targeted Advertising & Social Media*: How Big a Concern? Some Disconcerting Observations. Toronto: Ted Rogers School of Management - Ryerson University, (s.d.). Disponível em: https://www.ourcommons.ca/Content/Committee/411/ETHI/WebDoc/WD5706433/411_ETHI_PSM_Briefs/LevinAvnerE.pdf. Acesso em: 20 dez. 2020.

LIMA, Caio César C. Seção I – Dos Requisitos para o Tratamento de Dados Pessoais. *In*: MALDONADO, Viviane Nóbrega; BLUM, Renato Opice (coord.). *LGPD Lei Geral De Proteção De Dados*. São Paulo: Revista dos Tribunais, 2019. p. 179–186.

LIMA, Cintia Rosa Pereira de. *Autoridade nacional de proteção de dados e a efetividade da Lei Geral de Proteção de Dados*. São Paulo: Almedina, 2020.

LIMA, Cintia Rosa Pereira de; PEROLI, Kelvin. *Direito digital*: compliance, regulação e governança. São Paulo: Quartier Latin, 2019.

LIMA, Cintia Rosa Pereira de; RAMIRO, Lívia Froner Moreno. Direitos do titular dos dados pessoais. *In*: LIMA, Cintia Rosa Pereira de. *Comentários à Lei Geral de Proteção de Dados*. São Paulo: Almedina, 2020.

LIMA, João Alceu Amoroso. Precisamos falar sobre os planos de saúde individuais. *Estadão*, São Paulo, 24 jul. 2019. Disponível em: https://politica.estadao.com.br/blogs/fausto-macedo/precisamos-falar-sobre-os-planos-de-saude-individuais/. Acesso em: 13 abr. 2021.

LIMBERGER, Têmis. *Direito à intimidade na era da informática*. Porto Alegre: Livraria do Advogado, 2007.

LIMBERGER, Têmis. Informação em rede: comparação da lei brasileira de proteção de dados pessoais e o regulamento geral de proteção de dados europeu. *In*: MARTINS, Guilherme Magalhães; LONGHI, João Victor Rozatti (coord.). *Direito Digital, Direito Privado e Internet*. Indaiatuba: Foco, 2019. p. 253–266.

LIMBERGER, Têmis. *O direito à intimidade na era da informática*. Porto Alegre: Livraria do Advogado, 2007.

LÔBO, Paulo. *Direito à privacidade e sua autolimitação*. [s.d.]. Disponível em: https://www.academia.edu/38894562/DIREITO_À_PRIVACIDADE_E_SUA_AUTOLIMITAÇÃO. Acesso em: 19 dez. 2020.

LÔBO, Paulo. *Direito Civil*: parte geral. São Paulo: Saraiva, 2009.

LONGHI, João Victor Rozatti. Marco Civil da Internet no Brasil: breves considerações sobre seus fundamentos, princípios e análise crítica do regime de responsabilidade civil dos provedores. *In*: MARTINS, Guilherme Magalhães; LONGHI, João Victor Rozatti (coords.). *Direito Digital:* direito privado e internet. Indaiatuba: Foco, 2019. p. 123–154.

LONGHI, João Victor Rozatti; BORGES, Gabriel Oliveira de Aguiar. *Marketing cruzado na Internet e publicidade abusiva*: a necessária proteção da privacidade do consumidor. [s.d.]. p. 1–26. Disponível em: http://www.publicadireito.com.br/artigos/?cod=9910489e4ff31089. Acesso em: 20 dez. 2020.

LUCIANO, Maria; BIONI, Bruno. O consentimento como processo: em busca do consentimento válido. *In*: RODRIGUES JR., Otavio Luiz; MENDES, Laura Schertel; DONEDA, Danilo; SARLET, Ingo Wolfgang. *Tratado de Proteção de Dados Pessoais*. Rio de Janeiro: Forense, 2021. p. 149–162.

MACHADO, Fernando Inglez de Souza; RUARO, Regina Linden. Publicidade comportamental, proteção de dados pessoais e o direito do consumidor. *Conpedi Law Review*, Braga, v. 3, nº 2, p. 421–440, jul./dez. 2017.

MAGRANI, Eduardo. *A internet das coisas*. Rio de Janeiro: FGV, 2018.

MAGRANI, Eduardo; OLIVEIRA, Renan Medeiros de. Big Data somos nosotros: nuevas tecnologías y gerenciamiento personal de datos. *In*: CAVALLI, Olga; BELLI, Luca (coord.). *Gobernanza y regulaciones de Internet en América Latina*: análisis sobre infraestructura, privacidad, ciberseguridad y evolucionés tecnológicas en honor de los diez años de la South School on Internet Governance. Rio de Janeiro: FGV, maio 2018. p. 327–350. Disponível em: http://eduardomagrani.com/wp-content/uploads/2018/09/Gobernanza-y-Regulaciones-de-Internet-en-Ame%CC%81rica-Latina-1.pdf. Acesso em: 20 dez. 2020.

MARCACINI, Augusto Tavares Rosa. *Direito e informática:* uma abordagem jurídica sobre a criptografia. Rio de Janeiro: Forense, 2002.

MARQUES, Claudia Lima. *Confiança no comércio eletrônico e a proteção do consumidor*. São Paulo: Revista dos Tribunais, 2004.

MARQUES NETO, Floriano de Azevedo. A nova regulação dos serviços públicos. *Revista de Direito Administrativo*, Rio de Janeiro, v. 228, p. 13–29, abr./jun. 2002. Disponível em: http://bibliotecadigital.fgv.br/ojs/index.php/rda/article/view/46521/57635. Acesso em: 13 abr. 2021.

MARQUES NETO, Floriano de Azevedo. Finalidades e fundamentos da moderna regulação econômica. *Fórum Administrativo*, Belo Horizonte, v. 9, nº 100, p. 85–93, jun. 2009.

MARQUES NETO, Floriano de Azevedo. Regulação estatal e autorregulação na economia contemporânea. *Revista de Direito Público da Economia*, Belo Horizonte, v. 9, nº 33, p. 79–94, jan./mar. 2011.

MARTINS, Leonardo. *Tribunal Constitucional Federal Alemão*: decisões anotadas sobre direitos fundamentais. v. 1. São Paulo: Konrad-Adenauer Stiftung, 2015.

MARTINS-COSTA, Judith. *A boa-fé no direito brasileiro*. São Paulo: Revista dos Tribunais, 1999.

MATZ, Sandra C.; KOSINSKI, Michal; NAVE, Gideon; STILLWELL, David J. Psychological targeting as an effective approach to digital mass persuasion. *Proc Natl Acad Sci U S A*, v. 114, nº 48, p. 12714–12719, 28 nov. 2017.

MAZUR, Maurício. A dicotomia entre os direitos de personalidade e os direitos fundamentais. *In*: MIRANDA, Jorge; RODRIGUES JÚNIOR, Otavio; FRUET, Gustavo. *Direitos da Personalidade*. São Paulo: Atlas, 2012.

MELLO, Marcos Bernardes de. *Teoria do Fato Jurídico*: plano da existência. São Paulo: Saraiva, 2012.

MELO FILHO, Marconi Araní. Da regulação responsiva à regulação inteligente: uma análise crítica do desenho regulatório do setor ferroviário de cargas no Brasil. *Revista do Direito Setorial e Regulatório*, Brasília, v. 6, nº 1, p. 144–163, maio 2020.

MENDES, Laura Schertel. O diálogo entre o marco civil da Internet e o Código de Defesa do Consumidor. *Revista de Direito do Consumidor*, Brasília, v. 106, p. 37–69, 2016.

MENDES, Laura Schertel. *Privacidade, proteção de dados e defesa do consumidor*. 1. ed. São Paulo: Saraiva, 2019.

MENDES, Laura Schertel. *Transparência e privacidade*: violação e proteção da informação pessoal na sociedade de consumo. 158f. 2008. Dissertação (Mestrado em Direito) - Universidade de Brasília, Brasília, 2008. Disponível em: http://www.dominiopublico.gov.br/download/teste/arqs/cp149028.pdf. Acesso em: 13 abr. 2021.

MENDES, Laura Schertel; FONSECA, Gabriel Campos Soares da. Proteção de dados para além do consentimento: tendências de materialização. *In*: RODRIGUES JR., Otavio Luiz; MENDES, Laura Schertel; DONEDA, Danilo; SARLET, Ingo Wolfgang. *Tratado de Proteção de Dados Pessoais*. Rio de Janeiro: Forense, 2021. p. 73–96.

MENKE, Fabiano. A proteção de dados e o direito fundamental à garantia da confidencialidade e da integridade nos sistemas técnico-informacionais no Direito Alemão. *Revista Jurídica Luso-Brasileira (RJLB)*, Lisboa, nº 1, ano 5, p. 781–809, 2019.

MINISTÉRIO DA FAZENDA (MF) / MINISTÉRIO DA JUSTIÇA (MJ). *EM Interministerial nº 171/2010 – MF/MJ*. 19 nov. 2010. Disponível em: http://www.planalto.gov.br/ccivil_03/_Ato2007-2010/2010/Exm/EMI-171-MF-MJ-MPV-518-10.htm. Acesso em: 20 dez. 2020.

MINISTÉRIO DA JUSTIÇA (MJ). *Nota Técnica nº 92/2018/CSA-SENACON/CGCTSA/GAB-DPDC/DPDC/SENACON/MJ*. 2018. Disponível em: https://www.cmlagoasanta.mg.gov.br/abrir_arquivo.aspx/PRATICAS_ABUSIVAS_DECOLARCOM?cdLocal=2&arquivo=%7BBCA8E2AD-DBCA-866A-C8AA-BDC2BDEC3DAD%7D.pdf. Acesso em: 20 dez. 2020.

MINISTÉRIO DA JUSTIÇA (MJ). *Nota Técnica nº 137/2014-CGCTPA/DPDC/Senacon/MJ*. 2014. Disponível em: http://www.mpsp.mp.br/portal/page/portal/cao_consumidor/acervo/SENACON/SENACON_NOTA_TECNICA/Nota%20T%C3%A9cnica%20n%C2%BA%20137-14%20%20TNL%20PCS%20S.A.%20-%20OI-%20mapear%20a%20navega%C3%A7%C3%A3o%20e%20intercepta%C3%A7%C3%A3o%20de%20comunica%C3%A7%C3%B5es-.pdf. Acesso em: 20 dez. 2020.

MINISTÉRIO PÚBLICO DO DISTRITO FEDERAL E TERRITÓRIOS (MPDFT). *Portaria nº 02/2018*. 2018a. Disponível em: https://www.conjur.com.br/dl/mp-dft-investiga-cambridge-analytica.pdf. Acesso em: 6 jul. 2022.

MINISTÉRIO PÚBLICO DO DISTRITO FEDERAL E TERRITÓRIOS (MPDFT). Comissão de Proteção de Dados Pessoais. *Portaria nº 09/2018* – Inquérito Civil Público – Reconhecimento Facial - Facebook. 2018b. p. 1–7. Disponível em: https://juristas.com.br/wp-content/uploads/2018/07/mpdf-investigar-tecnologia.pdf.

MINISTÉRIO PÚBLICO DO DISTRITO FEDERAL E TERRITÓRIOS (MPDFT). *MPDFT investiga venda ilegal de dados pessoais pelo site "Tudo sobre todos"*. 10 jul. 2018c. Disponível em: https://www.mpdft.mp.br/portal/index.php/comunicacao-menu/sala-de-imprensa/noticias/noticias-2018/10182-mpdft-investiga-venda-ilegal-de-dados-pessoais-pelo-site-tudo-sobre-todos. Acesso em: 20 dez. 2020.

MINISTÉRIO PÚBLICO DO PARANÁ (MPPR). *Oi é multada em R$ 3,5 milhões por invasão de privacidade feita por Velox*. 25 jul. 2014. Disponível em: http://comunicacao.mppr.mp.br/modules/noticias/article.php?storyid=13623. Acesso em: 20 dez. 2020.

MINISTÉRIO PÚBLICO FEDERAL (MPF); MINISTÉRIO DA JUSTIÇA E SEGURANÇA PÚBLICA (MJSP); CONSELHO ADMINISTRATIVO DE DEFESA ECONÔMICA (CADE); AUTORIDADE NACIONAL DE PROTEÇÃO DE DADOS (ANPD). *Recomendação*. 7 maio 2021. Disponível em: https://www.migalhas.com.br/arquivos/2021/5/43DE2079943FE2_recomendacao-whatsapp.pdf. Acesso em: 10 maio 2021.

MIRAGEM, Bruno. *Curso de Direito do Consumidor*. 4. ed. São Paulo: Revista dos Tribunais, 2013.

MIRAGEM, Bruno. *Responsabilidade Civil*. São Paulo: Saraiva, 2015.

MIRANDA, Jorge; RODRIGUES JUNIOR, Otavio Luiz; FRUET, Gustavo Bonato. Principais problemas dos direitos da personalidade e estado-da-arte da matéria no direito comparado. *In*: MIRANDA, Jorge; RODRIGUES JUNIOR, Otavio Luiz; FRUET, Gustavo Bonato (orgs.). *Direitos da Personalidade*. São Paulo: Atlas, 2012.

MONTEIRO, Renato Leite. Existe um direito à explicação na Lei Geral de Proteção de Dados no Brasil? *Instituto Igarapé*, Rio de Janeiro, artigo estratégico 39, p. 1-23, dez. 2018. Disponível em: https://igarape.org.br/wp-content/uploads/2018/12/Existe-um-direito-a-explicacao-na-Lei-Geral-de-Protecao-de-Dados-no-Brasil.pdf. Acesso em: 20 dez. 2020.

MORAES, Alexandre de. *Constituição do Brasil interpretada*. São Paulo: Atlas, 2006.

MORALES, Susana. Derechos digitales y regulacion de internet. Aspectos claves de la apropriación de tecnologias digitales. *In*: RIVOIR, Ana; MORALES, Maria Julia. *Tecnologias digitales*. Miradas criticas de la apropiacion em América Latina. Ciudad Autónoma de Buenos Aires: CLACSO; Montevideo: RIAT, 2019. p. 35–50.

MOREIRA, Vital. *Auto-regulação profissional e administração pública*. Coimbra: Almedina, 1997.

MOROZOV, Evgeny. *BIG TECH*: a ascensão dos dados e a morte da política. São Paulo: UBU, 2019.

NARAYAN, Arvind; SHMATIKOV, Vitaly. Robust De-anonymization of large sparse datasets. *In*: IEEE SYMPOSIUM ON SECURITY AND PRIVACY, Oakland, 18-21 maio 2008. *Proceedings* (...). Oakland: The Claremont Resort, 18-21 maio 2008. p. 111–125. DOI: 10.1109/SP.2008.33. Disponível em: https://ieeexplore.ieee.org/document/4531148. Acesso em: 20 dez. 2020.

NEWELL, Sue; MARABELLI, Marco. Datification in Action: Diffusion and Consequences of Algorithmic Decision-Making. *In*: GALLIERS, Robert D.; STEIN, Mari-Klara (eds.). *The Routledge Companion to Management Information Systems*. London; New York: Routledge, 2017.

NORMANHA FILHO, Miguel Arantes. Marketing, propaganda e publicidade: um estudo dos termos no Brasil. *Revista Gerenciais*, São Paulo, v. 2, p. 33–41, set. 2003.

OLIVEIRA, Jordan Vinicius de; SILVA, Lorena Abbas da. Cookies de navegador e a história da internet: desafios à lei brasileira de proteção de dados pessoais. *Revista de Estudos Jurídicos da UNESP*, Franca, nº 36, ano 22, p. 307–338, 2018. Disponível em: https://periodicos.franca.unesp.br/index.php/estudosjuridicosunesp/article/view/2767. Acesso em: 20 dez. 2020.

OLIVEIRA, José Lamartine Corrêa de; MUNIZ, Francisco José Ferreira. O Estado de Direito e os Direitos da Personalidade. *Revista da Faculdade de Direito UFPR*, Curitiba, v. 19, nº 0, p. 223–241, 1979. Disponível em: https://revistas.ufpr.br/direito/article/view/8833/6143. Acesso em: 17 dez. 2020.

OLIVEIRA, Juarez de (org.). *Comentários ao Código de Defesa do Consumidor*. São Paulo: Saraiva, 1991.

OLIVEIRA, Rafael Carvalho Rezende. Governança e análise de impacto regulatório. *Revista de Direito da Procuradoria Geral*, Rio de Janeiro, p. 389–414, 2014. Número especial.

ORGANISATION FOR ECONOMIC CO-OPERATION AND DEVELOPMENT (OECD). *Recomendação do Conselho sobre Política Regulatória e Governança*. Paris: OECD, 2012. Disponível em: https://www.oecd.org/gov/regulatory-policy/Recommendation%20PR%20with%20cover.pdf. Acesso em: 20 dez. 2020.

ORWELL, George. *1984*. Trad. Alexandre Hubner e Heloísa Jahn. São Paulo: Companhia das Letras, 2009.

OTUBO, Fábio. Decifrando o blockchain. *Pesquisa FAPESP*, São Paulo, edição 278, abr. 2019. Disponível em: https://revistapesquisa.fapesp.br/decifrando-o-blockchain/. Acesso em: 13 abr. 2021.

PARCHEN, Charles Emmanuel; FREITAS, Cinthia Obladen; MEIRELES, Jussara Maria Leal. As técnicas de neuromarketing nos contratos eletrônicos e o vício do consentimento na era digital. *Revista Novos Estudos Jurídicos*, Itajaí, v. 23, nº 2, p. 521–548, maio-ago. 2018.

PARISER, Eli. *O filtro invisível*. O que a Internet está escondendo de você. Trad. Diego Alfaro. Rio de Janeiro: Zahar, 2012.

PEIXOTO, Erick Lucena; EHRHARDT JUNIOR, Marcos. Breves notas sobre a ressignificação da privacidade. *Revista brasileira de Direito Civil*, Belo Horizonte, v. 16, p. 35–56, abr./jun. 2018.

PEIXOTO, Fabiano Hartmann; SILVA, Roberta Zumblick Martins da. *Inteligência artificial e direito*. Curitiba: Alteridade, 2019.

PERDIGÃO, Ana Paula *et al*. Inteligência de marketing: utilizando a informação para compreender o mercado consumidor. *Revista FAE*, Curitiba, v. 1, p. 61–75, 2016.

PEREZ LUÑO, Antonio Enrique. *Los derechos humanos en la sociedad tecnológica*. Madrid: Universitas, 2012.

PESQUISA indica que 90% dos aficionados em tecnologia usam redes colaborativas. *Folha de São Paulo*, São Paulo, 26 jan. 2009. Disponível em: https://www1.folha.uol.com.br/tec/2009/01/494732-pesquisa-indica-que-90-dos-aficionados-em-tecnologia-usam-redes-colaborativas.shtml. Acesso em: 20 dez. 2020.

PILATI, José Isaac; OLIVO, Mikhail Vieira Cancelier de. Um novo olhar sobre o direito à privacidade: caso Snowden e pós-modernidade jurídica. *Sequência*, Florianópolis, v. 35, nº 69, p. 281–300, dez. 2014. Disponível em: https://periodicos.ufsc.br/index.php/sequencia/article/view/2177-7055.2014v35n69p281. Acesso em: 13 abr. 2021.

POIKOLA, Antti; KUIKKANIEMI, Kai; HONKO, Harri. *MyData* – Um modelo nórdico para gestão e processamento de dados pessoais centrado no ser humano. Rio de Janeiro: FGV Direito Rio, [s.d.]. Disponível em: https://internet-governance.fgv.br/sites/internet-governance.fgv.br/files/publicacoes/selection_novo.pdf. Acesso em: 17 jun. 2021.

PONTES DE MIRANDA, Francisco Cavalcanti. *Tratado de direito privado*. Tomo 7. Rio de Janeiro: Borsoi, 1956.

PONTO, Antonio José Maristrello; GAROUPA, Nuno; GUERRA, Sérgio. Análise de Impacto Regulatório: dimensões econômicas de sua aplicação. *Economic Analysis of Law Review (EALR)*, Brasília, v. 10, nº 2, p. 173–190, maio/ago. 2019.

POST, Robert C. Three concepts of privacy. *The Georgetown Law Journal*, New York, v. 89, nº 2089, p. 2087–2098, 2000-2001.

PRIVACY fears over 'smart' Barbie that can listen to your kids. *The Guardian*, London, 13 mar. 2015. Disponível em: https://www.theguardian.com/technology/2015/mar/13/smart-barbie-that-can-listen-to-your-kids-privacy-fears-mattel. Acesso em: 20 dez. 2020.

PUBLICIDADE online deve superar TV em 2016. *Tec Tríade Brasil (TTB) Marketing*, [S.l.], (2013). Disponível em: http://tectriadebrasil.com.br/wp-content/uploads/2013/01/Publicidade-online-deve-superar-TV-em-2016.jpg. Acesso em: 20 dez. 2020.

RANGE, Thomas; SCHONBERGER, Viktor Mayer. *Reinventing Capitalism in the Age of Big Data*. Londres: Basic Books, 2018.

REAFFRA, Ana Paula Oriola de; SANTOS, Jhoni de Sousa Medrado dos. A prorrogação do prazo de vigência da lei geral de proteção de dados pessoais - LGPD e seus impactos no desenvolvimento econômico do Brasil diante da pandemia. *Migalhas*, [S.l.], 24 abr. 2020. Disponível em: https://migalhas.uol.com.br/depeso/325364/a-prorrogacao-do-prazo-de-vigencia-da-lei-geral-de-protecao-de-dados-pessoais---lgpd-e-seus-impactos-no-desenvolvimento-economico-do-brasil-diante-da-pandemia. Acesso em: 20 dez. 2020.

REGULAÇÃO: Fiscalização responsiva é um avanço na regulação do setor elétrico, dizem agentes. *Sinagências*, Brasília, 1 jul. 2019. Disponível em: https://www.sinagencias.org.br/aneel/regulacao-fiscalizacao-responsiva-e-um-avanco-na-regulacao-do-setor-eletrico-dizem-agentes/. Acesso em: 20 mar. 2021.

REINALDO FILHO, Demócrito. A decisão da Corte Europeia que invalidou o acordo de transferência de dados pessoais. *Informática Jurídica*, [S.l.], 27 dez. 2015. Disponível em: http://www.informatica-juridica.com/etiqueta/tribunal-de-justica-da-uniao-europeia/. Acesso em: 20 dez. 2020.

REINO UNIDO. *Pope v. Curl*, London (1741), Primary Sources on Copyright (1450-1900), eds L. Bently & M. Kretschmer. 1741. Disponível em: http://www.copyrighthistory.org/cam/tools/request/showRecord.php?id=record_uk_1741a. Acesso em: 16 dez. 2020.

REMOLINA, Nelson Angarita. Latin America and Protection of Personal Data: Facts and Figures (1985-2014). *University of Los Andes Working Paper*, 2014. Disponível em: https://papers.ssrn.com/sol3/papers.cfm?abstract_id=2412091. Acesso em: 28 jun. 2022.

ROCHA, Glauco da. Autorregulação e poder disciplinar das bolsas de valores, mercadorias e futuros. *Direito e Justiça*, Porto Alegre, v. 41, nº 2, p. 182–194, jul./dez. 2015.

ROCHA, Raquel Heck Mariano da. Modelos de regulamentação: reflexões para um eficiente controle jurídico da publicidade no Brasil. *Direito & Justiça*, Porto Alegre, v. 38, nº 2, p. 200–212, jul./dez. 2012.

RODOTÀ, Stefano. *A vida na sociedade da vigilância – a privacidade hoje*. Organização, seleção e apresentação de Maria Celina Bodin de Moraes. Trad. Danilo Doneda e Luciana Cabral Doneda. Rio de Janeiro: Renovar, 2008.

RODOTÀ, Stefano. Privacy e construzione della sfera privata. Ipotesi e prospective. *Politica del Diritto*, Bologna, nº 1, ano XXII, p. 521–546, 1991.

RODRIGUES, Alexandre; SANTOS, Priscilla. A ciência que faz você comprar mais. *Revista Galileu*, [S.l.], [s.d.]. Disponível em: http://revistagalileu.globo.com/Revista/Common/0,,EMI317687-17579,00-A+CIENCIA+QUE+FAZ+VOCE+COMPRAR+MAIS.html. Acesso em: 20 dez. 2020.

RODRIGUES JUNIOR, Otavio Luiz Rodrigues. *Direito Civil Contemporâneo*: Estatuto epistemológico, Constituição e direitos fundamentais. Rio de Janeiro: Forense Universitária, 2014.

RODRIGUES JUNIOR, Otavio Luiz. Esquecimento de um direito ou o preço da coerência retrospectiva? (Parte 3). *Consultor Jurídico*, São Paulo, 10 mar. 2021. Disponível em: https://www.conjur.com.br/2021-mar-10/direito-comparado-esquecimento-direito-ou-preco-coerencia-parte. Acesso em: 10 de jun. 2021.

RODRIGUES JUNIOR, Otavio Luiz. Estatuto epistemológico do direito civil contemporâneo na tradição de Civil Law. *Meritum*, Belo Horizonte, v. 5, nº 2, p. 13–52, jul./dez. 2010.

ROSSETO, Guilherme; LISBOA, Roberto Senise. A tutela da privacidade no âmbito da internet: reflexões sobre a importância da criptografia. *Revista de Direito Civil Contemporâneo*, São Paulo, v. 18, ano 6, p. 91–113, jan./mar. 2019.

ROSSONI, Caroline; BOLESINA, Iuru. Teoria dos círculos concêntricos e a proteção à vida privada: análise ao caso Von Hannover vs. Alemanha, julgado pela Corte Europeia de Direitos Humanos. *In*: SEMINÁRIO INTERNACIONAL DEMANDAS SOCIAIS E POLÍTICAS PÚBLICAS NA SOCIEDADE CONTEMPORÂNEA, 11., 2014, Santa Cruz do Sul. *Anais* (...). Santa Cruz do Sul: Unisc, 2014.

RUDNITZKI, Ethel; OLIVEIRA, Rafael. Como o Facebook está patenteando as suas emoções. *Pública*, São Paulo, 10 jul. 2019. Disponível em: https://apublica.org/2019/07/como-o-facebook-esta-patenteando-as-suas-emocoes/#.XSY0UtZxdpc.linkedin. Acesso em: 13 abr. 2021.

SADDY, André. *Regulação estatal, autorregulação privada e código de condutas de boas práticas*. Rio de Janeiro: Lumen Juris, 2015.

SAIDILI, Jihad *et al*. The combination between big data and marketing strategies to gain valuable business insights for better production success. *Procedia Manufacturing*, [S.l.], v. 32, p. 1017–1023, 2019.

SAMPAIO, José Adércio Leite. *Direito à intimidade e à vida privada*. Belo Horizonte: Delrey, 1998.

SANTANNA, Luciano Portal. Autorregulação supervisionada pelo Estado: desenvolvimento de um sistema de corregulação para o mercado de corretagem de seguros, resseguros, capitalização e previdência complementar aberta. *Revista de Direito Administrativo*, Rio de Janeiro, v. 257, p. 183–211, maio/ago. 2011.

SANTOS, Antonio Jeová. *Dano Moral Indenizável*. São Paulo: Lejus, 1999.

SANTOS, Fabíola Meira de Almeida. *O marketing digital e a proteção do consumidor*. 2009. 181f. Dissertação (Mestrado em Direito) – Faculdade de Direito da Pontifícia Universidade Católica de São Paulo, São Paulo, 2009.

SANTOS, Fernando Gherardini. *Direito do Marketing*. São Paulo: Revista dos Tribunais, 2000.

SARLET, Ingo Wolfgang. *Tratado de Proteção de Dados Pessoais*. Rio de Janeiro: Forense, 2021.

SCHOTT, Ben. What Price Would You Put on Your Personal Data? *Bloomberg*, [S.l.], 3 jul. 2020. Disponível em: https://www.bloomberg.com/opinion/articles/2020-07-03/personal-data-americans-put-a-low-price-on-privacy. Acesso em: 20 dez. 2020.

SCHREIBER, Anderson. *Direitos da Personalidade*. São Paulo: Atlas, 2014.

SICKLER, Alexandra P. Everhart. The (Un)Fair Credit Reporting Act. *Loyola Consumer Law Review*, Forthcoming, [S.l.], p. 1–43. Disponível em: https://ssrn.com/abstract=2726806. Acesso em: 20 dez. 2020.

SILVA, João Marcelo Azevedo Marques Mello da. A regulação responsiva das telecomunicações: novos horizontes para o controle de obrigações pela ANATEL. *Revista Direito, Estado e Telecomunicações*, Brasília, v. 9, nº 1, p. 183–208, maio 2017.

SILVA, José Afonso da. *Curso de direito constitucional positivo*. São Paulo: Malheiros, 1999.

SILVA, Marcela Paola Moreno Borges da; BUZZO JUNIOR, Osny; REUSING, Luciana. O custo da proteção de dados: conhecendo a GDPR e a LGPD na prática. *GEDAI*, Curitiba, 2021. Disponível em: https://www.gedai.com.br/o-custo-da-protecao-de-dados-conhecendo-a-gdpr-e-a-lgpd-na-pratica/. Acesso em: 20 mar. 2021.

SILVA, Priscilla Regina. Os direitos dos titulares de dados. *In*: MULHOLLAND, Caitlin (coord.). *A LGPD e o novo marco normativo no Brasil*. Porto Alegre: Arquipélago, 2020. p. 195–216.

SILVEIRA, Sérgio Amadeu; AVELINO, Rodolfo; SOUZA, Joyce. A privacidade e o mercado de dados pessoais. *Revista Ibict*, Rio de Janeiro, v. 12, nº 2, p. 217–230, nov. 2016. Disponível em: http://revista.ibict.br/liinc/article/view/3719/3138. Acesso em: 13 abr. 2021.

SIQUEIRA, Antonio Henrique Albani. Disposições preliminares. *In*: FEIGELSON, Bruno; SIQUEIRA, Antonio Henrique Albani. *Comentários à Lei Geral de Proteção de Dados*. São Paulo: Revista dos Tribunais, 2019. p. 15–58.

SOLOVE, Daniel. I've got nothing to hide and other misunderstandings. *San Diego Law Review*, San Diego, v. 44, nº 4, p. 745–772, 2007.

SOLOVE, Daniel. *The digital person*: technology and privacy in the information age. New York: New York University Press, 2004.

SOMBRA, Thiago Luis Santos. *Fundamentos da regulação da privacidade e proteção de dados pessoais*. São Paulo: Revista dos Tribunais, 2019.

SOUSA, Renan Martins. A Análise de Impacto Regulatório (AIR) e o papel do Tribunal de Contas da União na avaliação da regulação setorial. *Revista do TCU*, Brasília, nº 123, p. 102–113, jan./abr. 2012.

SOUZA, Carlos Affonso; MAGRANI, Eduardo; CARNEIRO, Giovana. Lei Geral de Proteção de Dados: uma transformação na tutela dos dados pessoais. *In*: MULHOLLAND, Caitlin. *A LGPD e o novo marco normativo no Brasil*. Porto Alegre: Arquipélago Editorial, 2020. p. 43–64.

SOUZA, Joyce; AVELINO, Rodolfo; SILVEIRA, Sérgio Amadeu da. *Sociedade de controle*. São Paulo: Hedra, 2019.

SOUZA, Luiz Henrique Machado de. *Discriminação de preços por geopricing*: um estudo do caso Decolar.com. 2019. 42 p. Monografia (Bacharelado em Ciências Econômicas) – Universidade Federal de São Paulo, Osasco, 2019.

STAPLE, William G. *Everyday Surveillance*. Maryland: Rowman e Littlefield, 2014.

STRECK, Lenio Luiz. O Direito e três tipos de amor: o que isso tem a ver com subjetivismo? *Consultor Jurídico*, São Paulo, 15 dez. 2016. Disponível em: https://www.conjur.com.br/2016-dez-15/senso-incomum-direito-tres-tipos-amor-isto-ver-subjetivismo. Acesso em: 13 jan. 2021.

SUNSTEIN, Cass R. Paradoxes of regulatory state. *The University of Chicago Law Review*, Chicago, v. 57, p. 407–441, 1990. Disponível em: https://core.ac.uk/download/pdf/234129991.pdf. Acesso em: 15 abr. 2021.

SZANIAWSKI, Elimar. *Direitos de personalidade e sua tutela*. São Paulo: Revista dos Tribunais, 2005.

TRACKOGRAPHY. (s.d). Disponível em: https://trackography.org/. Acesso em: 6 jun. 2021.

TARTUCE, Flávio. *Manual de direito do consumidor*. São Paulo: Forense, 2017.

TARTUCE, Flávio; NEVES, Daniel Amorim Assumpção. *Manual de direito do consumidor*. Rio de Janeiro: Forense, 2012.

TEFFÉ, Chiara Spadaccini de. Marco Civil da Internet: considerações sobre a proteção da liberdade de expressão, neutralidade da rede e privacidade. *In*: BECKER, Daniel; FERRARI, Isabela (coords.). *Regulação 4.0*. São Paulo: Revista dos Tribunais, 2019. p. 133–160.

TEFFÉ, Chiara Spadaccini de; VIOLA, Mario. Tratado de dados pessoais na LGPD. *Civilistica.com*, Rio de Janeiro, v. 9, nº 1, p. 1–38, 2020.

TEIXEIRA, Sálvio de Figueiredo (coord.). *Comentários ao novo Código Civil*. v. 1. Rio de Janeiro: Forense, 2010.

TEIXEIRA, Victor Epitácio Cravo. Agências Reguladoras e o Mito da Independência: uma visão interdisciplinar dos mecanismos institucionais de interação no âmbito da ANATEL. *In*: ENCONTRO NACIONAL DO CONPEDI, 19., 2010, Florianópolis. *Anais* (...). Florianópolis: CONPEDI; UFSC, 2010. p. 2331–2340.

TEPEDINO, Gustavo. Normas constitucionais e direito civil. *Revista da Faculdade de Direito de Campos*, Campos dos Goytacazes, nº 4/5, ano 4/5, p. 167–175, 2003-2004.

TERADA, Routo. *Segurança dos dados*: criptografia em redes de computador. São Paulo: Edgar Blucher, 2000.

TINDER é denunciado por venda de dados com interesses sexuais de usuários. *Veja*, São Paulo, 15 jan. 2020. Disponível em: https://veja.abril.com.br/tecnologia/tinder-e-denunciado-por-venda-de-dados-com-interesses-sexuais-de-usuarios/. Acesso em: 20 dez. 2020.

TOMASEVICIUS FILHO, Eduardo. Marco Civil da Internet: uma lei sem conteúdo normativo. *Estud. Av.*, São Paulo, v. 30, nº 86, p. 269–285, jan./abr. 2016. Disponível em: https://www.scielo.br/j/ea/a/n87YsBGnphdHHBSMpCK7zSN/?format=pdf&lang=pt. Acesso em: 13 abr. 2021.

TORTOLERO, Francisco; LUQUET, Etienne. La difícil regulación de internet. *Revista del Instituto de la Judicatura Federal*, Ciudad de México, nº 48, p. 233–254, jul./dez. 2019.

TOSTA, André Ribeiro. O congelamento do Direito Administrativo: o judiciarismo e a ausência de responsividade da Administração Pública. *In*: BECKER, Daniel; FERRARI, Isabela (coords.). *Regulação 4.0*. São Paulo: Revista dos Tribunais, 2019. p. 55–74.

TRIBUNAL DE JUSTIÇA DO ESTADO DE SÃO PAULO (TJESP). *Processo nº 1006616-14.2020.8.26.0053*. Defensoria Pública do Estado de São Paulo x Companhia do Metropolitano de São Paulo – Metrô. Início do processo: 2020. Disponível em: https://www.jusbrasil.com.br/processos/252983937/processo-n-1006616-1420208260053-do-tjsp. Acesso em: 14 jun. 2022.

UNIÃO EUROPEIA. Regulamento (UE) 2018/302 do Parlamento Europeu e do Conselho de 28 de fevereiro de 2018. *Jornal Oficial da União Europeia*, 2 mar. 2018. Disponível em: https://eur-lex.europa.eu/legal-content/PT/TXT/PDF/?uri=CELEX:32018R0302&from=PT. Acesso em: 20 dez. 2020.

URUGUAI. Ley nº 18.331. Protección de datos personales y acción de "habeas data". *Revista Electrónica de Derecho Comercial*, (S.l.), p. 1-31, [2008]. Disponível em: http://www.oas.org/es/sla/ddi/docs/U4%20Ley%2018.331%20de%20Protecci%C3%B3n%20de%20Datos%20Personales%20y%20Acci%C3%B3n%20de%20Habeas%20Data.pdf. Acesso em: 30 jun. 2022

VERONESE, Alexandre; MELO, Noemy. O Projeto de Lei 5.276/2016 em contraste com o novo Regulamento Europeu. *Revista de Direito Civil Contemporâneo*, São Paulo, v. 14, ano 5, p. 71–99, jan./mar. 2018.

VIEIRA, Luciano José Martins; PINHEIRO, Ivan Antônio. Dificuldades para a Implementação do Sistema Nacional de Defesa do Consumidor. *In*: ENAPG/ANPAD, 12-14 nov. 2008, Salvador. *Anais* (...). Salvador: Fiesta Bahia Hotel, 12-14 nov. 2008. p. 1–17. Disponível em: http://www.anpad.org.br/admin/pdf/EnAPG472.pdf. Acesso em: 20 dez. 2020.

VIOLA, Mario; TEFFÉ, Chiara Spadaccini de. Tratamento de dados pessoais na LGPD: estudo sobre as bases legais dos artigos 7º e 11. *In*: RODRIGUES JR., Otavio Luiz; MENDES, Laura Schertel; DONEDA, Danilo; SARLET, Ingo Wolfgang. *Tratado de Proteção de Dados Pessoais*. Rio de Janeiro: Forense, 2021. p. 117–148.

VOIGT, Paul; BUSSCHE, Axel von dem. *The EU General Data Protection Regulation*. Berlin: Springer, 2017.

WARREN, Samuel; BRANDEIS, Louis. The right to privacy. *Harvard Law Review*, Cambridge, v. 4, nº 5, 15 dez. 1890. Disponível em: https://faculty.uml.edu/sgallagher/Brandeisprivacy.htm. Acesso em: 10 dez. 2020.

WESTIN, Alan. *Privacy and freedom*. New York: Ig Publishing, 2015.

WESTIN, Roberta. Neutralidade de rede: quem ganha e quem perde. *In*: ARTESE, Gustavo (coord.). *Marco Civil da Internet*: análise jurídica sob uma perspectiva empresarial. São Paulo: Quartier Latin, 2015. p. 135–158.

WIMMER, Miriam. Os desafios do enforcement na LGPD: fiscalização, aplicação de sanções administrativas e coordenação intergovernamental. *In*: RODRIGUES JR., Otavio Luiz; MENDES, Laura Schertel; DONEDA, Danilo; SARLET, Ingo Wolfgang. *Tratado de Proteção de Dados Pessoais*. Rio de Janeiro: Forense, 2021. p. 375–388.

ZANATTA, Rafael Augusto Ferreira. *Perfilização, Discriminação e Direitos*: do Código de Defesa do Consumidor à Lei Geral de Proteção de Dados Pessoais. 2019. p. 1–26. DOI: 10.13140/RG.2.2.33647.28328. Disponível em: https://www.researchgate.net/publication/331287708_Perfilizacao_Discriminacao_e_Direitos_do_Codigo_de_Defesa_do_Consumidor_a_Lei_Geral_de_Protecao_de_Dados_Pessoais. Acesso em: 20 dez. 2020.

ZANATTA, Rafael Augusto Ferreira. A Proteção de Dados entre Leis, Códigos e Programação: os limites do Marco Civil da Internet. *In*: LUCCA, Newton de; SIMÃO FILHO, Adalberto; LIMA, Cintia Rosa Pereira de. *Direito e Internet III*: Marco Civil da Internet. São Paulo: Quartier Latin, 2015. p. 447–470.

ZANATTA, Rafael Augusto Ferreira. *Regulação responsiva e telecomunicações: problemas de adaptações no Brasil*. [S.l.]: [s.n.], [s.d.]. p. 1–16. Disponível em: https://idec.org.br/sites/default/files/arquivos/regulacao_responsiva._anatel_1.pdf. Acesso em: Acesso em: 13 abr. 2021.

ZANATTA, Rafael Augusto Ferreira; SOUZA, Michel Roberto Oliveira de. A tutela coletiva na proteção de dados pessoais: tendências e desafios. *In*: LUCCA, Newton de; LIMA, Cintia Rosa Pereira de. *Direito e Internet IV*: proteção de dados pessoais. São Paulo: Quartier Latin, 2019. p. 1–41.

ZANOTTA, Alexandre. *Regulação e auto-regulação no mercado de capitais brasileiro*. 139f. 2005. Dissertação (Mestrado em Direito Comercial) – Pontifícia Universidade Católica de São Paulo, São Paulo, 2005. Disponível em: https://tede2.pucsp.br/bitstream/handle/9113/1/Regulacao%20e%20Auto%20Regulacao%20no%20Mercado%20de%20Capitais%20Brasileiro.PDF. Acesso em: 13 abr. 2021.

ZENO-ZENCOVICH, Vincenzo. I nuovi sistemi telematici interattivi e la tutela del diritto all'identità personales. *In*: ALPA, Guido; BESSONE, Mario (eds.). *Banche dati telematica e diritti della persona*. Padova: CEDAM, 1984. (Quaderni di Diritto Comparato, 3).

Esta obra foi composta em fonte Palatino Linotype, corpo 10
e impressa em papel Offset 75g (miolo) e Supremo 250g (capa)
pela Artes Gráficas Formato.